Fischer / Giest / Michalik
Bildung im und durch Sachunterricht

Probleme und Perspektiven
des Sachunterrichts
Band 25

Hans-Joachim Fischer
Hartmut Giest
Kerstin Michalik
(Hrsg.)

Bildung im und durch Sachunterricht

Verlag Julius Klinkhardt
Bad Heilbrunn • 2015

Schriftenreihe der
Gesellschaft für Didaktik des Sachunterrichts e.V.

Die Gesellschaft für Didaktik des Sachunterrichts (GDSU) e.V. ist ein Zusammenschluss von Lehrenden aus Hochschule, Lehrerfortbildung, Lehrerweiterbildung und Schule. Ihre Aufgabe ist die Förderung der Didaktik des Sachunterrichts als wissenschaftlicher Disziplin in Forschung und Lehre sowie die Vertretung der Belange des Schulfaches Sachunterricht.
www.gdsu.de

Bibliografische Information der Deutschen Nationalbibliothek
Die Deutsche Nationalbibliothek verzeichnet diese Publikation
in der Deutschen Nationalbibliografie; detaillierte bibliografische Daten
sind im Internet abrufbar über http://dnb.d-nb.de.

2015.d. © by Julius Klinkhardt.
Das Werk ist einschließlich aller seiner Teile urheberrechtlich geschützt.
Jede Verwertung außerhalb der engen Grenzen des Urheberrechtsgesetzes ist ohne Zustimmung des Verlages unzulässig und strafbar. Das gilt insbesondere für Vervielfältigungen, Übersetzungen, Mikroverfilmungen und die Einspeicherung und Verarbeitung in elektronischen Systemen.

Druck und Bindung: AZ Druck und Datentechnik, Kempten.
Printed in Germany 2015.
Gedruckt auf chlorfrei gebleichtem alterungsbeständigem Papier.

ISBN 978-3-7815-2020-2

Inhaltsverzeichnis

Hans-Joachim Fischer, Hartmut Giest und Kerstin Michalik:
Editorial..11

Bildungstheoretische Implikationen der Disziplin „Didaktik des Sachunterrichts"

Hans-Joachim Fischer:
Genau schauen und tief denken. Bildung des Kindes im Horizont der Bildung der Wissenschaft – Anmerkungen zur Begründung einer Didaktik des Sachunterrichts...15

Hans-Christoph Koller:
Probleme und Perspektiven einer Theorie transformatorischer Bildungsprozesse..25

Knut Schwippert:
Wie viel Bildung steckt in groß angelegten Schulvergleichsuntersuchungen?...39

Claudia Schomaker, Sandra Tänzer und Frauke Grittner:
Das wissenschaftliche Selbstverständnis des Sachunterrichts in Geschichte und Gegenwart..51

Der Blick auf Bedingungen und Methoden der Bildung im Sachunterricht

Markus Peschel:
Offenes Experimentieren – das Projekt SelfPro..59

Jan Heiko Wohltmann:
Bildungsanspruch und leitende Orientierungen im Kontext der Öffnung des Sachunterrichts...65

Christian Mathis, Katja Siepmann und Ludwig Duncker:
Anregungen zum Perspektivenwechsel –
Eine Pilotstudie zur Unterrichtsqualität..73

Julia Schönhofer und Anja Göhring:
Selbstbestimmtes Lernen im naturwissenschaftlichen
Sachunterricht der Grundschule..81

*Christine Waldenmaier, Bernhard Müller, Hilde Köster und
Hans-Dieter Körner:*
Engagiertheit und Motivation in unterschiedlichen
Experimentiersituationen im Sachunterricht..87

Astrid Kaiser und Iris Lüschen:
Gemeinsam, nebeneinander, alleine? Interaktion und
Kooperation beim Sachlernen in altersgemischten
Partnergruppen..93

Stefanie Carell und Markus Peschel:
Kompetenzentwicklung und Interessensveränderung im
Sachunterricht bei Jungen und Mädchen aus Schweizer
Primarschulen durch den Einsatz eines
Onlinelexikons (*kidipedia*) für Kinder...101

René Schroeder:
Sachunterricht in inklusiven und exklusiven Unterrichtssettings
Ergebnisse einer explorativen Vergleichsstudie in NRW...........................107

Christine Künzli David, Christoph Buchs und Letizia Wüst:
Die Bedeutung des Philosophierens mit Kindern in einer
Bildung für eine Nachhaltige Entwicklung..115

Sarah-Jane Conrad und Christian Mathis:
Kompetent mit Kindern philosophieren lernen..121

Marcel Bullinger und Erich Starauschek:
Beeinflussen Handlungsorientierung und Selbsterklärung den
physikalischen Wissenserwerb in der Primarstufe?...................................129

Andrea Becher und Eva Gläser:
Historisches Lernen und Kompetenzorientierung im
internationalen Vergleich...135

Der Blick auf die Bildungsprozesse der Kinder

Bernd Wagner:
Frühe Sachbildung im Museum – Spielstationen für
Vorschulkinder in der Dauerausstellung
„Deutsche Geschichte in Bildern und Zeugnissen"
des Deutschen Historischen Museums 143

Lissy Jäkel:
Der Bildungswert der originalen Begegnung mit Natur
in der ersten Phase der Lehrerbildung 151

Heike de Boer:
Partizipation und Bildung im Gespräch –
Studierende philosophieren mit Kindern 159

Carolin Kölzer und Volker Schwier:
Wirtschaft und wirtschaftliches Handeln als lebensweltliche
Praxis – Perspektiven sozio-ökonomischer Bildung im
Sachunterricht 167

Kerstin Michalik:
Philosophische Gespräche mit Kindern als Medium für
Bildungsprozesse im Sachunterricht 175

Bärbel Kopp und Holger Arndt:
„Dann würden die Preise immer höher kommen und dann
wäre Geld überhaupt nichts mehr wert" –
Erste Ergebnisse einer Studie zu ökonomischen
Präkonzepten von Grundschulkindern 183

Gudrun Helzel und Kerstin Michalik:
Kindliche Entwicklungsprozesse beim Philosophieren mit Kindern –
Eine empirische Untersuchung zur Mehr-Perspektivität und
Ungewissheitstoleranz 189

Julia Lüpkes und Ines Oldenburg:
Grundschule und Medien als Hauptakteure
sexueller Bildung – eine empirische Analyse aus der Sicht
von Grundschulkindern 197

Michael Haider, Thomas Haider und Maria Fölling-Albers:
Lernen mit Modellen im Sachunterricht am
Beispiel elektrischer Stromkreis..203

Profession und Bildung der Lehrenden des Sachunterrichts

Anna Windt und Gerlinde Lenske:
Entwicklung der Reflexion von Sachunterricht in der
zweiten Phase der Lehrerausbildung..209

Cornelia Sunder, Maria Todorova und Kornelia Möller:
Professionelle Unterrichtswahrnehmung angehender
Lehrkräfte durch den Einsatz von Videos fördern..217

Sandra Tänzer und Christian Grywatsch:
Heimatkundelehrer/innenausbildung in der DDR –
ein Forschungsdesiderat..223

Katja Wagner und Bernd Reinhoffer:
Bedingungen für innovative Lernarrangements
im Sachunterricht...231

Corina Rohen-Bullerdiek, Sonja Dietrich und Meike Wulfmeyer:
Interdisziplinarität und Umgang mit Heterogenität
als zentrale Komponenten der Lehrer/innenausbildung
im Sachunterricht...239

Anja Heinrich-Dönges:
Wirkungen schulbezogener Fortbildung von Lehrkräften
im Fächerverbund MeNuK auf Sequenzen
der Unterrichtsentwicklung...247

Marlies Hempel und Linya Coers:
Bildung ohne Genderkompetenz? Zum Zusammenhang
von Bildung und Gender im Sachunterricht...253

Toni Simon:
Was hat die Sicht angehender Sachunterrichtslehrkräfte
auf Inklusion mit einer zeitgemäßen
Sachunterrichtsdidaktik zu tun?..261

Maike Schmidt, Katharina Fricke und Stefan Rumann:
Sachunterricht als vielperspektivisches Fach und die
universitäre Ausbildung von Sachunterrichtslehrkräften –
Eine Studie zum Zusammenhang von Ausbildung,
Erfahrung und Professionswissen......………………...…………269

Autorinnen und Autoren….......………………..…………..............275

Hans-Joachim Fischer, Hartmut Giest und Kerstin Michalik

Editorial

In den letzten Jahren wird die Frage nach Inhalten und Zielen des Sachunterrichts vorwiegend aus kompetenztheoretischer Perspektive diskutiert. Auch der Perspektivrahmen Sachunterricht ist entschieden kompetenztheoretisch begründet. Kompetenzen formulieren strukturierte Zielhorizonte für sachunterrichtliches Lehren und Lernen. Die Strukturen des Perspektivrahmens Sachunterricht sind in diesem Sinne auf fachliche Perspektiven sowie auf perspektivenübergreifende und perspektivenvernetzende Zielsetzungen eingestellt. Sie integrieren prozedurale (Denk-, Arbeits- und Handlungsweisen) und deklarative (Themen, Konzepte) Zielkomponenten. Dabei beziehen sie sich auf das Verstehen der Sachwelt, aber auch auf die metakognitive Reflexion des Lern- und Verstehensprozesses. Schließlich suchen sie Anschluss an das fachlich hochorganisierte, explizite, objektive Wissen von Fachkulturen einerseits, aber auch an die impliziten, eher spielerisch-explorativen und lebensweltlich vermittelten frühkindlichen Lernprozesse andererseits. Dieser komplexe Zusammenhang ist bildungstheoretisch begründet:

> „Das sachunterrichtliche Lernen leistet einen zentralen Beitrag zu grundlegender Bildung. Der unverzichtbare Referenzrahmen für das Fach Sachunterricht ist daher der Begriff der Bildung (GDSU 2013, S. 9)."

Das in diesem Sinne bildungstheoretisch begründete Kompetenzmodell des Perspektivrahmens formuliert einen Referenzrahmen nicht nur für die Praxis des Sachunterrichts, sondern auch für die Erforschung dieser Praxis. Diese Erforschung bedarf – worauf Knut Schwippert in diesem Band mit Recht hinweist – einer Operationalisierung, die sich jeweils auf Teilaspekte dieses Bildungszusammenhangs beschränkt. Kompetenzen operationalisieren, was wir unter Bildung verstehen. Dieses Operationalisieren ist einerseits ein unverzichtbarer Schlüssel jedes methodisch geleiteten Erkennens von Bildungsprozessen. Andererseits kommt man dabei nicht umhin, den Erkenntniszusammenhang zu reduzieren und zu beschränken. Kompetenzen machen – für sich genommen – ja noch keine Bildung aus. Aus diesem Grund wurde die Jahrestagung der GDSU 2014 mit dem Titel „Bildung im und durch den Sachunterricht" durchgeführt. Der vorliegende Jahresband präsentiert die Ergebnisse dieser Tagung. Ausdrücklich geht es dabei darum, die vielfältigen und divergierenden Forschungen zur Didaktik des Sachunterrichts im Referenzrahmen des Bildungsbegriffs zusammenzuführen. Dieser Rahmen enthält einen Anspruch, Bildung über die notwendige Konzentration auf Elemente, Teile, Aspekte und Bereiche hinaus als einen geistigen Zusammenhang (vgl. Klafki 1963, S. 38) zu verstehen, der als etwas Ganzes erst Wirklichkeit „kategorial" (a.a.O., S. 38ff.) erschließt. Er fordert dazu heraus, fachlich und anthropologisch begründete Kompetenzen in den kontingenten, historisch-kulturell vermittelten Zusammenhang der individuellen und kollektiven Lebensgestaltung und -bewältigung zu stellen. Dabei bedürfen wir – wie in diesem Band von Hans-Christoph Koller im Begriff der „transformatorischen Bildung" reklamiert wird – auch der Denkmittel, die einen kontinuierlichen Kompetenzaufbau und unstetige, ja krisenhafte Formen der Entwicklung des Weltverstehens zusammenführen. Wenn wir darüber hinaus kindliche Bildung als eine eigenaktive, geistig-objektivierende und begrifflich-explizite Auseinandersetzung mit Welt fördern wollen, dann dürfen wir dabei deren Fundierung in leiblich-impliziten Prozessen des Welterlebens und der Tätigkeit nicht übersehen. Nicht zuletzt kann Bildung als hinführender Weg zur mündigen Teilhabe an objektiven kulturellen und sozialen Lebenszusammenhängen immer nur als sinnvolle Fortsetzung einer eigenen und unverwechselbaren Biographie, also als Weg der Individuation und Personalisation gelingen. Das Nachdenken und Forschen über Bildung kann letztlich aus dieser Spannung von Teil und Ganzem, Historischem und Systematischem, Linearität und Transformation, Geist und Leib, Enkulturation und Personalisation nicht herausgelöst werden. Jede Forschung zu Teilaspekten muss deshalb idealerweise ihre Fragen zunächst aus diesem spannungsvollen Zusammenhang heraus entwickeln und am Ende ihre Ergebnisse wieder in ihn einbringen.

Konzeptionell richtungsweisend für diesen Band sind die schon erwähnten Beiträge von Hans-Christoph Koller und Knut Schwippert. Beide nähern sich dem Problem der Bildung von entgegengesetzten Polen an. Schwippert fragt nach dem Bildungsbegriff und den Möglichkeiten und Grenzen seiner empirisch-analytischen Erfassung, während Koller über Bildungsprozesse berichtet, die im Rahmen von Schule und Unterricht häufig kaum gesehen und noch weniger zum Gegenstand einer empirischen Analyse gemacht werden. Diese konkreten Bildungsprozesse sind zwar nicht durch empirisch-analytische Untersuchungen evidenzbasiert beschrieben worden, möglicherweise auch

gar nicht beschreibbar, aber dennoch höchst evident. Dahinter steht die Frage: Wie wird aus Wissen und Können Bildung? Was ist das Wesen von Bildungsprozessen, die mehr sind als Wissenserwerb und Wissensverwendung? Im Unterricht wird beides vermittelt – und wenn er erfolgreich verläuft – angeeignet. Dies aber erst, wenn das Wissen in den Lernenden lebendig wird – dann werden aus den Wissen erwerbenden Kindern und Jugendlichen sich bildende Menschen. Wissen kann aber nur lebendig werden, wenn es hinsichtlich seiner Verwendung verantwortungsbewusst und reflektiert angewandt wird. Dazu muss es die Persönlichkeit ergreifen und dieser helfen, bei der Teilnahme an der Gestaltung von Gesellschaft selbstbestimmt, mitbestimmend und solidarisch zu handeln, wie Klafki zu recht fordert. Die indirekt bei Koller angesprochene Dialektik von Fremdem und Eigenem und das Problem der Aneignung mit dem Ziel der Entäußerung, Vergegenständlichung sind hier in einen Prozess der Persönlichkeitsentwicklung eingebunden. Genau diese Perspektive auf Bildung und Bildungsprozesse fehlt heute oder ist zu wenig entwickelt. Mit Schulleistungstests kann das Wissen und jenes darauf basierende Handeln der Schüler verglichen werden, indes der eigentliche Gegenstand der Bildung, die verantwortungsbewusst handelnde Persönlichkeit, nicht: „Der Kompetenzbegriff stellt […] kein Substitut für den bzw. einen Bildungsbegriff dar", führt Schwippert auf S. 44 aus.
Persönlichkeit entäußert und entwickelt sich in Bewährungssituationen innerhalb und außerhalb von Schule, also im Kontext Leben und weniger im Kontext Lernen. Dahinter verbirgt sich der Sinn der klassischen Forderung, Leben und Lernen zu verbinden, z.B. nicht nur Unterricht zu halten, sondern Schulleben zu gestalten. Schule und Unterricht – darin ist Koller und allen anderen Autoren, die über Bildungsprozesse auch und insbesondere außerhalb von Schule berichten, zuzustimmen – muss sich wieder mehr zum Leben öffnen, Bewährungssituationen bewusst schaffen und pädagogisch gestalten, Projekte nicht nur mit Blick auf das Lernen, sondern mit Blick auf das Leben gestalten und den Kontakt zur Gemeinde, zur Kultur im Öffentlichen Raum, mit der Natur, zur Welt sichern.
Empirische Unterrichtsforschung kann also nur wirklich fruchtbar sein, wenn sie bildungstheoretisch gerahmt wird. Umgekehrt ist Bildungstheorie auf eine empirische Fundierung angewiesen. In diesem Sinne sind im ersten Kapitel *Bildungstheoretische Implikationen der Disziplin „Didaktik des Sachunterrichts"* Beiträge versammelt, welche die Spannung von Kompetenzorientierung und Bildungsbegründung explizit aufgreifen und diskutieren, Aspekte des Bildungsbegriffs ausloten und auf Forschung und Theorienbildung in der Didaktik des Sachunterrichts systematisch beziehen. Die Forschungsbeiträge

der Folgekapitel greifen besondere Fragestellungen des Sachunterrichts und seiner Didaktik auf und stellen sie in den Horizont von Bildung. Dabei zielen sie entweder auf eine Integration der verschiedenen sachunterrichtlichen Perspektiven, reflektieren die angewendeten Methoden kritisch im Blick auf die komplexen Ansprüche einer auf Bildung bezogenen empirischen Forschung, diskutieren die bildungstheoretischen, -praktischen und -politischen Implikationen der Forschungsergebnisse oder werfen bildungstheoretisch begründete Fragen nach der Qualität von Unterricht auf. Im zweiten Kapitel des Bandes *Der Blick auf Bedingungen und Methoden der Bildung im Sachunterrichts* werden Forschungsbeiträge vorgestellt, die sich vornehmlich den Lehrenden, ihren Lehrtätigkeiten und den wirkungsvollen Voraussetzungen, die sie für Bildungsprozesse im Sachunterricht schaffen, widmen. Konkretisiert wird dies an Fragen der Öffnung des Unterrichts, des (offenen) Experimentierens, der Anregung zu selbstbestimmtem Lernen, inklusiver vs. exklusiver Lernsettings, des altersgemischten Lernens, der Herausforderung zum Perspektivenwechsel, des Philosophierens, der Bildung für nachhaltige Entwicklung und des historischen Lernens. Die Forschungsbeiträge des dritten Kapitels *Der Blick auf die Bildungsprozesse der Kinder* sind den Kindern und den kindlichen Bildungsprozessen gewidmet. Wir begegnen ihnen im Museum, in philosophischen Gesprächen, in Kontexten des wirtschaftlichen Handelns und Reflektierens, und in der Auseinandersetzung mit der eigenen Sexualität oder mit Naturphänomenen und naturwissenschaftlichen Sachverhalten. Ohne den Blick auf die Bildung der Lehrenden wäre dieser Band unvollständig. Ein abschließendes Kapitel *Profession und Bildung der Lehrenden des Sachunterrichts* behandelt daher Fragen der Lehrerprofessionalität und ihrer Entwicklung. Dabei geht es vor allem um den Erwerb zentraler Kompetenzen, wie die Wahrnehmung und Reflexion von Sachunterricht, den Umgang mit Heterogenität, die Fähigkeit, innovative Lernarrangements herzustellen, Genderkompetenz und die Sicht auf Inklusion. Darüber hinaus werden historische und systematisch bedeutsame Forschungen zur Ausbildungspraxis von Sachunterrichtslehrerinnen und -lehrern vorgestellt.

Literatur

Gesellschaft für Didaktik des Sachunterrichts (Hrsg.) (2013): Perspektivrahmen Sachunterricht. Vollständig überarbeitete und erweiterte Ausgabe. Bad Heilbrunn.
Klafki, W. (1963): Studien zur Bildungstheorie und Didaktik. Weinheim und Basel.

Hans-Joachim Fischer

Genau schauen und tief denken. Bildung des Kindes im Horizont der Bildung der Wissenschaft – Anmerkungen zur Begründung einer Didaktik des Sachunterrichts

From the history of paleontology, we present an example that shows how scientific progress depends on both exact observing and deep thinking. In respect to the question how we have to understand the process of education, consequences are figured out for general studies in primary education.

1. Burgess Shale: Blick in eine kambrische Welt

Aus der angelsächsischen Paläontologie der 70er und 80er Jahre des vergangenen Jahrhunderts lässt sich eine Geschichte erzählen, die en miniature ein Licht darauf zu werfen vermag, was den Fortgang, ja den Fortschritt wissenschaftlichen Erkennens anregt und inspiriert[1]. Der damit begonnen hat, die Geschichte zu erzählen, der 2002 früh verstorbene, gerne auch populärwissenschaftlich schreibende Harvard-Professor Stephen Jay Gould (1991), wurde am Ende selbst ein Teil der Geschichte. Die Erzählung beginnt mit einer Ausgrabung im Yoho Nationalpark in den kanadischen Rocky Mountains. Im Jahre 1907 entdeckte dort der amerikanische Geologe und langjährige Leiter der Washingtoner Smithsonian Institution Charles Doolittle Walcott eine überaus reiche Fauna in verschieferten Ablagerungen aus der Zeit des mittleren Kambriums (vgl. Gould 1991, Morris 1998, Selden/ Nudds 2007, S. 19ff.). Mehrzelliges Leben konnte für diese Zeit bislang nur an we-

---

[1] Bedeutsame wissenschaftstheoretische Zugänge zu dieser Frage finden sich etwa bei Ludwik Fleck (1935), der auf Denkstile und Denkkollektive aufmerksam macht, bei Thomas S. Kuhn (1967), der Paradigmenwechsel als tiefgreifende metatheoretische Revolutionen ins Auge fasst, oder bei Michel Foucault (1974, 1981), der den Wandel in den Kontext von Diskursen stellt.

nigen Fundstellen nachgewiesen werden, auch wenn seine Ursprünge viel weiter zurückliegen und für den Beginn des Kambriums eine regelrechte „Explosion" des Lebens festzustellen ist (vgl. Foster 2014, Erwin/ Valentine 2013, Fedonkin et al. 2007). Walcott aber sammelte in knapp zwei Jahrzehnten mehr als 60.000 Fossilien, die er alle als urtümliche Krebstiere (Crustacea), darunter Kiemenfußkrebse, Pfeilschwanzkrebse, Trilobiten und Höhere Krebse einordnete (vgl. Walcott 1912). Die Befunde passten in das Bild einer Entwicklung des Lebens, das aus einfachen, spärlichen Anfängen einen stetig wachsenden und sich entfaltenden Reichtum an immer komplexeren und sich ausdifferenzierenden Formen hervortreiben sieht (vgl. Gould 1991). Erst in den 1970er Jahren wurden Walcotts Fossilien durch eine Gruppe von Wissenschaftlern unter der Leitung des Krustazeen-Experten Harry Blackmore Whittington einer Neubestimmung unterzogen (vgl. Whittington 1985, Briggs et al. 1994, Gould 1991).

Die Untersuchung wurde gründlicher durchgeführt und konnte sich auf verbesserte Methoden und Techniken stützen. Was anfänglich nach Routine aussah, entwickelte sich in den Folgejahren zu einem Abenteuer, das den Akteuren eine neue, bislang unbekannte Welt erschloss. Unter den feinen Nadeln, Meißeln und Bohrern der Anatomen öffneten sich Strukturen, welche die Annahmen Walcotts geradezu auf den Kopf stellten. Ja, es gab auch Krebstiere. Es gibt weitere Vertreter der Gliederfüßer, so dass sich darin alle Hauptgruppen, auch die Trilobiten, die Kieferklauenträger und die Sechs- und Tausendfüßer wiederfinden. Aber darüber hinaus konnten Baupläne von Gliederfüßern entschlüsselt werden, die die Anzahl der heute lebenden Hauptgruppen vervielfachen. Mehr noch: Es fanden sich immer mehr Exemplare, die zunächst keinem der heute bekannten etwa 35 Tierstämme zugeordnet werden konnten. Zeichnerische Rekonstruktionen der kambrischen Fauna offenbaren eine Welt bizarrer und spektakulärer Organismen: *Anomalocaris*, den gewaltige Räuber dieser Welt, *Opabinia*, einen Gliederfüßer mit fünf Augen und einem Rüssel mit Schere oder Schwärme des phantastischen Arthropoden *Marella*. Auch einem frühen Verwandten begegnen wir in solchen Darstellungen, *Pikaia*, dem ersten uns bekannten Vertreter der Chordatiere. In seinen sanften Schwüngen durch die kambrische Wasserwelt gleitet auch unsere Hoffnung auf Zukunft und Leben dahin. Die Zeichner vergessen auch nicht *Halluzigena* und *Wiwaxia* abzubilden, die alle Einordnungsversuche zu sprengen scheinen. Diese von Gould als „irre Wundertiere" bezeichneten Fossilien summieren sich für die Zeit des Kambriums nach einer Schätzung von Simon Conway Morris (1998, S. 208), einem der Mitarbeiter Whittingtons, auf mehrere Hundert Stämme. Goulds bilanzierende

Feststellung ist an Dramatik nicht zu überbieten. Was den Reichtum an biologischen Grundbauplänen anbelangt, so hat Walcotts Fundstelle, die einen konservierten kleinen Ort in einem kambrischen Meer offenlegt, im Umfang nicht größer als vielleicht zwei Häuserblöcke, einen Reichtum zu bieten, der den der 500 Millionen Jahre Evolution auf der gesamten Erde danach bei weitem übertrifft. Auch wenn die Zahl der später entstanden Arten, einschließlich der wieder ausgestorbenen, möglicherweise in die Milliarden geht und sich heute vielleicht auf 20 Millionen schätzen lässt. Die Geschichte des Lebens ist – so gesehen – eine Geschichte der biologischen Verarmung (vgl. dazu auch Mayr 2005, S. 256f.). Blickt man auf den Menschen, so scheint sich daraus eine deprimierende Schlussfolgerung abzuleiten. Längst schon aus der Mitte des Universums vertrieben, wird er nun endgültig zu einem Spielball historischer Kontingenz – ein kleines Staubkorn nur in einem Meer aus Treibsand, atemberaubend nichtig und zufällig. Würden wir die gleiche Geschichte des Lebens Millionen mal zurück- und wieder vorspulen – wohl kaum könnte es geschehen, dass unser Staubkorn Mensch mit seiner Intelligenz, mit seiner Seele und seiner Begabung zu Transzendenz jemals wieder die Bühne des Lebens beträte. Die Geschichte ist nicht für uns geschrieben.

Goulds zugespitzte Interpretationen sind – nicht zuletzt von Conway Morris – später kritisiert und revidiert worden. Wie er biologische Armut und biologischen Reichtum in der Gegenüberstellung von biologischer Divergenz der Grundbaupläne und Diversität der abgeleiteten Formen versteht und verteilt, ist höchst umstritten. Auch gibt es möglicherweise eine Rettung vor der alles relativierenden Kontingenz, dem Schrecken der Beliebigkeit. Sie heißt Konvergenz (vgl. Morris 2008). Die Geschichte des Lebens ist nicht völlig chaotisch. Sie folgt Prinzipien, die begrenzte Lösungen für Entwicklungsprobleme bereitstellen. Von ganz unterschiedlichen Ausgangspunkten aus können so immer wieder gleichartige Entwicklungsergebnisse ausgemacht werden. So gleichartig, wie zum Beispiel der Ichthyosaurus aus dem mesozoischen Meer, der sich vom Landreptil zum Wasserbewohner weiterentwickelt hat. Er gleicht verblüffend dem Delphin unserer Meere, der in einer Abstammungslinie mit den Flusspferden verortet werden kann (vgl. auch Dawkins 2009). Konvergenz ist auch ein Trost für den Menschen. Sie gewährt seiner Intelligenz eine größere biologische Chance und damit seiner Existenz eine größere biologische Wahrscheinlichkeit.

2. Bildung der Wissenschaft

So faszinierend Wiwaxia, Opabinia oder Halluzigena auch erscheinen mögen, so geht es hier doch nicht um eine Vertiefung in die Geschichte der „irren Wundertiere". Es geht um die Implikationen der Geschichte für das, was man „Bildung der Wissenschaft" nennen kann. Folgende Implikationen sind erkennbar:

1. Dieser Bildungsprozess bedarf des wiederholten, im Prinzip unabschließbaren Blicks auf die Phänomene. Es lohnt sich, immer neu zu schauen, den Blick immer schärfer und genauer zu nehmen, ihn immer besser zu instrumentieren und zu methodisieren.
2. Der Blick ist theoretisch voreingenommen. Er sieht eher das, was er erwartet. Walcotts Erwartungen verengten seinen Blick auf eine Welt der Krustentiere. Andere Welten konnte er sich nicht vorstellen. Auch wegen dieser Vorstellungsbindung muss der Blick auf die Phänomene immer neu genommen werden.
3. Es fördert den Bildungsprozess, wenn der Blick auf die Phänomene einerseits und die Vergewisserung seiner theoretischen Voreingenommenheit andererseits in ein kluges reflexives, kritisches Wechselspiel gebracht werden. Dies gelingt besser, wenn man sich nicht mit dem Vordergründigen und Oberflächlichen begnügt. Je tiefer die Bedeutungsschichten der theoretischen Vorannahmen durchleuchtet werden, desto größer ist die Chance, im eigenen intelligiblen Bezugsrahmen für die Wahrnehmung und Einordnung der Phänomene sinnvolle und notwendige Anpassungen vorzunehmen, ja sie überhaupt zu erkennen. Es geht darum, genau zu schauen und tief zu denken.
4. Es schadet nicht, sondert inspiriert und nützt, wenn dabei auch grundlegende ethische und metaphysische Fragen und Orientierungen eingebracht werden, die das Selbstverständnis eines Menschen betreffen, der in seiner Welt sinnvoll leben möchte. Die Bildung der Wissenschaft genügt sich nicht selbst, sondern folgt existentiellen Zwecken.

Was aus diesen Überlegungen für unsere Wissenschaft, die Didaktik des Sachunterrichts, folgt, möchte ich an einem Beispiel aufzeigen, das den intelligiblen Bezugsrahmen des Sachunterrichts in einer wichtigen Hinsicht betrifft. Wie komplex dieser Bezugsrahmen im Übrigen ist, hat zuletzt Walter Köhnlein (2012) ausführlich dargestellt. Von der Paläontologie und anderen Wissenschaften unterscheidet sich die Didaktik des Sachunterrichts dadurch, dass ihr Gegenstand, an dem sie sich bildet, selbst ein Bildungsgeschehen einschließt. Im Blick auf dieses Bildungsgeschehen lassen sich tiefgründige

Fragen stellen: In welchem Verhältnis stehen materiale und formale Aspekte dieses Geschehens? Inwieweit dürfen wir dieses Geschehen objektivieren und rationalisieren, um darüber zu verfügen? Oder bleibt ein Kern Offenheit, Freiheit, subjektiver Autonomie, Geheimnis? Welches Maß darf die Wissenschaft diesem Prozess geben? Und so weiter. Eine dieser weiteren Fragen möchte ich beispielhaft etwas genauer untersuchen. Die Frage nämlich, ob wir den Bildungsprozess eher als einen geistigen oder auch wesentlich als einen leiblich-körperlichen Prozess auffassen sollten (vgl. dazu Duncker et al. 2010, Schäfer 2010, Schultheis 1998, Rumpf 1994). Wie die vielen anderen Fragen hat auch diese Frage vielfältige und weitreichende Konsequenzen nicht nur für die Erforschung, sondern auch für die Praxis des Sachunterrichts.

3. Die Welt Annikas

Ich werde im Folgenden so vorgehen, dass ich zunächst ein Phänomen anschaue, um es dann im Lichte theoretischer Voreingenommenheit zu deuten. Dabei werde ich mich an das Vorbild der Paläontologie halten. Ich werde versuchen, möglichst genau zu schauen und das Geschaute dann deutend zu bedenken. Zunächst also das Phänomen. Es heißt Annika und ist knapp drei Jahre alt (vgl. dazu Fischer 2013).

Annika steht vor einem Waschbecken und hält ihre beiden nach oben geöffneten Hände in den fließenden Wasserstrahl. Ihr Blick geht in den Wandspiegel hinter dem Becken. Sie stellt sich schauend auf die Zehenspitzen, den Bauch dicht an den Beckenrand gedrückt. Von der Seite kommt Kinderlärm aus dem Gruppenraum der Kindertagesstätte, der Annikas Aufmerksamkeit gelegentlich einfängt und sie einmal sogar schreckhaft zusammenzucken lässt. Jetzt schaut sie auf ihre Hände, die das Wasser auffangen und sich dann beide um das Mundstück des Hahnes legen, um das dort angebrachte Sperrventil zuzudrehen. Die Hände fassen nach, dann dreht die Linke alleine, während Annikas Blick sich auf den Seifenspender an der Wand neben dem Becken richtet. Annika löst sich vom Waschbecken und bewegt sich eilig zum Seifenspender. Dort legt sich die linke Hand seitlich an, so dass der Daumen Halt findet, die Drucktaste zu betätigen, während die andere Hand unten die Seife auffängt. Den Kopf tief geneigt, gehen Annikas Augen dicht an die Aktionen der Hände heran. Annika wendet sich wieder dem Waschbecken zu, um den Hahn zunächst mit beiden Händen zu umfassen und dann mit einer Hand aufzudrehen. Sie führt beide Hände am Beckenboden in den Wasserstrahl, führt sie gegen den Strahl nach oben und legt sie um den Hahn, um ihn zuzudrehen. Erneuter Gang zum Seifenspender, der gedrückt wird. Während Annika sich zurück zum Becken wendet, gehen die Hände vor der Brust zusammen und verteilen die Seife. Wieder drehen die Hände den Hahn auf, um gleich mit gespreizten Fingern in den Wasserstrahl zu tauchen. Dabei schwenken sie in einer leichten Drehung des ganzen Körpers hin und her. Zudrehen und gleich wieder Aufdrehen. Hineinhalten der Hände in den Strahl. Hin- und Herschwenken. Diesmal lässt Annika das Wasser laufen, als sie sich erneut dem Seifenspender zuwendet. Der Daumen rutscht ab, als er die Drucktaste betätigt, so dass Annikas Kopf fast gegen den Seifenspender schlägt. Erneutes Drücken. Die zweite Hand drückt sich von unten an die Spenderöffnung, wo sie die Seife empfängt. Kurzes Händereiben, während sich Annika zum Becken dreht und dort die Hände in den Wasserstrahl hält. Gleich wieder zurück zum Seifenspender, wo diesmal die Seife auf den Handrücken gedrückt wird. Annika zögert etwas, schaut ihre Hände an, um dann ihre Handflächen zu reiben. Erst in der Drehung zum Becken holt sich eine Hand die Seife vom Handrücken der anderen, bevor beide Hände nach oben geöffnet in den Wasserstrahl eintauchen und dort hin- und herschwenken. Dann drehen sich die Hände und lassen das Wasser über den Handrücken laufen. Kurzes angedeutetes Reiben, dann drehen die Handflächen sich wieder nach oben. Kurzes Schwenken, während Annika den Seifenspender fixiert, sich dann aber umdreht, vom Becken löst und zum Handtuchspender läuft. Dort betätigt sie mit einer Hand mehrfach den Seitenhebel, während die andere Hand, das Papier fasst und herauszieht.

Annika ist wie alle gesunden Kinder ihres Alters unablässig damit beschäftigt, etwas in ihrer Umgebung auszuprobieren und darüber Erfahrungen zu machen. Es scheint so, als sei sie innen ein Quell von Fragen und Impulsen, die sie ununterbrochen in ihre Tätigkeiten gibt, um sie nach außen zu schicken. Man könnte als außenstehender Beobachter versuchen, die „Fragen" in Worte zu fassen: Was macht das Wasser in den Händen, wenn ich die Finger spreize, schwenke, drehe? Wie fühlt sich der Strahl an, wenn die Hände nach oben gehen? Wie lässt sich der Hahn mit der linken, mit der rechten Hand, mit beiden Händen drehen? Wie drücke ich den Seifenspender mit nassen Händen, ohne abzurutschen? Was passiert mit der Seife, wenn ich die Hand gegen die Spenderöffnung drücke? Wie verreibe ich die Seife in den Händen? Was ist, wenn ich sie auf den Handrücken gebe? Wie lässt sich die Seife am besten abspülen? Und so weiter. So viele Fragen, die in knapp zwei Minuten immer wieder gestellt und beantwortet werden!
Aber so zu fragen, würde vermutlich weder Annika noch ihren Aktionen gerecht werden. Annikas „Fragen" zielen nicht auf verbale Antworten. Sie sind nicht in ihrer Sprache, sondern in ihren Berührungen, Empfindungen, Bewegungen und Aktionen, sicher auch in ihren Anschauungen und Vorstellungen. Sie sind auch nicht isolierbar und voneinander unterscheidbar, sondern gehen, wie die Aktionen, ineinander über. Dabei gehen sie immer wieder dicht an den eben gespürten Eindruck, an die bereits gefühlte Berührung und Empfindung, an die gelebte Bewegung und Aktion, an die bereits gemachte Erfahrung heran. Aus der Distanz sieht es so aus, als wiederhole Annika ihre Aktionen. In Wahrheit sind es jedes Mal Neuschöpfungen, so wie ein Tänzer seine Figuren, ein Komponist seine Melodien in immer neue Variationen hineinführt.
Die Bewegungsfiguren gehen lust- und ausdrucksvoll und sich selbst genießend hinaus in den Raum, finden dort Resonanz, Echo und Widerhall, die in

Eindrücken und Empfindungen ausgekostet werden, um darin neue Ideen, neue „Fragen", neues Suchen zu gewinnen und hinauszuschicken. Buytendijk (1933) spricht in diesem Zusammenhang von einem „Funktionskreis" des Kinderspiels. Innen hat das Kind eine Spürung, eine Neugierde, eine Idee, eine mehr oder weniger bewusste Vorstellung, vielleicht manchmal auch eine explizite Frage, die sich genau fassen und sprachlich kommunizieren lässt. Die Idee wird in eine Bewegung gegeben, die nach außen geht. Außen trifft sie auf eine Realität, die ihre eigenen Verhältnisse hat. Die Hand trifft z.B. auf den Seifenspender. Weil der Seifenspender nicht nach der Idee des Kindes, sondern nach seinen eigenen Verhältnissen funktioniert, kommt die Bewegung anders zurück, als sie hinausgegeben wurde. Das veranlasst Annikas Bewegung, sich darauf einzustellen. Auf diese Weise werden die Hände allmählich geschickter und kriegen den Seifenspender besser zu fassen. Wenn das gelingt, ist es für das Kind ein großes Glück. Es möchte das Glück festhalten und in immer neuen Bewegungen auskosten. Deshalb muss der Wasserhahn immer wieder mühsam auf- und zugedreht und der Seifenspender immer aufs Neue gedrückt werden. Natürlich spielen hier nicht nur die Hände mit den verlockenden Gegenständen im physischen Raum. Das ganze Kind spielt. Es spielt der Körper und erwirbt dabei ein implizites Körperwissen von der Welt. Es spielt die Seele des Kindes. Jede Aktion ist nicht nur eine Frage nach außen, sie ist auch eine Geste, in der sich das Innere ausdrucksvoll spiegelt. Die Freude, die Spannung, die Intensität des Erlebens. In der Seele des Kindes liegen die Erfahrungen aus seinem bisherigen Leben, die hier eine sinnvolle Fortsetzung finden. Jedes Kind kommt aus einem eigenen Leben und wird deshalb auf seine eigene Weise spielen. Natürlich spielt darin auch der Geist mit. Aber wir dürfen nicht übersehen, dass der Geist bei kleinen Kindern tief in ihren seelischen und körperlichen Bewegungen und Befindlichkeiten eingewurzelt ist.

4. Homunkulus: Bildung des Menschen

Der Neurochirurg Wilder Penfield (vgl. Penfield/ Rasmussen 1950) stellte vor mehr als 60 Jahren die Frage, wie wir Menschen aussehen würden, wenn wir außen so wären wie innen, wenn sich das, was in unserem Gehirn groß und wichtig ausgebildet ist, auch in unserem äußeren Körper groß und wichtig abbilden würde. Das Wesen, das er auf diese Weise imaginierte, nannte er in Anspielung auf die alchemistischen Schöpfungsphantasien „Homunkulus". Moderne Computergraphiken haben das Bild des Homunkulus perfektioniert. Das Bild zeigt ein Wesen aus Lippen und Händen. Was passiert eigentlich,

wenn dieses Wesen sich bildet? Wachsen dann seine Gedanken? Wächst in ihm irgendein geistiges Vermögen, das man nicht sehen kann? Oder wachsen seine Lippen und Hände? Inwieweit werden die Theorien und Konzepte, in denen das Wesen seine Erfahrungen, seine Welt ordnet, auch von den Proportionen seiner Sensorik und Motorik beeinflusst? Sehen seine Theorien innen auch so aus, wie es selbst innen und außen aussieht?
Annikas Theorien sind nicht geistig abgelöst, sondern leiblich implizit in ihren Bewegungen und Wahrnehmungen. Sicher kann sie die Dinge benennen, mit denen sie hantiert, kann auch davon erzählen, was sie tut. Aber was ihr Spiel ausmacht und organisiert, kann sie in der Sprache nicht fassen. Dennoch ist sie auf intelligible Weise erlebend und handelnd damit befasst.
Annikas Hände sind – wie die des Homunkulus – überproportional riesig und bedeutsam. Nicht nur, weil sie an allem beteiligt sind, weil sie immer wieder den Hahn zudrehen, die Seife verreiben und den Seifenspender drücken, weil sie das Wasser auf dem Handrücken oder zwischen den gespreizten Fingern hindurchfließen spüren. Sie sind auch deshalb so groß, weil sie bottom up aus körperlich-leiblichen Funktionen und Intuitionen heraus Handlungsideen entwickeln und Aktionen organisieren – implizite Ideen, die immer wieder dann auch ins Bewusstsein steigen mögen. Der umgekehrte Weg der Handlungsorganisation, in dem die Hand zum ausführenden Werkzeug eines bewusst vorgedachten Entwurfs wird, ist sicher nicht auszuschließen, aber bei Annika nicht vorherrschend. Hätte Annika die Hände nicht, dann fehlte ihr das entscheidend wichtige Organ ihrer Intelligenz und ihres Denkens. Noch ist dieses Organ ganz eng mit seinen sensorischen und motorischen Funktionen verbunden. Annikas weitere Entwicklung wird darin bestehen, dass diese enge Bindung sich allmählich löst und erweitert und dass im Zusammenspiel von Denken und Handeln die bewussten Anteile der Handlungssteuerung zunehmend an Bedeutung gewinnen. Freilich lehrt uns der Homunkulus, dass die Zunahme begrenzt ist.
Die Geschichte von Annika gleicht ein wenig der Geschichte von Halluzigena und Wiwaxia. Beide Geschichten machen darauf aufmerksam, dass Phänomene der frühen Entwicklung sich nicht so einfach mit den Denkmitteln verstehen lassen, die wir an Phänomenen der späteren Entwicklung gebildet haben. Auch bei Annika ist diese Versuchung groß und allgegenwärtig. Wir übersehen dann leicht, was Annikas Denken und Entwicklung wesentlich fundiert. Zum Beispiel übersehen wir, wie sehr die anfängliche Sprache, die ersten Reflexionen, die, herausgefordert und gefördert von erwachsenen Begleitern, wie Inseln aus dem Meer der spielerischen Exploration auftauchen, des Halts, der Begründung, der Bedeutung bedürfen. Die erste Reflexi-

on, das Innehalten, sich Zurückbeugen auf gelebtes Leben, eine eigene Sprache finden, die zu fassen und zu ordnen vermag, was darin wesentlich erfahren wurde. Nur so kann diese Reflexion gelingen, dass sie in eigenen Bedeutungswelten vielfältigen Halt und Resonanz findet, dass sich in ihr die eigene Herkunft spiegeln darf, Episoden, Farben, Empfindungen, Bindungen des eigenen Lebens, eine bereits körperlich implizite Welt, die in Bewegungen und Aktionen schon lange ausgekostet wurde, eine dichtes Gewebe aus Vertrautheiten, Verlässlichkeiten und Sicherheiten. Das Studium der frühen, anfänglichen Weltreflexion beim Kinde könnte auch für den schon weiter fortgeschrittenen Sachunterricht und die ihn begründende Didaktik eine lohnende Bildungsaufgabe sein.

Literatur

Briggs, D.E.G.; Erwin, D.H.; Collier, F.J. (1994): The Fossils of the Burgess Shale. Washington.
Buytendijk, F.J.J. (1933): Wesen und Sinn des Spiels. Das Spielen des Menschen und der Tiere als Erscheinungsformen der Lebenstriebe. Berlin.
Dawkins, R. (2009^2): Geschichten vom Ursprung des Lebens. Eine Zeitreise auf Darwins Spuren. Berlin.
Duncker, L.; Lieber, G.; Neuss, N.; Uhlig, B. (Hrsg.) (2010): Bildung in der Kindheit. Fulda.
Erwin, D.H.; Valentine, J.W. (2013): The Cambrian Explosion. The Construction of Animal Biodiversity. Greenwood Village.
Fedonkin, M.A.; Gehling, J.G.; Grey, K.; Narbonne, G.M.; Vickers-Rich, P. (2007): The Rise of Animals. Evolution and Diversification of the Kingdom Animalia. Baltimore.
Fischer, H-J. (2013): Sinn und Unsinn der Naturbildung im frühen Kindesalter. In: Rauterberg, M.; Schumann, S. (Hrsg.): Umgangsweisen mit Natur(en) in der Frühen Bildung. widerstreit-sachunterricht.de, Beiheft 9. Berlin, S. 13-31.
Fleck, L. (1935): Entstehung und Entwicklung einer wissenschaftlichen Tatsache. Einführung in die Lehre vom Denkstil und Denkkollektiv. Basel.
Foster, J. (2014): Cambrian Ocean World. Ancient Sea Life of North America. Bloomington, Indiana.
Foucault, M. (1981): Archäologie des Wissens. Frankfurt a.M.
Foucault, M. (1974): Die Ordnung des Diskurses. Frankfurt a.M.
Gould, S.J. (1991): Zufall Mensch. Das Wunder des Lebens als Spiel der Natur. München, Wien.
Köhnlein, W. (2012): Sachunterricht und Bildung. Bad Heilbrunn.
Kuhn, Th.S. (1967): Die Struktur wissenschaftlicher Revolutionen. Frankfurt a.M.
Mayr, E. (2005): Das ist Evolution. München.
Morris, S.C. (2008): Jenseits des Zufalls. Wir Menschen im einsamen Universum. Berlin.
Morris, S.C. (1998): The Crucible of Creation. The Burgess Shale and the Rise of Animals. Oxford.
Penfield, W.; Rasmussen, Th. (1950): The Cerebral Cortex of Man. A Clinical Study of Localization of Function. New York.
Rumpf, H. (1994): Die übergangene Sinnlichkeit. Drei Kapitel über Schule. Weinheim und München.

Schäfer, G.E. (2010): Welten entdecken, Welten gestalten, Welten verstehen. In: Fischer, H.-J.; Gansen, P.; Michalik, K. (Hrsg.): Sachunterricht und frühe Bildung. Bad Heilbrunn, S. 13-28.

Schultheis, K. (1998): Leiblichkeit – Kultur – Erziehung. Zur Theorie der elementaren Erziehung. Weinheim.

Seldom, P.; Nudds, J. (2007): Fenster zur Evolution. Berühmte Fossilfundstellen der Welt. München.

Walcott, C.D. (1912): Middle Cambrian Branchiopoda, Malacostraca, Trilobita and Merostomata. Cambrian Geology and Paleontology, II. In: Smithsonian Miscellaneous Collections, 57, S. 145-228.

Whittington, H.B. (1985): The Burgess Shale. New Haven.

Hans-Christoph Koller

Probleme und Perspektiven einer Theorie transformatorischer Bildungsprozesse

Starting from Wolfgang Klafki's concept of Bildung in primary school, this paper introduces a new way of conceiving Bildung: Bildung is seen as a process in which basic figures of relating to the world and to oneself are transformed when dealing with crisis-laden sets of problems. The theoretical framework to describe such processes of Bildung is provided by Bernhard Waldenfels' concept of the "experience of the unfamiliar", which allows considering irritations by the unfamiliar as crucial challenges for processes of Bildung. In conclusion, the relevance of this new concept for the understanding of adolescent processes of Bildung shall be illustrated through the example of Wolfgang Herrndorf's novel "Tschick".

In einem Vortrag auf der Gründungstagung der GDSU hat Wolfgang Klafki 1992 versucht, die Aufgaben des Sachunterrichts bildungstheoretisch zu bestimmen. Dass nun über 20 Jahre später erneut der Bildungsbegriff im Zentrum einer Tagung steht, wirft die Frage auf, inwiefern der Begriff auch heute noch zur Orientierung der Diskussion über Ziele und Aufgaben des Sachunterrichts dienen kann. Im Folgenden soll die These vertreten werden, dass der Bildungsbegriff nach wie vor geeignet ist, die Reflexion über Ziele, Begründung und Kritik pädagogischen Handelns (nicht nur, aber auch) im Sachunterricht anzuleiten. Dabei soll das Konzept transformatorischer Bildungsprozesse als aktuelle Neufassung des Bildungsbegriffs vorgestellt und erörtert werden, inwiefern dieses Konzept an Klafkis Überlegungen anknüpft und zugleich darüber hinausgeht.[1]

---

[1] Vorausgeschickt sei, dass der Beitrag das Thema „Bildung im und durch Sachunterricht" nicht direkt behandelt. Vorgestellt wird vielmehr ein theoretisches Konzept, das prinzipiell geeignet ist, die Diskussion über Ziele und Aufgaben pädagogischen Handelns anzuregen – verbunden mit der Einladung, zu prüfen, welche Konsequenzen daraus für den Sachunterricht zu ziehen wären.

1. Wolfgang Klafkis Konzept allgemeiner Bildung

Beginnen wir mit einer kurzen Vergegenwärtigung von Klafkis Überlegungen zur „Allgemeinbildung in der Grundschule und [zum] Bildungsauftrag des Sachunterrichts" von 1992. Sachunterricht, so Klafki, soll sich an zwei zentralen Prinzipien orientieren: zum einen am Ziel der Befähigung zu Selbstbestimmung, Mitbestimmung und Solidarität und zum andern an der inhaltlichen Ausrichtung an „epochaltypischen Schlüsselproblemen", wonach die Gegenstände allgemeiner Bildung sich nicht aus einem wie immer begründeten Wissenskanon ergeben, sondern vielmehr aus Problemen, mit denen alle Gesellschaftsmitglieder konfrontiert sind. Wichtiger als eine genauere Bestimmung dieses Problemkanons, zu dem nach Klafki u.a. die Friedensfrage, die Umweltproblematik sowie die gesellschaftlich verursachte Ungleichheit zwischen Menschen gehören, scheint der Grundgedanke, wonach Allgemeinbildung in dieser Hinsicht bedeutet,

> „ein Bewußtsein von zentralen Problemen der Gegenwart und, soweit voraussehbar, der Zukunft zu gewinnen, [sowie] Einsicht in die Mitverantwortlichkeit aller angesichts solcher Probleme und Bereitschaft, an ihrer Bewältigung mitzuwirken" (Klafki 1992, S. 19).

Mit dieser Bestimmung allgemeiner Bildung als Fähigkeit und Bereitschaft zur Mitarbeit an der Lösung gesellschaftlicher Schlüsselprobleme reagierte Klafki auf die Kritik, die dem klassischen Bildungsbegriff vorwarf, er werde den Anforderungen moderner Gesellschaften nicht gerecht und diene vor allem als Mittel sozialer Distinktion. Indem Klafki sein Konzept aus der Analyse aktueller gesellschaftlicher Bedingungen entwickelt, versucht er, dieser Kritik Rechnung zu tragen und einen Bildungsbegriff zu formulieren, der den gesellschaftlichen Verhältnissen der Gegenwart entspricht, ohne das kritische Potential des Bildungsbegriffs preiszugeben. Klafkis Allgemeinbildungskonzept unterscheidet sich dabei in einem wichtigen Punkt vom klassischen Bildungsdenken etwa Wilhelm von Humboldts. Zwar hatte auch dieser (1960-81, Bd. I, S. 64) schon betont, dass Bildung als „höchste und proportionierlichste" Ausbildung aller menschlichen „Kräfte" sich nur in „Wechselwirkung" zwischen Ich und Welt vollziehen könne. Aber da diese Wechselwirkung bei Humboldt als naturwüchsiges Geschehen gilt, das sich von selbst einstellt, wenn ihm keine Hindernisse in den Weg gelegt werden, bleibt offen, was eigentlich den *Anlass* für Bildung darstellt.

Klafkis Konzept lässt sich als Antwort auf diese Frage verstehen, insofern Bildung ihm zufolge nötig wird, wenn Menschen mit gesellschaftlichen Problemen konfrontiert werden, für die ihre bisherigen Mittel nicht mehr ausreichen. Diese Überlegung stellt auch den Ausgangspunkt der Theorie transformatorischer Bildungsprozesse dar. Mit Klafki nimmt sie an, dass die Konfrontation mit neuen Problemen die entscheidende Herausforderung für Bildungsprozesse darstellt. Doch während Klafki solche Herausforderungen vor allem in *gesellschaftlichen* Schlüsselproblemen sieht, stellt die Theorie transformatorischer Bildungsprozesse in Frage, ob Bildungsprozesse tatsächlich nur durch die Konfrontation mit solchen Schlüsselproblemen ausgelöst werden oder ob nicht auch andere Problemkonstellationen Bildungsprozesse herausfordern können. Klafkis Fokussierung auf gesellschaftliche Schlüsselprobleme, so meine These, läuft Gefahr, konkrete *individuelle* Anlässe für Bildungsprozesse aus den Augen zu verlieren, die sich der Steuerung durch Lehrpläne entziehen, aber pädagogisch ebenso bedeutsam sein könnten.

2. Das Konzept transformatorischer Bildungsprozesse

Das auf Rainer Kokemohr (2007) zurückgehende Konzept transformatorischer Bildungsprozesse stellt einen Versuch zur Neufassung des Bildungsbegriffs dar, der in dieser Hinsicht über Klafki hinausgeht. Sein Grundgedanke lässt sich am besten erläutern, wenn man *Bildungsprozesse* von *Lernprozessen* unterscheidet, wie es Winfried Marotzki (1990, S. 32ff.) im Anschluss an Kokemohr vorgeschlagen hat. Während Lernen als Aufnahme neuer Informationen verstanden werden kann, handelt es sich bei Bildung um höherstufige Lernprozesse, bei denen nicht nur neue Informationen angeeignet werden, sondern auch die Art und Weise der Informationsverarbeitung sich ändert. Bildung ist demnach nicht nur als Kompetenzerwerb, sondern vielmehr als Veränderung der gesamten Person zu begreifen.
Eine zweite Grundannahme betrifft die Frage, was den *Anlass* für Bildung darstellt. Wie angedeutet begreift das Konzept Bildung als Krisengeschehen, das auf Herausforderungen durch neue Problemlagen reagiert, die mit bisherigen Mitteln nicht mehr bearbeitet werden können. Formelhaft verdichtet gilt Bildung dabei als Transformation grundlegender Figuren des Welt- und Selbstverhältnisses, die sich in Auseinandersetzung mit Krisenerfahrungen vollzieht, die ein etabliertes Welt- und Selbstverhältnis in Frage stellen. Zerlegt man diese Definition in ihre Bestandteile, so ergeben sich drei Fragen, die eine Theorie transformatorischer Bildungsprozesse beantworten müsste: 1. Welche begrifflichen Konzepte sind geeignet, um Welt- und Selbstverhältnisse genauer zu beschreiben? 2. Wie lassen sich Krisenerfahrungen als Bildungsanlässe näher bestimmen? Gibt es typische gesellschaftliche oder individuelle Problemlagen, die Bildungsprozesse herausfordern? 3. Wie ist der

Verlauf solcher Transformationsprozesse zu beschreiben? Und was sind Bedingungen dafür, dass dabei nicht die bisherigen Welt- und Selbstverhältnisse restabilisiert werden, sondern neue Figuren entstehen?

3. Waldenfels' Begriff der Erfahrung des Fremden

Im Folgenden[2] soll ein Ansatz zur Beantwortung dieser Fragen vorgestellt werden, der sich auf das phänomenologische Konzept der Erfahrung des Fremden stützt, das Bernhard Waldenfels (vgl. bes. 1997, S. 16-53[3]) vorgelegt hat. Besonderes Interesse gilt dabei der Frage, welche Problemkonstellationen transformatorische Bildungsprozesse herausfordern. Waldenfels' Konzept der Fremderfahrung bietet eine bildungstheoretisch fruchtbare Beschreibung der Irritation, zu der Begegnungen mit dem Fremden führen können. Zu zeigen wird sein, dass Waldenfels' Konzept aber auch im Blick auf die beiden anderen Fragen nach der Struktur von Welt- und Selbstverhältnissen sowie nach Verlauf und Bedingungen ihrer Transformation relevant ist.

Ausgangspunkt von Waldenfels' Überlegungen ist die These, dass das Fremde kein bloßes Objekt unseres Wahrnehmens, Denkens und Handelns darstellt, sondern etwas, von dem ein *Anspruch* ausgeht, der „uns selbst in unserer Eigenheit in Frage stellt" (S. 18). Zentrale Bedeutung kommt dabei dem Begriff der *Erfahrung* zu, der im Anschluss an Husserl drei Bestimmungen aufweist: Erstens ist Erfahrung demnach kein bloßes Konstrukt, sondern ein Geschehen, in dem die „Sachen selbst" zutage treten, wofür ein „wiederholter Umgang" mit ihnen erforderlich sei, der auch „Leiden und Enttäuschungen" einschließe (S. 19). Dem Subjekt kommt dabei also nicht einfach die Rolle eines Aktivitätszentrums zu, sondern vor allem die einer erleidenden Instanz. *Eine Erfahrung machen* bedeutet für Waldenfels deshalb in erster Linie *etwas durchmachen*. Zweitens ist Erfahrung Waldenfels zufolge durch „Intentionalität" gekennzeichnet, d.h. dadurch, dass uns „*etwas als etwas*, also in einem bestimmten Sinn, einer bestimmten Gestalt, Struktur oder Regelung erscheint" (S. 19). Drittens schließlich verweist der Begriff der Erfahrung auf eine jeweils kontingente Ordnung, die dafür sorgt, dass uns dieses „etwas" *so und nicht anders* erscheint. Eine solche Ordnung ist stets selektiv und exklusiv, sie bevorzugt bestimmte Erfahrungsmöglichkeiten und schließt andere aus.

---

[2] Einige der folgenden Formulierungen sind aus Koller 2012, S. 79-86 übernommen.
[3] Dieser Text wird im Folgenden mit bloßen Seitenzahlen zitiert.

Daraus ergibt sich eine erste Umschreibung des Fremden: Das Fremde ist bzw. erscheint Waldenfels zufolge (als) das, was sich dem „Zugriff [einer gegebenen] Ordnung entzieht" (S. 20). An dieser Formulierung ist dreierlei hervorzuheben: Zum einen handelt es sich dabei nicht um einen *absoluten*, sondern um einen *relationalen* Begriff, der jeweils nur in Relation zu einer Ordnung zu bestimmen ist. Zum anderen ist das Fremde nicht als bloßes Objekt zu verstehen, das von der jeweils gültigen Ordnung aus erfasst werden könnte. Waldenfels denkt das Sich-Entziehen des Fremden vielmehr als aktive Bewegung, die vom Fremden selbst ausgeht, bzw. als „Anspruch", der an uns gerichtet ist (S. 30). Und schließlich impliziert diese Auffassung, dass das Fremde nicht einfach mit dem Anderen gleichgesetzt werden kann. Denn während dieses vom Selben von einem unabhängigen Ort aus unterschieden werden kann, gilt für das Fremde, dass es sich selbst vom Eigenen unterscheidet und von diesem durch eine Schwelle getrennt ist, für die es kein gemeinsames, übergreifendes Drittes gibt.

Seine näheren Beschreibungen der Erscheinung des Fremden fasst Waldenfels in unterschiedliche, jeweils *paradoxe* Formulierungen. Eine erste stammt ebenfalls von Husserl: Das Wesen des Fremden sei zu verorten „in der bewährbaren Zugänglichkeit des original Unzugänglichen" (S. 25). Fremd ist für Husserl also dasjenige, was nur zugänglich ist, insofern es jeden Zugang verwehrt. Dabei grenzt Waldenfels die Erfahrung des Fremden von der einfachen Negation ab, indem er sie „*vor* dem Gegensatz von Ja und Nein" ansiedelt (S. 26). Fremderfahrung besteht für Waldenfels also nicht einfach in der Enttäuschung einer Erwartung, weil das Fremde neben Affirmation und Negation als dritte Möglichkeit das *Paradox* eröffnet: *Etwas* erscheint auf bestimmte Weise, und gerade *deshalb* erscheint es *zugleich* als sein Gegenteil.

Eine weitere paradoxe Formulierung für die Erscheinung des Fremden lautet: „Das Fremde zeigt sich, indem es sich uns entzieht" (S. 42). Das Fremde tritt also nur dadurch in Erscheinung, dass es sich der vertrauten Ordnung verweigert. Dies wird von Waldenfels als *aktive* Bewegung verstanden, die darin besteht, in unsere Ordnung einzubrechen, uns heimzusuchen und in Unruhe zu versetzen bzw. „unseren Intentionen zuvor[zu]kommen, sie [zu] durchkreuzen, von ihnen ab[zu]weichen, sie [zu] übersteigen" (S. 51). Die Wirkung des Fremden beschreibt Waldenfels dabei als ambivalent: bedrohlich und verlockend zugleich, Konkurrenz für das Eigene und Eröffnung neuer Möglichkeiten. Entscheidend ist, dass es in jedem Fall *beunruhigend* wirkt.

Aus bildungstheoretischer Perspektive ist nun vor allem die Frage interessant, wie Menschen auf die beunruhigende Erfahrung des Fremden reagieren. Waldenfels unterscheidet drei mögliche Reaktionen. Eine erste beruht auf der

Gleichsetzung von Fremdem und Feind und besteht vor allem darin, das Fremde bis hin zur physischen Vernichtung auszugrenzen. Eine zweite Reaktionsform stellt die *Aneignung des Fremden* dar. Kennzeichnend dafür sind die unbedingte Affirmation des Eigenen, das fraglos als Norm vorausgesetzt wird, und die Subsumtion des Fremden unter diese Norm, was dazu führt, dass das Fremde seiner Fremdheit beraubt und dem Eigenen assimiliert wird. Eine dritte Reaktion schließlich nennt Waldenfels „Antworten auf den Anspruch des Fremden" (S. 50). Anders als die beiden anderen geht diese Reaktion nicht vom Eigenen, sondern von der Beunruhigung durch das Fremde aus und begreift diese als Anspruch, auf den zu antworten ist. Die *responsive* Struktur dieser Reaktionsform bringt es mit sich, dass das Eigene hier nicht als Primäres vorausgesetzt wird, sondern sich gegenüber dem Anspruch des Fremden immer schon in einer nachrangigen Position befindet. Dabei unterscheidet Waldenfels zwischen *reproduktiven* und *produktiven* Antworten: Während reproduktive Antworten einen bereits existierenden Sinn wiedergeben, bringen produktive Antworten Neues hervor. Eine solche Neuschöpfung ist jedoch für Waldenfels keineswegs Werk des Subjekts selber, sondern vielmehr etwas, was zwischen dem Subjekt und dem Fremden entsteht.

Mit Blick auf die Frage nach der Bedeutung von Waldenfels' Konzept für eine Theorie transformatorischer Bildungsprozesse ist festzuhalten, dass Waldenfels auf alle drei eingangs skizzierten Fragen Bezug nimmt. So lässt sich die Frage nach einer genaueren theoretischen Erfassung der Grundstrukturen von Welt- und Selbstverhältnissen mit Waldenfels so beantworten, dass Welt- und Selbstbezüge vor allem durch die *Ordnungen* bestimmt werden, die unser Wahrnehmen, Denken und Handeln strukturieren. Und in Bezug auf die Frage nach den Verlaufsformen und Bedingungen, unter denen in Bildungsprozessen Neues entsteht, wäre zu sagen, dass neue Grundfiguren des Welt- und Selbstverhältnisses als produktive Antworten auf Fremdansprüche im Raum *zwischen* Subjekt und Fremdem entstehen. Den wichtigsten Beitrag zur Ausarbeitung einer Theorie transformatorischer Bildungsprozesse aber stellt Waldenfels' Beschreibung der Fremderfahrung selbst dar, die als Antwort auf die Frage nach dem *Anlass* von Bildungsprozessen zu verstehen ist. Die Erfahrung dessen, was sich zeigt, indem es sich der jeweiligen Ordnung entzieht, kann als Herausforderung für Bildungsprozesse gedeutet werden, insofern dieses Sich-Entziehen die Ordnung in Frage stellt, die unserem Welt- und Selbstverständnis zugrunde liegt. Entscheidend gegenüber anderen Möglichkeiten, den Anlass für Bildungsprozesse theoretisch zu erfassen, ist dabei, dass Waldenfels die Konfrontation mit dem Fremden nicht als einfache Negation beschreibt, sondern als paradoxe Irritation.

Anregend für eine Theorie transformatorischer Bildungsprozesse ist außerdem die Betonung, die Waldenfels auf die *responsive* Struktur der Fremderfahrung legt. Indem er das Fremde nicht einfach als Konstrukt vom Standpunkt des Eigenen aus bestimmt, sondern das Sich-Entziehen als Aktivität des Fremden fasst, wird deutlich, dass Bildungsprozesse angesichts der Irritation durch Fremderfahrungen nicht einfach als Selbst-Bildung verstanden werden können, deren Zentrum das Subjekt selbst wäre. Transformatorische Bildungsprozesse sind mit Waldenfels vielmehr als responsives Geschehen zu begreifen, das auf einen Anspruch antwortet, der vom Fremden ausgeht.

Offen bleibt in Waldenfels' Konzeption im Blick auf die beiden anderen eingangs skizzierten Fragen jedoch zweierlei. Zum einen ist der zentrale Begriff der Ordnung zu abstrakt, um Welt- und Selbstverhältnisse genauer beschreiben zu können. Klar ist nur, dass Welt- und Selbstbezüge als zugleich selektiv und exklusiv wirkende Ordnungen gefasst werden können; genauer zu bestimmen wäre aber, *was* durch die Grundfiguren des Welt- und Selbstverhältnisses jeweils *wie* geordnet wird. Zum andern vermag Waldenfels' Konzeption über den Hinweis auf die Responsivität des Geschehens hinaus nicht genauer zu klären, wie in Reaktion auf die Beunruhigung durch das Fremde *neue* Antworten und damit potentiell neue Figuren des Welt- und Selbstverhältnisses entstehen. Deutlich wird nur, dass das kreative Potential nicht dem Subjekt selbst entstammt, sondern zwischen Subjekt und Fremdem zu verorten ist. Unklar bleibt bei Waldenfels jedoch, welche Voraussetzungen gegeben sein müssen, damit in diesem *Zwischen* Neues entstehen kann, und welche Verlaufsstrukturen dieser Prozess aufweist.

5. Analyse eines Beispiels: Wolfgang Herrndorfs Tschick

Statt diesen Fragen nun theoretisch nachzugehen, soll im Folgenden ein anderer Weg eingeschlagen werden. Die Theorie transformatorischer Bildungsprozesse beansprucht, der Kritik am klassischen Bildungsbegriff über Klafkis Ansatz hinaus auch dadurch Rechnung zu tragen, dass sie nicht nur normative Aussagen über Bildung, sondern auch die empirische Untersuchung von Bildungsprozessen ermöglicht. Da das Bildungsgeschehen sich einer quantifizierenden Erfassung entzieht, versprechen vor allem qualitative Forschungsmethoden empirischen Zugang, unter denen der Ansatz der bildungstheoretisch orientierten Biographieforschung als besonders aussichtsreich erscheint. Im Folgenden beziehe ich mich nun aber nicht auf entsprechende empirische Studien, sondern auf ein literarisches Beispiel, das als exemplarische Darstellung eines durch Fremdheitserfahrungen ausgelösten Bildungsprozesses verstanden werden kann und dessen Bedingungen und Verlaufsformen weitaus differenzierter zu beschreiben erlaubt, als dies theoretischen Arbeiten möglich ist (vgl. dazu Koller 2014a). Im Zentrum stehen dabei zwei Fragen. Zum einen geht es darum herauszuarbeiten, inwiefern die krisenhafte Begegnung mit dem Fremden einen Anlass für Bildungsprozesse darstellt. Zum andern soll untersucht werden, wovon es abhängt, ob es im Zuge solcher Begegnungen tatsächlich zur Entstehung *neuer* statt zur Restabilisierung etablierter Figuren des Welt- und Selbstverhältnisses kommt.

Bei diesem Beispiel handelt es sich um den 2010 erschienenen Roman „Tschick" von Wolfgang Herrndorf, der von der abenteuerlichen Fahrt durch Ostdeutschland erzählt, die zwei Jugendliche mit einem gestohlenen Lada unternehmen.[4] Ich-Erzähler ist der 14-jährige Maik, der in die achte Klasse eines Gymnasiums geht und mit seinen Eltern, einem gescheiterten Immobilieninvestor und dessen alkoholkranker Frau, am Rande von Berlin in einer Villa lebt. Die Story beginnt am Anfang der Sommerferien. Maik hat zwei Wochen ohne Eltern vor sich, da die Mutter in einer Entzugsklinik ist, während der Vater eine „Geschäftsreise" mit seiner jungen Assistentin unternimmt. Darüber wird Maik jedoch nicht so recht froh, da er nicht zur Geburtstagsparty seiner von ihm angebeteten Klassenkameradin Tatjana eingeladen ist. Da kreuzt Tschick auf, der eigentlich Andrej Tschichatschow heißt und erst vor kurzem in Maiks Klasse kam. Tschick ist Russlanddeutscher, kommt manchmal mit Alkoholfahne in die Schule und wird gerüchteweise mit der Russenmafia in Verbindung gebracht, hat es aber immerhin in vier Jahren von der Förderschule bis aufs Gymnasium geschafft. Er überredet Maik, mit ihm in einem geklauten Lada zu Tatjanas Party zu fahren und dann zu einer Urlaubsreise aufzubrechen. Widerstrebend lässt Maik sich darauf ein, doch da sie weder eine Straßenkarte haben, noch jemand nach dem Weg fragen können, verläuft die Fahrt eher chaotisch. Nach zwei Unfällen landen die beiden schließlich in Polizeigewahrsam. Vor Gericht widersetzt Maik sich dem Rat seines Vaters, die ganze Schuld auf „den Russen" zu schieben, kommt aber aufgrund günstiger Sozialprognose mit 30 Stunden gemeinnütziger Arbeit davon, während Tschick in ein Heim eingewiesen wird.

Die Erlebnisse auf der gemeinsamen Reise mit Tschick lassen sich aus bildungstheoretischer Perspektive als Fremdheitserfahrungen verstehen, bei denen Maik Menschen und Situationen begegnet, die seine vertrauten Deutungsmuster nachhaltig in Frage stellen. Die irritierenden Erfahrungen beginnen bereits mit der Frage nach dem Ziel der Reise. Als Tschick vorschlägt,

---

[4] Einige der folgenden Formulierungen sind Koller 2014b entnommen.

mit dem geklauten Lada zu seinem Großvater in die Walachei zu fahren, ist Maik nicht nur durch Tschicks hartnäckiges Beharren irritiert, dass es eine Region namens Walachei wirklich gebe, sondern auch durch die Aussagen über Tschicks Herkunft. Auf Maiks Frage, wo er denn herkomme, antwortet Tschick: „Aus Rostow. Das ist Russland. Aber die Familie ist von überall. Wolgadeutsche. Volksdeutsche. Und Banater Schwaben, Walachen, jüdische Zigeuner –" (Herrndorf 2011, S. 98[5]). Diese Auskunft entzieht sich der diskursiven Ordnung, die der Frage nach nationaler Zugehörigkeit zugrunde liegt. Ähnlich wie der mehrdeutige Name „Walachei" bringt Tschicks hybride Herkunft das Koordinatensystem Maiks durcheinander, weil es eine eindeutige Zuordnung zu einer nationalen oder ethnisch-kulturellen Gruppe unmöglich macht. Damit wird die der Frage nach der Herkunft zugrunde liegende „Zugehörigkeitsordnung" außer Kraft gesetzt, die eindeutige Zuordnungen verlangt und Mehrfachzugehörigkeiten ausschließt.[6]

Die Reise der beiden Jugendlichen stellt also einen Aufbruch ins Ungewisse dar. Da das Ziel unbestimmt-mehrdeutig ist und die beiden Jugendlichen weder eine Landkarte haben, noch Autobahnen oder große Straßen zu nutzen wagen, führt die Fahrt sie schneller, als ihnen lieb ist, in die metaphorische Walachei, d.h. in seltsame Gegenden fernab der vertrauten Zivilisation. Die erste Nacht verbringen sie in einem „Meer aus gelbem Weizen" (S. 110), das sich durch stundenlange Regenfälle in einen ungeheuren Sumpf verwandelt. Später gelangen sie auf eine Müllkippe, baden in einem Stausee und verirren sich in die Mondlandschaft eines stillgelegten Braunkohletagebaus, um nur einige Stationen zu erwähnen. Irritierend für Maik sind aber nicht nur sein Gefährte und die Gegenden, in die ihre Reise führt, sondern vor allem die Verhaltensweisen der Menschen, denen sie begegnen und die einem Kritiker zufolge „so schräg und überraschend sind wie die Landschaften, durch die sie kommen" (Seibt 2010). Diese Begegnungen lassen sich mit Waldenfels als Erfahrungen des Fremden verstehen, d.h. als Konfrontation mit etwas, das sich gerade darin zeigt, dass es sich der vertrauten Ordnung entzieht.

So stoßen Maik und Tschick etwa auf der Suche nach einem Supermarkt auf einen Zwölfjährigen, der auf ihre entsprechende Frage antwortet, sie würden immer „bei Froehlich" einkaufen (S. 127). Am Ende werden die beiden von der Mutter des Jungen zum Mittagessen in die Familie eingeladen, zu der noch vier weitere Kinder gehören. Den Höhepunkt des Essens bildet ein seltsames Ritual, bei dem die Verteilung des Nachtischs mittels eines Rate-

---

[5] Dieser Text wird im Folgenden mit bloßen Seitenzahlen zitiert.
[6] Vgl. dazu Mecheril/ Hoffarth 2009.

spiels erfolgt, bei dem Fragen aus *Harry Potter*, Geographie, Wissenschaft, Religion und Politik beantwortet werden müssen. In dem seltsamen Quiz sind die Kinder Maik und Tschick derart überlegen, dass diese die Gelegenheit nutzen und sich erklären lassen, wie man mit Armbanduhr und Sonnenstand die Himmelsrichtung ermitteln kann (was sie zuvor ohne Erfolg versucht hatten). Die strikt an die Perspektive Maiks gebundene Erzählweise bewirkt, dass dessen Irritation sich unwillkürlich auf den Leser überträgt. So bleibt das Verhalten der Familienmitglieder so befremdlich, dass man Maiks Fazit beipflichten möchte, der die Familie als „tolle, spinnerte Leute" beschreibt, die „nett waren und ein bisschen durchgeknallt, verdammt gutes Essen machten und außerdem wahnsinnig viel wussten – außer wo der Supermarkt ist" (S. 134).

Aus den weiteren Stationen der Reise, die in ähnlicher Weise als Fremdheitserfahrungen gedeutet werden können, soll eine Episode genauer analysiert werden: die Begegnung mit Isa, einem Mädchen, dem Maik und Tschick auf einer riesigen Müllkippe begegnen, wo die beiden einen Schlauch suchen, um Benzin aus einem fremden Auto zapfen zu können. Obwohl Isa von den Jungen mehrfach verjagt wird, verfolgt sie die beiden bis zu deren Auto. Dort erweist sich das Mädchen dann als überraschend nützlich, da sie als einzige weiß, wie man mit Hilfe eines Schlauchs Benzin aus einem fremden Tank in einen Kanister bekommt. Weil Isa sich nicht abwimmeln lässt, nehmen die beiden das Mädchen schließlich mit. Die gemeinsame Weiterfahrt führt sie an einen Stausee, wo Maik und Isa sich nach einem Bad näher kommen. Die Fremdheitserfahrung, der Maik sich dabei ausgesetzt sieht, besteht in der Konfrontation mit einer völlig anderen Art, über Sexualität zu sprechen. Nachdem Maik Isa die Haare geschnitten hat und noch darüber nachdenkt, wie er ihr sagen kann, wie schön er das gefunden habe, fragt Isa ihn völlig unvermittelt: „Hast du schon mal gefickt?" (S. 171).

Die Szene ist als Darstellung einer Fremdheitserfahrung zu verstehen, bei der Isas Frage beunruhigend in Maiks Sprach- und Gefühlswelt einbricht. Der Roman lässt die Leser an dieser Fremdheitserfahrung und dem dadurch ausgelösten Bildungsprozess teilhaben, indem sowohl die Irritation als auch Maiks Reaktion darauf anschaulich geschildert werden. Nachdem Maik Isas überraschende Frage verneint hat, setzt sie hinzu: „Willst du?" (ebd.). Auf Maiks abermals verneinende Antwort folgt dann diese Passage:

> „Was hatte Isa da gerade gesagt? Was hatte ich geantwortet? Es waren nur ungefähr drei Worte, aber – was bedeuteten sie? Mein Gehirn nahm ungeheuer Fahrt auf, und ich würde schätzungsweise fünfhundert Seiten brauchen, um aufzuschreiben, was mir in den nächsten fünf Minuten alles durch den Kopf ging. [...] Ich fragte mich [...] hauptsächlich, ob Isa das ernst

gemeint hatte, und auch, ob ich das ernst gemeint hatte, als ich gesagt hatte, dass ich nicht mit ihr schlafen will, falls ich das überhaupt gesagt hatte. Aber tatsächlich wollte ich gar nicht mit ihr schlafen. Ich fand zwar Isa toll und immer toller, aber ich fand es eigentlich auch vollkommen ausreichend, in diesem Nebelmorgen dazusitzen und ihre Hand auf meinem Knie zu haben, und es war wahnsinnig deprimierend, dass sie die Hand jetzt wieder weggenommen hatte. Ich brauchte eine Ewigkeit, bis ich mir einen Satz zurechtgelegt hatte, den ich sagen konnte. Ich übte den Satz in Gedanken ungefähr zehnmal, und dann sagte ich mit einer Stimme, die klang, als würde ich gleich einen Herzinfarkt kriegen: ‚Aber ich fand es schön mit deiner ...ähchrrm. Hand auf meinem Knie'" (S. 172).

Die durch Isas unerwartete Frage ausgelöste Flut von Gefühlen und Gedanken verdeutlicht, wie irritierend diese Frage in Maiks „Ordnung" eingebrochen ist. Die Befremdung beruht nicht nur auf der Ungewissheit, was die Frage und seine Antwort bedeuten bzw. wie ernst beide gemeint waren, sondern auch darauf, dass durch Isas Frage auch die Frage aufgeworfen wurde, wie er mit seinen eigenen Wünschen und Gefühlen umgehen soll.
Betrachtet man Maiks Reaktion auf diese Befremdung aus Waldenfels' Perspektive, so ist zunächst daran zu erinnern, dass die beiden Jungen auf der Müllkippe Isa nur als Bedrohung wahrnahmen und dementsprechend mit Ausgrenzung reagierten. Ihr Umgang mit Isa im Blick auf das Benzinzapfen dagegen lässt sich als „Aneignung des Fremden" interpretieren, die sich Isas Kenntnisse zunutze macht, ohne sich auf deren Fremdheit wirklich einzulassen. Die im obigen Zitat zum Ausdruck kommende Suche Maiks nach einer Antwort auf Isas Frage aber wäre in der Waldenfels'schen Terminologie als „produktive Antwort auf den Anspruch des Fremden" zu bezeichnen. Produktiv ist die Antwort, insofern es Maik, der Mädchen bisher nur aus der Ferne angehimmelt hat, hier zum ersten Mal gelingt, seine Gefühle in Worte zu fassen. Dass diese Antwort nicht einfach nur sein „Werk" darstellt, sondern – in Waldenfels' Worten – *zwischen* ihm und Isa entsteht, wird auch am Fortgang der Szene deutlich. Das Gespräch geht nämlich so weiter, dass Isa sagt: „Wir könnten ja auch erst mal küssen. Wenn du magst" (ebd.), womit sie zwar im selben schnoddrigen Ton verbleibt, aber zugleich Bereitschaft signalisiert, sich auf Maiks anderen Umgang mit Sexualität einzulassen.
Aus dem Küssen wird freilich nichts, weil nun Tschick vom Brötchenholen wiederkommt und Isa sich wenig später einer fremden Reisegruppe anschließt, um ihre Halbschwester in Prag zu besuchen. Maik bleibt nur Isas Versprechen, sich zu melden, sowie eine Verabredung, sich zu dritt in fünfzig Jahren wieder zu treffen. Aus bildungstheoretischer Perspektive aber bleibt die Frage nach Bedingungen, die den beschriebenen Prozess der Transformation des Welt- und Selbstverhältnisses ermöglichen oder zumindest begünstigen. Darauf ist dem Roman eine doppelte Antwort zu entnehmen. Die erste

deutet der Romantitel an, der Tschick zum Titelhelden erklärt. Das lässt sich als Hinweis verstehen, dass Bildungsprozesse im Sinne der Verflüssigung etablierter Welt- und Selbstverhältnisse durch die Beziehung zu signifikanten Anderen befördert werden können, deren Fremdheit vertraute Denkweisen und Orientierungsmuster in Frage stellt, deren Zugewandtheit aber zugleich emotionalen Rückhalt bietet und das Experimentieren mit Welt- und Selbstdeutungen erleichtert. Tschick erweist sich als Hauptfigur, indem er die ganze Reise über ein verlässlicher Freund ist, der sich am Ende Maik gegenüber sogar als schwul outet – allerdings erst, nachdem er ihm seine Wirkung auf Mädchen erklärt und ihn so vom Gefühl befreit hat, ein Langweiler zu sein.

Die zweite Antwort auf die Frage nach Gelingensbedingungen transformatorischer Bildungsprozesse wird in der Metapher der „Walachei" angedeutet. Entscheidend für Maiks Bereitschaft, sich von etablierten Weltdeutungen zu lösen und neue Denk- und Verhaltensweisen auszuprobieren, ist der Charakter der Reise als unbestimmter Möglichkeitsraum, der etablierte Ordnungen außer Kraft setzt und das Experimentieren mit Neuem erlaubt. Der Aufbruch in die „Walachei" im Sinne eines Orts fernab gewohnter Koordinaten erweist sich so als ausschlaggebende Öffnung, und es ist kein Zufall, dass die irritierenden Begegnungen mit fremden Menschen und Verhaltensweisen sich jenseits der gewohnten räumlichen Umgebung Maiks vollziehen. Bildung, so könnte man daraus schließen, bedarf der räumlichen Distanz zum Hergebrachten im wörtlich-geographischen Verständnis wie im übertragenen Sinn einer Lockerung etablierter Ordnungen, und Fremdheitserfahrungen im beschriebenen Sinn stellen dafür in besonderer Weise Gelegenheiten bereit.

Was das für die Orientierungsfunktion des Bildungsbegriffs im Blick auf das pädagogische Handeln bedeutet, wäre Thema eines eigenen Beitrags. Hier sei nur festgehalten, dass der im Roman geschilderte Bildungsprozess sich gerade in Abwesenheit pädagogischer Instanzen wie Eltern oder Lehrer vollzieht. Bildung, verstanden als eine durch Fremdheitserfahrungen ausgelöste Transformation von Welt- und Selbstverhältnissen, kann also – folgt man den von *Tschick* gelegten Spuren – ganz unabhängig von pädagogischen Interventionen stattfinden, ja vielleicht müsste man sogar sagen: kann durch pädagogisches Handeln weder bewirkt noch veranlasst, sondern allenfalls ermöglicht werden. Trotzdem aber wäre Pädagoginnen und Pädagogen die Lektüre des Romans ans Herz zu legen – und sei es nur, um eine Ahnung davon zu bekommen, was Bildung *auch* bedeuten kann.

Literatur

Herrndorf, W. (2011): Tschick. Roman. 7. Aufl. Berlin.

Humboldt, W.v. (1960-81): Werke in fünf Bänden, hrsg. von Flitner, A.; Giel, K. Darmstadt.

Klafki, W. (1992): Allgemeinbildung in der Grundschule und der Bildungsauftrag des Sachunterrichts. In: Lauterbach, R.; Köhnlein, W.; Spreckelsen, K.; Klewitz, E. (Hrsg.): Brennpunkte des Sachunterrichts. Kiel, S. 11-31.

Kokemohr, R. (2007): Bildung als Welt- und Selbstentwurf im Fremden. Annäherungen an eine Bildungsprozesstheorie. In: Koller, H.-C.; Marotzki, W.; Sanders, O. (Hrsg.): Bildungsprozesse und Fremdheitserfahrung. Beiträge zu einer Theorie transformatorischer Bildungsprozesse. Bielefeld, S. 13-69.

Koller, H.-C. (2012): Bildung anders denken. Einführung in die Theorie transformatorischer Bildungsprozesse. Stuttgart.

Koller, H.-C. (2014a): Bildung als Textgeschehen. Zum Erkenntnispotenzial literarischer Texte für die Erziehungswissenschaft. In: Zeitschrift für Pädagogik, 60, 3, S. 333-349.

Koller, H.-C. (2014b): Bildung unter den Bedingungen kultureller Pluralität. Zur Darstellung von Bildungsprozessen in Wolfgang Herrndorfs Roman „Tschick". In: Rosenberg, F.v.; Geimer, A. (Hrsg.): Bildung unter Bedingungen kultureller Pluralität. Wiesbaden.

Marotzki, W. (1990): Entwurf einer strukturalen Bildungstheorie. Biographietheoretische Auslegung von Bildungsprozessen in hochkomplexen Gesellschaften. Weinheim.

Mecheril, P.; Hoffarth, B. (2009): Adoleszenz und Migration. Zur Bedeutung von Zugehörigkeitsordnungen. In: King, V.; Koller, H.-C. (Hrsg.): Adoleszenz – Migration – Bildung. Bildungsprozesse Jugendlicher und junger Erwachsener mit Migrationshintergrund. 2., erw. Aufl. Wiesbaden, S. 239-258.

Seibt, G. (2010): Zauberisch und superporno. URL: www.sueddeutsche.de/kultur/wolfgang-herrndorf-tschick-zauberisch-und-superporno-1.1011229 [12.08.2014]

Waldenfels, B. (1997): Topographie des Fremden. Studien zur Phänomenologie des Fremden 1. Frankfurt/M.

Knut Schwippert

Wie viel Bildung steckt in groß angelegten Schulvergleichsuntersuchungen?

The concept of education has a long tradition in Germany. Even if there are very different contentual interpretations of the term "education", there is a coherent conviction that education is not measurable – particularly in the normative and liberal arts oriented pedagogy. In the mid-1990s, a deviating perspective was introduced by psychometrically educated empirical educational researchers. This caused a polarization: in the light of emerging large scale educational research studies and their intensive perception, the discussion about what is or should be subject of such studies was animated in the German-speaking education. It was also discussed whether and in what way the success of educational processes could be measured empirically. A widespread incomprehension on both sides, the humanities-oriented and the empirical point of view, stimulated the debate without constructively connecting the positions. This connection only succeeded once the idea of integrating both approaches was discarded. Instead an awareness of possibilities and limits of the different scientific approaches began to establish.

Der Bildungsbegriff hat in Deutschland eine lange Tradition. Aber so vielfältig auch die inhaltliche Interpretation des Begriffs ausfällt, so einheitlich erscheint insbesondere in der geisteswissenschaftlich geprägten, normativ orientierten Pädagogik die Meinung, dass Bildung nicht messbar sei. Als psychometrisch ausgebildete empirische Bildungsforscher Mitte der 1990er Jahre in die wissenschaftliche Diskussion über Bildung eine etwas abweichende Perspektive einbrachten, begannen sich rasch Fronten zu bilden: Vor dem Hintergrund aufkommender groß angelegter Schulvergleichsuntersuchungen und deren intensiver Rezeption belebte sich in der deutschsprachigen Erziehungswissenschaft die Diskussion darüber, was Gegenstand solcher Untersuchungen sei bzw. sein sollte, und auch darüber, ob und wie die Erfolge von Bildungsprozessen in diesen Untersuchungen empirisch erfassbar seien. Ein verbreitetes gegenseitiges Unverständnis der geisteswissenschaftlichen und empirischen Sichtweisen belebte diese Diskussion, ohne sie zunächst jedoch konstruktiv zu verbinden. Diese Verbindung gelang erst, als der Gedanke, beide Ansätze zu integrieren, aufgegeben wurde. An seiner Stelle begann sich ein Bewusstsein über die jeweiligen Möglichkeiten und Grenzen der verschiedenen wissenschaftlichen Ansätze zu etablieren.

Die vorliegenden Ausführungen möchten einen Beitrag dazu leisten, diese – inzwischen auch konstruktiv geführten – Auseinandersetzungen zu intensivieren: Was ist Bildung? Wie kann man sie im Rahmen von schulischem Unterricht fördern? Und wie viel von dem, was mit dem Bildungsbegriff verbunden wird, steht im Blickpunkt moderner, groß angelegter Schulvergleichsstudien? Hierbei gilt es insbesondere den Befürchtungen entgegen zu treten, dass zugunsten einer empirischen Erfassung von Bildung nur einzelne, gut messbare Merkmale in den Fokus rücken und es somit zu einer Einengung und damit auch zu einer Verarmung des Bildungsbegriffs kommt. Dies kann und liegt weder im Interesse der geisteswissenschaftlichen noch der empirischen Erziehungswissenschaft.

1. Einordnung des Themas

Um die Relation des Bildungsbegriffs und der Forschungsgegenstände der empirischen Bildungsforschung, so wie sie im Rahmen von groß angelegten Schulvergleichsuntersuchungen umgesetzt wird, nachvollziehbar zu machen, gilt es zunächst, (Arbeits-)Definitionen von Begriffen bzw. dem Verständnis über diese abzuleiten. Hierzu wird ein kursorischer historischer Blick auf Definitionen und Auslegungen von Bildung vorangestellt, um so Merkmale kenntlich zu machen, die für eine empirische Annäherung an das, was Bildung ausmacht, wichtig erscheinen.

Die Tradition der empirischen Bildungsforschung ist dadurch geprägt, dass das, was empirisch erfasst werden soll, zunächst definiert wird. Bei komplexen Situationen, Gegenständen oder Verhalten werden als relevant bekannte Merkmale beschrieben, die dann als einzelne oder Bündel von Repräsentanten für das empirisch zu Erfassende stehen. Die Interpretation der empirischen Daten, die auf diesen Indikatoren bzw. Skalen basieren, lässt schließlich einen Rückschluss auf die Ausprägung bzw. Beschaffenheit der beschriebenen Situationen, Gegenstände oder des Verhaltens zu und machen diese – in ihren empirischen Relativen – messbar. Die Definition der Merkmale muss somit der Logik empirischer Untersuchungen folgen und die so definierten Merkmale müssen, ganz im Sinne des Ursprungs des Wortes Empirie, mit den Sinnen erfassbar sein. Definitionen, die auf Merkmale von

Bildung verweisen, die nicht diese Eigenschaften aufweisen, entziehen sich der Möglichkeit der empirischen Erfassung. Es gilt also – gerade mit dem Blick auf den Bildungsbegriff – zu beschreiben, was diesen im Sinne der Auseinandersetzung mit der Umwelt ausmacht und wie dieser im Handeln, in Einstellungen oder Werthaltungen Konkretisierung erfährt. Anders ausgedrückt geht es also darum, Bildung anhand der Performance (dem gezeigten Verhalten) von Personen in natürlichen oder artifiziellen Situationen empirisch (mit den Sinnen) feststellbar zu machen. Was macht also Bildung in diesem Sinne aus?

2. Was ist „Bildung"?

Der bis heute wirkungsmächtige Bildungsbegriff entwickelte sich im deutschsprachigen Raum historisch als Antwort auf den Bildungsbegriff der Aufklärung (vgl. Koller 2008). Immanuel Kant hat an der Wende zum 18. Jahrhundert „Erziehung" auf eine Weise definiert, die dem späteren neuhumanistischen Bildungsbegriff vorarbeitete: Es ging darum, „[s]ich selbst besser [zu] machen, sich selbst [zu] kultivieren und ... Moralität bei sich hervorzubringen" (Kant, zitiert nach Klafki 2007, S. 20). Hier spiegelt sich eine starke gesellschaftliche Normvorstellung über das, was jemanden ausmacht, der gut ist bzw. etwas besser macht, wider. Gerade der Aspekt der Moralität verweist auf Einstellungen und Werthaltungen, die sich im Handeln zum Ausdruck bringen und die sich letztendlich positiv auf die Gesellschaft auswirken. Kants differenzierte Bestimmung des erzieherischen Spannungsverhältnisses zwischen der gesellschaftlich geprägten (äußerlichen) Disziplinierung, Kultivierung und Zivilisierung einerseits und der individuellen (innerlichen) Moralisierung andererseits setzte sich entsprechend schon zeitgenössisch nicht durch: Vor allem die philanthropisch orientierte Pädagogik des späten 18. Jahrhunderts proklamierte stattdessen das einseitige Ideal der Industrialisierung, eine Erziehung zur gesellschaftlichen und ökonomischen Brauchbarkeit (vgl. Koller 2008).

Um 1800 gewinnt dann der Bildungsbegriff in der wissenschaftlichen Pädagogik als Gegenentwurf zur Brauchbarkeitserziehung an Bedeutung. Der neuhumanistische Bildungsgedanke ist inspiriert von der antiken *paideia*, er betont die Vernunftbegabung des Menschen (Klafki 2007, S. 18): Bildung wird hier als ein auf das Individuum bezogener Prozess unter Berücksichtigung gesellschaftlicher Dimensionen verstanden. Es zeichnet sich ab, dass mit Bildung nicht nur Perspektiven von Privilegien, sondern auch Verantwortungen gegenüber anderen verbunden sind.

Humboldt stellt das Individuum und seine Entwicklung in das Zentrum seiner Betrachtungen. Für ihn steht Bildung für die Entfaltung von Individualität im Sinne einer Einzigartigkeit, die von einer selbständigen Entwicklung geprägt ist (vgl. z.B. Benner 1990, Koller 2008). Bildung ist nach Humboldt Selbstbildung und stellt einen unabgeschlossenen Prozess dar. Aber auch er sieht in der Bildung nicht einen Selbstzweck für die einzelnen Personen. Auch für Humboldt ist es eine Frage der Moral, dass sich gebildete Personen in der Gesellschaft engagieren müssen: „Erstes Gesetz: Bilde dich selbst und nur ihr zweites: wirke auf andere durch das, was du bist. Diese Maximen sind mir so zu eigen, als dass ich mich je von ihnen trennen könnte" (Humboldt, zitiert nach Lahner 2011, S. 35). Die Bildungskategorien nach Humboldt „Individualität, Totalität und Universalität" sind bis heute prägend für die Diskussion über den Bildungsbegriff (vgl. Gudjons 2003, S. 90).

Geprägt durch den Zeitgeist bedeutete Bildung dato insbesondere humanistische Bildung in Auseinandersetzung mit dem Griechentum, mit Literatur und Ästhetik. Im Laufe des 19. Jahrhunderts erfuhr der Bildungsbegriff (aus heutiger Sicht) eine Entwertung. Die von Humboldt geforderte allseitige Kräftebildung wurde durch eine allseitige Sachbildung ersetzt. Bildung wurde somit nicht als Entwicklungsprozess des Individuums und seines Handelns verstanden, sondern auf die Summe von Kenntnissen reduziert, über die man verfügen musste. Dies spiegelte sich auch an der Gesellschaftsordnung wider, so dass es zu einer Zweiteilung des Bildungsbegriffs kam. Zum einen wurde eine einfache (volkstümliche) Bildung für einfache Leute beschrieben; zum anderen eine höhere Bildung für das gehobene Bürgertum, bei dem diese Art der Bildung dann auch als besonderes Privileg verstanden wurde. Eine Ablösung des Verständnisses von Bildung als bloßem Wissen und Tüchtigkeit zeigt sich dann erst wieder im Erstarken der geisteswissenschaftlichen Pädagogik, u.a. bei Spranger, Weniger und Nohl. Für sie stellt Bildung wieder stärker eine Persönlichkeitsentwicklung durch eine Auseinandersetzung mit geistigen Werten und Kulturgütern dar. Die Entfaltung der Identität geschieht hierbei in der bildenden Auseinandersetzung mit der Sach- und Mitwelt (Einsiedler et al. 2001, S. 186).

Sich nun geschichtlich dem späten 20. und angebrochenen 21. Jahrhundert nähernd, sei hier erneut exemplarisch auf Klafki (2007) verwiesen. Nach seiner Auffassung bedeutet Bildung die Befähigung zu vernünftiger Selbstbestimmung, Mitbestimmung und Solidaritätsfähigkeit, die zur Gewinnung von Individualität und Gemeinschaftlichkeit führt. Sein Bildungsverständnis ist nicht nur auf Gegenwärtiges gerichtet, vielmehr ist für ihn eine Subjektwerdungen nur im Medium des Allgemeinen möglich. Bildung stellt für ihn eine

Auseinandersetzung mit der geschichtlich gewordenen Gegenwart und der sich abzeichnenden Zukunft dar. In der Moderne gestaltet sich das Bildungsverständnis vielseitig und umfasst vor allem kognitive, emotionale, ästhetische, soziale und praktisch-technische Dimensionen. Dieses Bildungsverständnis führt traditionelle Werte von Bildung im Sinne der individuellen Entwicklung für die Gemeinschaft konsequent in die heutige Zeit, in dem die Kulturorientierung ihren kleinräumigen Charakter verliert und somit der modernen, vielschichtigen und vor allem globalisierten Gesellschaft Rechnung trägt. Die gebildete Anerkennung unterschiedlicher Kulturen führt in diesem Sinne zwangsläufig zur Akzeptanz und Toleranz ganz unterschiedlicher Kulturräume, die sich über moderne Medien immer schneller erschließen – aber, aufgrund anderer kultureller und unterschiedlich geprägter historischer Erfahrungen, nicht unmittelbar und vorurteilslos interpretieren lassen.

Bildung wird hiermit zu einem Schlüssel bei der Befähigung, sich in einer wandelnden Welt zurechtzufinden, sich in dieser zu bewegen und sie mit zu prägen. Nach Reich ist Bildung „keine Einzelerfahrung, sondern ein Verständigungsprozess in Beziehungen" (Reich 2002, S. 101). Dieses moderne Bildungsverständnis verweist deutlich auf die verbale, aber auch inhaltliche Kommunikationsfähigkeit, um sich selbstbestimmt in einer Gesellschaft zurechtzufinden, sich zu bewegen und sie auch verantwortungsvoll mitzugestalten. Dies Verständnis von Bildung setzt in einer modernen Gesellschaft die Beherrschung verschiedener Kulturtechniken voraus. Um in dieser Gesellschaft selbständig, selbstbestimmt aber auch verantwortungsvoll agieren zu können, rücken mit Blick zum Beispiel auf die deutsche (oder auch europäische) Gesellschaft verschiedene Kulturtechniken in den Fokus, „die als grundlegende Prämissen für die Teilhabe an gesellschaftlicher Kommunikation durch schulische Arbeit universalisiert werden müssen – als historische Gestalt dessen, was heute allgemeine Bildung heißen kann" (Tenorth 2005, S. 26): Erst lesen und schreiben zu können, eröffnet jemandem, an einer modernen Informationsgesellschaft teilzuhaben. Aber auch Kenntnisse in den Naturwissenschaften stellen – wie später noch gezeigt wird – wichtige Voraussetzungen dar, sich selbstbestimmt und verantwortungsvoll in der Gesellschaft zu bewegen, sich in und mit ihr zu entwickeln.

Vor dem Hintergrund historischer Entwicklungen stellen diese Kulturtechniken wichtige Elemente in der schulischen Ausbildung von Kindern und Jugendlichen dar. Neben kognitiven Fähigkeiten stellen aber auch persönliche Interessen und Motivationen wichtige Bausteine für den Aufbau individueller Bildung dar. Interessen- und Motivationslagen spielen wichtige Rollen für die (individuelle) selbständige, selbstbestimmte und eigenverantwortliche Entwicklung in und mit der Gesellschaft. Sie bilden den Ausgangspunkt, um im Rahmen gesellschaftlicher Normen z.b. Kultur mit zu gestalten und Verantwortung für andere zu übernehmen (vgl. z.B. Tenorth 1994, S. 100f.). Bildung drückt sich über Wissen und Können aber auch über Werthaltungen im Handeln aus. Dieses „gebildete" Verhalten, und hier schließt sich ein erster Kreis, ist beobachtbar und damit auch als Teil von Bildung empirisch erfassbar (Rauschenbach et al. 2004, S. 21-22).

3. Der Bildungsbegriff in der (empirischen) Bildungsforschung

Seitdem Deutschland nach 20-jähriger Abstinenz seit Anfang der 1990er Jahre wieder regelmäßig an internationalen Schulvergleichsuntersuchungen teilnimmt (Schwippert/ Goy 2008) und es damit zu einer Belebung der deutschen empirischen Bildungsforschung gekommen ist, wurden auch zunehmend kleinere und größere empirische Schul- und Unterrichtsstudien durchgeführt. PISA (Programme for International Student Assessment) ist an vielen Stellen zum Synonym für viele solcher empirischen Untersuchungen geworden. Je nach Anlage und Durchführung dieser Studien unterscheiden sich jedoch die Zielsetzungen und auch die Interpretations-Reichweite der Befunde zum Teil erheblich. Groß angelegte Schulvergleichsuntersuchungen sind in erster Linie dazu angelegt, Informationen über das Bildungssystem zu ermitteln, die helfen, diese zu verbessern. Der Fokus liegt hierbei also nicht auf den einzelnen Schülerinnen und Schülern oder dem konkreten Unterricht, sondern vielmehr auf Unterrichtsstrukturen, Schulorganisationen, aber auch auf Merkmalen der Bildungsadministration und -politik. Hinweise für die verbesserte Förderungen einzelner Schülerinnen oder Schüler lassen sich hier in der Regel nicht ableiten. Zur Beantwortung von Fragen zur Beantwortung individueller Förderung wären spezifische Untersuchungen zum Unterricht – ggf. auch in experimentellen Designs – besser geeignet. Bei diesen Untersuchungen lassen sich Aussagen über kausale Wirkungen von Rahmenbedingungen, Voraussetzungen oder Lernprozessen auf den Lernerfolg treffen, jedoch weder über die Struktur des Bildungssystems, in den diese untersuchten Probanden eingebunden sind, noch über das System als Ganzes. Auch die Wahrnehmung bzw. Rezeption von Untersuchungen hängt von deren Anlage und Durchführung ab. Je spezifischer eine Untersuchung und je kleinräumiger diese angelegt ist, umso weniger wird sie ihren Beitrag in der allgemeinen Debatte um Bildung leisten. Sind Studien jedoch zum einen umfassend gestaltet und nehmen sie zum anderen auch verschiedene Aspekte des Bildungssystems in den Blick, und sind schließlich die Befunde auch über die Stichprobe hinaus generalisierbar, lassen sich hierüber auch allgemeinere Diskussionen – auch zum generellen Bildungsverständnisses eines Bildungssystems – führen.

Die starke Wahrnehmung von PISA in der (Fach-)Öffentlichkeit führte dazu, dass die hier dokumentierten Befunde und Inhalte eine normative Kraft entwickelt haben. Eine Nebenwirkung der nicht immer fachlich geführten Diskurse führte bei einigen Debatten dazu, in PISA- und nicht-PISA-Fächer zu unterscheiden, was wiederum bei verschiedenen Akteuren im Bildungssystem und der Bildungsforschung dazu führte, hieraus die Wertigkeit der Fächer abzuleiten bzw. anzuerkennen. Fächer, die nicht in PISA untersucht wurden, erschienen einigen Akteuren damit auch weniger wichtig, als die in PISA untersuchten. Diese Engführung und ungerechtfertigte Wertigkeitswahrnehmung führte dazu, dass Befürchtungen laut wurden, dass PISA auch vielschichtig geführte Diskurse über Bildung verkürzen oder gar einschränken könnte. Dieses Missverständnis antizipierend hat das die PISA-Studie verantwortende deutsche Konsortium veranlasst, hierzu Stellung zu nehmen:

> „Man kann gar nicht nachdrücklich genug betonen, dass PISA keineswegs beabsichtigt, den Horizont moderner Allgemeinbildung zu vermessen, oder auch nur die Umrisse eines internationalen Kerncurriculums nachzuzeichnen. Es ist gerade Stärke von PISA, sich solchen Allmachtsfantasien zu verweigern" (Baumert et al. 2001, S. 21).

Weiter heißt es: „PISA beansprucht, Basiskompetenzen zu erfassen, die in modernen Gesellschaften für eine befriedigende Lebensführung in persönlicher und wirtschaftlicher Hinsicht sowie für eine aktive Teilnahme am gesellschaftlichen Leben notwendig sind" (Baumert et al. 2001, S. 29). Hiermit unterstreichen die Autoren, dass nicht die Bildung selbst, doch aber notwendige Voraussetzungen, um sich zu bilden (s.o.), Gegenstand ihrer Untersuchung sind. Somit erscheint die Diskussion über die PISA-Studie kompatibel mit den Diskursen über Bildung, wie sie z.B. Kant, Humboldt oder Klafki geführt haben – ohne sie jedoch ersetzen zu wollen.

4. Empirische Annäherung an den Bildungsbegriff

In vielen empirischen Untersuchungen bezog man sich in den letzten Jahren auf eine Kompetenzdefinition von Weinert:

> „Dabei versteht man unter Kompetenzen die bei Individuen verfügbaren oder durch sie erlernbaren kognitiven Fähigkeiten und Fertigkeiten, um bestimmte Probleme zu lösen, sowie

die damit verbundenen motivationalen, volitionalen und sozialen Bereitschaften und Fähigkeiten, um die Problemlösungen in variablen Situationen erfolgreich und verantwortungsvoll nutzen zu können" (Weinert 2001, S. 27).

Der Kompetenzbegriff stellt dabei kein Substitut für den bzw. einen Bildungsbegriff dar. Vielmehr bietet der Kompetenzbegriff im Rahmen empirischer Untersuchungen die Voraussetzung zur Fokussierung auf empirisch erfassbare (messbare) Indikatoren bzw. Skalen, die für das Handeln von Schülerinnen und Schülern notwendig erscheinen. Kompetenzen im Sinne Weinerts lassen sich anhand einzelner Handlungen (Performance) empirisch dokumentieren, während es bei der Bildung eben um die verantwortungsvolle Nutzung dieser Kompetenzen geht, die Personen befähigen, ein selbständiges, selbstbestimmtes und auch verantwortungsvolles Leben zu führen. Auch die Summe verschiedener Kompetenzen (z.B. fachlicher oder fachübergreifender Leistungen, Wissen oder Können, kognitiver Kompetenzen oder Handlungskompetenzen, vgl. Weinert 2001) macht noch keine Bildung aus – hierzu fehlen neben den motivationalen, volitionalen und sozialen Bereitschaften auch Werthaltungen und Wissen, sich verantwortungsvoll in einer kulturell geprägten Gesellschaft zu bewegen und einen eigenen Beitrag zu dieser zu liefern.

Somit sind auch die in internationalen Schulvergleichsuntersuchungen erhobenen Kompetenzen nicht mehr, aber auch nicht weniger bedeutsam für die Bildung der untersuchten Schülerinnen und Schüler.

Für die in Schulen realisierten Lehrangebote spielen Curricula eine zentrale Rolle und stellen für die Bildungspolitik und die Bildungsadministration neben strukturellen Veränderungen eine wichtige Möglichkeit dar, nachhaltig auf die Kompetenzen von Schülerinnen und Schülern und damit auch mittelbar auf deren Bildung(sniveau) Einfluss zu nehmen. Entscheidungen darüber also, was Eingang in das Curriculum findet, beeinflussen – auch bei unsicherer Wirkungskette – unmittelbar, wie Schülerinnen und Schüler auf ihre Zukunft und damit im Sinne einer Allgemeinbildung zu mündigen, selbstbestimmten und auch verantwortungsvollen Mitgliedern der Gesellschaft vorbereitet werden.

Im Zusammenhang mit der Gestaltung von Curricula steht die Frage, was in dieses als Bildungsziel mit aufzunehmen sei. Unstreitig erscheinen Kulturtechniken wie Lesen und Schreiben, ohne die man in unserer modernen Informationsgesellschaft nicht selbständig und unabhängig agieren kann. Doch welchen Stellenwert haben hierbei die Naturwissenschaften? Eine Frage, die sich seit Generationen viele Schülerinnen und Schüler gestellt haben, die diese Fächer weder mochten noch ihre Zukunft in diesen „Bereich" gesehen haben. Hier sei nochmals das Verhältnis von Bildung und Kompetenz in Erinnerung gerufen: Kompetenzen als notwendige Voraussetzungen für Bildung – einer Bildung, die dazu befähigt, ein selbständiges, selbstbestimmtes und verantwortungsvolles Leben in einer Gesellschaft zu führen. Welches Verständnis bei der Erfassung von naturwissenschaftlichen Kompetenzen liegt groß angelegten Schulvergleichsuntersuchungen zugrunde? Der von der internationalen Studienleitung gesehene Stellenwert von naturwissenschaftlichem Wissen lässt sich der Rahmenkonzeption (Framework) der TIMS-Studie (siehe Tabelle 1) entnehmen. TIMSS steht für Trends in International Mathematics and Science Study und erhebt im internationalen Vergleich u.a. Basiskompetenzen in den Naturwissenschaften bei Kindern am Ende der Grundschulzeit.

Tabelle 1: TIMSS 2011 Framework: Bedeutung naturwissenschaftlicher Kompetenzen aus internationaler Perspektive

> In today's world, some understanding of science is imperative if citizens are to make informed decisions about themselves and the world in which they live. Every day they are faced with a barrage of information, and sifting fact from fiction is possible only if they have the tools to accomplish this. It is important, therefore, to make certain that students leaving high school are equipped with a fundamental understanding of science such that the decisions they make are informed decisions. Students in the early grades have a natural curiosity about the world and their place in it, thus it is appropriate for them to start to learn the basics of science at a young age. This knowledge and understanding should be built upon throughout their schooling so that when as adults they are faced with making decisions that relate to such diverse issues as the treatment of diseases, global warming, and applications of technology, they are able to do so from a sound scientific basis.
> (URL: timss.bc.edu/timss2011/downloads/TIMSS2011_Frameworks.pdf [22.07.2014], p. 49).

Die sehr handlungsorientierte Beschreibung der Bedeutung von Kompetenzen in Naturwissenschaften lässt ihre Nähe zum Deutschen Bildungsverständnis erkennen. Die Nähe dieses Verständnisses von naturwissenschaftlichen Kompetenzen zum Bildungsbegriff wird in der durch die deutsche Wissenschaftstradition geprägten Übersetzung unübersehbar (siehe Tabelle 2). Der Beschreibung in Tabelle 2 ist somit zu entnehmen, dass eine Auseinandersetzung mit Naturwissenschaften eine wichtige Basis für die berufliche Zukunft und den persönlichen Erfolg im Leben der Schülerinnen und Schüler darstellt und somit eine notwendige Voraussetzung für deren Bildung ist.

Tabelle 2: TIMSS 2011 Bedeutung naturwissenschaftlicher Kompetenzen aus deutscher Perspektive

> Naturwissenschaftliche Erkenntnisse und Denkweisen finden Anwendung in nahezu allen Bereichen des alltäglichen Lebens, von Fragen der Gesundheit bis hin zu Fragen der globalen Erhaltung der Umwelt. Naturwissenschaften helfen dem Einzelnen, sich mit alltäglichen Fragen und Phänomenen verständig auseinanderzusetzen. Aber auch um an der öffentlichen Diskussion über Themen, die Bezüge zu Naturwissenschaften aufweisen, verantwortungsvoll teilnehmen zu können, sollten Schülerinnen und Schüler ein grundlegendes Verständnis naturwissenschaftlicher Konzepte und Verfahrensweisen entwickeln. Ein naturwissenschaftliches Grundverständnis bildet außerdem das Fundament für späteres Lernen in der beruflichen Ausbildung.
> (Kleickmann et al. 2012, S. 123)

5. Erfassung von Kompetenzen im Rahmen groß angelegter Schulvergleichsuntersuchungen

Gerade bei verkürzten oder in Unkenntnis geführten Diskussionen über Schulvergleichsstudien wird häufig das Vorurteil geäußert, diese Studien würden zur Einengung des Bildungsbegriffs führen und dessen Komplexität nicht gerecht werden. Wie oben bereits beschrieben, liegt es ausdrücklich nicht im Interesse derer, die diese Studien durchführen, Bildung zu vermessen. Vielmehr bemühen sie sich, ein möglichst umfassendes Bild eines komplexen Systems mit Hilfe empirischer Untersuchungsmethoden zu erfassen, unter anderem mit der Zielsetzung, Steuerungswissen für die Bildungsadministration und -politik (also auf der Makro-Ebene des Bildungssystems) bereit zu stellen. Der Fokus dieser Untersuchungen liegt nicht primär auf der Meso- bzw. Mikroebene des Bildungssystems (also den Unterrichtsprozessen und individuellen Entwicklungen von Schülerinnen und Schülern als Adressaten von Bildung). Die von den Schülerinnen und Schülern, ihren Eltern, Lehrkräften und Schulleitungen erfragten Informationen dienen vielmehr als Indikatoren zur Beschreibung des Bildungssystems und nicht zur Diagnose von Individuen.

Ganz im Sinne eines breiten Verständnisses von Bildung werden in solchen Studien nicht nur verschiedene Kompetenzen (Leistungsergebnisse) erfasst, sondern auch individuelle Voraussetzungen der Schülerinnen und Schüler wie zum Beispiel Interessen und Motivation erhoben, ohne jedoch – dies sei hier nochmals betont – den Anspruch zu erheben, Bildung zu messen.

Deutlich wird, dass aufgrund der Befragung von verschiedenen Akteuren im Bildungssystem verschiedene, ineinander greifende Zusammenhänge beschrieben werden können, die sich aus der jeweiligen Erhebung auf nur einer Ebene des Bildungssystems (bzw. Unterrichtsanalyse oder Individualdiagnostik von Schülerinnen und Schülern) nicht erschließen würden.
Wie werden nun aber die Kompetenzen erfasst? Im Rahmen von Tests werden Schülerinnen und Schülern Aufgaben unterschiedlichen Anspruchsniveaus vorgelegt. Diese lassen sich für die Naturwissenschaften wie in Tabelle 3 aufgeführt beschreiben.

Tabelle 3: Kompetenzbeschreibungen für naturwissenschaftliche Kompetenzen in TIMSS 2011 (Kleickmann et al. 2012, S. 138)

Beginnendes naturwissenschaftliches Denken: Die Schülerinnen und Schüler weisen ein grundlegendes Verständnis des Prozesses naturwissenschaftlichen Arbeiten auf und können ihr Wissen über naturwissenschaftliche Prozesse und Zusammenhänge anwenden.

Erklären von Alltagsphänomenen: Die Schülerinnen und Schüler können mit ihrem Wissen und Verständnis alltägliche Phänomene erklären.

Anwenden grundlegenden Alltagswissens: Die Schülerinnen und Schüler können Basiswissen und grundlegendes Verständnis auf naturwissenschaftsbezogene Situationen anwenden.

Reproduzieren elementaren Faktenwissens: Die Schülerinnen und Schüler besitzen elementares Wissen über Biologie, Physik/Chemie und Erdkunde.

Rudimentäres Anfangswissen: Die Schülerinnen und Schüler verfügen über rudimentäres schulisches Anfangswissen.

In Abhängigkeit davon, welche Aufgaben die Schülerinnen und Schüler in den Tests zu den Naturwissenschaften beantwortet haben, lassen sich diese anhand eines Modells der probabilistischen Testtheorie auswerten und für die jeweiligen Schülerinnen und Schüler Angaben zu deren Kompetenzniveaus machen. Die in TIMSS realisierten Tests sind für die Erfassung von Kompetenzverteilungen größerer Stichproben optimiert und weniger geeignet, präzise Aussagen über spezifische Kompetenzen von einzelnen Schülerinnen und Schülern treffen zu können.
Global lässt sich anhand von TIMSS die Frage beantworten, wie gut die hier definierten naturwissenschaftlichen Basiskompetenzen von den Schülerinnen und Schülern erreicht werden, und damit wie gut sie im Sinne einer weitergefassten Sicht für ein späteres selbständiges, selbstbestimmtes und verantwor-

tungsvolles Handeln (im Kontext auch naturwissenschaftlicher Herausforderungen) vorbereitet sind – d.h. inwieweit das Bildungssystem diesbezüglich seinen Bildungsauftrag erfüllt hat.

Abschließend sei nochmals die Ausgangsfrage (der Titel) des Beitrags „Wie viel Bildung steckt in groß angelegten Schulvergleichsuntersuchungen?" aufgegriffen und – wenn auch nicht im wissenschaftlichen Duktus – beantwortet: Eine ganze Menge!

Literatur

Baumert, J.; Klieme, E.; Neubrand, M.; Prenzel, M.; Schiefele, U.; Schneider, W. et al. (Hrsg.) (2001): PISA 2000. Basiskompetenzen von Schülerinnen und Schülern im internationalen Vergleich. Opladen.

Benner, D. (1990): Wilhelm von Humboldts Bildungstheorie. Eine problemgeschichtliche Studie zum Begründungszusammenhang neuzeitlicher Bildungsreform. Weinheim.

Einsiedler, W.; Götz, M.; Hacker, H.; Kahlert, J.; Keck, R.W.; Sandfuchs, U. (Hrsg.) (2001): Handbuch Grundschulpädagogik und Grundschuldidaktik. Bad Heilbrunn.

Gudjons, H. (2003): Pädagogisches Grundwissen (8., aktualisierte Aufl.). Bad Heilbrunn.

Klafki, W. (2007): Neue Studien zur Bildungstheorie und Didaktik. Zeitgemäße Allgemeinbildung und kritisch-konstruktive Didaktik (6., neu ausgestattete Aufl.). Weinheim.

Kleickmann, T.; Brehl, T.; Saß, S.; Prenzel, M.; Köller, O. (2012): Naturwissenschaftliche Kompetenzen im internationalen Vergleich: Testkonzeption und Ergebnisse. In: Bos, W.; Wendt, H.; Köller, O.; Selter, C. (Hrsg.): TIMSS 2011. Mathematische und naturwissenschaftliche Kompetenzen von Grundschulkindern in Deutschland im internationalen Vergleich. Münster, S. 123-169.

Koller, H.-C. (2008): Grundbegriffe, Theorien und Methoden der Erziehungswissenschaft (3. Aufl.). Stuttgart.

Lahner, A. (2011): Bildung und Aufklärung nach PISA. Wiesbaden.

Rauschenbach, T.; Leu, H.R.; Lingenauber, S.; Mack, W.; Schilling, M.; Schneider, K. et al. (2004): Non-formale und informelle Bildung im Kindes- und Jugenalter. Konzeptionelle Grundlagen für einen Nationalen Bildungsbericht. Berlin.

Reich, K. (2002): Konstruktivistische Didaktik. Neuwied.

Schwippert, K.; Goy, M. (2008): Leistungsvergleichs- und Schulqualitätsforschung. In: Helsper, W.; Böhme, J. (Hrsg.): Handbuch der Schulforschung (2., durchgesehene und erweiterte Aufl.). Wiesbaden, S. 387-421.

Tenorth, H.-E. (1994): „Alle alles zu lehren." Möglichkeiten und Perspektiven allgemeiner Bildung. Darmstadt.

Tenorth, H.-E. (2005): Grundbildung – institutionelle Restriktion oder legitimes Programm? In: Götz, M.; Müller, K. (Hrsg.): Grundschule zwischen den Ansprüchen der Individualisierung und Standardisierung. Wiesbaden, S. 17-30.

Weinert, F.E. (2001): Vergleichende Leistungsmessungen in Schulen – eine umstrittene Selbstverständlichkeit. In: Weinert, F.E. (Hrsg.): Leistungsmessungen in Schulen. Weinheim, S. 17-31.

*Claudia Schomaker, Sandra Tänzer und
Frauke Grittner*

Das wissenschaftliche Selbstverständnis des Sachunterrichts in Geschichte und Gegenwart

30 years after establishing a professorship for didactics of General studies in primary schools in the former Federal Republic of Germany, it nowadays exists at universities nationwide. Nevertheless, the self-concept of that discipline, with a view to the object of research, is widely discussed. As a reason, the following paper presents a research project that deals with the reconstruction of a self-concept of the scientific discipline.

1. Plädoyer für eine Auseinandersetzung mit dem wissenschaftlichen Selbstverständnis des Sachunterrichts

Die Entwicklungsgeschichte des „Sachunterrichts" als so bezeichnetes Schulfach und als akademische Ausbildungsdisziplin ist relativ jung. Bildungspolitische Reformen auf Schul- und Hochschulebene sorgten ab den 1970er Jahren für eine Ablösung der traditionellen Heimatkunde und die Implementierung eines veränderten Fachverständnisses, veränderte Ausbildungsstrukturen und -inhalte sowie die Etablierung wissenschaftlicher Forschung zum sachbezogenen Lehren und Lernen. Damit verbunden war die Einrichtung erster Professuren für den Sachunterricht in der Bundesrepublik Deutschland. Heute ist das Fach an Hochschulen etabliert. Dies gilt auch für die ostdeutschen Bundesländer, wo ab 1990 erste Professuren eingerichtet wurden und eine akademische Ausbildung die Fachschulausbildung zukünftiger Heimatkundelehrer/innen ablöste (vgl. Tänzer/ Grywatsch in diesem Band).
Im Zuge wissenschaftsdisziplinärer Aktivitäten entstanden zahlreiche Konzeptionen des Sachunterrichts (Thomas 2013). Fachdidaktische Forschungsprojekte untersuch(t)en Fragestellungen des Lehrens und Lernens im Sachunterricht aus empirischer, historischer, theoretisch-systematischer und entwicklungsdidaktischer Perspektive (vgl. Kahlert 2005, Köhnlein 2011).

Dennoch ist die Debatte über das Selbstverständnis des Sachunterrichts hoch aktuell. Der gemeinsame Gegenstandsbezug der Forschung und ihre fachdidaktische Legitimation werden intensiv diskutiert. Auch Fragen zur Eigenständigkeit des Faches und des Problems seiner Bezugswissenschaften (vgl. u.a. Richter 2005, S. 16), die Interdisziplinarität in Forschung und Ausbildung (vgl. u.a. Köhnlein 2011) sowie aktuelle Tendenzen, das Studienfach in naturwissenschaftsbezogene bzw. gesellschafts-sozialwissenschaftliche Teilbereiche zu trennen, verdeutlichen diese Debatte. Es ist notwendig, über den Sachunterricht als wissenschaftliche Disziplin nachzudenken. Dies ermöglicht, sowohl den wissenschaftlichen Diskurs als auch gesellschaftliche und bildungspolitische Entwicklungen konstruktiv mitzugestalten. Mit der Frage nach dem disziplinären Selbstverständnis des Sachunterrichts setzen wir uns im hier dargestellten Forschungsprojekt auseinander. Folgend skizzieren wir den fachinternen Diskurs zur Theoriebildung im Sachunterricht (Kap. 2) und stellen einen wissenschaftstheoretischen Ansatz zur Erfassung des Disziplinbegriffs vor (Kap. 3), der u.a. das Design des Projekts bestimmt, welches abschließend umrissen wird (Kap. 4).

2. Fachinterne Diskurse zum Selbstverständnis des Sachunterrichts

Zu Beginn der 1980er Jahre stehen vor allem didaktische Fragen im Zentrum der Diskussion. Bunk (1980) kennzeichnet diese Phase treffend als die Zeit des „unfertigen Sachunterrichts". Entsprechend fordert Köhnlein (1981):

> „Als junge akademische Disziplin tritt die Didaktik des Sachunterrichts erst in den Prozess des Aufbaus einer Theorie ein. Einige Bausteine liegen vor, insbesondere in den verschiedenen Konzeptionen für den Unterricht. [...] Die Didaktik des Sachunterrichts wird die Wissenschaften als pädagogische Aufgabe begreifen müssen" (ebd., S. 138, 142).

Hänsel (1980) fasst Theorieentwicklung in der Didaktik des Sachunterrichts als fächerübergreifende Aufgabe auf, wobei sie der Erziehungswissenschaft, speziell der Grundschulpädagogik, ein besonderes Gewicht bei der Konturierung des Gesamtzusammenhanges des Sachunterrichts und seiner Didaktik beimisst (vgl. 1980, S. 6). Gegenstand der Didaktik des Sachunterrichts sind für sie Innovationen der Unterrichtspraxis (vgl. ebd.).
Die „Arbeitsgruppe Sachunterricht – Lehrerbildung" im Umkreis des IPN legte 1982 eine Empfehlung zu „Grundlinien der Lehrerausbildung für den Sachunterricht" vor (Lauterbach/ Marquardt-Mau 1982). Zusammenfassend betont Ziechmann, dass Sachunterricht als wissenschaftliche Disziplin durch

die Didaktik charakterisiert wird und der Aufgabe gerecht werden müsse, „die Voraussetzungen und Abläufe von [...] offenen Lernprozessen zum Gegenstand" (1982, S. 94) zu machen. Duncker und Popp rücken von der entwickelten Position der 1980er Jahre ab, den Sachunterricht theoretisch auf didaktischer Ebene zu begründen, denn sie sehen in dem Gültigkeitsanspruch der einzelnen didaktischen Konzeptionen die Gefahr, einen „didaktischen Monismus" heraufzubeschwören. Sie plädieren für eine schultheoretische – auf anthropologischen Überlegungen gründende – Perspektive, die die Chance eröffnet, didaktische Konzepte nicht gegeneinander auszuschließen, sondern „zu prüfen, ob sie nicht als notwendig sich ergänzende Positionen in einem übergeordneten pädagogischen Zusammenhang zu begreifen sind" (Duncker/ Popp 1994, S. 15).

Mitte der 2000er Jahre macht die Dissertationsschrift von Armbruster (2006) auf Schwächen der Theoriebildung im Sachunterricht aufmerksam. Armbruster untersuchte in einer Interviewstudie die Sichtweise niedersächsischer Professor/innen auf die Frage, „inwieweit sich Sachunterricht im System Wissenschaft positionieren konnte, und ob das universitäre Fach Sachunterricht in Niedersachsen als ein Subsystem bzw. eine Disziplin von Wissenschaft im systemtheoretischen Sinne aufgefasst werden kann" (a.a.O., S. 2). Nach Einschätzung der Professor/innen könne das Fach Sachunterricht in Niedersachsen aufgrund seiner problematischen wissenschaftlichen Legitimation nicht als wissenschaftliche Disziplin gelten (vgl. a.a.O., S. 154), bescheinigen ihm doch mehrere der Befragten „ein geringes wissenschaftliches Renommee für den universitären Sachunterricht, sehen das Fach wissenschaftlich am unteren Rand nach Fachwissenschaft und Fachdidaktik oder vermissen die wissenschaftliche Begründbarkeit für ein eigenständiges Fach Sachunterricht" (a.a.O., S. 148).

Erst das Forum „Sachunterricht als wissenschaftliche Disziplin" auf der Jahrestagung der GDSU 2007 in Kassel kann als weiterer wichtiger Moment des Diskurses um den Stand der Theoriebildung im Sachunterricht hervorgehoben werden. Dem Forum war ein Papier von Rauterberg/ Pech/ Scholz/ Daum/ Reinhoffer/ Nießeler (2007) vorausgegangen, das in zehn Punkten ihre Ansichten zum „Sachunterricht und seiner Didaktik" umreißt. Als eine „erziehungswissenschaftliche Disziplin" sei sie einem „integrativen wissenschaftlichen Paradigma" (aus der Verknüpfung erziehungs- und fachwissenschaftlichen Wissens) verpflichtet, deren gegenstandsbezogenes Interesse vor allem auf Sachlernprozesse von Kindern in schulischen, vor- und außerschulischen Situationen gerichtet ist. Disziplinär ist sie nicht allein „didaktische Wissenschaft, sondern auch Fachwissenschaft" (2007, S. 3); als solche ist sie jedoch bislang noch nicht systematisch entwickelt. Die zehn Punkte wurden kontrovers diskutiert (vgl. Pech/ Rauterberg 2007). Köhnlein mahnt mit Verweis auf den „sachwissenschaftlichen Bereich (der Fachdidaktik Sachunterricht, d.V.), in dem gegenüber den fachlichen Bezugswissenschaften bildungsbezogene neue Strukturierungen, Differenzierungen, Ergänzungen möglich sind" (2007, S. 45), mehr Forschung zu diesem Sachwissen an. Er macht zudem deutlich, dass sich darin die Sachunterrichtsdidaktik von einer allgemeinen Grundschuldidaktik unterscheidet (vgl. a.a.O.).

Duncker (2007, S. 16) und Nießeler (2007, S. 47) betonen im Kontext dieser Auseinandersetzung, dass eine Theorie des Sachunterrichts noch ausstünde. Diesem Desiderat versucht Köhnlein entgegenzuwirken. Sein Werk „Sachunterricht und Bildung" (2012) ist ein „Versuch, die bildungstheoretischen Grundlagen des Sachunterrichts darzustellen und [...] in einer didaktischen Theorie aufeinander zu beziehen" (S. 11). Eine Theorie des Sachunterrichts ist für ihn vor allem als Leitlinie für dessen Gestaltung notwendig, aber auch, um Bildungspotentiale des Sachunterrichts zu analysieren, dem vielgestaltigen Lernfeld eine „konsistente Identität" zu geben und einen Beitrag zur Bildungsforschung zu leisten. Er sieht die Didaktik des Sachunterrichts als wissenschaftliche Disziplin, die sich durch eine Verknüpfung von empirisch fundierten Aussagen über Unterricht mit normativ formulierten Bildungsvorstellungen konstituiert. Dieser konsistente Begründungszusammenhang kann Anstöße für Forschung und Unterrichtspraxis bieten. Köhnlein fordert entsprechend: „Als akademische Disziplin muss die Didaktik des Sachunterrichts Geistigkeit und empirische Festigkeit gewinnen" (ebd.). Eine scharfe Konturierung der Disziplin wird jedoch durch ihren Bezugspunkt erschwert: die vielgestaltige und sich dynamisch verändernde Lebenswelt der Kinder (vgl. a.a.O., S. 14).

3. Was ist eine Wissenschaftsdisziplin?

Traditionell können Disziplinen als „Wissensgebiete" definiert werden, „als ein System wissenschaftlicher Begriffe, Fakten- und Gesetzesaussagen, Theorien [...], die zu einem bestimmten Gegenstand in der Geschichte der Erkenntnis erarbeitet wurden" (Guntau/ Laitko 1987, S. 22). Sie ordnen das Wissenschaftssystem (vgl. Brachmann 2008, S. 109) und bilden „den sozialen wie systematischen Rahmen wissenschaftlichen Handelns mit dem Zweck der Erzeugung und Tradierung einschlägiger Wissensbestände" (a.a.O., S. 89).

Wissenschaftstheoretisch lassen sich verschiedene Ansätze der Kennzeichnung einer Wissenschaftsdisziplin unterscheiden. Wir beschränken uns nachfolgend aus Platzgründen auf den für das Design der Studie bedeutsamen Ansatz von Krohn/ Küppers (1989). Er basiert auf der Unterscheidung zweier Interaktionstypen, die innerhalb des Wissenschaftssystems komplementär aufeinander bezogen sind, um Erkenntnisse hervorzubringen, zu organisieren und zu sichern: das Forschungshandeln und das Wissenschaftshandeln.

Das Forschungshandeln ist auf die Selbstorganisation der Forschung gerichtet. Es realisiert sich in der „rekursiven Interaktion innerhalb einer Forschergruppe" (Krohn/ Küppers 1989, S. 34). Durch das Forschungshandeln in Forschergruppen entsteht innerhalb der Gemeinschaft eine inhaltlich und strategisch wirkende „Gruppenmatrix" (a.a.O., S. 37), die „nicht nur theoretische und methodologische Überzeugungen, sondern auch *Einstellungen* über (inner- und außerwissenschaftliche Relevanz) der Forschungen der Gruppe" enthält (S. 41, Herv. i. O.). Dabei beschreiben die Autoren das Forschungshandeln als Prozess gegenstandsbezogener wissenschaftlicher Tätigkeit, in dem sich zunehmend Routinen bei der Operationalisierung und den Entscheidungen für Verfahren der Erkenntnisgewinnung sowie Interpretation einstellen. Diese lassen Forschungsprozesse immer „stärker theorie- und methodenbeladen und also immer konservativer" (S. 65) werden. Brachmann (2008, S. 124) betont, dass auf diese Weise ein „gefestigtes Selbstverständnis über das eigene Tun" entsteht, das wiederum „anerkannte, »normalwissenschaftliche« Standards" hervorbringt. Konstitutiv für die Forschergruppe ist ihr offener „Rand" zur Umwelt: „Man kann sich nur als Gruppe verhalten, wenn die Umwelt anerkennt, daß man dies tut" (Krohn/ Küppers 1989, S. 42). Dieser Rand macht Forschung durchlässig für Umwelteinflüsse, die Krohn/ Küppers in Form von sieben „Umweltschleifen" mit unterschiedlichen strukturellen Auswirkungen auf die Forschung beschreiben (vgl. a.a.O., S. 66ff. und S. 124).

Auf die Umwelt bezieht sich die zweite Interaktionsform der Wissenschaft: das *Wissenschaftshandeln*. Es ist ein Handeln in die Umwelt hinein zum Zweck der Selbstorganisation der Wissenschaft und zielt darauf, die Autonomie des Forschungshandelns herzustellen und zu sichern, indem aktiv günstige Randbedingungen für die Forschung konstruiert werden (vgl. a.a.O., S. 132). Forschergruppen sind demnach stets bestrebt, „ihre Umwelt durch Erhöhung des eigenen Einflusses für sich günstig zu gestalten sowie die eigenen Forschungen auf die erwarteten Umweltbedingungen einzustellen" (S. 71).

Eine Disziplin bildet sich dann heraus, wenn Forschungs- und Wissenschaftshandeln aufeinander abgestimmt sind und in einer kommunikativen Gemeinschaft von Forschern zu einem „auch historisch-reflexiven Vorstellungskomplex verschmelzen, der neben einem theoretisch-methodischen und pragmatisch-sozialen Bewusstsein über den Vollzug und die Inszenierung des konkreten szientifischen Handelns auch die Dimension des übergreifenden geschichtlichen Zusammenhangs umfasst" (Brachmann 2008, S. 129).[1]

Ist der Sachunterricht eine solche kommunikative Forschungsgemeinschaft? Oder ist er ein Fachzusammenhang ähnlich einer Berufsethik, wie es Brachmann zufolge Tenorth der Erziehungswissenschaft des 18./ 19. Jahrhunderts bescheinigte – eine Ethik, die „auflisto(t), was an Wissen für die Ausbildung und zukünftige Tätigkeit der Lehrer und Erzieher sinnvoll, verfügbar, erwartbar und erlaubt sei" (Brachmann 2008, S. 36), damit diese situationsadäquat pädagogisch handeln können? Diesen Fragen nähern wir uns auf der Folie des Ansatzes von Krohn/ Küppers in Verbindung mit der geschichtswissenschaftlichen Forschungsrichtung der Mikrohistorie.

4. Das Forschungsprojekt

Bei der mikrohistorischen Forschung, steht der „Wirkungsort des Wissenschaftlers" (Dathe 1999, S. 64) im Zentrum. Daher fällt der Blick auf die Implementation von Professuren für Sachunterricht an Universitäten und die Handlungspraktiken der Amtsinhaber/innen. Historisch sind hierfür die Umbruchphase von der Heimatkunde zum Sachunterricht bzw. der politische Systemwechsel nach dem Mauerfall von Bedeutung. Für die Umbruchphase stehen zwei Bundesländer mit sehr unterschiedlichen Studienstrukturen im Fokus: zum einen Bayern, wo Sachunterricht kein eigenes Studienfach, son-

---

[1] Kontrovers diskutiert wird die Rolle der Universitäten und Lehrstühle für die Etablierung einer wissenschaftlichen Disziplin. Guntau/ Laitko (1987) betonen deren hohe Bedeutung, denn sie gewährleisten Nachwuchssicherung über eine Wissenschaftlergeneration hinaus und damit die „Permanenz des disziplinären Tätigkeitssystems" (S. 39; vgl. in ähnlicher Argumentation Rothland 2008, S. 51). Keiner (1999, S. 18) vertritt demgegenüber die Position, dass Disziplinen „nicht zwingend an Universitäten und Hochschulen als Organisationen gebunden" sind; „als sozial-kommunikative Netzwerke der Produktion von Wissen im Wissenschaftssystem" (a.a.O., S. 17) erhalten, regulieren und entwickeln sie sich über Publikationen, nicht durch (lokalräumlich verankerte) Organisationen (vgl. a.a.O., S. 18). Brachmann verstärkt diese Position durch Verweis auf die ersten erziehungswissenschaftlichen Lehrstühle von u.a. Ernst Christian Trapp und Friedrich August Wolf im 18.Jh., denen es nicht gelang, die Erziehungswissenschaft disziplinär zu verselbstständigen. Ausbildung und Erkenntnissuche, so Brachmann, sind keine Komplementäre disziplinärer Ausdifferenzierung (vgl. 2008, S. 8).

dern Pflichtbereich der Grundschulpädagogik ist, zum anderen Niedersachsen, wo Sachunterricht mit 60 Leistungspunkten ein umfangreiches Studienfach darstellt und in den 1980er Jahren die ersten Professuren eingeführt wurden. Für den politischen Systemwechsel wird die Neukonstituierung des Sachunterrichts an den sieben Standorten in den ostdeutschen Bundesländern in den Blick genommen. Mit Hilfe von Leitfaden- bzw. Experteninterviews (Meuser und Nagel 1991) werden die persönlich-individuellen Praktiken und Sichtweisen der ersten Amtsinhaber/innen der Professuren erhoben. Ferner werden (bildungs-)politische und wissenschaftliche Texte der jeweiligen Zeit analysiert, um Aussagen über gesellschaftliche und bildungspolitische Bedingungen bei der Konstituierung des Sachunterrichts treffen zu können.

Literatur

Armbruster, M. (2006): Heterogene Argumentationen zur Legitimierung der Didaktik des Sachunterrichts. Eine Beschreibung und Analyse der Selbstreflexion von Lehrenden in Niedersachsen. Tönnigen, Lübeck, Marburg.

Brachmann, J. (2008): Der Pädagogische Diskurs der Sattelzeit. Eine Kommunikationsgeschichte. Bad Heilbrunn.

Bunk, H.-D. (1980): Der unfertige Sachunterricht. In: Ders. (Hrsg.): Problemfeld Sachunterricht. Kastellaun.

Dathe, U. (1999): Mikrohistorische Verfahren in der Disziplingeschichtsschreibung. In: Peckhaus, V. (Hrsg.): Disziplinen im Kontext. Perspektiven der Disziplingeschichtsschreibung. München, S. 61-76.

Duncker, L.; Popp, W. (1994): Der schultheoretische Ort des Sachunterrichts. In: Dies. (Hrsg.): Kind und Sache. Zur pädagogischen Grundlegung des Sachunterrichts. Weinheim, München, S. 15-27.

Duncker, L. (2007): Die wissenschaftliche Identität des Sachunterrichts. In: Pech, D.; Rauterberg, M. (Hrsg.): a.a.O., S. 13-16.

Guntau, M.; Laitko, H. (1987): Entstehung und Wesen wissenschaftlicher Disziplinen. In: Dies. (Hrsg.): Der Ursprung der modernen Wissenschaften. Studien zur Entstehung wissenschaftlicher Disziplinen. Berlin, S. 17-89.

Hänsel, D. (1980): Didaktik des Sachunterrichts. Sachunterricht als Innovation der Grundschule. Frankfurt am Main, Berlin, München.

Kahlert, J. (2005): Zwischen Grundlagenforschung und Unterrichtspraxis – Erwartungen an die Didaktik (nicht nur) des Sachunterrichts. In: Cech, D.; Giest, H. (Hrsg.): Sachunterricht in Praxis und Forschung. Erwartungen an die Didaktik des Sachunterrichts. Bad Heilbrunn, S. 37-56.

Keiner, E. (1999): Erziehungswissenschaft 1947-1990: eine empirische und vergleichende Untersuchung zur kommunikativen Praxis einer Disziplin. Weinheim.

Köhnlein, W. (1981): Zur Sache des Sachunterrichts und der Lehrerausbildung. In: Chimica Didactica, 7, 135, S. 135-145.

Köhnlein, W. (2007): Disziplin Sachunterricht in Wissenschaft und Hochschule. In: Pech, D.; Rauterberg, M. (Hrsg.): a.a.O., S. 43-46.

Köhnlein, W. (2011): Sachunterricht als herausfordernde Aufgabe. In: Hempel, M.; Wittkowske, S. (Hrsg.): Entwicklungslinien Sachunterricht. Einblicke in die Geschichte einer Fachdidaktik. Bad Heilbrunn, S. 13-28.

Köhnlein, W. (2012): Sachunterricht und Bildung. Bad Heilbrunn.

Krohn, W.; Küppers, G. (1989): Die Selbstorganisation der Wissenschaft. Frankfurt am Main.

Lauterbach, R.; Marquardt, B. (1982) (Hrsg.): Sachunterricht zwischen Alltag und Wissenschaft. Grundlagen und Beispiele für die Schulpraxis und Lehrerbildung. Kiel, Frankfurt am Main.

Meuser, M.; Nagel, U. (1991): Expert/inneninterviews – vielfach erprobt, wenig bedacht. In: Garz, D.; Kraimer, K. (Hrsg.): Qualitativ-empirische Sozialforschung. Opladen, S. 441-471.

Nießeler, A. (2007): Diskussionsbeitrag. In: Pech, D.; Rauterberg, M. (Hrsg.): a.a.O., S. 47.

Pech, D.; Rauterberg, M. (2007) (Hrsg.): Sachunterricht als wissenschaftliche Disziplin. Extra-Beiheft der Zeitschrift www.widerstreit-sachunterricht.de.

Rauterberg, M.; Pech, D.; Scholz, G.; Daum, E.; Nießeler, A.; Reinhoffer, B. (2007): Disziplin Sachunterricht in Wissenschaft und Hochschule. In: Pech, D.; Rauterberg, M. (Hrsg.): a.a.O., S. 3-4.

Richter, D. (^{2}2005): Sachunterricht – Ziele und Inhalte: ein Lehr- und Studienbuch zur Didaktik. Baltmannsweiler.

Rothland, M. (2008): Disziplingeschichte im Kontext. Erziehungswissenschaft an der Universität Münster nach 1945. Bad Heilbrunn.

Thomas, B. (^{4}2013): Der Sachunterricht und seine Konzeptionen. Bad Heilbrunn.

Ziechmann, J. (1982): „Integration" und „Offenheit" als konstitutive Elemente einer Didaktik des Sachunterrichts. In: Lauterbach, R.; Marquardt, B. (Hrsg.): Sachunterricht zwischen Alltag und Wissenschaft. Grundlagen und Beispiele für die Schulpraxis und Lehrerbildung. Kiel, Frankfurt am Main, S. 90-98.

Markus Peschel

Offenes Experimentieren – das Projekt SelfPro

Pedagogical content knowledge (PCK) as part of professional competence of teachers is significant for a successful (and more and more open) experimenting in general studies. The growth of PCK through using open ended experiments and the changes in self-concepts of trainee teachers at the University of Saarland are main subjects of this article.

1. Offenes Experimentieren als Teil der Lehrerkompetenz

Eine zentrale Bedeutung für die Gestaltung von gutem bzw. erfolgreichem Unterricht bzw. für den Lernerfolg der Schüler hat die professionelle Kompetenz von Lehrkräften, wobei sich das Professionswissens aus pädagogischem Wissen (PK), Fachwissen (CK) und fachdidaktischem Wissen (PCK) zusammensetzt (vgl. Shulman 1986, Bromme 1997, Abell 2007, Baumert/ Kunter 2006). Auch im Rahmen der COACTIV-Studie (vgl. Kunter et al. 2011) konnte ein Einfluss auf die Unterrichtsqualität und damit – im Transfer auf einen naturwissenschaftlich orientierten Sachunterricht – auf das Experimentieren nachgewiesen werden (Brunner et al. 2006, vgl. auch Kröger et al. 2014).
Zu einem guten bzw. erfolgreichen naturwissenschaftlich orientierten Sachunterricht zählen Grygier/ Hartinger (2009) sowie Möller (2014) die Berücksichtigung der Handlungskompetenzen des Lernenden, den selbstständigen Aufbau sowie die Erweiterung seines Wissens. Der Perspektivrahmen der GDSU (2013) hat diese übergreifenden Denk-, Arbeits- und Handlungsweisen auch in Bezug zum Experimentieren gestellt, wobei Möller (2014, S. 26) betont: „Naturwissenschaftsbezogener Sachunterricht soll [...] prozessbezogene und inhaltsbezogene Kompetenzen vermitteln sowie zur Förderung des Interesses an Naturwissenschaften beitragen. Das forschend-entdeckende Lernen [...] wird als zentrale Lernmethode genannt." Das selbständige Planen, Beobachten und Vergleichen von Ergebnissen fördert ein umfassendes Verständnis des Experimentierprozesses. Diese Kompetenzen werden in

Large-Scale-Studien unter dem Begriff der Scientific Literacy untersucht, der das Handeln und die selbstständige Planung als Erweiterung zum Wissensbegriff versteht (vgl. Adamina 2010). Dabei sind weder der Begriff bzw. die Teilprozesse des Experimentierens und noch weniger der Begriff der Offenheit in diesem komplexen Prozess klar und einheitlich definiert. Begrifflichkeiten, die diesen mehr oder weniger offenen Experimentierprozess beschreiben, sind: „Offenes Experimentieren", „Freies Forschen", „Inquiry Based Learning", „Open ended Experiments" (Lunetta et al. 2007, Shimada 1997). Eine Differenzierung der verschiedenen Elemente des Experimentierens, die geöffnet werden können, findet sich u.a. bei Priemer (2011). Während in der Fachdidaktik dabei die Methode der Erkenntnisgewinnung beim Experimentierprozess im Mittelpunkt einer Öffnung steht (vgl. Fischer/ Draxler 2007), wird in der Grundschulpädagogik der Organisation des Unterrichts insgesamt und der Öffnung des Lerninhalts eine größere Aufmerksamkeit zuteil (Peschel 2010). Weitere Faktoren, wie „Alltagsbezug, Klarheit sowie ein stärkeres Ausmaß an Schülerversuchen und schülergenerierten Erklärungen [scheinen] in der Grundschule ausgeprägter zu sein [...]", was insgesamt zeigt, „dass diese Unterrichtsmerkmale [...] positive Zusammenhänge mit dem Interesse der Schüler/innen aufweisen könnten" (Möller 2014, S. 32). Dabei sind vor allem Schülerversuche und selbstgenerierte Erklärungen entscheidend für das situationale wie individuelles Interesse. „Dem Merkmal Schülerversuche und, etwas abgeschwächt, dem Merkmal schülergenerierte Erklärungen scheint dabei eine besondere Bedeutung für die Interessensunterschiede zwischen den Schulstufen zuzukommen" (Möller 2014, S. 34). Die Wahrnehmung von Öffnung beim Experimentieren hängt somit sowohl mit der Fachkultur als auch den Zielen, die mit dem Öffnungsprozess verfolgt werden, zusammen. Empirische Forschung (vgl. z.B. Blömecke et al. 2010) zeigt, dass mit einem „open end", also der nicht zwingend klaren (fachlichen) Zielorientierung eines Lernarrangements, durchaus positive Effekte zu verbinden sind.

Aktuelle Überarbeitungen von Lehrplänen im deutschsprachigen Raum sehen in diesem Zusammenhang u.a. die Wahrnehmung, Beobachtung und Beschreibung von Phänomenen als eine Grundvoraussetzung an, Schüler in die Lage zu versetzen, eigene Fragestellungen zu entwickeln. Der Experimentierprozess ist also eine entscheidende Grundlage für entdeckendes Lernen in der Grundschulzeit.

2. Experimentieren in der Lehramtsausbildung

Bezüglich des Professionswissens von Lehramtsstudierenden mit naturwissenschaftlichem Schwerpunkt liegen nur wenige Befunde vor (für Physik vgl. Riese 2009, Riese/ Reinhold 2010/2011, Woitkowski et al. 2011), sie beziehen sich allerdings zumeist auf fachliche oder methodische Teilaspekte (vgl. Kröger et al. 2014). Viele Studien nehmen eher Schülerleistungen und weniger Variablen des Lehrens bzw. des Unterrichts in den Blick. Der Ausbildungsprozess der Lehrkräfte in Bezug auf Experimentierkompetenzen findet sich in der deutschsprachigen Literatur z.b. bei Franz (2008), wobei wenig Aussagen über das Experimentiererlebnis oder über die Entwicklung von über fachliches Wissen hinausgehenden Kompetenzen möglich sind.
Lehrkräfte für den Sachunterricht der Grundschule unterrichten meist fachfremd und sind i.d.R. nicht mit physikalischen Inhalten während ihrer (Oberstufen-)Schulzeit oder während des Studiums in Kontakt gekommen (Peschel 2009, Peschel/ Koch 2014). Dass diese Mängel nicht in späteren Fortbildungen ausgeglichen werden können, da u.a. die Lehrpersonen nicht bereit sind, diese aufzuarbeiten, haben mehrere Studien gezeigt (vgl. u.a. Franz 2008). Forschungen zu den Motivationsfaktoren bzw. den Gründen, die eine Vermeidung physikalischer Themen bedingen, führen die starke Kluft zwischen Alltagsphänomenen und den fachlichen Curricula an, weswegen Lehrkräfte „harte Naturwissenschaften" als Unterrichtsthema und Studieninhalt vermeiden.
Die Frage, inwieweit Experimentieren Teil der Grundschullehrerausbildung ist, kann nur bedingt beantwortet werden. Es fehlt insgesamt also noch an Studien, die die Behandlung der „harten" Naturwissenschaften und besonders des Experimentierens im Ausbildungsgang und deren Auswirkung auf das Selbstverständnis angehender Lehrkräfte thematisieren.

3. Das Projekt SelfPro

Vor diesem Hintergrund wird derzeit an der Universität Saarland das Forschungsprojekt „SelfPro" entwickelt, das hier in seiner Intention kurz beschrieben werden soll. Das Projekt SelfPro erhebt Veränderungen des Selbstkonzeptes und des Professionswissens von zukünftigen Lehrkräften im Studiengang Lehramt für Primarstufe und Sekundarstufe 1 (LPS1) an der Universität des Saarlandes im Rahmen einer Längsschnittuntersuchung vom ersten Semester bis (zunächst) zum Abschluss des Studiums. Dadurch, dass dieser Studiengang neu und erstmals im Saarland angeboten wird, sind einerseits interessante Ergebnisse bzgl. der Gesamtkonzeption sowie andererseits bezogen auf einzelne Elemente im Sachunterricht zu erwarten. Ziel der Studie ist es, relevante Elemente, die einerseits die Entwicklung des generellen Professionswissens sowie andererseits das (offene) Experimentieren bestimmen, zu identifizieren und damit wichtige Einflussfaktoren auf die Veränderung der Selbstkonzepte zu erheben. Es werden im Projekt SelfPro zwei Blickwinkel eingenommen und mit unterschiedlichen Instrumenten untersucht: Die generellen Einflüsse des gesamten Curriculums LPS1 auf die Entwicklung des Professionsverständnisses der angehenden Lehrkräfte der UdS werden mittels halbstandardisierten Interviews erhoben. Hier ist der Fokus auf den Belangen des Studiengangs und der erkennbaren Verknüpfung der Veranstaltungen und der Lerninhalte in den Lernbereichen der Primarstufe. Ein weiterer Schwerpunkt ist die Erhebung der Einflüsse des Experimentierens im Grundschullabor für Offenes Experimentieren (GOFEX), das in den Studiengang direkt eingebunden ist.[1] Hier werden standardisierte Befragungen mittels Paper-Pencil vor und nach dem Seminar und nach jedem einzelnen Treatment ermittelt. Das Treatment ist so angelegt, dass von bekannten, eher geführten Formen des Experimentierens ausgehend zunehmend offenere Formen des Experimentierens erfahren werden. Ausgehend von Einschätzungen der Teilnehmenden der Experimentierkurse, die mit zunehmender Öffnung arbeiten (vgl. Peschel 2009), werden insbesondere mögliche Veränderungen der empfundenen Fachlichkeit und der Einstellung zum Experimentieren geprüft.

4. Fazit und Ausblick

Die ersten Einblicke und Vorabauswertungen des Pre-Tests zur Entwicklung des methodischen Designs sind vielversprechend und signalisieren eine große Bedeutsamkeit des eigenen und selbstständigen Experimentierens für das Experimentierverständnis und die Entwicklung eines entsprechenden Selbstkonzeptes.

Die Veränderungen im Vorher-Nachher-Vergleich beim zunehmend offeneren Experimentieren müssen jedoch mit den vielfältigen weiteren Einflussfaktoren in Beziehung gesetzt werden, um die Besonderheiten des offenen

---

[1] Das GOFEX (Modul 3a) wird in einem idealen Studienverlauf nach einer Einführung in die Didaktik des Sachunterrichts (Modul 1) und einer Einführung in die Naturwissenschaften (Modul 2a) belegt, und die erworbenen Kompetenzen in einem anschließenden Praktikum (Modul 5) eingesetzt. Im weiteren Verlauf besteht die reflektierte Aufarbeitung und Verfeinerung der Kompetenzen in einem weiteren GOFEX-Seminar (Modul 3b) sowie in der Examensarbeit oder dem Theoriemodul (Modul 4).

Experimentierens im Curriculum des Studiengangs LPS1 zu berücksichtigen. Die Nachhaltigkeit des Settings zeigt sich aber erst in den weiteren Erhebungen in den Folgeseminaren sowie in der Verbreiterung der Datenbasis. Die Daten werden mit Interesse erwartet, denn die hier skizzierte Veränderung der Selbstkonzepte der Lehramtsstudierenden durch eine kurzzeitige Maßnahme erscheint (fast zu) vielversprechend.

Literatur

Abell, S.K. (2007): Research on Science Teacher Knowledge. In: Ders. (Ed.): Handbook of Research on Science Teacher Education. New York, pp. 1105-1149.

Adamina, M. (2010): Mit Lernaufgaben grundlegende Kompetenzen fördern. In: Labudde, P. (Hrsg.): Fachdidaktik Naturwissenschaft 1.-9. Schuljahr. Bern, S. 117-132.

Baumert, J.; Kunter, M. (2006): Stichwort: Professionelle Kompetenz von Lehrkräften. Zeitschrift für Erziehungswissenschaft, 9, 4, S. 469-520.

Blömeke, S.; Kaiser, G.; Lehmann, R. (Hrsg.) (2010): TEDS-M 2008 – Professionelle Kompetenz und Lerngelegenheiten angehender Primarstufenlehrkräfte im internationalen Vergleich. Münster.

Bromme, R. (1997): Kompetenzen, Funktionen und unterrichtliches Handeln des Lehrers. In: Weinert, F.E. (Hrsg.): Psychologie des Unterrichts und der Schule. Enzyklopädie der Psychologie, Serie I, Bd. 3, S. 177-212.

Brunner, M.; Kunter, M.; Krauss, S.; Klusmann, U.; Baumert, J.; Blum, W.; Neubrand, M.; Tsai, Y.-M. (2006): Die professionelle Kompetenz von Mathematiklehrkräften: Konzeptualisierung, Erfassung und Bedeutung für den Unterricht – Eine Zwischenbilanz des COACTIV-Projekts. In: Prenzel, M.; Allolio-Näcke, L. (Hrsg.): Untersuchungen zur Bildungsqualität von Schule. Münster, S. 54-82.

Fischer, H.E.; Draxler, D. (2007): Konstruktion und Bewertung von Physikaufgaben. In: Kircher, E.; Girwidz, R.; Häußler, P. (Hrsg.): Physikdidaktik. Heidelberg, S. 639-655.

Franz, U. (2008): Lehrer- und Unterrichtsvariablen im naturwissenschaftlichen Sachunterricht. Eine empirische Studie zum Wissenserwerb und zur Interessenentwicklung in der dritten Jahrgangsstufe. Bad Heilbrunn.

Gesellschaft für Didaktik des Sachunterrichts (GDSU) (2013): Perspektivrahmen Sachunterricht. Vollständig überarbeitete und erweiterte Ausgabe. Bad Heilbrunn.

Grygier, P.; Hartinger, A. (2009): Gute Aufgaben Sachunterricht. Berlin.

Kröger, J.; Neumann, K.; Petersen, S. (2014): Erfassung des Professionswissens angehender Physiklehrkräfte im Rahmen des Projekts KiL. In: Bernholt, S. (Hrsg.): Naturwissenschaftliche Bildung zwischen Science- und Fachunterricht. Gesellschaft für Didaktik der Chemie und Physik, Jahrestagung in München 2013. Kiel, S. 117-119.

Kunter, M.; Baumert, J.; Blum, W.; Klusmann, U.; Krauss, S.; Neubrand, M. (Hrsg.) (2011): Professionelle Kompetenz von Lehrkräften – Ergebnisse des Forschungsprogramms COACTIV. Münster.

Lunetta, V.; Hofstein, A.; Clough, M.P. (2007): Learning and Teaching in the School Science Laboratory: an Analysis of Research, Theory and Practice. In: Abell, S.K.; Lederman, N.G. (Hrsg.): Handbook of Research on Science Education. Mahwah.

Möller, K. (2014): Vom naturwissenschaftlichen Sachunterricht zum Fachunterricht – Der Übergang von der Grundschule in die weiterführende Schule. In: Bernholt, S. (Hrsg.): Naturwissenschaftliche Bildung zwischen Science- und Fachunterricht. Gesellschaft für Didaktik der Chemie und Physik, Jahrestagung in München 2013. Kiel, S. 25-39.

Peschel, F. (2010): Offener Unterricht. Band 1: Idee, Realität, Perspektive und ein praxiserprobtes Konzept zur Diskussion. Teil I: Allgemeindidaktische Überlegungen. Baltmannsweiler.

Peschel, M. (2009). Der Begriff der Offenheit beim Offenen Experimentieren. In: Höttecke, D. (Hrsg.): Chemie- und Physikdidaktik für Lehramtsausbildung. Berlin, S. 268-270.

Peschel, M.; Koch, A. (2014): Lehrertypen – Typisch Lehrer? Clusterungen im Projekt SUN. In: Bernholt, S. (Hrsg.): Naturwissenschaftliche Bildung zwischen Science- und Fachunterricht. Kiel, S. 216-218.

Primer, B. (2011): Was ist das Offene am offenen Experimentieren? In: Zeitschrift für Didaktik der Naturwissenschaften, 17, S. 339-355.

Riese, J (2009): Professionelles Wissen und professionelle Handlungskompetenz von (angehenden) Physiklehrkräften. Berlin. (Studien zum Physik- und Chemielernen, Band 97).

Riese, J; Reinhold, P. (2010): Empirische Erkenntnisse zur Struktur professioneller Handlungskompetenz von angehenden Physiklehrkräften. In: Zeitschrift für Didaktik der Naturwissenschaften, 16, S. 167-187.

Shimada, S. (1997): The Significance of an Open-Ended Approach. In: Becker, J.P.; Shimada, S. (Hrsg.): The Open-Ended Approach: A New Proposal for Teaching Mathematics. Reston, pp. 1-9.

Shulman, L.S. (1986): Those who understand: Knowledge Growth in Teaching. Educational Researcher, 15, 2, pp. 4-14.

Woitkowski, D.; Riese, J.; Reinhold, P. (2011): Modellierung fachwissenschaftlicher Kompetenz angehender Physiklehrkräfte. In: Zeitschrift für Didaktik der Naturwissenschaften, 17, S. 289-313.

Jan Heiko Wohltmann

Bildungsanspruch und leitende Orientierungen im Kontext der Öffnung des Sachunterrichts

This article focuses on the prominent political and pedagogical debate about open learning in Germany. Two sequences of teacher interviews, interpreted by using the qualitative research method of objective hermeneutics (Wernet 2009), are providing an insight in contrary educational claims in the context of General Studies (Sachunterricht) in primary education.

1. Einleitung

Der Sachunterricht „*[...] leistet einen zentralen Beitrag zu grundlegender Bildung.*" (GDSU 2013, S. 9). Dabei soll er sowohl anschlussfähig „*[...] an die Lernvoraussetzungen, an die vor- und außerschulisch erlangten Wissensbestände und Kompetenzen sowie an die Fragen, Interessen und Lernbedürfnisse der Schülerinnen und Schüler*" als auch „*[...] an das in Fachkulturen erarbeitete, gepflegte und weiter zu entwickelnde Wissen*" (a.a.O., S. 10) sein. Beide Aspekte weisen auf einen doppelten Bildungsanspruch des Sachunterrichts hin, einmal als eine auf die Lebenswelt hin ausgerichtete Lesart des Bildungsbegriffs, wie z.B. als Idee eines übergreifenden Allgemeinbildungskonstrukts (vgl. Klafki 1992), anderseits als eine auf das spezielle in Fachkulturen tradierte und entwickelte Wissen hin ausgerichtete Lesart. Obwohl sich beide Lesarten in der pädagogischen Praxis und der theoretischen Debatte gegenseitig bedingen, beschreibt der Perspektivrahmen beide als ein gewisses Spannungsfeld des Sachunterrichts (vgl. GDSU 2002, S. 10).
Im folgenden Artikel sollen beide Lesarten als gedankenexperimenteller Kontrast entworfen werden, welcher sich in den leitenden Orientierungen von Lehrkräften im Kontext der Debatte um *Öffnung des Sachunterrichts* niederschlägt. Nach einer Annäherung an den Forschungsgegenstand der *Öffnung des (Sach-)Unterrichts* sollen zwei kurze Interviewausschnitte diesbezüglich hinterfragt werden.

2. Bandbreite der Debatte um Öffnung des Unterrichts

Die bildungspolitische Debatte um eine *Öffnung des Unterrichts* hat in den vergangenen Jahrzehnten einen gewissen Institutionalisierungsprozess erfahren. Insbesondere in den Grundschulen haben geöffnete Unterrichtsformen Eingang in verschiedene Bildungsprogramme und länderspezifische Erlasse gefunden (vgl. z.B. KMK 1994). Dementsprechend kann konstatiert werden, dass einer *Öffnung des Unterrichts* im Zusammenhang der Unterrichtsentwicklung und Grundschulreform ein gewisser Stellenwert beigemessen wird (vgl. Hanke 2005, S. 233). Auch im Sachunterricht genießen *geöffnete Unterrichtsformen* eine hohe Popularität (vgl. Miller 2007, S. 195) bzw. einen gewissen Kultstatus (vgl. Kaiser 2010, S. 224). Da der *„[...] Sachunterricht [...] wegen seiner Struktur und seiner typischen didaktischen Fragestellung ein Reformmodell eines am Kind orientierten Unterrichts [...]"* (Hempel 2006, S. 60) darstellt, weist er grundsätzlich eine gewisse konzeptionelle Nähe zum *geöffneten Unterricht* auf (a.a.O.).

Trotz seiner bildungspolitischen Bedeutung scheint seine definitorische Konkretisierung aufgrund einer Vielzahl teils divergenter Definitions- und Eingrenzungsbemühungen schwierig zu sein, was bereits in der nicht stringenten Nutzung von Termini wie *„geöffneter Unterricht", „Offener Unterricht"* usw. zum Ausdruck kommt. Während einzelne Einführungen in die Thematik den Gegenstand der *Öffnung* als *„heterogene Bewegung"* unterschiedlicher Denk-, Motiv- und Handlungsformen (vgl. Jürgens 2009, S. 24) oder als *„Sammelbegriff"* (vgl. Wallrabenstein 1997, S. 54) beschreiben, wird in anderen Werken der Begriff des *Offenen Unterrichts* anhand differenzierter Kategorisierungsraster von *geöffneten Unterrichtsformen und -methoden* unterschieden (vgl. Bohl/ Kucharz 2010, Peschel 2010a, b). Das Spektrum verschiedener Begründungsmomente einer *Öffnung des Unterrichts* reicht dementsprechend von schülerorientierten Unterrichtsmethoden bis hin zu schulreformerischen Ansätzen (vgl. Edel/ Popp 2008, S. 114f.), die *ihre „[...] Bedeutung also nicht primär aus Positivem, sondern aus der Imago eines zu überwindenden Gegenstücks: der unterstellten Erfahrung eines geschlossenen Unterrichts in den Schulen [...]"* (Gruschka 2008, S. 12) beziehen. Textor (2010, S. 179f.) untergliedert die in der Debatte angeführten Argumentationsstränge in an einem *Individualisierungstheorem,* demokratietheoretischen Positionen, *motivationstheoretischen* Aspekten oder *konstruktivistischen* Erkenntnistheorien ausgerichteten Begründungsmustern. In Bezug auf den Sachunterricht unterscheidet Gervé (2014, S. 50) drei grundlegende Strukturmerkmale einer *Öffnung*: eine *Öffnung zum Kinde,* im Duktus einer Individualisierung bzw. Selbststeuerung, eine *Öffnung* *zur Welt*, im Sinne einer Realisierung von Lebensnähe und Vielfalt, sowie *eine Öffnung zum Anderen*, d.h. eine *„[...] Humanisierung und Demokratisierung durch eine von Wertschätzung und Interesse geprägten Begegnung mit Anderen"*.

3. Öffnung von (Sach-)Unterricht als Forschungsdesiderat

Hinsichtlich der empirischen Erörterung *geöffneter Unterrichtsformen* und schülerorientierter Reformansätze kann auf häufig rezipierte fachdidaktische (vgl. im Sachunterricht z.b. Köster 2006) und allgemeindidaktische (vgl. z.b. Peschel 2010a, b) Forschungsarbeiten verwiesen werden. Dennoch muss trotz einer Vielzahl an Studien mit Fokus auf den Gegenstand (vgl. Bohl/ Kucharz 2010, Müller-Naendrup 2008) auf ein gewisses Spannungsverhältnis zwischen normativer Programmatik und empirischer Praxis verwiesen werden. So betonen Edel/ Popp (2008, S. 126), dass vor einer Verallgemeinerung von Ergebnissen unbedingt die Aussagekraft und Vergleichbarkeit angeführter Studien kritischer hinterfragt werden müsse. Bohl und Kucharz geben zu bedenken, dass die *„[...] Erforschung von offenem Unterricht [...] aufgrund der großen Unterschiede in der Konzeption und der Begrifflichkeit sowie der Komplexität des Geschehens bisher nur ansatzweise möglich [...]"* sei, da bestehende *„[...] Studien [...] sich in ihrem Design und in der theoretischen Strukturierung erheblich [...]"* (2010, S. 82) unterscheiden würden.
Breidenstein (vgl. 2008, S. 112f.) beschreibt das Problem der Gegenstandsbestimmung einer *Öffnung des Unterrichts* als forschungsmethodologische Herausforderung. Am Beispiel verschiedener Studien versucht er zu verdeutlichen, inwiefern es standardisierten, kategorialen Verfahren bisher nur unzureichend gelungen ist, die konkrete Gestalt einer *Öffnung* ausreichend zu beschreiben bzw. vergleichbar zu machen. Stattdessen plädiert er im Sinne einer qualitativ-rekonstruktiven Forschungsmethodologie für ein offenes, exploratives Vorgehen auf der Mikro-Ebene des Unterrichts (a.a.O., S. 114), um relevante Faktoren aus der empirischen Wirklichkeit heraus erfassen zu können. Da eine dauerhafte Implementierung *geöffneten Unterrichts* aber nicht nur von einzelnen engagierten und reformorientierten Lehrkräften abhängt, sondern vielmehr mit dem umfassenden Fach- und Schulentwicklungsprozess der jeweiligen Einzelschule verbunden ist (vgl. Bohl 2009), scheint eine Berücksichtigung dieser Meso-Ebene von besonderer Bedeutung zu sein. Eine Annäherung an strukturelle Faktoren sowie normative Orientierungen beteiligter Akteurinnen und Akteure auf der Meso-Ebene der Fach- und Schulentwicklung mittels einer qualitativ-rekonstruktiven Forschungsmethodologie würde es ermögli-

chen, die spezifische Konstitution verschiedener Unterrichtsfächer und deren Zielsetzung aus der empirischen Wirklichkeit heraus differenzierter verstehen zu können. Bisherige Forschungsarbeiten leiten ihre kategorialen Setzungen überwiegend aus der programmatisch theoretischen Debatte ab, ohne die Spezifität des Einzelfalls zu erfassen.

4. Kurze Erläuterung des Forschungskontextes

Die ausgewählten Interviewsequenzen entstammen einem Forschungsprojekt zur *Öffnung des Sachunterrichts*, in dessen Rahmen auf der Meso-Ebene der Fach- und Schulentwicklung spezifische Strukturmerkmale sowie Deutungsmuster beteiligter Akteurinnen und Akteure rekonstruiert werden. Einerseits sollen auf diesem Wege relevante Strukturmerkmale bestimmt werden, die bezüglich der Etablierung *geöffneten Sachunterrichts* von entscheidender Bedeutung sind, andererseits sollen Deutungsmuster beteiligter Akteurinnen und Akteure im Hinblick auf bildungsadministrative Vorgaben sowie bildungstheoretische und fachspezifische Vorstellungen reflektiert werden, um daraus konzeptionelle Aussagen zur *Öffnung des Sachunterrichts* ableiten zu können. Einem qualitativ-rekonstruktiven Forschungsparadigma folgend ist dabei der Forschungsgegenstand als Begriff der pädagogischen Praxis und Debatte weit gefasst worden, dessen Spektrum von schülerorientierten Arbeitsmethoden bis hin zu schulreformerischen Ansätzen reicht (vgl. Edel/ Popp 2008, S. 114f.). Die Datengrundlage des Forschungsvorhabens bilden episodische Interviews mit Lehrkräften und Schulleitungen sowie ergänzend dazu ausgewählte Dokumente, die sequenzanalytisch mittels der Objektiven Hermeneutik (vgl. Wernet 2009) ausgewertet werden.

5. Bildungsanspruch und leitende Orientierungen im Kontext der Öffnung des Sachunterrichts

Anhand der beiden folgenden Interviewausschnitte soll expliziert werden, inwiefern sich in den leitenden Orientierungen von Lehrkräften im Zusammenhang der Fach- und Schulentwicklungsdebatte um *Öffnung des Sachunterrichts* latente Bildungsansprüche offenbaren, die in unterschiedlicher Weise an das skizzierte Spannungsfeld des Fachs anschließen. Beide Lehrkräfte arbeiten an einer öffentlichen Grundschule. Mit Hilfe des aus den Interviewsequenzen abgeleiteten gedankenexperimentellen Kontrasts sollen erste empirische Tendenzen aufgezeigt werden. Aufgrund des Seitenumfangs können die Interpretationen nur verkürzt dargestellt werden.

5.1 LK1: „Also ich versuch das inzwischen wieder auch ein bisschen […] frontal zu bündeln […]"

LK1: „Also ich finde das gar nicht so einfach zu sagen, was da gut ist. Da probieren wir im Grunde aus die ganze Zeit (.)."

Der Debatte um *Öffnung des Sachunterrichts* liegt eine Normativität zugrunde, zu der sich Lehrkräfte positionieren müssen. Da die Klärung der Normativität nicht einfach zu sein scheint, muss sie prozesshaft erprobt werden.

„Also es gab ja mal ne Zeit, da war Stationslernen Werkstattarbeit sehr=sehr im Trend und ich rück da langsam auch schon selber da wieder ein bisschen ab, weil (.) ich finde, dass das häufig so ein Abarbeiten von viel Material ist oder viel Zetteln. Manchmal auch ohne wirklich nachhaltige oder nur eingeschränkt nachhaltige Wirkung, sage ich mal."

Eine *Öffnung des Sachunterrichts* wird seitens LK1 mit den Arbeitsmethoden des Stationenlernens bzw. der Werkstattarbeit verbunden. Im Anschluss an die skizzierte Debatte kann angenommen werden, dass LK1 den Begriff der Öffnung im Sinne schülerorientierter Arbeitsmethoden deutet. Diesen als Trend spezifizierten Methoden liegt eine Normativität zugrunde, die sich wandeln kann. Trends besitzen eine universelle jenseits der Lehrkraft liegende Bedeutung, die von vielen Individuen geteilt wird und zu der sich das einzelne Subjekt positionieren muss. Der von LK1 angesprochene Trend der *Öffnung* vollziehe sich häufig im Modus eines Abarbeitens, d.h. einer gewissen Materialzentrierung. Diese kritisiert LK1 nicht wie andere Autoren aufgrund der fehlenden Selbststeuerung (vgl. Peschel 2010a, S. 8ff.), sondern wegen der *„nur eingeschränkt nachhaltigen Wirkung"*. Als Adressaten dieser Einwirkung sind wahrscheinlich Schülerinnen und Schüler gemeint. Der Verweis auf *„nicht wirklich"* bzw. *„nur eingeschränkt nachhaltige Wirkung"* verweist darauf, dass eine absolute Wirkung existieren muss, welche Ziel der pädagogischen Handlung ist. In anderen Sequenzabschnitten wird dies im Hinblick auf curriculare Vorgaben des Sachunterrichts spezifiziert.

„Das ist eben auch nicht für jedes Kind die Methode. Die gleiche Methode. Die beste Methode. (.) Also ich versuch das inzwischen wieder auch ein bisschen zu (.) ähm (.) naja so ein bisschen frontal zu bündeln und dann wieder ins Offene übergehen zu lassen so."

Wiederum wird *Öffnung* in der Lesart einer Methode gefasst, von der nicht jedes Kind profitiert, weshalb LK1 *„inzwischen wieder"* ihren Unterricht zeitweilig *„ein bisschen frontal bündelt"*. Damit verweist sie einerseits auf einen gewissen persönlichen Einstellungswandel, andererseits macht sie deutlich, dass *Öffnung* und frontale Bündelung sowohl graduell als auch dialektisch aufeinander bezogen zu verstehen sind. Entsprechend ihres professionellen Selbstverständnisses erhebt sie eine gewisse Strukturierungsvormacht, um einen kompensatorischen Ausgleich zu erwirken.

„Das machen wir vielleicht auch ein bisschen unterschiedlich, auch im Jahrgang so ein bisschen unterschiedlich. Aber ich bin davon ab von diesen rein, so wir machen nur ne Werkstatt zu einem bestimmten Thema, sondern ich finde ne Fokussierung nen gemeinsames Unterrichtsgespräch und auch so ein Gefühl von, wir bearbeiten gemeinsam dieses Thema, finde ich auch entscheidend. Die Kinder müssen sich da auch immer mit identifizieren können. Was auch ne große Rolle spielt, sind ja immer diese kooperativen Lernmethoden."

Die Praxis der *Öffnung des Sachunterrichts* scheint in der betreffenden Schule unterschiedlich zu verlaufen. Zwar existiere eine gemeinsame Unterrichtsentwicklung, wie z.B. in Form der kollegialen Planung von Lernwerkstätten, doch jede Lehrkraft scheint diese unterschiedlich zu nutzen. Diesbezüglich formuliert LK1 eine vorsichtige Kritik am Umgang mit den *geöffneten* Lernwerkstätten, die ihrer Ansicht nach häufig nur abgearbeitet werden, ohne die Themen zum Gegenstand eines gemeinsamen Sachunterrichts zu machen.
Im Folgenden erläutert LK1 die Bedeutung eines *„gemeinsamen Unterrichtsgesprächs"* und *„kooperativer Lernmethoden"* für die *„Identifikation der Kinder mit dem Thema"*. Damit formuliert LK1 zwar den Anspruch eines gewissen Lebensweltbezuges, jedoch weniger im Modus eines Bildungsanspruchs als vielmehr in Form eines motivationalen Zugangs zum fachlichen Thema. Spannend ist zudem, dass LK1 eine *Öffnung* im Sinne einer Individualisierung deutet und diese von kooperativen Lernformen unterscheidet.

5.2 LK2: „Also ich denke, es ist ganz wichtig für Kinder, [...] dass sie lernen, selbstbestimmt zu arbeiten."

LK2: „Also ich denke, es ist ganz wichtig für Kinder, dass sie selbst äh (1) dass sie lernen, selbstbestimmt zu arbeiten, (.) dass ihnen nicht absolut alles vorgesetzt wird sondern ähm (1), dass sie selbst Ideen mit einbringen, dass sie auch kritisch sind."

LK2 verweist darauf, dass es für Kinder ganz wichtig sei, selbstbestimmtes Arbeiten zu erlernen. Mit der Betonung auf Kinder wird unterstrichen, dass diese nicht nur in ihrer institutionellen Rolle als Schülerinnen und Schüler adressiert werden, demzufolge das intendierte Lernziel *„lernen selbstbestimmt zu arbeiten"* in der Lebenswelt verankert sein muss. Im Duktus dieser Lesart darf *„selbstbestimmt zu arbeiten"* nicht als eine didaktisch eingeforderte Methodenkompetenz verstanden werden. Vielmehr wird dabei auf den universalen

Bedeutungsgehalt von Arbeit verwiesen: Arbeit als grundlegende Determinante menschlicher Existenz. Die Fähigkeit, *„selbstbestimmt arbeiten"* zu können, befähigt den Menschen dazu, eine gewisse Autonomie gegenüber der Fremdbestimmtheit zu erlangen, d.h. über die nötige Gestaltungskompetenz und Gestaltungsmacht zu verfügen. Die Forderung, schulische Prozesse darauf auszurichten, dass Kinder *„selbstbestimmtes Arbeiten erlernen"* sollen, deutet darauf hin, dass LK2 mit der *Öffnung des Sachunterrichts* einen gewissen partizipativen bzw. emanzipatorischen Bildungsanspruch verfolgt, der stärker auf die Lebenswelt der Kinder hin ausgerichtet ist. Mit der Aussage, dass den Kindern *„nicht absolut alles vorgesetzt"* werden soll, spezifiziert LK2 den konkreten Modus dieses schulischen Lernprozesses. Zwar sollen die Schülerinnen und Schüler *„selbst Ideen mit einbringen"* und *„kritisch"* sein, dennoch impliziert *„nicht absolut alles vorgesetzt"*, dass auch LK2 deduktiv gesetzte Strukturen als Bestandteil einer *Öffnung des Sachunterrichts* betrachtet.

6. Abschließende Diskussion

Beide Lehrkräfte beschreiben die Frage nach *Öffnung oder Schließung* des Sachunterrichts als ein dialektisches Verhältnis. Einerseits existiere eine gewisse deduktive fachspezifische Strukturierung, anderseits sollen die Kinder an der Gestaltung des Sachunterrichts partizipieren. Dennoch manifestiert sich in beiden Interviews ein gewisser diametraler Kontrast hinsichtlich des mit der *Öffnung* verbundenen Bildungsanspruchs des Fachs. Während LK1 unter einer *Öffnung des Sachunterrichts* eher methodische Gesichtspunkte begreift, sich im Hinblick auf die Erreichung von Lernzielen tendenziell auch für eine partielle lehrerzentrierte Schließung ausspricht, verbindet LK2 mit einem *geöffneten Sachunterricht* einen stärker in der Lebenswelt der Kinder fußenden emanzipativen Charakter. Dies führt dazu, dass der auf die *Öffnung des Sachunterrichts* hin ausgerichtete Fachentwicklungsprozess der Schule zwar die kollegiale Konzeption *geöffneter* Arbeitsmaterialien ermöglicht, welche aufgrund des differenten Bildungsanspruchs und der fehlenden gemeinsamen konzeptionellen Zielsetzung in Teilen ungenutzt bleiben.

Literatur

Bohl, T. (2009): Prüfen und Bewerten im Offenen Unterricht. 4., neu ausgestattete Auflage. Weinheim.
Bohl, T.; Kucharz, D. (2010): Offener Unterricht heute. Weinheim.

Breidenstein, G. (2008): Offenen Unterricht beobachten – konzeptionelle Überlegungen. In: Zeitschrift für Grundschulforschung, 1, S. 110-121.

Edel, N.; Popp, M. (2008): Offener Unterricht. In: Bovet, G,; Huwendiek, V. (Hrsg.): Leitfaden Schulpraxis: Pädagogik und Psychologie für den Lehrberuf. Berlin. S. 110-139.

GDSU (Hrsg.) (2013): Perspektivrahmen Sachunterricht. Vollständig überarbeitete und erweiterte Ausgabe. Bad Heilbrunn.

Gervé, F. (2014): Individualisiertes und gemeinschaftliches Lernen im Sachunterricht kompetenzorientiert gestalten. In: Fischer, H.-J.; Giest, H.; Peschel, M. (Hrsg.): Lernsituationen und Aufgabenkultur im Sachunterricht. Bad Heilbrunn, S. 47-54.

Gruschka, A. (2008): Bildungstheoretische Reflexionen zum Offenen Unterricht. In: Patzner, S.; Rittberger, M.; Sertl, M. (Hrsg.): Offen und frei? Beiträge zur Diskussion offener Lernformen. Innsbruck. S. 9-29.

Hanke, P. (2005): Öffnung des Unterrichts in der Grundschule. Lehr-Lernkulturen und orthographische Lernprozesse im Grundschulbereich. Münster u.a.

Hempel, M. (2006): Planung offenen Sachunterrichts. In: Kaiser, A.; Pech, D. (Hrsg.): Basiswissen Sachunterricht. 5. Unterrichtsplanung und Methoden. 2., unveränd. Aufl. Baltmannsweiler.

Jürgens, E. (2009): Die „neue" Reformpädagogik und die Bewegung Offener Unterricht. Theorie, Praxis und Forschungslage. 7., unveränd. Aufl. Sankt Augustin.

Kaiser, A. (2010): Neue Einführung in die Didaktik des Sachunterrichts. 3. Aufl. Baltmannsweiler.

Klafki, W. (1992): Allgemeinbildung in der Grundschule und der Bildungsauftrag des Sachunterrichts. In: Lauterbach, R.; Köhnlein, W.; Spreckelsen, K.; Klewitz, E.(Hrsg.): Brennpunkte des Sachunterrichts. Kiel. S. 11-31.

Köster, H. (2006): Freies Explorieren und Experimentieren. Eine Untersuchung zur selbstbestimmten Gewinnung von Erfahrungen mit physikalischen Phänomenen im Sachunterricht. Berlin.

Kultusministerkonferenz (KMK) (1994): Empfehlungen der Kultusministerkonferenz zur Arbeit in der Grundschule. URL: www.schure.de/schools/gs/kmk_gs1b.htm [14.09.2014]

Miller, S. (2007): Unterrichtskonzeptionen zwischen Offenheit und Strukturiertheit. Orientierungen für den Sachunterricht im Anfangsunterricht. In: Gläser, E. (Hrsg.): Sachunterricht im Anfangsunterricht. Lernen im Anschluss an den Kindergarten. Baltmannsweiler, S. 194-205.

Müller-Naendrup, B. (2008): Was bringen offene Lernsituationen? Forschungsbefunde zur Öffnung des Unterrichts – und ihre Probleme. In: Patzner, S.; Rittberger, M.; Sertl, M. (Hrsg.): Offen und frei? Innsbruck, S. 52-70.

Peschel, F. (2010a): Offener Unterricht. Band 1: Idee, Realität, Perspektive und ein praxiserprobtes Konzept zur Diskussion. Teil I: Allgemeindidaktische Überlegungen. 6., unveränderte Auflage. Baltmannsweiler.

Peschel, F. (2010b): Offener Unterricht. Band 2: Idee, Realität, Perspektive und ein praxiserprobtes Konzept zur Diskussion. Teil II: Fachdidaktische Überlegungen. 6., unveränderte Auflage. Baltmannsweiler.

Textor, A. (2010): Offener Unterricht. Versuch der theoretischen Rahmung eines schwer fassbaren Konstrukts. In: Köker, A.; Romahn, S.; Textor, A. (Hrsg.): Herausforderung Heterogenität. Bad Heilbrunn, S. 173-186.

Wallrabenstein, W. (1997): Offene Schule – offener Unterricht. Ratgeber für Eltern und Lehrer. Reinbek bei Hamburg.

Wernet, A. (2009): Einführung in die Interpretationstechnik der Objektiven Hermeneutik. 3. Aufl. Wiesbaden, S. 57-78.

Christian Mathis, Katja Siepmann und
Ludwig Duncker

Anregungen zum Perspektivenwechsel – Eine Pilotstudie zur Unterrichtsqualität

For the first time, this article provides an empirical study, which investigates the didactic principle of multiperspectivity. A German and Swiss pilot study examines to what extent the didactic principle of diversity of perspectives is considered in the lessons of General Studies at primary school. The potential stimulation of the lessons with regard to the change of perspective is highlighted. Presumably, the teaching quality benefits from the consideration of this didactic principle.

1. Der bildungstheoretische Zusammenhang der Studie

Das Prinzip der Perspektivenvielfalt im Unterricht zählt zu den modernsten Prinzipien einer Didaktik des Sachunterrichts. Es fand seine erste konzeptionelle Grundlegung in den „Stücken zu einem mehrperspektivischen Unterricht" (Giel et al. 1974ff.), wurde jedoch vielfach auch in anderen Kontexten aufgegriffen (z.B. Köhnlein/ Marquardt-Mau/ Schreier 1999) und auch in zahlreichen Fachdidaktiken erörtert (vgl. Duncker/ Sander/ Suhrkamp 2005). Das Prinzip der Perspektivenvielfalt ist geeignet, spezifische Ansprüche des Bildungsgedankens für Unterrichtsprozesse zu interpretieren. Es will Wege aufzeigen, wie es gelingen kann, eine vielschichtige und variantenreiche Auseinandersetzung mit der Wirklichkeit zu erschließen und damit Wege des Verstehens aufzuzeigen, die in aktuellen didaktischen Diskussionen um eine Verbesserung von Unterrichtsqualität eher ausgeblendet werden (vgl. Gruschka 2011). Es wurde in vielfältiger Weise interdisziplinär begründet. Dabei fanden bildungstheoretische, erkenntnistheoretische, philosophische, sozialisationstheoretische, lerntheoretische und wissenspsychologische Argumente Beachtung (vgl. Kattmann 2003, Duncker 2005, Mathis 2015).

Didaktisch relevant ist der Hinweis, dass auch der Sachunterricht als ein „Denkfach" konzipiert werden muss. Die Auseinandersetzung mit der Wirklichkeit macht nur Sinn, wenn auch das Denken gefordert und gefördert wird. Deshalb gilt auch für den Sachunterricht, dass „der einzige gerade Weg zu unablässiger Verbesserung der Methoden des Lehrens und Lernens darin [bestehe], all das in den Mittelpunkt zu stellen, was das Denken herausfordert, fördert und erprobt" (Dewey 1916/ 1983, S. 204).

2. Die Fragestellung und Stichprobe der Studie

Zur Perspektivenvielfalt existieren zahlreiche Schriften, die dieses Prinzip theoretisch und konzeptionell entfalten und begründen (vgl. Köhnlein et al. 2013). Auch gibt es viele Unterrichtsbeispiele und Curricula, die anschaulich die Produktivität des Prinzips belegen. Was bislang jedoch fehlt, sind *empirische Studien*, die aufzeigen, ob Perspektivenvielfalt auch tatsächlich den alltäglichen Unterricht erreicht und seine Qualität beeinflusst hat. Hier setzt die vorliegende Studie an. In einer deutsch-schweizerischen Kooperation sind wir der Frage nachgegangen, ob heutiger Grundschulunterricht das Prinzip der Perspektivenvielfalt überhaupt berücksichtigt. Im Folgenden werden erste Ergebnisse aus einer *Pilotstudie* vorgestellt, die an sechs deutschen und schweizerischen Grundschulen durchgeführt wurde. Dadurch können Hypothesen zum Prinzip der Perspektivenvielfalt gewonnen werden und gleichzeitig auch Vermutungen über seine Akzeptanz im internationalen Vergleich formuliert werden. Dabei wurden elf Unterrichtsstunden des Sachunterrichts (5 in Hessen, 6 in Aargau und Nidwalden) beobachtet, aufgezeichnet und ausgewertet.[1] Die Hospitationen fanden im Januar und Februar 2014 statt.
Eine wichtige Einschränkung steht den Untersuchungen voran: Es geht in dieser Studie nicht darum, festzustellen, wie vielfältig Perspektivität dem Unterricht zugrunde liegt, sondern darum, welcher *Anregungsreichtum* im didaktischen Arrangement des Unterrichts entdeckt werden kann. Damit wird der Fokus auf das didaktische Handeln der Lehrpersonen gerichtet. Nicht die Nutzung des Angebots durch die Schüler wird erfasst, sondern das Anregungspotential zum Perspektivenwechsel selbst:
- Welche Fragen und Impulse geben Lehrkräfte, um das gewählte Thema aus verschiedenen Perspektiven zu betrachten?

---

[1] „Unterrichtsstunde" meint hier die unterschiedlich lange dauernden Sequenzen, die dem sachunterrichtlichen Lernen eingeräumt wurden. Das Spektrum reicht von 35 bis 100 Minuten.

- Sind die in den Unterricht einbezogenen Lehrmaterialien geeignet, ein Thema aus unterschiedlichen Perspektiven zu bearbeiten?
- Oder anders gefragt: Gelingt es dem Unterricht, die Dominanz eines eindimensionalen, auf die Herstellung eindeutiger Kenntnisse und Aussagen zielenden Unterrichts zu vermeiden bzw. fachlich geklärte Uneindeutigkeit, Pluralität und Relativität von Kenntnissen und Deutungen zuzulassen?
- Wird die subjektive Sicht der Schüler kontrastiert mit objektivierenden, auf die Klärung der Sache zielenden Arrangements?

Solchen Fragen liegt die Annahme zugrunde, dass ein Unterricht, der nur wenig oder gar kein Anregungspotential zum Perspektivenwechsel enthält, wohl kaum dafür geeignet sein dürfte, entsprechende Denkanstöße und Suchbewegungen bei den Schülerinnen und Schülern zu bewirken.

3. Erwartungshorizonte

Auf eine detaillierte Beschreibung des Untersuchungsdesigns muss hier aus Platzgründen verzichtet werden. Das methodische Design folgt den Standards einer qualitativen Unterrichtsforschung. Die mindestens zu zweit durchgeführte Beobachtung wird durch ein Ensemble objektivierender Verfahren (Videographie, Fotografie, Transkription, Paraphrasierung) ergänzt, um so eine nachvollziehbare Interpretation des Unterrichtsgeschehens zu ermöglichen.

Wichtig ist es, die Erwartungshorizonte anzugeben, die die Aufmerksamkeit der Beobachter fokussieren. Wir unterscheiden vier unterschiedliche Qualitäten von Perspektivenvielfalt, die jeweils in einer subjektiv-vereinnahmenden und in einer objektivierend-fachlichen Weise in Erscheinung treten können:

(1) Die Qualität der *Affirmativität* bezieht sich auf Fragen, Aufgaben und Impulse der Lehrpersonen, die auf das Formulieren eindeutiger Aussagen zielen, also das Prinzip der Perspektivenvielfalt ausdrücklich verfehlen.

Solche auf Affirmation zielende Aufgaben liegen dann in einer *subjektvereinnahmenden Weise* vor, wenn sie die subjektiven Vorannahmen der Schüler abrufen und als unhinterfragtes (Vor-)Wissen stehen lassen. Wo auf diese Art Meinungen erfragt oder an Vorerfahrungen der Schüler angesetzt sowie naive Deutungen von Wirklichkeit erzeugt werden, bleibt Unterricht auf der Ebene primärer Erfahrung begrenzt. Folgende Beispiele können dies verdeutlichen: Wer hat schon mal etwas darüber gehört? Wie denkst du darüber? Wie findet ihr das? Ist das gut? Schreib auf, was dir dazu einfällt! Wer hat so etwas schon einmal erlebt? Wer weiß etwas über den Hund?

Als Anregung für eine *objektivierend-fachliche Klärung* kommt die Kategorie der Affirmation in den Blick, wenn Fragen und Aufgaben gestellt werden, die eindeutige Sachverhalte festzustellen versuchen, wie zum Beispiel das Zusammentragen und Sicherstellen von eindeutigem „Stoff" und unproblematischem Wissen und das Festhalten von Merksätzen.
Beispiele sind: Wo können wir eine richtige Antwort nachschlagen? Welche Fakten fehlen uns noch? Finde die richtigen Begriffe! Ist die Lösung richtig? Passt diese Aussage zur Aufgabe? Trifft das, was du über deinen Hund sagst, auf alle Hunde zu? Trifft es auf alle Lebewesen zu?
(2) Die Qualität der *Pluralität und Relativität* bezieht sich auf Anregungen, die eindeutige Aussagen dadurch relativieren, dass nach weiteren Standpunkten und Perspektiven gesucht wird. Es geht um öffnende, auf Sammlung und Ergänzung zielende Zugriffe, die additiv nebeneinander gestellt werden.
In *subjekt-vereinnahmender* Sicht geht es hier um Fragen, die ein unterschiedliches Alltagswissen sowie verschiedene subjektive Standpunkte, Meinungen und Positionen sichtbar machen. Beabsichtigt ist hier die Sammlung unterschiedlicher Betroffenheiten, Emotionen und Stimmungslagen, wie sie situationsbedingt vorkommen. Es sind Aufforderungen der Lehrpersonen, dass Schülerinnen und Schüler versuchen, ihre subjektiven (egozentrischen) Einstellungen durch Sichtbarmachung konkurrierender Ansichten zu überschreiten.
Als Beispiele dienen hier folgende Fragen: Wer möchte noch etwas dazu sagen? Sind alle damit einverstanden? Erleben die Beteiligten die im Schulbuch dargestellte Situation alle in derselben Weise? Denkst du in einem Jahr vielleicht anders darüber? Wer kann das Gesagte weiter ausführen?
Auf eine *objektivierend-fachliche Klärung* zielen dagegen Aufforderungen, die dem Zusammentragen von unterschiedlichem Expertenwissen zu einem Sachverhalt dienen. Es geht um das Erschließen einer additiven Vielfalt von Wissensbeständen. Es sind Fragen und Aufgaben, die auf die prinzipielle Unabschließbarkeit von Wissensbeständen schließen lassen und die Ergänzungen weiterer fachlicher Aspekte zulassen.
Als Beispiele seien folgende Fragen und Impulse genannt: Was sind die Vor- und Nachteile eines solchen Verhaltens, einer Tradition, einer Werthaltung? Welches sind die positiven und negativen Aspekte einer solchen Sicht- oder Handlungsweise? Gilt diese Aussage immer? ... in jedem Fall? ... für alle Menschen? Vergleiche die beiden Lexikonartikel miteinander! Können wir uns mit dieser Erklärung zufrieden geben? Können wir mit unserer Meinung alle falsch liegen? Könnte diese Meinung auf einem Vorurteil beruhen?

(3) Die Qualität der *Diskursivität* ist erreicht, wenn Anregungen und Impulse erfolgen, die auf die Entdeckung und Thematisierung von Widersprüchen, Gegensätzen und Grenzen von Perspektiven zielen und dadurch die Kontroversität und Problemhaltigkeit von Perspektiven sichtbar machen.

Als diskursiv in *subjekt-vereinnahmender Sicht* können solche Impulse gelten, die naive Annahmen über die Wirklichkeit irritieren und hinterfragen und die es erforderlich machen, die subjektive Weltsicht zu überschreiten. Es geht um Impulse, die Scheinklarheiten entlarven oder ein kommunikatives Aushandeln subjektiver Weltdeutungen anregen.

Beispiele können sein: Diskutiert, warum wir uns mit dieser Erklärung (nicht) zufrieden geben können! Ist die Person in der Geschichte zu stur, um die Erfahrung, die sie macht, richtig zu deuten? Dürfen Frauen abtreiben? Darf man Tiere töten? Darf man Kühe in so enge Ställe sperren? Darf man einen Freund verpetzen?

Auf die Ebene *objektivierend-fachlicher Klärung* zielen Impulse, die auf die Nutzung fachlicher Kenntnisse zur Klärung von Kontroversen zielen. Es geht um Ermunterungen, die zur Entdeckung von Gegensätzen und Widersprüchen zwischen fachlichen Aussagen führen. Zu erfassen sind didaktische Anregungen, die die Absolutheit von Erkenntnissen aufbrechen und die ein Wissen an die Formulierung hypothetischer Wahrheiten zurückbinden. Hierzu zählen auch das Nachdenken über die Standortgebundenheit und die Grenzen von Perspektiven. Es sind aber auch Impulse und Aufgaben, die zu einer spielerischen Erprobung von Standpunkten und Perspektiven anregen.

Als Beispiele seien angeführt: Welches der soeben erarbeiteten Kriterien ist das tragfähigste, angemessenste oder nützlichste, fachlich korrekteste? Können wir den Widerspruch mit Hilfe eines (weiteren) Fachbuchs, Lexikonartikels klären? Darf man den Experten Glauben schenken?

(4) Die Qualität der *Positionalität* erfasst Anregungen und Impulse, die auf argumentative Entscheidungen zielen. *Subjekt-vereinnahmend* sind dabei solche Fragen und Aufgaben, die persönliche und argumentativ begründete Stellungnahmen, Urteile und die Festigung von Überzeugungen verlangen.

Beispiele dafür sind: Du lässt dich wohl von deiner Meinung nicht abbringen? Kannst du deine Überzeugung gegen die der andern durchhalten? Was würdest du einem, der nicht zustimmt, entgegenhalten?

Eine Bemühung um *objektivierend-fachliche Klärung* wird in Impulsen sichtbar, die argumentativ begründete Entscheidungen zwischen unterschiedlichen Perspektiven anregen oder sachliche Stellungnahmen und Urteile verlangen. Es können auch Aufforderungen sein, die auf das Festhalten an neuen

Positionen im Bewusstsein ihrer Überprüfungsbedürftigkeit zielen oder eine Einsicht in die hypothetische Qualität von Wahrheit abfordern. Beispiele könnten folgende Anregungen sein: Erörtere aufgrund des Erarbeiteten deine eigene Meinung! Positioniere dich! Nimm Stellung zur Kontroverse der Experten und begründe sie. Darf man Familienstrukturen auflösen? Lies die Texte und nimm begründet Stellung!
Durch die Unterscheidung von vier Dimensionen der Qualität von Perspektivenvielfalt, die sich jeweils in einer subjektiv-vereinnahmenden und einer objektivierend-fachlichen Weise profilieren lassen, werden acht Felder gewonnen, die in der folgenden Matrix zusammengestellt sind (vgl. Tabelle 1).

Tabelle 1: Erwartungshorizonte

Zugriffsebenen / Fragen und Aufgaben	Subjektiv-vereinnahmender Zugriff	Objektivierend-fachliche Klärung
	Impulse, die...	
Affirmation auf Eindeutigkeit zielend	*1* ...subjektive Vorannahmen der Schüler aktivieren	*2* ...eindeutige Sachverhalte feststellen lassen
Pluralität und Relativität auf Sammlung und Ergänzung zielend	*3* ...verschiedene subjektive Standpunkte, Meinungen und Positionen sichtbar machen	*4* ...Zusammentragen von Expertenwissen (additive Vielfalt von Wissen)
Diskursivität auf die Entdeckung und Thematisierung von Widersprüchen, Gegensätzen und Grenzen von Perspektiven zielend	*5* ...die naiven Annahmen über die Wirklichkeit irritieren und hinterfragen und in Frage stellen	*6* ...auf Nutzen fachlicher Kenntnisse zur Klärung von Kontroversen zielen
Positionalität auf argumentative Entscheidung zielend	*7* ...persönliche und subjektiv begründete Stellungnahmen, Urteile und die Festigung von Überzeugungen verlangen	*8* ...eine argumentativ begründete Entscheidung zwischen oder die Verteidigung unterschiedlicher Perspektiven anregen

4. Ergebnisse

In der Auswertung wurden die im Unterricht formulierten Fragen, Impulse und Aufgaben den Kategorien der Matrix zugeordnet. Durch die Häufigkeitsverteilung entsteht ein Bild darüber, in welcher Weise die einzelnen Dimensionen von Perspektivenvielfalt in den beobachteten Unterrichtsstunden zur Geltung kamen. Auffallend ist, dass sich die Ergebnisse in den deutschen und schweizerischen Grundschulen insgesamt sehr ähneln. Einzelne Stunden konnten mehreren Kategorien zugeordnet werden. In der folgenden tabellarischen Übersicht werden die Zuordnungen dargestellt (vgl. Tabelle 2). Als wichtiges Ergebnis muss festgehalten werden, dass den Kategorien der objektivierend-fachlichen Diskursivität und der Positionalität keine Unterrichtsstunden zugeordnet werden konnten.

Tabelle 2: Klassifizierung des Anregungspotentials zum Perspektivenwechsel in deutschen (D) und schweizerischen (CH) Grundschulen. Die Zahlen benennen die einzelnen Unterrichtsstunden.

Zugriffsebenen Fragen und Aufgaben	Subjektiv-vereinnahmender Zugriff	Objektivierend-fachliche Klärung
Affirmativität	D: 1, 2; CH: 2, 3	D: 3, 4, 5; CH: 1, 3, 5, 6
Pluralität und Relativität	D: 1, 2; CH: 1, 4, 6	D: 3, 4; CH: 6
Diskursivität	D: - CH: 6	-
Positionalität	-	-

Zusammenfassend lässt sich festhalten: Perspektivenvielfalt kommt in den untersuchten Unterrichtsstunden nur als additive Sammlung von Aspekten vor. Dabei werden subjektive Zugänge betont. Es besteht eine starke Tendenz zur Herstellung von Eindeutigkeiten und Merksätzen, d.h. es geht um das Erarbeiten und Festhalten unstrittiger Begriffe, Anzahlen, Zuordnungen. Diskursivität und Kontroversität werden weitestgehend ausgeklammert. Auf argumentative Formen der Entscheidungsfindung (Positionalität) wird verzichtet. In den erfassten Unterrichtssequenzen wird das Potential des Sachunterrichts zur Denkförderung weder in Hessen noch in der Deutschschweiz ausgeschöpft. Sollten sich die Ergebnisse durch eine breitere Überprüfung bestätigen lassen, müsste sich der Sachunterricht den Vorwurf gefallen lassen, dass er eine angemessene Denkförderung verfehlt.

Folgende methodisch-methodologischen Punkte bedürfen hinsichtlich ihrer empirischen Relevanz einer weiteren Überprüfung: Ist es sinnvoll, die Matrix losgelöst von Inhalten, d.h. allgemein und nicht auf ein Fach bezogen, zu verwenden? Der fachdidaktische Blick könnte zur Kontrolle herangezogen werden, zumal bei der Bestimmung objektiv-fachlicher Bezüge.

Ein Problem ist auch die Begrenzung der Beobachtung auf einzelne Unterrichtsstunden. Hier besteht die Gefahr, dass bezüglich des Prinzips der Perspektivenvielfalt unzureichende Eindrücke entstehen. Ein Ausweg könnte darin bestehen, mehrere Stunden aus einer Unterrichtsreihe, beispielsweise am Anfang, in der Mitte und am Ende, zu beobachten. Als wichtiges Korrektiv für die Auswertung haben sich die Vor- und Nachgespräche mit den Lehrkräften erwiesen.

Eine Frage hinsichtlich der Forschungsmethoden stellt sich auch hinsichtlich der Erfassung von Schüleraktivitäten. Sollten deren Aussagen ebenfalls dokumentiert werden? In unseren Studien hat es sich bewährt, dies nur dann zu tun, wenn sie Anstöße zur Perspektivenvielfalt geben und ihre Aussagen einen bedeutsamen Wendepunkt im Unterrichtsgeschehen darstellen. Dies jedoch zu verallgemeinern, wäre auf der Grundlage unserer Studie nicht angebracht. Den Anregungsreichtum zum Perspektivenwechsel mit den Wirkungen abzugleichen, bedürfte eines anderen Forschungsdesigns.

Literatur

Dewey, J. (1983): Demokratie und Erziehung. (amerik. 1916). Weinheim und Basel.
Duncker, L. (2005): Professionalität des Zeigens. Mehrperspektivität als Prinzip der Allgemeinen Didaktik, In: Duncker, L.; Sander, W.; Surkamp, C. (Hrsg.) (2005): Perspektivenvielfalt im Unterricht. Stuttgart, S. 9-20.
Duncker, L.; Sander, W.; Surkamp, C. (Hrsg.) (2005): Perspektivenvielfalt im Unterricht. Stuttgart.
Giel, K. et al. (CIEL-Arbeitsgruppe Reutlingen) (1974ff.): Stücke zu einem mehrperspektivischen Unterricht. 10 Bde. Stuttgart.
Gruschka, A. (2011): Verstehen lehren. Ein Plädoyer für guten Unterricht. Stuttgart.
Kattmann, U. (2003): Pädagogik fachlichen Lernens – Fachdidaktiken gehören ins Zentrum der Lehrerbildung. In: Moschner, B.; Kattmann, U.; Kiper, H. (Hrsg.): Perspektiven für Lehren und Lernen. PISA 2000 als Herausforderung, Baltmannsweiler, S. 307-318.
Köhnlein, W.; Marquardt-Mau, B.; Schreier, H. (Hrsg.) (1999): Vielperspektivisches Denken im Sachunterricht. Bad Heilbrunn.
Köhnlein, W.; Marquardt-Mau, B.; Duncker, L. (2013): Vielperspektivität. In: www.widerstreit-sachunterricht.de, Ausgabe 19, Oktober 2013. URL: www.widerstreit-sachunterricht.de/ebeneII/viel.pdf [13.10.2014]
Mathis, C. (2015): „Irgendwie ist doch da mal jemand geköpft worden" – Didaktische Rekonstruktion der Französischen Revolution und der historischen Kategorie Wandel. Baltmannsweiler.

Julia Schönhofer und Anja Göhring

Selbstbestimmtes Lernen im naturwissenschaftlichen Sachunterricht der Grundschule

In their self-determination theory Deci and Ryan describe three basic psychological needs (competence, autonomy and relatedness) and their influence on motivation and learning. The research project examines such relationships in grade 3 and 4, since there is a gap in research here. In this article, the creation of survey instruments, their piloting and results are presented and the next steps for the project are discussed.

1. Motivation

Eine wichtige Aufgabe der Grundschule ist es, Bildung als einen selbstverständlichen, nachhaltigen und lebenslangen Prozess anzubahnen (vgl. z.B. den neuen LehrplanPlus für die bayerische Grundschule o.J.). Eine herausragende Rolle spielen hierbei Interesse, Selbstbestimmung und ein herausforderndes, angemessenes Anspruchsniveau in einem angenehmen sozialen Miteinander. Ebenso ist die Fähigkeit, sich immer wieder selbst zum Lernen zu motivieren, entscheidend für einen nachhaltigen Lernprozess. So ist ein erfolgreiches Weiterlernen auch in der Sekundarstufe und darüber hinaus gewährleistet.

2. Theoretischer Rahmen

Deci/ Ryan (1993) formulieren im Rahmen ihrer Selbstbestimmungstheorie fünf Subtheorien, u.a. die Organismische Integrationstheorie. Entgegen der Betrachtung von intrinsischer und extrinsischer Motivation als Gegenspieler, sehen Deci/ Ryan einen fließenden Übergang zwischen diesen Motivationstypen. Die extrinsische Motivation gliedert sich demnach in vier Regulationsstile, die zwar alle externe Handlungsursachen haben, aber als immer stärker

selbstbestimmt wahrgenommen werden: externale, introjizierte, identifizierte und integrierte Regulation. Extrinsisch motiviertes Verhalten kann in intrinsisch motiviertes Verhalten übergehen, dabei können Stufen übersprungen werden, oder es können, je nach Situation, auch verschiedene Regulationsstile hinter einer Handlung stehen.
Deci/ Ryan (a.a.O.) postulieren in einer weiteren Subtheorie drei Grundbedürfnisse (basic needs), die intrinsische und extrinsische Motivation beeinflussen: das Bedürfnis nach Kompetenz oder Wirksamkeit, das Bedürfnis nach sozialer Eingebundenheit oder sozialer Zugehörigkeit, das Bedürfnis nach Autonomie oder Selbstbestimmung (nicht nur im Sinne von Wahlfreiheit, sondern auch im Sinne von Übereinstimmung zwischen der geforderten Aufgabenstellung und den eigenen Vorstellungen, sodass Handlungen freiwillig durchgeführt werden).
Dabei betonen die Autoren, dass intrinsisch motivierte Verhaltensweisen besonders auf Kompetenz- und Autonomieerfahrung zurückgehen. Betrachtet man das Kompetenzerleben genauer, das im Gegensatz zum Autonomieerleben (im Sinne von Wahlfreiheit) in der Grundschule bislang nur wenig erforscht ist, so scheinen vor allem ein optimales Anforderungsniveau und das von der Lehrkraft gegebene Feedback einen Einfluss auf das Kompetenzerleben in der schulischen Umgebung zu haben. Deci/ Ryan leiten aus verschiedenen Studien ab, dass die Richtung des Feedbacks (positiv oder negativ) zusammen mit dem Kontext des ermöglichten Grades an Autonomieerleben eine Rolle spielen.
Zusammenfassend ist festzuhalten, dass laut Deci/ Ryan durch Lernbedingungen, die das Erleben der drei Grundbedürfnisse ermöglichen, das Auftreten selbstbestimmter und letztlich intrinsischer Motivation erleichtert wird. Es wird angenommen, dass diese selbstbestimmte Handlungsregulation wiederum zu besseren Lernleistungen führt.

3. Bestehende Studien und eigene Forschungsfragen

Das o.g. Postulat wurde in der Sekundarstufe in verschiedenen Fächern inzwischen überprüft (Göhring 2010, Bieg/ Mittag 2009, Berger/ Hänze 2004, Wolf 2012, Ferdinand 2012, Willems 2011, Flunger et al. 2013). So hat beispielsweise eine Interventionsstudie im naturwissenschaftlichen Unterricht der Sekundarstufe I positive Auswirkungen Selbstbestimmten Lernens auf die Lernleistung der Schüler/innen gezeigt (Göhring 2010).
Derartige Zusammenhänge wurden bei Lernenden der Grundschule bislang nicht oder nur unzureichend untersucht. Es wurden in dieser Schulstufe ledig-

lich Teilaspekte der oben beschriebenen Selbstbestimmungstheorie in einzelnen Studien aufgenommen bzw. andere Forschungsschwerpunkte gelegt (Hartinger 2005, Blumberg 2008, Roth et al. 2007). Ziel des vorliegenden Projekts ist es deshalb, zur Schließung dieser Forschungslücke beizutragen und folgenden Fragestellungen nachzugehen:

1. Ist eine gezielte Förderung des Selbstbestimmten Lernens, besonders des Kompetenzerlebens, im naturwissenschaftlichen Sachunterricht der Grundschule möglich?
2. Wenn ja, mit welchen Unterrichtsmethoden ist im Rahmen eines mehrwöchigen Treatments die Förderung besonders gut möglich?
3. Hat eine gezielte Förderung des Selbstbestimmten Lernens positive motivationale Auswirkungen?
4. Hat eine gezielte Förderung des Selbstbestimmten Lernens positive Auswirkungen auf Leistung und Behalten?

4. Pilotstudie

Zunächst wurde in einer Pilotstudie zwei Hauptzielen nachgegangen: Zum einen sollte eine Einschätzung des „Ist-Zustands" Selbstbestimmten Lernens im regulären naturwissenschaftlichen Sachunterricht ermöglicht werden. Besonderes Augenmerk lag dabei auf der subjektiven Einschätzung durch die Lernenden, um einerseits das Auftreten von Deckeneffekten abklären zu können. Andererseits sollte deutlich werden, inwieweit sich der Unterschied zwischen eher selbstbestimmten und weniger selbstbestimmten Unterrichtsstunden auch in den Schülereinschätzungen widerspiegelt.

Zum anderen wurden Fragebögen entwickelt und hinsichtlich Zeitbedarf, Durchführungsmethode etc. beim Einsatz in Jahrgangsstufe 3 und 4 erprobt. Die Skalen-Reliabilität wurde jeweils geprüft und die Itemanzahl der einzelnen Skalen im Nachgang der Pilotstudie reduziert.

4.1 Entwicklung von Fragebögen

Eine besondere Herausforderung lag in der Konstruktion eines Erhebungsinstruments, das für Lernende der Grundschule sowohl hinsichtlich des sprachlichen Niveaus als auch vom Umfang her geeignet ist. Dafür wurden Fragebögen konstruiert, indem Skalen aus den genannten Studien entnommen, ggf. modifiziert und durch eigene Items ergänzt wurden.

Die Grundbedürfnisse wurden dabei untergliedert in jeweils zwei bedeutungsunterschiedliche Subfacetten (Anzahl der Items in Klammern):

Autonomie in erlebte relative Passung (3) und *erlebte Selbstbestimmtheit* (Wahlfreiheit) (8), *Kompetenzerleben durch Selbstbeobachtung* (7) bzw. *durch Lehrerfeedback* (3), *soziale Eingebundenheit mit der Bezugsgruppe Lehrer* (4) und der *Bezugsgruppe Klasse* (7).

Es wurden zwei Typen von Schüler-Fragebögen erstellt: Der *state*-Fragebogen bezieht sich auf eine gerade erlebte Unterrichtsstunde und erfragt die subjektive Einschätzung von Grundbedürfnissen und motivationaler Regulation. Der *trait*-Fragebogen erfasst die allgemeine Einschätzung des gesamten naturwissenschaftlichen Unterrichts in Bezug auf Grundbedürfnisse und Motivation und enthält zusätzlich Skalen zu Interesse und Fähigkeitsselbstkonzept. Daneben wurden Lehrer-Fragebögen konstruiert, die – analog zu den Schüler-Fragebögen – als *trait*-Fragebogen bzw. *state*-Fragebogen eingesetzt werden.

4.2 Durchführung und Ergebnisse der Pilotstudie

Die Pilotstudie wurde im Frühjahr 2014 in Bayern mit ca. 260 Schüler/innen aus 13 Klassen der Jahrgangsstufe 3 (N=118) und Jahrgangsstufe 4 (N=142) durchgeführt. Nach einem vorangehenden *trait*-Fragebogen wurden an zwei weiteren Erhebungstagen von den Lehrkräften je eine von ihnen selbst geplante naturwissenschaftliche Sachunterrichtsstunde abgehalten, auf die je ein *state*-Fragebogen folgte. Dabei gestaltete die Lehrkraft eine der beiden Unterrichtsstunden eher selbstbestimmt und die andere weniger selbstbestimmt.

Nach Auswertung der gewonnen Daten zeigt sich, dass die Reliabilität (Cronbachs α) für fast jede Skala des *trait*-Fragebogens gut bis befriedigend ist. Dies gilt ebenso nach Reduzierung der Anzahl der Items um 30%. Die Mittelwerte der Skalen der Bereiche Interesse und Fähigkeitsselbstkonzept sowie Grundbedürfnisse liegen über dem theoretischen Mittel von 2,5. Die Schüler erleben also eine relativ hohe allgemeine Befriedigung der Grundbedürfnisse. Ausnahme bildet dabei die erlebte Wahlfreiheit (M=2,30; SD=0,58).

Gleichermaßen konnte der *state*-Fragebogen aufgrund der Pilotierungsergebnisse um 35% gekürzt und angepasst werden. Der Unterschied in der Unterrichtsgestaltung zeigt sich auch deutlich in der Schülereinschätzung, womit eine wichtige Voraussetzung für eine Interventionsstudie und die Datenerhebung durch Schüler-Fragebögen gegeben ist.

Nach Ende der Pilotstudie lassen sich aus den gewonnenen Erkenntnissen Überlegungen für das weitere Vorgehen und das Design der Hauptstudie ableiten.

5. Ausblick auf das weitere Vorgehen – Hauptstudie

Durch eine Intervention soll das Selbstbestimmte Lernen durch verschiedene methodische Bausteine gezielt gefördert werden. Da Inklusion und Heterogenität in der Grundschule ein zentrales Handlungsfeld für Lehrkräfte geworden sind, gewinnen besonders Erkenntnisse über Kompetenzerleben zunehmend an Bedeutung. Positive Effekte einer hohen sozialen Eingebundenheit sind schon in verschiedenen Studien, so beispielsweise bei Johnson/ Johnson (2008) zu kooperativen Lernformen, nachgewiesen worden. Auch zur Selbstbestimmung durch Autonomie bzw. Wahlmöglichkeiten liegen positive Befunde vor (z.B. Hartinger 2005).
Bausteine zum Kompetenzerleben können sowohl zu Beginn bzw. im Lernprozess ansetzen, wie eine optimale Passung durch einen angemessenen Schwierigkeitsgrad mit differenzierten Aufgaben. Sie können aber auch zur Kontrolle und zum Feedback über das Gelernte dienen. Dabei kann jeweils ein Hauptaugenmerk darauf liegen, von welcher Seite – Lehrkraft oder Lernenden – diese Aktionen ausgehen, also ob die Aufgabenzuweisung durch die Lehrkraft geschieht oder von den Schüler/innen selbst vorgenommen wird. Auf das Feed-back bezogen kann variiert werden, ob dieses von Lehrkraft- oder von Schülerseite kommt oder auch ob kein Feedback stattfindet. In verschiedenen Treatmentgruppen wird die Konstellation dieser Bausteine unterschiedlich gestaltet sein. Durch den Einsatz der in der Pilotstudie erprobten Fragebögen zu mehreren Messzeitpunkten sind Rückschlüsse zu den einzelnen Methoden des Treatments möglich. Fachliche Leistungstests (pre, post und follow-up) erlauben Aussagen zur Leistungsentwicklung.
Der organisatorische Rahmen sieht dabei die Jahrgangsstufe 4 an bayerischen Grundschulen mit dem Thema „Aggregatzustände des Wassers und seine Übergänge" im Frühjahr 2015 vor. Hierzu werden umfangreiches Schülerarbeitsmaterial und Lehrerbegleitinformationen entwickelt, erprobt und den teilnehmenden Lehrkräften in Fortbildungen vorgestellt. Diese Unterrichtseinheiten werden dabei nach folgenden Kriterien konzipiert:
- Sie bieten die Möglichkeit, durch einen einheitlichen Unterrichtsrahmen eine Vergleichbarkeit zwischen den Treatmentgruppen zu schaffen.
- Gleichzeitig schaffen sie Ansatzpunkte für die gezielte Variation einzelner Bedingungen zur Förderung der Grundbedürfnisse bzw. des Kompetenzerlebens.
- Fachdidaktische Erkenntnisse, wie die Berücksichtigung von typischen Schülervorstellungen, fließen mit ein.

- Die Passung mit dem Lehrplan 2000 und dem LehrplanPLUS an bayerischen Grundschulen ist gegeben.

Insgesamt soll im Forschungsprojekt zum Selbstbestimmten Lernen im naturwissenschaftlichen Sachunterricht der Grundschule die Wahrnehmung und der Einfluss der Grundbedürfnisse, besonders des Kompetenzerlebens, auf die Motivation und die Qualität des Lernens näher untersucht werden.

Literatur

Berger, R.; Hänze, M. (2004): Das Gruppenpuzzle im Physikunterricht der Sekundarstufe II – Einfluss auf Motivation, Lernen und Leistung. In: Zeitschrift für Didaktik der Naturwissenschaften, 10, S. 205-219.

Bieg, S.; Mittag, W. (2009): Die Bedeutung von Unterrichtsmerkmalen und Unterrichtsemotionen für die selbstbestimmte Lernmotivation. In: Empirische Pädagogik, 23, 2, S. 117-142.

Blumberg, E. (2008): Multikriteriale Zielerreichung im naturwissenschaftsbezogenen Sachunterricht der Grundschule. Eine Studie zum Einfluss von Strukturierung in schülerorientierten Lehr-Lernumgebungen auf das Erreichen kognitiver, motivationaler und selbstbezogener Zielsetzungen. Münster.

Deci, E.L.; Ryan, R.M. (1993): Die Selbstbestimmungstheorie der Motivation und ihre Bedeutung für die Pädagogik. In: Zeitschrift für Pädagogik, S. 223-238.

Ferdinand, H. (2012): Entwicklung von Fachinteresse. Längsschnittstudie zu Interessenverläufen und Determinanten positiver Entwicklung in der Schule. Passau.

Flunger, B.; Pretsch, J.; Schmitt, M.; Ludwig, P. (2013): The Role of explicit Need Strength for Emotions during Learning. In: Learning and Individual Differences, 23, pp. 241-248.

Göhring, A. (2010): Selbstbestimmtes Lernen im naturwissenschaftlichen Unterricht. Eine empirische Interventionsstudie. Hamburg.

Hartinger, A. (2005): Verschiedene Formen der Öffnung von Unterricht und ihre Auswirkung auf das Selbstbestimmungsempfinden von Grundschulkindern. In: Zeitschrift für Pädagogik, 51, 3, S. 397-414.

Johnson, D.W.; Johnson, R.T. (2008): Wie kooperatives Lernen funktioniert. Über die Elemente einer pädagogischen Erfolgsgeschichte. In: Individuelles Lernen – Kooperatives Arbeiten, Friedrich Jahresheft XXVI, S. 16-20.

LehrplanPlus Bayern Grundschule. URL: www.lehrplanplus.bayern.de/leitlinien/grundschule [22.07.2014]

Roth, G.; Assor, A.; Kanat-Maymon, Y.; Kaplan, H. (2007): Autonomous Motivation for Teaching: How self-determined Teaching may lead to self-determined Learning. In: Journal of Educational Psychology, 99, 4, pp. 761-774.

Willems, A.S. (2011): Bedingungen des situationalen Interesses im Mathematikunterricht. Eine mehrebenenanalytische Perspektive. Münster, New York, München, Berlin. (Empirische Erziehungswissenschaft, 30)

Wolf, A. (2012): Zusammenhänge zwischen der Eigenständigkeit im Physikunterricht, der Motivation, den Grundbedürfnissen und dem Lernerfolg von Schülern: eine mehrebenenanalytische Studie. Berlin. (Studien zum Physik- und Chemielernen, 131)

*Christine Waldenmaier, Bernhard Müller,
Hilde Köster und Hans-Dieter Körner*

Engagiertheit und Motivation in unterschiedlichen Experimentiersituationen im Sachunterricht

Intrinsic motivation and thereof affective involvement is considered to be one of the basic conditions for successful science-related education. In this study the involvement of children aged between 9 and 10 years was observed in science-related teaching arrangements on basis of the Leuven Involvement Scale (LES-K). The results were interrelated with self-reported items of the Intrinsic Motivation Inventory as there are perceived self-determination (choice), perceived competence and interest. The findings are that the involvement of children is clearly correlated to these predictors.

1. Einführung

Angesichts unserer Forschungsergebnisse zur Engagiertheit von Kindern in geöffneten und stark angeleiteten Experimentiersituationen (vgl. Köster et al. 2011, Waldenmaier et al. 2013a, b) stellte sich uns die Frage nach der Bedeutung von Engagiertheit für das Lernen in Experimentiersituationen. Obwohl eine hohe Engagiertheit nahelegt, dass die beobachtbaren Verhaltensformen einen positiven Einfluss auf das Lernen haben, wurde ein direkter Zusammenhang dessen bisher noch nicht untersucht. Sowohl die Verhaltensform „Engagiertheit" als auch ihre Beschreibung als theoretisches Konstrukt weisen eine große Nähe zum Konstrukt der intrinsischen Motivation auf. Darüber, dass intrinsische Motivation für das Lernen eine große Bedeutung hat, besteht ein breiter Konsens (Achtenhagen/ Lempert 2000, Krapp 2000), während Erkenntnisse zur Bedeutung von Engagiertheit für das (schulische) Lernen noch weitgehend fehlen. Unserer Studie liegt die Hypothese zugrunde, dass es sich bei Engagiertheit um einen Ausdruck intrinsischer Motivation handelt und Engagiertheit damit selbst auch als lernförderliches Verhalten eingestuft werden kann.

2. Engagiertheit und intrinsische Motivation

Nach Laevers ist Engagiertheit „Ausdruck für intensive menschliche Aktivität", die nur dann auftritt, wenn jemand von der Sache selbst fasziniert ist, Aktivitäten um der Sache selbst willen unternimmt und nicht vorrangig, um beispielsweise Anerkennung zu erhalten (Laevers 1997). Bedingung für das Auftreten hoher Engagiertheit im Sinne Laevers ist, dass Kinder sich wohl und sicher fühlen (a.a.O.).
Als Signale für Engagiertheit gelten (neben anderen) die Konzentration, die Komplexität der Handlung, die Körperhaltung und verbale Äußerungen. Zur Erfassung von Engagiertheit entwickelte Laevers die 5-stufige Leuvener Engagiertheitsskala (LES-K). Diese reicht von Stufe 1 „Keine Aktivität mit innerer Beteiligung" bis Stufe 5 „Deutlich vertieft in das Tun, nicht leicht abzulenken, […] Freude am Tun" (Laevers 1997, S. 11f.).
Prädiktoren für intrinsische Motivation sind die gefühlte Selbstbestimmung, das Kompetenzgefühl und die empfundene soziale Eingebundenheit bzw. Unterstützung des Autonomiebestrebens. Zur Erfassung der subjektiven Empfindungen von Teilnehmern bei Aktivitäten entwickelten Deci und Ryan das Intrinsic Motivation Inventory (IMI), welches die Skalen Interesse bzw. Genuss, gefühlte Selbstbestimmung, Kompetenzgefühl, Anstrengung, empfundener Wert sowie Anspannung umfasst (Deci/ Ryan 2003).

3. Studiendesign

Ausgehend von Forschungsergebnissen, in denen Kinder bei methodisch und inhaltlich geöffneten gegenüber eng geführten Experimentiersituationen eine signifikant erhöhte Engagiertheit zeigten (Waldenmaier et al. 2013a, b; Köster et al. 2011), gehen wir in der beschriebenen Studie folgender Frage nach: Inwiefern besteht in naturwissenschaftsbezogenen Experimentiersituationen ein Zusammenhang zwischen Engagiertheit und intrinsischer Motivation? Zugrunde liegt diesem Ansatz folgende Hypothese: Engagiertheit kann als ein Ausdruck intrinsischer Motivation verstanden werden.
Zur Untersuchung der Hypothese wurde während drei aufeinanderfolgender Wochen eine Feldstudie im naturwissenschaftlichen Regelunterricht (jeweils 90 Minuten) einer 5. Klasse mit 25 Kindern durchgeführt. Untersucht wurden unterschiedliche naturwissenschaftsbezogene Experimentiersituationen. Diese wurden einesteils angeleitet, andernteils im Sinne selbstbestimmten Experimentierens durchgeführt. Dabei wurde bei jedem Kind das Maß an Enga-

giertheit sowie anhand eines Fragebogens die subjektiven Empfindung von motivationsrelevanten Faktoren aus dem IMI ermittelt (Deci/ Ryan 2003). Jede der drei Minuten dauernden Beobachtungen wurde parallel von zwei Ratern mehrfach in jeder Stunde durchgeführt, wobei jedem Kind eine beobachtete Engagiertheit anhand der LES-K zugeordnet wurde.

Eine Überprüfung der Beobachtungsqualität ergab bei 130 Beobachtungen eine Interrater-Reliabilität von κ=0,79 (quadratic weighted Kappa) nach Cohen (1969) ($p<0,01$).

Jeweils am Ende des Beobachtungszeitraumes füllten alle teilnehmenden Kinder einen Fragebogen zu ihrem subjektiven Empfinden der eigenen Motivation in der vorangegangenen Stunde aus. Die Fragen des IMI wurden hierfür aus dem Englischen ins Deutsche übersetzt, sprachlich komplexe Fragestellungen sowie reversierte Items dem Sprachverständnis der Altersgruppe angepasst. Die Kinder kreuzten jeweils zwei Items der Subskalen Interesse/ Freude, empfundener Wert, empfundene Selbstbestimmung, Kompetenzgefühl und Anspannung an.

Die Reliabilität der Subskalen liegt zwischen α=0,52 und α=0,87 (Cronbachs Alpha). Da das Setting keine expliziten Veränderungen der sozialen Eingebundenheit vorsieht, beschränkt sich die Auswertung der Ergebnisse hier auf die Faktoren „Kompetenzgefühl" sowie „gefühlte Selbstbestimmtheit".

Zusätzlich wurden bei acht Experimentiergruppen, die an außerschulischen Experimentierangeboten für die Klassenstufen 4 und 5 teilnahmen, eine Prä-Post-Untersuchung zur Entwicklung von Interesse, Kompetenzgefühl und dem Wunsch nach selbstbestimmtem Arbeiten durchgeführt. Die Teilnehmer füllten den Fragebogen vor Kursbeginn und nach Abschluss des insgesamt 8-12 wöchigen Angebotes aus. Auch sie kreuzten jeweils zwei Items aus den Bereichen Interesse, Kompetenzgefühl, Selbstbestimmung und Arbeitsatmosphäre auf einer 4-stufigen Skala an.

Vier der insgesamt acht 18-20 Zeitstunden umfassenden Angebote waren explizit auf selbstbestimmtes Problemlösen ausgerichtet. Bei den anderen vier Angeboten wurden naturwissenschaftliche Fragestellungen durch angeleitete Versuche untersucht. Insgesamt ergaben sich daraus n=24 vollständige Datensätze für selbstbestimmt arbeitende und n=23 Datensätze für angeleitet arbeitende Kinder. Da für die Motivation das Kompetenzgefühl und die Selbstbestimmung von Bedeutung sind, beschränkt sich hier die Auswertung auf diese beiden Prädiktoren. Die Reliabilität der Subskalen liegt bei α=0,57 für Selbstbestimmung und α=0,68 für Kompetenzgefühl (Cronbachs Alpha).

4. Ergebnisse

4.1 Engagiertheit als Ausdruck intrinsischer Motivation

Bei der Überprüfung der Hypothese: „Engagiertheit kann als ein Ausdruck intrinsischer Motivation angesehen werden" zeigte sich eine Korrelation zwischen beobachteter Engagiertheit und Kompetenzgefühl von $r_1=0{,}47$ und $r_2=0{,}41$ zwischen beobachteter Engagiertheit und gefühlter Selbstbestimmung (jeweils $p<0{,}001$), (N=64).
Bei der Regressionsanalyse zeigte sich, dass das Kompetenzgefühl mit $R^2=0{,}22$ ($p<0{,}001$) etwa 22% und die gefühlte Selbstbestimmung mit $R^2=0{,}17$ ($p<0{,}001$) etwa 17% der beobachteten Engagiertheit erklären.

4.2 Entwicklung bei angeleitetem Experimentieren

Die Angaben der Kinder beim Prä- und Posttest wurden durch Mittelwertvergleich und t-Test ausgewertet.

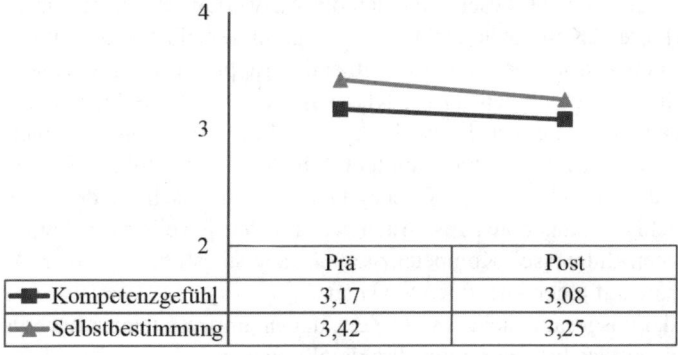

Abbildung 1: Entwicklung von Kompetenzgefühl und Selbstbestimmungswunsch auf einer Skala von 1-4, vor und nach Teilnahme am angeleiteten Experimentierangebot (Mittelwerte der Untersuchungsgruppe)

Hierbei ist beim Kompetenzgefühl und dem Wunsch nach Selbstbestimmung über die 12-wöchige Kursdauer ein leichter Rückgang zu verzeichnen.

Das Kompetenzgefühl geht im Mittel von $x_{quer}=3,17$ auf $x_{quer}=3,08$ (p=0,50) und der Wunsch nach Selbstbestimmung von $x_{quer}=3,42$ auf $x_{quer}=3,25$ (p=0,22) zurück (vgl. Abb. 1). Dieser Rückgang ist jedoch insgesamt nicht signifikant. Vermutlich kann dieses Ergebnis darauf zurückgeführt werden, dass bei den Kindern ein Gewöhnungseffekt einsetzt und der Reiz des Neuen verloren geht.

4.3 Entwicklung beim selbstbestimmten Experimentieren

Auch beim selbstbestimmten Experimentieren wurden die Angaben der Kinder beim Prä- und Posttest mittels t-Test ausgewertet. In beiden Bereichen (Kompetenzgefühl und dem Wunsch nach Selbstbestimmung) ist über die hier 10-wöchige Kursdauer ein Anstieg zu verzeichnen (vgl. Abb. 2). Beim Kompetenzgefühl ist dieser Anstieg von im Mittel $x_{quer}=3,29$ auf $x_{quer}=3,41$ aber ebenfalls nicht signifikant (p=0,35). Die Zunahme des Wunsches nach Selbstbestimmung von $x_{quer}=3,35$ auf $x_{quer}=3,74$ (p=0,002) ist dagegen signifikant.

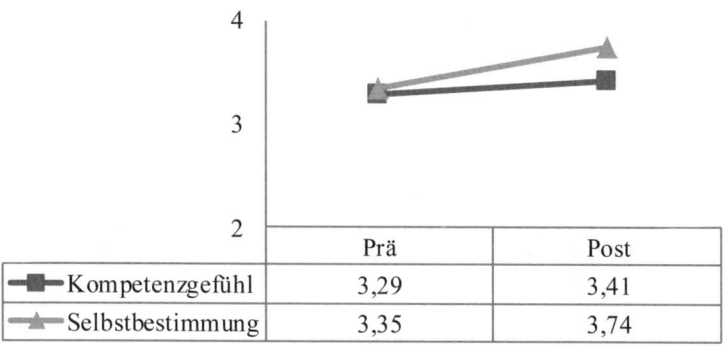

Abbildung 2: Entwicklung von Kompetenzgefühl und Selbstbestimmungswunsch auf einer Skala von 1-4, vor und nach Teilnahme am selbstbestimmten Experimentierangebot (Mittelwerte der Untersuchungsgruppe)

Hier ist kein Gewöhnungseffekt, sondern eine Steigerung bei den Prädiktoren für intrinsische Motivation zu verzeichnen. Dabei ist die Effektstärke mit d=0,42 (Cohens d) für die Steigerung des Wunsches nach selbstbestimmtem Arbeiten mit d=0,42 (Cohens d) als mittlerer Effekt anzusehen.

5. Fazit und Ausblick

Die Untersuchung zeigt, dass in naturwissenschaftsbezogenen Experimentiersituationen die bei Kindern zu beobachtende Engagiertheit gut mit den Prädiktoren „Kompetenzgefühl" und „gefühlte Selbstbestimmung" der intrinsischen Motivation korreliert. Insgesamt klären die Items der Intrinsic Motivation Inventory bei der Untersuchungsgruppe ca. 33% der beobachteten Engagiertheit auf. Dies legt den Schluss nahe, dass wenn bei Kindern hohe Engagiertheit zu beobachten ist, diese auch in hohem Maße intrinsisch motiviert sind, was einen Eigenwert hoher Engagiertheit für das Lernen nahelegt. Weitere Studien fokussieren auf die Entwicklung von Interesse während unterschiedlich offener Experimentiersettings. Erste Ergebnisse zeigen, dass Angebote, die auf eine hohe Selbstbestimmung ausgerichtet sind, zu einer Erhöhung des Interesses und gleichzeitig auch zu einer stärkeren Präferenz von selbstbestimmtem Arbeiten führen.

Literatur

Achtenhagen, F.; Lempert, W. (2000) (Hrsg.): Lebenslanges Lernen im Beruf. Seine Grundlegung im Lebens- und Jugendalter, Bd. 3: Psychologische Theorie, Empirie und Therapie. Opladen.

Deci E.L.; Ryan R.M. (2003): Intrinsic Motivation Inventory. URL: www.selfdetermination theory.org/intrinsic-motivation-inventory [Zugriff 12. 2014]

Köster, H.; Waldenmaier, C.; Schiemann, N. (2011): Zur Engagiertheit von Kindern im naturwissenschaftsbezogenen Grundschulunterricht. Didaktik der Physik. Frühjahrstagung Münster.

Krapp, A. (2000): Individuelle Interessen als Bedingung lebenslangen Lernens. In: Achtenhagen, F; Lempert, W. (Hrsg.): Lebenslanges Lernen im Beruf. Seine Grundlegung im Lebens- und Jugendalter. Bd. 3: Psychologische Theorie, Empirie und Therapie. Opladen, S. 54-75.

Laevers, F. (1997) (Hrsg.): Die Leuvener Engagiertheits-Skala für Kinder, Handbuch. LIS-K. Centre for Experimental Education, Belgien.

Waldenmaier, Chr.; Köster, H.; Müller, B.; Nicht, J. (2013a): Zur Engagiertheit von Kindern beim Experimentieren. In: Berthold, S. (Hrsg.): Inquiry-based Learning. Forschendes Lernen. Kiel, S. 551-553.

Waldemaier, Chr.; Köster, H.; Müller, B. (2013b): Unterschiede bezüglich der Engagiertheit von Kindergruppen bei geöffneten und geschlossenen Experimentierangeboten im naturwissenschaftsbezogenen Sachunterricht. In: Fischer, H.-J.; Giest, H.; Pech, D. (Hrsg.): Der Sachunterricht und seine Didaktik, Bad Heilbrunn, S. 137-146. (Probleme und Perspektiven des Sachunterrichts. Bd. 23)

Astrid Kaiser und Iris Lüschen

Gemeinsam, nebeneinander, alleine? Interaktion und Kooperation beim Sachlernen in altersgemischten Partnergruppen[1]

Early learning processes and the cooperation of kindergarten and primary school become increasingly more the focus of attention in research. In our research project we tried to find out how children from both institutions can be encouraged to learn and work together and how they shape these processes. Our results indicate that cross aged peer-tutoring is a possible way of learning even early childhood. Both primary and elementary school children were able to signify their individual notions, ideas and opinions towards society-related contents and solute tasks cooperatively.

1. Einführung

Frühkindliche Bildung und Bedingungsfaktoren des Übergangs in das Schulsystem rücken zunehmend in den Fokus von pädagogischer und fachdidaktischer Forschung. Dies zeigt sich u.a. darin, dass 2009 beim BMBF der Förderbereich „Kooperation von Elementar- und Primarbereich" eingerichtet wurde, über den zahlreiche Vorhaben gefördert wurden, die diesen Aspekt des Übergangs aus unterschiedlichen Perspektiven in den Blick genommen haben. In diesem Beitrag wird eines der geförderten Projekte vorgestellt, dessen Fokus sich auf die Zusammenarbeit von Kindergarten- und Grundschulkindern in spezifischen Lernsettings (Peer-Tutoring) im Bereich des Sachlernens richtete.

---

[1] Das diesem Artikel zugrundeliegende Vorhaben wurde mit Mitteln des Bundesministeriums für Bildung und Forschung und des Europäischen Sozialfonds der Europäischen Union unter dem Förderkennzeichen 01NV1013/ 1014 gefördert. Die Verantwortung für den Inhalt dieser Veröffentlichung liegt bei den Autorinnen.

Das Erkenntnisinteresse des Forschungsprojektes „*Das Miteinander lernen – frühe politisch-soziale Bildungsprozesse*" bezog sich auf die folgenden Aspekte: Zum einen sollten die Qualität und Struktur des Sachwissens in altersheterogenen Lernsituationen durch die Analyse der jeweiligen Erklärungsmuster erhoben werden. Des Weiteren wurde das Fähigkeitsselbstkonzept der beteiligten Fokuskinder über 1,5 Jahre in Form von Bildungs- und Lerngeschichten dokumentiert. Darüber hinaus wurden die gemeinsamen Lernprozesse von Kindergarten- und Grundschulkindern unter den folgenden Fragestellungen untersucht (vgl. Kaiser/ Lüschen 2014):

1. Inwiefern gelingt es Grundschul- und Kindergartenkindern, gemeinsam an einem sachunterrichtsrelevanten Inhalt zu arbeiten?
2. Wie gestalten sie die gemeinsame Arbeit?
3. Welche Aspekte sind bezüglich Aufgabenstellungen, Hilfen und Interventionen zu beachten (u.a. Lüschen/ Schomaker 2014)?

Im Fokus standen neben der Erhebung und Analyse inhaltlicher Vorstellungen zu abstrakten Begriffen des politischen und sozialen Lernens somit auch die sozialen Interaktionen der Kinder. Im Folgenden sollen die Ergebnisse zu den oben genannten Fragen eins und zwei vorgestellt werden.

2. Forschungsdesign

Ein grundlegendes Gestaltungselement des Projektes war das Prinzip *Kinder lernen von Kindern* (u.a. Scholz 1996). Durch die Initiierung und Analyse der gemeinsamen Lernprozesse sollte eruiert werden, inwiefern das Peer-Tutoring ein möglicher Lernweg für Kinder im Übergang vom Kindergarten in die Grundschule sein kann. Um Erkenntnisse über die Lernprozesse und Erklärungsmuster zu erlangen, wurde eine Grundschulklasse ab dem ersten Schuljahr über zwei Jahre hinweg begleitet. In dieser Zeit wurde der Unterricht regelmäßig beobachtet, zu vier Erhebungszeitpunkten wurden jeweils zehn beteiligte Kindergarten- und Grundschulkinder interviewt und zwei Unterrichts- und Peer-Tutoring-Projekte durchgeführt (u.a. Kaiser/ Lüschen 2014). Während des Peer-Tutorings haben ein Grund- und ein Vorschulkind des jeweiligen Jahrgangs eigenständig im Team Aufgaben bearbeitet. Die gemeinsame Arbeit wurde mittels Audioaufnahmen, die anschließend transkribiert wurden, dokumentiert und so der Analyse zugänglich gemacht.[2]

---

[2] Für eine ausführliche Darstellung des Designs siehe Kaiser/ Lüschen 2014.

3. Auswertungsmethodik[3]

Die Lern- und Arbeitsprozesse der Tandems wurden mit der inhaltlich-strukturierenden Inhaltsanalyse (Mayring 2010) ausgewertet. Mittels induktiver und deduktiver Kategorienbildung wurde datenbasiert ein Kategorieninventar für die weitere Analyse sowie die Interpretation der Daten entwickelt. Die einzelnen Kategorien werden im Folgenden erläutert:
Bei der Datenanalyse wurden die Art des Gesprächs, der Gesprächsinhalt, die Arbeitsweise und die jeweils beteiligten Interaktionspartner kodiert.
Insgesamt wurden vier Gesprächsarten unterschieden:
- *Sachgespräch:* Gespräche, die nicht direkt eine Aufgabe betreffen, aber sich auf das (gemeinsame) Arbeiten bzw. das Peer-Tutoring im Allgemeinen beziehen. Die Gesprächsinhalte wurden danach unterschieden, ob sich das Gespräch auf den *Lern-/ Arbeitsprozess* im weitesten Sinne bezieht, auf *Materialien/ Medien*, die während des Peer-Tutorings benötigt wurden oder auf den Inhalt einer Aufgabe, der aber über diese hinausgehend *inhaltlich vertiefend* thematisiert wurde.
- *Aufgabenbezogene Gespräche* sind alle Gespräche, die sich im engeren Sinne mit der zu bearbeitenden Aufgabe beschäftigen. Die Unterscheidung der Gesprächsinhalte erfolgte dahingehend, ob über die *Aufgabenstellung, Arbeitsweise/ Vorgehen, Lösung/ Lösungsweg* oder die für die Lösung der Aufgabe spezifisch benötigten *Materialien/ Medien* gesprochen wurde. Wenn die Beteiligten nicht nur über die Lösung oder den Lösungsweg gesprochen haben, sondern die Lösung an sich ausführlicher dargestellt wurde, wurde die Kategorie *Präsentation/ Beschreibung/ Erläuterung/ Lösung* kodiert.
- *Privatgespräche*: Darunter werden Gespräche verstanden, in denen es um private Themen geht. Hierzu zählen auch Gespräche über die Schule, den Kindergarten, Lehrer/innen oder Erzieher/innen im weiteren Sinne.
- *Sonstiges:* Gespräche, die keiner der zuvor genannten Kategorien zugeordnet werden konnten.
Anhand des Gesprächs- bzw. Interaktionsverlaufs konnten Rückschlüsse über die Arbeitsweise der Kinder gezogen werden. Wenn sie sich aufeinander bezogen und es eindeutige Anzeichen für ein *gemeinsames* Arbeiten gab, wurde dies entsprechend kodiert. Wurden die Aufgaben verteilt bzw. unterschiedliche Aufgaben übernommen, die zur gemeinsamen Lösung beitrugen, wurde die Kategorie *arbeitsteilig* gewählt. Passagen, in denen eines der Kin-

---
[3] Die Ausführungen beruhen auf der Vorarbeit von von Aschwege (2012).

der sich eindeutig ohne den Partner mit einer Aufgabe auseinandersetzte, wurden in die Kategorien *alleine* eingeordnet. Haben zwar beide Kinder an der gleichen Aufgabe gearbeitet, sich aber eindeutig nicht aufeinander bezogen, sondern jeweils eine eigene Lösung erarbeitet, wurde die Passage als *nebeneinander* kodiert. Für alle Kategorien gilt, dass diese Arbeitsformen eindeutig identifizierbar sein mussten. Gab es Unsicherheiten, musste die Passage unter die Kategorie *unklar* fallen.

Interaktionspartner konnten *Erwachsene* (Lehrerinnen, Erzieherinnen, studentische Hilfskräfte oder die Projektmitarbeiterinnen), andere *Kindergarten- oder Grundschulkinder* bzw. die jeweiligen *Peers* sein. Konnte der Interaktionspartner nicht identifiziert werden, wurde dies mit der Kategorie *unklar* markiert.

Die folgende Abbildung veranschaulicht anhand eines Ausschnittes die Kodierung der Kommunikation und Interaktion eines insgesamt längeren *aufgabenbezogenen Gesprächs*[4]:

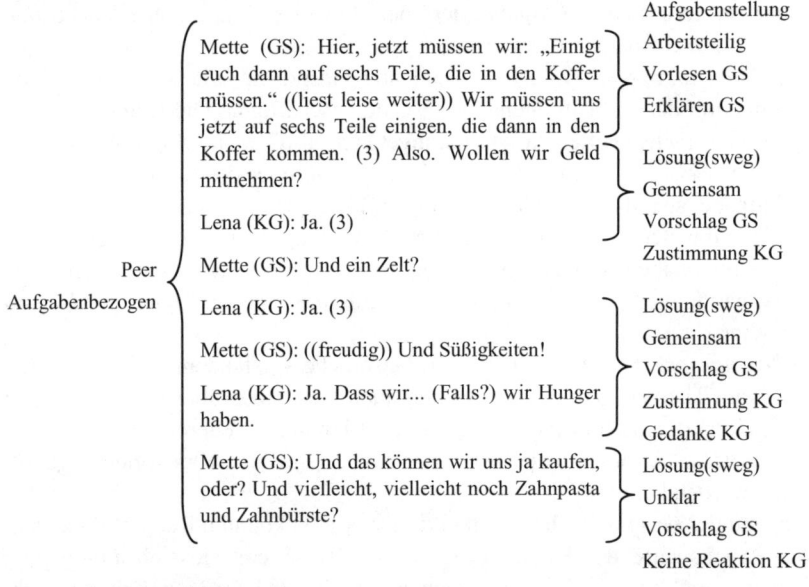

Abbildung 1: Beispiel für Vorgehen bei Kodierung der Interaktion/ Kommunikation der Peers

---

[4] GS steh im Folgenden für Grundschulkind, KG für Kindergartenkind.

4. Ergebnisse

Die Ergebnisse zeigen, dass 83% der geführten Gespräche sich mit dem Peer-Tutoring im weiteren Sinne befassten (Sachgespräche) bzw. die zu bearbeitenden Aufgaben betrafen. Der Anteil der Gespräche, die sich auf nicht arbeitsrelevante Inhalte bezogen, ist mit 17% somit sehr gering. Man kann daraus folgern, dass insgesamt eine ernsthafte Arbeitsatmosphäre herrschte.
In Bezug auf die Interaktionspartner zeigt sich, dass die Teams vorwiegend miteinander (49%) und mit den anwesenden Erwachsenen (33%) sprachen. Gespräche mit anderen Kindern oder unklaren Interaktionspartnern machen nur einen sehr geringen Anteil der Interaktion aus.
Die Gespräche der Peers miteinander wurden zunächst mittels eines recht groben Rasters strukturiert (siehe Abb. 1). Dabei wurden alle Passagen kodiert, in denen über die Aufgaben im engeren Sinne gesprochen wurde. Diese 453 Passagen wurden anschließend je nach Kommunikations-/ Interaktionsverhalten in 1335 kürzere Passagen unterteilt. 52% dieser kürzeren Interaktionsphasen haben während der Erarbeitung der Lösung stattgefunden. Die Art und Weise, wie die Kinder kommuniziert haben, zeigt, dass es sich vorwiegen (75%) um gemeinsame oder arbeitsteilige Lösungsprozesse handelte. Es scheint beim Lösen der Aufgaben somit einen regen Austausch zwischen den Partnerkindern gegeben zu haben.
Die Gespräche über die Lösung bzw. den Lösungsprozess wurden, wie Abbildung 1 zeigt, zusätzlich dahingehend untersucht, welche Interaktions- und Kommunikationsmittel die Kinder nutzten. Abbildung 2 zeigt die zehn von Kindergarten- und Grundschulkindern am häufigsten verwendeten Interaktionsmittel.
Neben zustimmenden bzw. bestätigenden Äußerungen, die mit einem Anteil von 13% bezogen auf die Gesamtzahl der Kodierungen (n=981) am häufigsten zu finden sind, wurden vorwiegend Vorschläge gemacht (12%), Meinungen, Ideen oder Entscheidungen eingefordert (11%) und Meinungen (7%) sowie weiterführende Gedanken (6%) geäußert.
Nach Kindergarten- und Grundschulkindern getrennt, erhält man folgendes Bild:
Die Grundschulkinder forderten vorwiegend (19%) die Meinung, Entscheidungen oder Ideen des Kindergartenkindes ein. Zudem enthielten 15% der kodierten Passagen eigene Lösungsvorschläge des Grundschulkindes. Vorschlägen, Ideen etc. des Vorschulkindes haben die Tutoren insgesamt 55-mal (10%) zugestimmt und 58-mal wurden diese abgelehnt bzw. diesen widersprochen, wobei dies 41-mal begründet wurde.

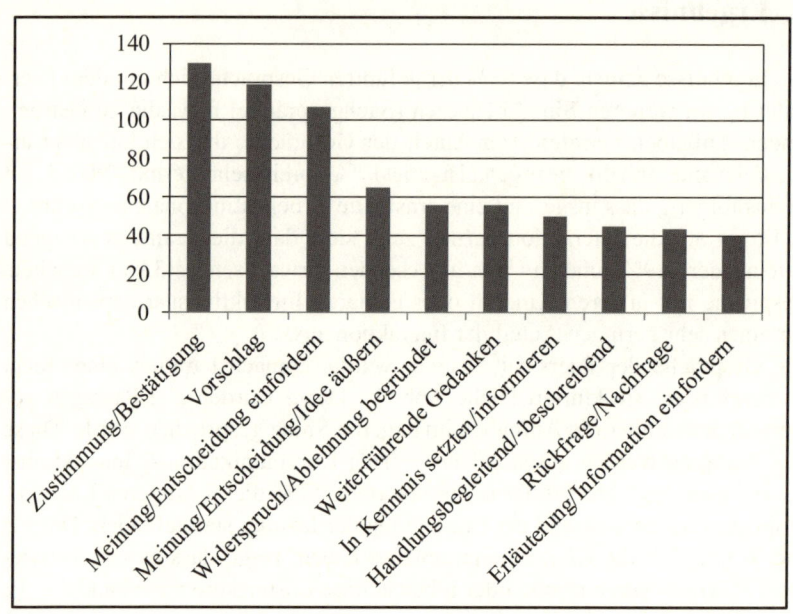

Abbildung 2: Häufig verwendete Kommunikations- und Interaktionsmittel

Die meisten Äußerungen der Kindergartenkinder (17%) sind dem Bereich Zustimmung/ Bestätigung zuzuordnen. Ihre Meinung oder eine Idee äußerten sie insgesamt 48-mal. Den Lösungsprozess vorangebracht bzw. weiterführende Gedanken geäußert haben die Kindergartenkinder zudem 45-mal. Insgesamt 40-mal haben sie eigen Lösungsvorschläge formuliert. Des Weiteren zeichnet sich ihr Kommunikationsverhalten dadurch aus, dass sie Erläuterungen bzw. Informationen vom Grundschulkind einforderten oder Rück- bzw. Nachfragen stellten. Auch die Kindergartenkinder haben Ablehnungen oder Widersprüche häufiger begründet (15-mal) als sie unbegründet zu lassen (9-mal).

Bei der Überprüfung, welche Interaktions- und Kommunikationsmittel gemeinsam, d.h. in derselben Passage, verwendet wurden (vgl. Abb. 1), zeigte sich, dass es so etwas wie „typische" Kommunikations-/ Interaktionsmuster beim Lösen von Aufgaben in gemeinsamen Lernsituationen zu geben scheint. In der Regel folgte auf das Einfordern der Meinung des Kindergartenkindes eine Meinungsäußerung desselben, die seitens des Grundschulkindes entweder begründet, abgelehnt oder unterstützt wurde. Des Weiteren scheint es „typisch" zu sein, dass einem Lösungsvorschlag des Grundschulkindes zugestimmt wird, wohingegen Vorschläge des Kindergartenkindes eher abgelehnt werden. Kommunikationsmittel wie Argumentieren, Diskutieren oder Abwägen, die implizieren, das Meinungen oder Ideen nicht nur vorgebracht und angenommen oder verworfen werden, konnten im Material nicht gefunden werden. Dies legt den Schluss nahe, dass die Arbeit der Kinder sich dadurch auszeichnet, dass Meinungen vorgebracht und ggf. ausgetauscht werden, dass sie aber nicht diskutiert oder argumentativ gestützt werden, bevor eine Entscheidung getroffen wird.

5. Fazit

Zusammenfassend lässt sich in Bezug auf die hier vorgestellte Projektidee des Sachlernens anhand des altersübergreifenden Peer-Tutorings im Übergang vom Elementar- zum Primarbereich feststellen, dass nicht nur soziales und politisches Lernen in so frühen Altersstufen möglich ist (u.a. Kaiser/ Lüschen 2014, Lüschen/ Schomaker 2014), sondern dass dies auch in altersheterogenen Partnergruppen erfolgen kann. Unsere Daten deuten darauf hin, dass die Kinder die Arbeitsprozesse im intendierten Sinn vorwiegend arbeitsteilig und gemeinsam gestalteten und Lösungen im intensiven Austausch untereinander erarbeiteten. Die Grundschulkinder scheinen hier ihre Aufgabe als Tutoren ernst genommen zu haben, da sie in der Regel die Meinung des Partners einforderten, diese aber auch häufig (begründet) ablehnten. Probleme traten nur selten auf. Kategorien wie *Beleidigen, Beschimpfen* oder *Ärgern* konnten in den von uns untersuchten Passagen bspw. nicht gefunden werden. Eine tiefergehende Betrachtung dahingehend, welche „typischen" Interaktionsmuster gefunden werden können und inwiefern die Kommunikation bereits Aspekte des „Scaffolding" (Kleickmann/ Vehmeyer/ Möller 2010, Stone 1998) aufweist, scheinen interessante Forschungsperspektiven in diesem Bereich zu sein.

Literatur

Aschwege, K.S. von (2012): Inhaltsanalytische Auswertung eines vorliegenden Satzes an Transkripten aus dem Projekt „Das Miteinander Lernen: Frühe politisch-soziale Bildungsprozesse" zum Arbeits- und Sozialverhalten in Peer-Tutoringsituationen von Kita- und Grundschulkindern. Masterarbeit. Universität Oldenburg.

Kaiser, A.; Lüschen, I. (2014): Das Miteinander lernen. Frühe politisch-soziale Bildungsprozesse. Eine empirische Untersuchung zum Sachlernen im Rahmen von Peer-Education zwischen Grundschule und Kindergarten. Baltmannsweiler.

Kleickmann, Th.; Vehmeyer, J.; Möller, K. (2010): Lehrervorstellungen und kognitives Strukturieren im Unterricht am Beispiel von Scaffolding-Maßnahmen. In: Unterrichtswissenschaft, 38, S. 210-228.

Lüschen, I.; Schomaker, C. (2014): „Das darfst du entscheiden!" Konstruktive Lernsituationen im altersübergreifenden Sachlernen. In: Fischer, H.-J.; Giest, H.; Peschel, M. (Hrsg.): Lernsituationen und Aufgabenkultur im Sachunterricht. Bad Heilbrunn, S. 63-70.

Mayring, P. (2010): Qualitative Inhaltsanalyse. Grundlagen und Techniken. Weinheim.

Saldaña, J. (2009): The Coding Manual for Qualitative Researchers. London.

Scholz, G. (1996): Kinder lernen von Kindern. Baltmannsweiler.

Stone, C.A. (1998). The Metaphor of Scaffolding: Its Utility for the Field of Learning Disabilities. Journal of Learning Disabilities, 31, pp. 344-364.

Stefanie Carell und Markus Peschel

Kompetenzentwicklung und Interessensveränderung im Sachunterricht bei Jungen und Mädchen aus Schweizer Primarschulen durch den Einsatz eines Onlinelexikons (*kidipedia*) für Kinder

The article deals with a section of our survey that studied competence development and changes of motivation and interests in general studies for boys and girls using new media (especially the online platform kidipedia). The survey's purpose is to show the influence of boys' and girls' performance improvement of science knowledge by using new media in general studies' classroom. In the following, kidipedia, the research project and the used survey instruments are introduced and subsequently results in the field of science referring to the gender differences are presented.

1. kidipedia.ch/ kidipedia.de

Die Internetseite *kidipedia* basiert auf den Grundideen eines Wikis und wurde speziell für den unterrichtsinternen Gebrauch in der Primarschule entwickelt. Bei der Entwicklung stand das Erstellen von multimedialen Beiträgen zu naturwissenschaftlichen Themen und Experimenten – durch Kinder – im Vordergrund. Die speziellen didaktischen Elemente unterscheiden *kidipedia* von anderen Wikis und ermöglichen dadurch eine einfache Handhabung von der ersten Klasse an. Aber nicht nur didaktische Konzeptionen bezüglich der Handhabung und des Einsatzes wurden berücksichtigt, es wurde auch darauf geachtet, *kidipedia* geschlechtergerecht zu konzipieren. Ziel von *kidipedia* ist es, durch das Lernen mit und durch neue Medien den naturwissenschaftlichen Kompetenzerwerb von Schülerinnen und Schülern (SuS) zu unterstützen (vgl. Carell/ Peschel 2012). Aufgrund dieser Zielsetzung und Konzeption von *kidipedia* ergibt sich der Kernpunkt unseres Forschungsvorhabens.

2. Forschungsprojekt

In einer quantitativen Studie wurde überprüft, ob *kidipedia* förderlich für Jungen und Mädchen (JuM) der 3. und 4. Klasse der Primarschule in der Nordwestschweiz ist. Dazu wurde in einem klassischen Prä-Post-Design der Zuwachs der „Medienkompetenz", der „Naturwissenschaftskompetenz" (NWK) sowie die Veränderung von „Motivation und Interesse" sowohl an Naturwissenschaften (NaWi) als auch an neuen Medien in Versuchsgruppen (VG/ Unterricht mit *kidipedia*) und Kontrollgruppen (KG/ Unterricht ohne *kidipedia*) überprüft. *Kidipedia* gilt als förderlich für JuM, wenn mindestens in einem der Bereiche ein Zuwachs zu messen ist und beide Geschlechter durch die Nutzung von *kidipedia* profitieren – wenn auch ggf. in unterschiedlichen Bereichen. Zur Datengewinnung wurden Fragebögen und Tests mit unterschiedlichen Antwortformaten (geschlossen, halboffen) sowie ein Beobachtungsbogen mit quantitativen und halbqualitativen Elementen eingesetzt. In Abb. 1 sind die einzelnen Forschungsteilbereiche dargestellt und die im vorliegenden Beitrag skizzierten Bereiche hervorgehoben. Insgesamt nahmen am Projekt 489 Kinder (53,8% männlich) aus insgesamt 28 Primarschulklassen der Schweizer Kantone Aargau und Solothurn teil.

Abbildung 1: Das Forschungsprojekt *kidipedia* mit Hervorhebung des beschriebenen Bereichs

3. Erhebungsinstrumente

Zur Erhebung der NWK wurde ein Test aus den freigegebenen Testaufgaben (71) zur Erfassung der naturwissenschaftlichen Kompetenz der TIMS-Studie 2007 aus Österreich verwendet.[1] Die Testaufgaben sind jeweils einem Inhalts- und einem kognitiven Anforderungsbereich sowie einer Kompetenzstufe zugeordnet. Die Bearbeitung von 71 Items in einem einzelnen Test stellt einerseits sehr hohe Ansprüche an die SuS der Primarstufe und benötigt auf der anderen Seite sehr viel Zeit für die Bearbeitung. Aus diesem Grund wurden die 71 einzelnen Testaufgaben auf zwei Testhefte verteilt. Dabei wurde darauf geachtet, dass in beiden Heften 39 Punkte erreicht werden konnten und die Verteilung der Inhalts-, Anforderungsbereiche und Kompetenzstufen nahezu gleich war.[2]

Zur Erhebung des Interesses an Naturwissenschaften wurden für den Chemie- und Physikunterricht der Sekundarstufe entwickelte Fragebögen verwendet, wobei die Items der Skalen der Sekundarstufe nicht ohne weiteres für die Primarstufe übernommen werden konnten und daher sprachlich dem Niveau der Primarstufe angepasst wurden. Der eingesetzte Fragebogen erhebt sowohl das Interesse als auch die Motivation und umfasst fünf Skalen mit insgesamt 36 Items. Dabei wurden zur Erhebung des Interesses die Skalen „Sachinteresse", „Abneigung" sowie „Fähigkeitsselbstkonzept" und zur Erhebung der Motivation die Skalen „Intrinsische Motivation" und „Extrinsische Motivation" verwendet.

4. Ergebnisse

Zur Auswertung der Ergebnisse mit Blick auf die Geschlechterunterschiede wurde für beide Messzeitpunkte ein separater T-Test für unabhängige Stichproben (also ohne Berücksichtigung der Gruppenzugehörigkeit) durchgeführt. Anschließend wurden mithilfe einer Varianzanalyse mit Messwiederholung die Gruppen- und Zeitpunkteffekte bestimmt. In die Auswertung wurden die Kinder einbezogen, die zu beiden Erhebungszeitpunkten den NWK-Test bzw. den Interessensfragebogen bearbeitet hatten.

---

[1] Die Schweiz nahm an dieser Internationalen Vergleichsstudie bisher nicht teil. Da zum Zeitpunkt der Instrumentenentwicklung die deutschsprachigen Items der TIMS-Studie 2007 noch nicht freigegeben waren und eine eigenhändige Übersetzung der Items schnell zu Fehlern führen kann, wurden die verfügbaren deutschsprachigen Items von TIMSS Österreich genutzt.
[2] Für eine detaillierte Beschreibung siehe Carell/ Peschel 2014.

Tabelle 1: Ergebnisse T-Test (unabhängige Stichproben) NWK

		n	MW	SD	T	df	Sig. (2-seitig)
Erhebungszeitpunkt 1	Mädchen	211	16,71	6,64	-,580	456	,562
	Jungen	247	17,08	6,97			
Erhebungszeitpunkt 2	Mädchen	211	19,01	6,72	-,441	456	,659
	Jungen	247	19,30	6,87			

Tab. 1 zeigt, dass es zwischen Jungen und Mädchen innerhalb der Stichprobe keine signifikanten Unterschiede im Bereich NWK gibt – weder vor noch nach der Intervention. Betrachtet man die Ergebnisse der Varianzanalyse, lassen sich auch hier keine signifikanten Geschlechter- (F=0,06; p=0,81; Eta^2<0,001) oder Gruppeneffekte (F=0,02; p=0,88; Eta^2 <0,001) nachweisen. Jedoch liegt ein großer Zeitpunkteffekt vor (F=124,15; p<0,001; Eta^2 =0,22).

Tabelle 2: Ergebnisse T-Test (unabhängige Stichproben) Interesse NaWi

		Erhebungszeitpunkt 1						Erhebungszeitpunkt 2					
		n	MW	SD	T	df	Sig.	n	MW	SD	T	df	Sig.
Selbstkonzept	weiblich	208	1,70	,55	-,502	456	0,616	209	1,78	,58	1,303	455	0,193
	männlich	250	1,73	,55				248	1,71	,61			
Abneigung	weiblich	206	,99	,79	-1,532	454	0,126	209	,98	,83	-2,274	454	0,023*
	männlich	250	1,11	,84				247	1,16	,95			
Sachinteresse	weiblich	209	1,53	,68	2,208	458	0,028*	209	1,51	,75	2,385	455	0,017*
	männlich	251	1,39	,71				248	1,35	,69			

Tab. 2 zeigt, dass es zwischen Jungen und Mädchen innerhalb der Stichprobe sowohl vor als auch nach der Intervention signifikante Unterschiede im Sachinteresse (SI) gibt. Die Mädchen weisen zu beiden Zeitpunkten im Vergleich zu den Jungen ein signifikant höheres SI an NaWi auf. Zusätzlich zeigen sich nach der Intervention Unterschiede im Bereich Abneigung (A) gegenüber NaWi – die Jungen sind nach der Intervention stärker abgeneigt. Betrachtet man die Ergebnisse der Varianzanalyse, lassen sich signifikante Gruppeneffekte für die Skalen A und SI (A: F=7,87; p=0,01; Eta^2=0,02; SI: F=4,99; p=0,03; eta^2=0,01) und ein signifikanter Zwischensubjekteffekt beim Geschlecht (A: F=4,258; p=0,04; Eta^2=0,01; SI: F=5,27; p=0,03; eta^2=0,01) nachweisen. Für den signifikanten Gruppeneffekt lässt sich feststellen, dass die Mädchen der VG am Ende der Projektzeit ein signifikant (p=0,08) geringeres Interesse an NaWi und die Jungen der VG eine signifikant (p=0,07) stärkere Abneigung gegenüber NaWi aufweisen, wohingegen die Mädchen der KG am Ende der Projektzeit signifikant (p=0,07) weniger abgeneigt sind. Für das Selbstkonzept (SK) lassen sich keine signifikanten Unterschiede feststellen.

5. Auswertung

Verschiedene Studien (u.a. Bos et al. 2008, 2012; Hartinger 2005) haben gezeigt, dass es im deutschsprachigen Raum signifikante Geschlechterunterschiede zugunsten der Jungen in den naturwissenschaftlichen Leistungen und Interessen – auch im Primarschulalter – gibt.
Aus den Ergebnissen der statistischen Testverfahren lässt sich ableiten, dass sowohl Jungen als auch Mädchen – unabhängig vom Einsatz von *kidipedia* – einen leichten NWK-Zuwachs erfahren haben. Die Kinder starten nahezu auf gleichem Ausgangsniveau (17 Punkte) und erfahren im Laufe der Projektzeit einen Zuwachs, so dass sie sich am Ende der Projektzeit ungefähr auf gleichem Endniveau (19 Punkte) befinden. Dies erklärt den signifikanten Zeitpunkteffekt. Ein Kompetenzvorsprung der Jungen, wie er in der Literatur erwähnt wird (u.a. Schwippert et al. 2003), konnte für den Bereich NWK in unserer Stichprobe nicht nachgewiesen werden.
Deutliche Unterschiede zwischen den Geschlechtern ließen sich beim Interesse an NaWi nachweisen. Anders als angenommen haben die Mädchen der VG am Ende der Projektzeit ein geringeres SI an Nawi, obwohl die Mädchen insgesamt (unabhängig von der Gruppe) über den gesamten Erhebungszeitraum hinweg ein höheres SI aufweisen als die Jungen. Die Mädchen der KG sind am Ende der Projektzeit deutlich weniger abgeneigt, wohingegen die Jungen der VG eine höhere Abneigung gegenüber NaWi aufweisen als noch zu Beginn der Erhebung. Ein Interessensunterschied zwischen den Geschlechtern, wie er in der Literatur erwähnt wird (u.a. Hartinger 2005), konnte folglich auch in unserer Stichprobe nachgewiesen werden.
Die Ergebnisse zeigen auch, dass der Einsatz von neuen Medien, hier speziell *kidipedia*, keinerlei negative Auswirkung auf die NWK zeigt und *kidipedia* folglich als ergänzendes Medium im Sachunterricht der Primarstufe eingesetzt werden kann. Befürchtungen eines NWK-Verlustes, z.B. aufgrund eines Zeitverlustes für das Einstellen und Bearbeiten von Beiträgen, zeigen sich nicht.

Literatur

Bos, W.; Wendt, H.; Köller, O.; Selter, Ch. (Hrsg.) (2012): TIMSS 2011. Mathematische und naturwissenschaftliche Kompetenzen von Grundschulkindern in Deutschland im internationalen Vergleich. URL: www.waxmann.com/?eID=texte&pdf=2814Volltext.pdf&typ=zusatztext [12.07.2014]

Bos, W.; Bonsen, M.; Baumert, J.; Prenzel, M.; Selter, Ch.; Walther, G. (Hrsg.) (2008): TIMSS 2007. Mathematische und naturwissenschaftliche Kompetenzen von Grundschulkindern in Deutschland im internationalen Vergleich – Zusammenfassung. URL: www.phil-fak.uniduesseldorf.de/fileadmin/Redaktion/Institute/Sozialwissenschaften/ BF/Lehre/WiSe0809/ VL/ TIMSS_2007_Pressemappe.pdf [12.04.2014]

Carell, S.; Peschel, M. (2014): Einfluss des Onlinelexikons kidipedia auf die Naturwissenschaftskompetenz von Jungen und Mädchen an Schweizer Primarschulen. In: Blömer, D.; Lichtblau, M.; Jüttner, A.-K.; Koch, K.; Krüger, M.; Werning, R. (Hrsg.): Perspektiven auf inklusive Bildung – Gemeinsam anders lehren und lernen. Jahrbuch Grundschulforschung, Bd. 18, Wiesbaden, S. 216-223.

Carell, S.; Peschel, M. (2012): Die Internetplattform kidipedia im Sachunterricht sinnvoll nutzen. In: GDSU-Journal, H. 2, S. 57-65. URL: www.gdsu.de/gdsu/wpcontent/uploads/2012/ 11/ Journal_21.pdf [28.09.2014]

Hartinger, A. (2005): SINUS-Transfer Grundschule Naturwissenschaften Modul G 7: Interessen von Mädchen und Jungen aufgreifen und weiterentwickeln. Kiel. URL: sinus-transfer.unibayreuth.de/fileadmin/Materialien/NaWi_Modul_G7_Hartinger_050830.pdf [28.09.2014]

Hoffmann, L. (1993): Mädchen und Naturwissenschaft/Technik – eine schwierige Beziehung. In: Pfister, G.; Valtin, R.: MädchenStärken. Probleme der Koedukation in der Grundschule. Frankfurt a.M., S. 114-123.

Pawek, C. (2009): Schülerlabore als interesseförderende außerschulische Lernumgebungen für Schülerinnen und Schüler aus der Mittel- und Oberstufe. Dissertation. URL: www.eldiss.unikiel.de/macau/servlets/MCRFileNodeServlet/dissertation_derivate_00002763/diss_cpawek.pdf; jsessionid=2F730986244214DA2811A535E3D6FBBE?host=&o [14.02.2013]

Schwippert, K.; Bos, W., Lankes, E.-M. (2003): Heterogenität und Chancengleichheit am Ende der vierten Jahrgangsstufe im internationalen Vergleich. In: Bos, W.; Lankes, E.-M.; Prenzel, M.; Schwippert, K.; Walther, G.; Valtin, R. (Hrsg.): Erste Ergebnisse aus IGLU. Schülerleistungen am Ende der vierten Jahrgangsstufe im internationalen Vergleich. Münster, New York, S. 265-302.

Wackermann, R. (2008): Überprüfung der Wirksamkeit eines Basismodell-Trainings für Physiklehrer. Berlin.

Wild, E.; Gerber, J.; Exeler, J.; Remy, K.; Sumfleth, E.; Rumann, S.; Buttler, N. (2001): Dokumentation der Skalen- und Item- Auswahl für den Kinderfragebogen zur Lernmotivation und zum emotionalen Erleben. Bielefeld, Essen. Unveröffentlichtes Dokument.

Wittwer, J.; Saß, S.; Prenzel, M. (2008): Kapitel IV. Naturwissenschaftliche Kompetenz im internationalen Vergleich: Testkonzeption und Ergebnisse. In: Bos, W.; Bonsen, M.; Baumert, J.; Prenzel, M.; Selter, Ch.; Walther, G. (Hrsg.), a.a.O., S. 87-124.

René Schroeder

Sachunterricht in inklusiven und exklusiven Unterrichtssettings
Ergebnisse einer explorativen Vergleichsstudie in NRW

Nowadays the idea of inclusive education has a major impact on the schooling system in Germany. In this process General Studies are seen as a key element for making inclusive learning in primary schools come true. This leads to the question how General Studies are practiced in inclusive and special schools. First results from a survey on teaching General Studies in inclusive and separating schooling settings with a focus on children with behavior disorders shall be reported. These results are compared to guidelines for inclusive teachings in the field of General Studies and further research notes on this topic.

1. Inklusiver Sachunterricht

Die UN-Behindertenrechtskonvention (vgl. UN 2008) hat eine intensive Debatte um schulische Inklusion angestoßen, welche sich in den einzelnen Bundesländern in jüngster Zeit in teils erheblichen schulischen Veränderungsprozessen niederschlägt. Dies fordert demnach auch die Didaktik des Sachunterrichts heraus, Antworten auf die Frage zu geben, wie gemeinsames Lernen in einem inklusiven Unterricht aus fachdidaktischer Perspektive gelingen kann. Dabei kann dem Sachunterricht aus Sicht inklusiver Pädagogik durch seinen konkreten Bezug zur Lebenswirklichkeit der Schülerinnen und Schüler eine besondere Schlüsselrolle zukommen (vgl. Hinz 2011). Auch Pech/ Schomaker (2013, S. 341) weisen daraufhin, „dass wohl kaum eine andere Fachdidaktik den Inklusionsgedanken so früh und so umfassend aufgegriffen hat." Entsprechend liegen erste Konzeptionen für einen inklusiven Sachunterricht vor und sind Gegenstand des Fachdiskurses (vgl. Gaetke-Eckardt 2011, Gebauer/ Simon 2012, Kahlert/ Heimlich 2012, Miller/ Brinkmann 2013, Seitz 2004, Seitz/ Schomaker 2011). Die Forschungslage stellt sich hingegen aktuell als wenig befriedigend dar (vgl. Laubner 2009, Pech/ Schomaker 2013), da empirische Befunde hinsichtlich der Umsetzung eines inklusiven Sachunterrichts weitestgehend fehlen. Dies gilt im Übrigen in ähnlichem Maße für (fach-)didaktische Forschung zu inklusivem Unterricht insgesamt (vgl. Amrhein/ Reich 2014), wie auch hinsichtlich der Sachunterrichtspraxis in spezifisch sonderpädagogischen Schulsettings (vgl. Kaiser/ Seitz 2007, Laubner 2009). Als spezifische Bestimmungsmerkmale inklusiver Sachunterrichtsdidaktik werden Vielperspektivität, Kommunikation und Diagnostik benannt (vgl. Seitz/ Schomaker 2011). Die vorliegenden Ansätze bestimmen die inhaltliche Dimension inklusiven Sachunterrichts dabei jeweils aus unterschiedlichen Perspektiven. Seitz (2004, 2005) rückt das Lernen am gemeinsamen Gegenstand in den Fokus, wobei sich die Gemeinsamkeit im Bild von Fraktalen, also der Ähnlichkeit in der Verschiedenheit kindlicher Zugänge zur Sache zeigt. Gebauer/ Simon (2012) hingegen legen den Schwerpunkt auf die individuellen Lernwege in der Begegnung mit natürlichen, kulturellen und sozialen Phänomenen, wobei die jeweils gewählten Repräsentationsebenen (kommunikativ-interaktiv, sensorisch, enaktiv, ikonisch, symbolisch) in Verbindung mit Aneignungsformen des Sachunterrichts zu einer Verknüpfung von Ich und Welt führen sollen. Im Ansatz inklusionsdidaktischer Netze von Heimlich/ Kahlert (2012) sollen lebensweltliche und fachbezogene Potentiale, in Anlehnung an die fachlichen Perspektiven des Perspektivrahmens Sachunterricht (vgl. GDSU 2013), mit Entwicklungsbereichen der Kinder vernetzt werden, um didaktische Entscheidungen ableiten zu können. Miller/ Brinkmann (2013) schließlich schlagen einen inklusiven Sachunterricht orientiert an Schülerfragen vor, um individuelle, lebensweltliche Zugangsweisen und Interessenlagen der Kinder mit fachlichen Bezügen zu verbinden. Gleichwohl steht eine differenzierte Klärung zum Verhältnis fachlicher Zugangsweisen und -ansprüche – gedacht von der Sache aus – einerseits, und kindlicher Perspektiven – im Sinne von individuellen Zugangsweisen und Lebensrealitäten – andererseits noch aus (vgl. Pech/ Schomaker 2013). Vor diesem Hintergrund ergibt sich daher die Frage, wie sich eine Sachunterrichtspraxis in inklusiven wie auch exklusiven Unterrichtssettings aus Sicht der dortigen Lehrkräfte darstellt.

2. Eigene Befunde zur Sachunterrichtspraxis

2.1 Zum Forschungsdesign
Ausgehend von der Fragestellung, wie sich die Unterrichtspraxis im Gemeinsamen Unterricht (GU) an Grund- und Förderschulen mit dem Förderschwerpunkt emotionale und soziale Entwicklung (ESE) aus Sicht der Lehrkräfte darstellt bzw. welche handlungsleitenden Motive dieser zugrunde liegen, er-

folgte eine zweiphasige Befragung im Sinne eines sequentiell quantitativ-qualitativen Designs (vgl. Kelle 2007) von Lehrkräften der beiden Beschulungsformen in Nordrhein-Westfalen. Mittels eines teilstandardisierten Fragebogens konnten zunächst 80 Lehrkräfte (N_{FS}=44; N_{GU}=36) postalisch befragt werden. Die hier gewonnenen Daten wurden anschließend einer deskriptiven sowie explorativen Datenanalyse im Vergleich von GU und Förderschule mittels SPSS unterzogen. Halboffene Frageitems wurden überwiegend kategorial ausgewertet. In einer zweiten Erhebungsphase wurden insgesamt 11 Lehrkräfte (N_{FS}=6; N_{GU}=5) aus der ersten Befragungsstichprobe leitfadengestützt zu ihrer Unterrichtspraxis interviewt. Die Analyse der Interviewtranskripte erfolgte mit der Methode der Zirkulären Dekonstruktion (Jaeggi et al. 1998) sowohl auf Ebene der Einzelinterviews wie auch im systematischen Vergleich. Im Folgenden werden ausgewählte Ergebnisse aus beiden Erhebungsphasen mit dem Schwerpunkt auf der inhaltlichen Ausgestaltung des Unterrichts vorgestellt, wobei im Sinne des realisierten quantitativ-qualitativen Designs quantitative Daten jeweils mit qualitativen Befunden ergänzt und veranschaulicht werden.

2.2 Inhaltliche Gestaltung des Unterrichts

Hinsichtlich der inhaltlichen Gestaltung ihres Unterrichts wurden die befragten Lehrkräfte innerhalb des Fragebogens gebeten, ihre Sachunterrichtsthemen des letzten Halbjahres zu nennen, die dann in der Auswertung den jeweiligen Themenschwerpunkten des Kernlehrplans (vgl. MSW NRW 2008) zugeordnet wurden. Es zeigt sich ein deutliches Übergewicht an Themen, die auf den Bereich Natur und Leben (48%) entfallen, wohingegen Inhalte aus anderen Themenbereichen offenbar unterrepräsentiert sind (vgl. Abb. 1).
In der Selbsteinschätzung der Lehrkräfte bezüglich der Themenanteile in ihrem Unterricht wird deutlich, dass auch hierbei der Themenschwerpunkt „Natur und Leben" inhaltlich den größten Raum einnimmt, doch wird, im Gegensatz zu den tatsächlich genannten Themen, der Anteil des Themenschwerpunkts „Mensch und Gemeinschaft" deutlich höher gesehen. Dabei lässt sich ein deutlicher Unterschied für den Bereich „Natur und Leben" zwischen den Angaben der Lehrkräfte an Grund- bzw. Förderschulen feststellen (vgl. Abb. 2).
Nimmt man die Befunde aus der zweiten Erhebungsphase hinzu, so wird deutlich, dass sowohl die Lehrkräfte an Grundschulen wie auch die an Förderschulen diesen Themenbereich vor allem als eine Auseinandersetzung mit *Naturphänomenen* (Wetter, Feuer, Wasser, Luft, Farben) bzw. *physikalischen Themen* (Strom, Magnetismus, Schwimmen und Sinken) wahrnehmen. *Biologische Inhalte* treten demgegenüber eher in Form von Unterrichtsvorhaben zu *einzel-*

nen Tieren (Regenwürmer, Igel) oder *Tierarten* (Zoo- und Nutztiere, Insekten) in Erscheinung.

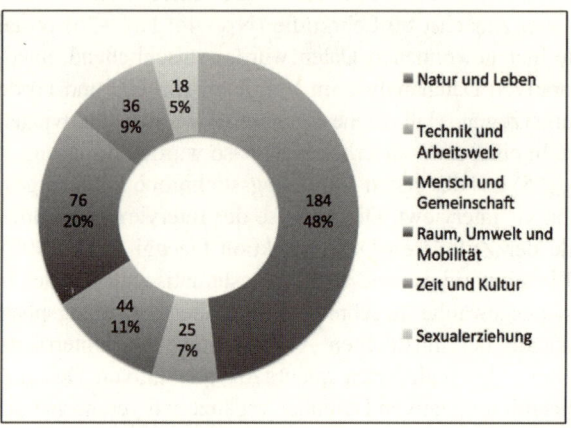

Abbildung 1: Themen nach Themenbereichen

Kategorie	Kodierung
Inhalt	Facetten aus den Kategoriensystemen für Planung und Durchführung
Veridikalität	5-stufige Bewertung durch FachleiterInnen und MentorInnen
Niveaustufe	1. Beschreibung 2. Bewertung 3. Begründung 4. Alternativen 5. Konsequenzen
Objektivität	Dichotom für jede Facette, dann Durchschnitt über alle Facetten
Strukturierung	Dichotom für jede Facette, dann Durchschnitt über alle Facetten
Umfang	- Wortanzahl - Anzahl an genannten Facetten - Anzahl an Fachbegriffen

Abbildung 2: Geschätzte Themenanteil im Unterricht

Begründet wird die Inhaltsauswahl für beide schulische Settings einerseits durch *Schülerinteressen*, andererseits werden aber auch immer wieder die *eigene Zugänglichkeit* zum Thema sowie *Interessen, Kompetenzen, Geschlecht* und *Qualifikation* der Lehrkräfte, ebenso wie das Vorhandensein bzw. die Verfügbarkeit von Materialien angeführt. Lehrkräfte im GU begründen darüber hinaus eine Auswahl von Inhalten und Themen im Bereich Natur und Leben mit *Lehrwerksanteilen* und *Richtlinienvorgaben*, aber auch mit dem Aspekt des *Lebensweltbezuges*. Lehrkräfte an Förderschulen hingegen führen *Handlungsorientierung*, die *Möglichkeit für Versuche* oder die Nutzung von *außerschulischen Lernorten* ebenso wie die *besonderen Förderbedarfe* der Schülerinnen und Schüler oder schulische Rahmenbedingungen (Räume, Umgebung) an. Weitere Motive, die allein bei Lehrkräften der Förderschule auftauchen, sind eine *situative Themenfindung*, d.h. die konkrete Aushandlung der Themen innerhalb des Unterrichts, sowie die (teils spontane) *Fortführung und Ergänzung anderer Sachthemen* durch Perspektivverschiebung.

Kontrastierend zum Themenschwerpunkt „Natur und Leben" wird der Schwerpunkt „Mensch und Gemeinschaft" von den Lehrkräften beider Schulformen in den Interviews nur wenig mit konkreten Themen und Inhalten gefüllt, sondern vielmehr mit Elementen *sozialen Lernens* (z.B. Klassenstunde, Konfliktklärung) assoziiert bzw. er tritt als *fächerübergreifendes Thema* in Erscheinung. Lehrkräfte der Grundschule nannten hier an konkreten Themen die *eigene Person* und das *soziale Nahfeld* bzw. beschrieben außerunterrichtliche *Präventionsprojekte* ihrer Schulen („Mein Körper gehört mir", Faustlos). Gleichwohl werden Inhalte dieses Themenschwerpunktes als eigentliche *Voraussetzung* für den Unterricht bzw. in ihrer *außerunterrichtlichen Relevanz* gesehen, die in den *Schulalltag integriert* seien. Damit werden die Ziele einer *Stärkung der Klassengemeinschaft* sowie der *Aufbau sozialer Fertigkeiten* verbunden. In Bezug auf die Kinder im Förderschwerpunkt ESE wird auch von einem *heiklen Themenbereich* gesprochen, da die Lebensrealitäten der Kinder deutlich von traditionellen Familienbildern abwichen. So bevorzugten Lehrkräfte an Förderschulen demgegenüber eher das Thema *Freundschaft* bzw. *Geschlechterrollen* für diesen Themenbereich. Motive hinsichtlich der Themenauswahl ergeben sich, nach Aussagen der befragten Lehrkräfte, etwa durch den *Bezug zum Alltagswissen*, der besonderen *Zugänglichkeit für die Schülerinnen und Schüler* und durch die Möglichkeit, *aktuelle Probleme* aufgreifen oder dem *Förderbedarf der Kinder* entsprechen zu können bzw. die *Klassengemeinschaft zu stärken*. Allerdings zeigte sich eine *Unsicherheit* bezüglich der genauen inhaltlichen Bestimmung des Themenschwerpunktes. Ebenso wurde das *Fehlen geeigneter Materialien* genannt.

3. Interpretation und Fazit

In einem vorsichtigen Interpretationsversuch sollen die zuvor referierten Befunde zu Inhalten des Sachunterrichts unter Berücksichtigung des bisherigen Forschungsstandes zum Gegenstandsbereich im Kontext inklusiven Sachunterrichts betrachtet werden. Hinsichtlich der inhaltlichen Gestaltung lässt sich eine deutliche Dominanz von Themen und Inhalten aus dem Bereich Natur und Leben erkennen, wobei vor allem die Möglichkeit des praktischen Tuns sowie der direkten Erfahrbarkeit der Phänomene als Auswahlmotiv hervortreten. Für die befragten Lehrkräfte der Förderschulen scheinen darüber hinaus auch jahreszeitliche Bezüge eine stärkere Rolle bei der Inhaltsauswahl zu spielen. Demgegenüber wird der Themenschwerpunkt „Mensch und Gemeinschaft" stark mit sozialem Lernen assoziiert und als eher fächerübergreifendes Prinzip realisiert. Der sachunterrichtliche Kern bleibt, durch fehlende inhaltlich-thematische Bezüge, größtenteils unbestimmt, was mit der „sachlichen Unschärfe" (Richter 2013, S. 175) bzw. der „unbefriedigenden empirischen Forschungslage" (a.a.O., S. 176) zum sozialwissenschaftlichen Lernen im Sachunterricht generell korrespondiert. Bezüglich der inhaltlichen Gestaltung insgesamt, erfolgt aus Perspektive der Lehrkräfte sehr wohl eine Orientierung an Schülerinteressen sowie an deren Lebenswelt, wie dies gerade für einen inklusiven Sachunterricht deutlich gefordert wird (vgl. etwa Pech/ Schomaker 2013, Seitz 2004). Allerdings beeinflussen auch das vorhandene Materialangebot sowie Vorlieben und Kompetenzen der Lehrkräfte die Planungsentscheidungen, wie dies etwa auch in Untersuchungen spezifisch zum technischen (vgl. Möller et al. 1996) oder zum naturwissenschaftlich-physikalischen Sachunterricht (vgl. Peschel 2007) aufgezeigt werden konnte. Fachliche Systematiken oder auch Richtlinienvorgaben scheinen demgegenüber eher eine untergeordnete Rolle zu spielen. Dies entspricht dem Bild einer gewissen Beliebigkeit der inhaltlichen Ausgestaltung, welches Einsiedler (2002) auf Grundlage älterer Forschungsbefunde zeichnet. Wird von Blaseio (2004) ein Einfluss der Richtlinienrevisionen auf die unterrichteten Themenbereiche in der Grundschule nachgewiesen, so scheint dies kaum für Lehrkräfte an Förderschulen zu gelten. Der verschiedentlich beschriebene duale Auftrag schulischer Erziehungshilfe (vgl. Hennemann et al. 2009), im Sinne einer Verortung zwischen allgemeinen Bildungszielen und speziellen Erziehungszielen im Förderschwerpunkt ESE, wird demnach zumindest für den Sachunterricht nicht so interpretiert, dass eine unbedingte Orientierung an den Lehrplänen der Grundschule verbindlich gesehen wird. Weiterhin kann mit Blaseio (2011) vermutet werden, dass die bestehenden Richtlinien zum Sachunterricht wegen fehlender Flexibilität der aufgeführten Kompetenzerwartungen als Leitlinien sowohl für eine inklusive Unterrichtspraxis ungeeignet erscheinen, als auch die besondere Lebenswirklichkeit der Kinder an Förderschulen zu wenig widerspiegeln. Die inhaltliche Ausgestaltung ergibt demnach eher ein diffuses Bild, sodass hier in Anlehnung an Pech/ Schomaker (2013) die Frage nach dem Verhältnis von Kind und Sache bzw. Fachbezug und Lebenswelt von besonderer Relevanz erscheint. Soll demnach der Sachunterricht tatsächlich seiner Schlüsselrolle für inklusives Lernen in der Grundschule gerecht werden (vgl. Hinz 2011), so muss im Fachdiskurs vertiefend geklärt werden, wie das Versprechen inklusiver Bildung (vgl. MSW NRW 2014) aus einer fachdidaktischen Perspektive eingelöst werden kann. Dies erfordert weitere konzeptionelle Überlegungen, wie auch vertiefender anschlussfähiger Forschung nicht nur zur Unterrichtspraxis aus Sicht der Lehrenden, sondern in besonderem Maße auch zur Sicht der lernenden Kinder auf die Sachen (vgl. Wiesemann/ Wille, 2014).

Literatur

Amrhein, B.; Reich, K. (2014): Inklusive Fachdidaktik. In: Amrhein, B.; Dziak-Mahler, M. (Hrsg.): Fachdidaktik inklusiv. Auf der Suche nach didaktischen Leitlinien für den Umgang mit Vielfalt in der Schule. Münster; New York, S. 31-44.

Blaseio, B. (2004). Entwicklungstendenzen der Inhalte des Sachunterrichts. Eine Analyse von Lehrwerken von 1970 bis 2000. Bad Heilbrunn.

Blaseio, B. (2011): Inklusives Sachlernen in den Grundschullehrplänen Deutschlands. In: Giest, H.; Kaiser, A.; Schomaker, C. (Hrsg.): Sachunterricht auf dem Weg zur Inklusion. Bad Heilbrunn, S. 89-96.

Einsiedler, W. (2002): Empirische Forschung zum Sachunterricht – ein Überblick. In: Spreckelsen, K.; Möller, K.; Hartinger, A. (Hrsg.): Ansätze und Methoden empirischer Forschung zum Sachunterricht. Bad Heilbrunn, S. 17-38.

Gaedtke-Eckardt, D.-B. (2011): Fördern durch Sachunterricht. Stuttgart. Gesellschaft für Didaktik des Sachunterrichts GDSU (Hrsg.) (2013): Perspektivrahmen Sachunterricht. Vollständig überarbeitete und erweiterte Auflage. Bad Heilbrunn.

Miller, S.; Brinkmann, V. (2013): Inklusion durch Kommunikativen Sachunterricht: Schüler- und Schülerinnenfragen im Zentrum der Unterrichtsplanung. In: Becher, A.; Miller, S.; Oldenburg, I.; Pech, D.; Schomaker, C. (Hrsg.): Kommunikativer Sachunterricht. Facetten der Entwicklung. Baltmannsweiler, S. 107-120.

Gebauer, M.; Simon, T. (2012). Inklusiver Sachunterricht konkret: Chancen, Grenzen, Perspektiven. In: www.widerstreit-sachunterricht.de, Ausgabe Nr. 18/ Oktober 2012. URL: www.widerstreitsachunterricht.de [28.09.2014]

Hennemann, T.; Ricking, H.; Hillenbrand, C. (2009): Didaktik in der schulischen Erziehungshilfe: Wie arbeiten Lehrkräfte im Förderschwerpunkt Emotionale und Soziale Entwicklung? In: Zeitschrift für Heilpädagogik Jg. 59, Nr. 2, S. 131-138.

Hinz, A. (2011): Inklusive Pädagogik – Vision und konkretes Handlungsprogramm für den Sachunterricht? In: Giest, H.; Kaiser, A.; Schomaker, C. (Hrsg.): Sachunterricht auf dem Weg zur Inklusion. Bad Heilbrunn, S. 23-38.

Jaeggi, E.; Faas, A.; Mruck, K. (1998). Denkverbote gibt es nicht! Vorschlag zur interpretativen Auswertung kommunikativ gewonnener Daten. Forschungsbericht aus der Abteilung Psychologie im Institut für Sozialwissenschaften der TU Berlin, Nr. 98-2. (2. Aufl.) Berlin.

Kahlert, J.; Heimlich, U. (2012): Inklusionsdidaktische Netze – Konturen eines Unterrichts für alle. In: Heimlich, U.; Kahlert, J. (Hrsg.): Inklusion in Schule und Unterricht. Wege zur Bildung für alle. Stuttgart, S. 153-190.

Kaiser, A.; Seitz, S. (2007): Sachunterricht. In: Walter, J.; Wember, F. (Hrsg.): Sonderpädagogik des Lernens. Göttingen, S. 689-700. (Handbuch Sonderpädagogik, Bd. 2)

Kelle, U. (2007). Die Integration qualitativer und quantitativer Methoden in der empirischen Sozialforschung. Theoretische Grundlagen und methodologische Konzepte. Wiesbaden.

Laubner, M. (2009): Sachunterricht und Inklusion – eine Literaturübersicht. In: widerstreitsachunterricht, Jg. 2009/ Nr. 13. URL: www.widerstreit-sachunterricht.de [28.09.2014]

MSW NRW (Hrsg.) (2008): Lehrplan Sachunterricht. Frechen.

MSW NRW (Hrsg.) (2014): Schulgesetz für das Land Nordrhein-Westfalen vom 15. Februar 2005 zuletzt geändert durch den Artikel 3 des Gesetzes vom 17.06.2014. [Stand: 15.06.2014]

Möller, K.; Tenberge, C.; Ziemann, U. (1996): Technische Bildung im Sachunterricht. Eine quantitative Studie zur Ist-Situation an nordrhein-westfälischen Grundschulen. Münster.

Pech, D.; Schomaker, C. (2013): Inklusion und Sachunterrichtsdidaktik – Stand und Perspektiven. In: Ackermann, K.-E.; Musenberg, O.; Riegert, J. (Hrsg.): Geistigbehindertenpädagogik!? Oberhausen, S. 341-360.

Peschel, M. (2007): Konzeption einer Studie zu den Lehrvoraussetzungen und dem Professionswissen von Lehrenden im Sachunterricht der Grundschule in NRW – Das Projekt SUN. In: Lauterbach, R.; Hartinger, A.; Feige, B.; Cech, D. (Hrsg.): Kompetenzerwerb im Sachunterricht fördern und erfassen. Bad Heilbrunn, S. 151-160.

Richter, D. (2013): Sozialwissenschaftliches Lernen im Sachunterricht – Stand und Ausblick. In: Fischer, H.J.; Giest, H.; Pech, D. (Hrsg.): Der Sachunterricht und seine Didaktik. Bestände prüfen und Perspektiven entwickeln. Bad Heilbrunn.

Seitz, S. (2004): Zu einer inklusiven Didaktik des Sachunterrichts. In: Kaiser, A./ Pech, D. (Hrsg.): Integrative Dimensionen des Sachunterrichts. Neuere Zugangsweisen. Baltmannsweiler, S. 169-180. (Basiswissen Sachunterricht, Bd. 3)

Seitz, S. (2005): Zeit für inklusiven Sachunterricht. Baltmannsweiler.

Seitz, S.; Schomaker, C. (2011): Sachunterricht in der inklusiven Grundschule – ohne kognitive Beeinträchtigung. In: Ratz, Ch. (Hrsg.): Unterricht im Förderschwerpunkt geistige Entwicklung. Fachorientierung und Inklusion als didaktische Herausforderung. Oberhausen, S. 155-168.

Wiesemann, J.; Wille, F. (2014): Formate didaktischer Forschung zum Sachunterricht. In: widerstreit-sachunterricht.de, Ausgabe Nr. 20/April 2014. URL: www.widerstreit-sachunterricht.de [28.09.2014]

UN (2008): Übereinkommen über die Rechte von Menschen mit Behinderung vom 13. Dezember 2006. In: Bundesgesetzblatt, Jg. 2008 Teil II, Nr. 35, S. 1419-1457.

Christine Künzli David, Christoph Buchs und Letizia Wüst

Die Bedeutung des Philosophierens mit Kindern in einer Bildung für Nachhaltige Entwicklung

Didactical concepts for the implementation of ESD stipulate that students should reflect on options for future action and development with respect to questions of inter- and intragenerational justice. We discuss how the ability to deal with moral and ethical questions turns ESD into a fundamental concern of education and thus counteracts its exploitation. Based on these considerations we explain the significance of concepts of philosophizing with children in the context of ESD.

1. BNE als wesentliches Bildungsanliegen

Bildung für eine Nachhaltige Entwicklung (BNE) soll einen Beitrag dazu leisten, Lernende zu befähigen, sich an gesellschaftspolitischen Auseinandersetzungen zu beteiligen, in denen festgelegt und begründet wird, welche Ziele und Maßnahmen wünschenswert sind, wenn diese einer nachhaltigen Entwicklung (NE) genügen sollen. De Haan beschreibt das Leitziel einer BNE als Fähigkeit, „aktiv an der Analyse und Bewertung von nicht nachhaltigen Entwicklungsprozessen teilzuhaben, sich an Kriterien der Nachhaltigkeit im eigenen Leben zu orientieren und nachhaltige Entwicklungsprozesse gemeinsam mit anderen lokal wie global in Gang zu setzen" (2008, S. 31). Wer dazu fähig ist, muss also zwischen nachhaltigen und nicht-nachhaltigen Entwicklungen unterscheiden können. Dies wiederum setzt die Fähigkeit voraus, moralisch-ethisch urteilen zu können (vgl. Künzli David 2007, Bertschy et al. 2007, Gresch et al. 2013), denn der Nachhaltigkeitsbegriff im Verständnis der UN bedeutet, „dass sich die globale, regionale und nationale Entwicklung der menschlichen Gesellschaft am umfassenden, übergeordneten Ziel auszurichten hat, die Grundbedürfnisse aller Menschen zu befriedigen und allen Menschen ein gutes Leben zu gewährleisten" (Di Giulio 2004, S. 308). Fragen nach dem guten Leben und nach der Erfüllung der Grundbedürfnisse von allen sind solche, die ethische und moralische Überlegungen und Urteile erfordern. BNE ist somit auf die Fähigkeit zur Reflexion über Werte, moralische Normen und ethische Konzepte ausgerichtet (vgl. Öhmann 2007, de Haan et al. 2008, auch Lundegard/ Wickmann 2007).

Bei moralisch-ethischen Fragen im BNE-Unterricht handelt es sich spezifisch um Fragen *angewandter Ethik*, da sich diese im Kontext eines bestimmten gesellschaftspolitischen Themas – z.b. der Frage, ob atomare Energiegewinnung weiterhin zulässig ist – stellen und darauf zu beziehen sind. Solche Fragen bilden eine Perspektive auf das jeweilige BNE-Thema, wobei es im BNE-Unterricht wesentlich darauf ankommt, das Thema auch aus *anderen* Perspektiven – z.B. aus wirtschaftlicher, politischer oder technischer Perspektive – zu betrachten, diesbezüglich Wissen aufzubauen und die Perspektiven zu verknüpfen.[1]

Gerade der moralisch-ethische Aspekt eines Themas macht BNE jedoch zu einem zentralen *Bildungs*-Anliegen (vgl. z.B. Hügli 2006, 2012). „Bildung" meint einen selbstregulativen Prozess, der erstens von außen zwar angeregt, aber nicht determiniert werden kann (Lenzen 1997, Tenorth 1997). Zweitens einen Prozess, während dessen ein Mensch zunehmend die Fähigkeit zur *Selbstbestimmung* oder zum Gebrauch der eigenen Vernunft entwickelt (z.B. Durdel 2002, Kant 1996/1784). In Bezug auf das eigene und das gesellschaftliche Handeln bedeutet also gebildet zu sein, dieses selbstbestimmt bzw. „mit Bezug auf [seine] Vernünftigkeit – und das heißt zugleich: mit Bezug auf [seine] Gerechtigkeit" (Tugendhat 1978, S. 17) prüfen zu können. Bildung verlangt somit die Fähigkeit, moralisch-ethisch zu urteilen.

Was bedeutet es für die Rolle oder das pädagogische Handeln der Lehrperson, wenn ein Ziel des BNE-Unterrichts darin besteht, dass die Schulkinder ihre Urteilsfähigkeit bezüglich moralisch-ethischer Fragen weiterentwickeln, die sich im Kontext eines bestimmten Themas stellen? Auf dieses Ziel kann sie mit ihren Schulkindern nur dann hinarbeiten, wenn sie diese dazu anregt und darin unterstützt, moralische Annahmen und Fragen, die im Kontext des jeweiligen BNE-Themas relevant sind, zu hinterfragen und – vernunftgeleitet – zu bearbeiten. (vgl. Schneider 2009). Dies bezieht sich auch auf das – tendenziell – anthropozentrische Moralprinzip (vgl. di Giulio 2004, 162ff.), das in der Idee der NE im Sinne der UN impliziert ist. Dieses Prinzip ist universell, egalitär und individualistisch: Es gesteht jedem individuellen Menschen

---

[1] Auch Herzog/ Künzli David (2007) betonen dies, warnen jedoch gleichzeitig davor, BNE auf Fragen von Ethik und Werten zu reduzieren.

kraft seines Menschseins, d.h. ungeachtet seiner Hautfarbe, seiner Staatsangehörigkeit, seiner sozialen Stellung usw., die gleichen Rechte auf die Befriedigung seiner Grundbedürfnisse zu. Außerdem ist das Prinzip zukunftsorientiert, insofern geplante zukünftige Handlungen diesem Prinzip nicht widersprechen dürfen. Die Orientierung an Bildung – verstanden als Fähigkeit zur vernünftigen Selbstbestimmung – erfordert auch hier, dass dieses Moralprinzip nicht quasi dogmatisch oder unhinterfragt als moralische Wahrheit gesetzt werden darf. Vielmehr soll eine Lehrperson den Kindern Mittel an die Hand geben, um über dieses Prinzip nachdenken und es zu anderen Moralprinzipen in Beziehung setzen zu können (vgl. zu dem damit angesprochenen Spannungsfeld Wals 2010).

Das eben Dargelegte bedeutet für Lehrpersonen, die BNE-Unterricht planen und durchführen wollen, dass sie erstens wissen sollten, wie sie moralphilosophische bzw. ethische Aspekte des jeweiligen BNE-Themas erkennen können. Zweitens sollten Lehrpersonen in der Lage sein, ein didaktisches Setting zu gestalten, das ihren Schulkindern sowohl aufschließt, was es heißt, bei der Behandlung von solchen Fragen selbstbestimmt zu denken oder sich von der Vernunft leiten zu lassen, als auch ermöglicht, von den entsprechenden moralphilosophischen Werkzeugen selbst Gebrauch zu machen und diese einzuüben.

2. Philosophieren mit Kindern im Kontext von BNE

Da es sich – wie erwähnt – bei moral-philosophischen Fragen im Kontext einer BNE um Fragen angewandter Ethik handelt, hat die Beschäftigung mit solchen Fragen im Unterricht also eine *instrumentelle* oder dienende Funktion und in diesem Sinne ist das Philosophieren mit Kindern als Unterrichtsprinzip einer BNE zu betrachten. Als solches darf das Philosophieren mit Kindern jedoch nicht bloß so verstanden werden, dass Lehrperson und Kinder im BNE-Unterricht bereit sein sollen, philosophische Fragen und Aspekte eines BNE-Themas zu benennen und aufzuwerfen. Nebst der Bereitschaft und Offenheit für solche Fragen muss philosophisches Können treten. Darum ist das Philosophieren mit Kindern als Unterrichtsprinzip – wenn es produktiv und gelingend praktiziert werden will – immer auch auf einen eigenen Raum und auf eine eigene Zeit des fachlichen Philosophierens zurückverwiesen, in dem dieses Können explizit aufgebaut und geübt wird (vgl. dazu Buchs/ Künzli David in Vorbereitung). Für diese Aufgabe liefern Konzepte zum Philosophieren mit Kindern wichtige und hilfreiche Leitideen und inhaltliche wie auch methodische Ressourcen. Es handelt sich um ein didaktisches Setting, in dessen Zentrum gemeinsame argumentative Gespräche stehen. Dabei versuchen die Kinder, gemeinsam eine philosophische Frage besser zu verstehen, mögliche Antworten darauf zu entwickeln sowie fremde Lösungsvorschläge zu analysieren und begründet zu kritisieren (z.b. Martens 2003, Michalik/ Schreier 2006). Der Lehrperson kommt dabei nicht die Rolle zu, das Gespräch inhaltlich zu steuern. Vielmehr ist sie dafür verantwortlich, den Kindern *logisch-philosophische Reflexionswerkzeuge* (z.B. Einwände erkennen und formulieren oder einen Begriff analysieren können) aufzuzeigen und sie zu deren Gebrauch anzuregen.

Wie greifen fachliches und instrumentelles Philosophieren im BNE-Unterricht ineinander? Dies lässt sich anhand der von Bleisch/ Huppenbauer (2011) vorgeschlagenen Vorgehensweise für das Erkennen und Bearbeiten von moralischen Aspekten einer konkreten Problemstellung aufzeigen:

1. Analyse des Ist-Zustands: harte Fakten auflisten, geltendes Recht berücksichtigen, Akteure und deren Bedürfnisse identifizieren.
2. Die moralische Frage benennen: moralisch relevante Fragen und Konflikte identifizieren, nichtmoralische Aspekte ausscheiden.
3. Analyse der Argumente: Argumente pro und kontra aufführen, Argumente mit normativen Hintergrundtheorien abgleichen.

Beispielsweise werden beim Thema „Landwirtschaft mit Fokus Rindfleischproduktion" zunächst die relevanten Fakten und Akteure (Landwirte, Schlachtbetriebe, Verteiler, Konsumenten usw.) mit den Schulkindern erarbeitet. Beim zweiten Schritt ist instrumentelles Philosophieren gefordert: Es wird nach moralischen Fragen in Bezug auf einen konkreten Sachverhalt gefragt (z.B. „Inwiefern ist es (moralisch) zulässig, dass durch eine intensive Fleischproduktion wegen Überdüngung Gewässer gefährdet werden?"). Dafür benötigen die Kinder jedoch ein *allgemeines* Kriterium für das Moralische, das im fachlich orientierten Philosophieren erarbeitet wird. Ähnliches gilt für den dritten Schritt: Beim fachlichen Philosophieren reflektieren die Kinder über mögliche moralische Prinzipien („Was heißt eigentlich ,Gerechtigkeit'? Wie könnte man ,Gerechtigkeit' definieren?"), die dann – instrumentell – für den Abgleich mit den spezifischen Argumenten pro oder kontra intensive Fleischproduktion genutzt werden können.

3. Fazit

Philosophieren mit Kindern ist für einen BNE-Unterricht in zweifacher Hinsicht bedeutsam: Einerseits werden damit logische Reflexionsfähigkeiten aufgebaut, die für die Kinder auch im (BNE-) Kontext von nicht-philosophischen Argumentationen nützlich sind. Andererseits erwerben sie inhaltlich Wissen um grundlegende ethische Ideen, die es dann im BNE-Unterricht wiederum auf konkrete Problemstellungen anzuwenden gilt.

Literatur

Bertschy, F.; Gingins, F.; Künzli, Ch.; Di Giulio, A.; Kaufmann-Hayoz, R. (2007): Bildung für eine nachhaltige Entwicklung in der Grundschule. Schlussbericht zum Expertenmandat der EDK. URL: www.edudoc.ch/record/24373/files/BNE_Schlussbericht_2007_d.pdf? Indeversion=1 [30.09.2014]

Bleisch, B.; Huppenbauer, M. (2011): Ethische Entscheidungsfindung: Ein Handbuch für die Praxis. Zürich.

Buchs, Ch.; Künzli David, Ch. (in Vorbereitung): Philosophieren mit Kindern – Unterrichtsprinzip oder Unterrichtsfach? In: Uhlig, B.; Gansen, P. (Hrsg.): Haltung – Prinzip – Zweifel. Philosophieren als pädagogische Grundhaltung und Unterrichtsprinzip. München. (Reihe Philosophieren mit Kindern)

Di Giulio, A. (2004): Die Idee der Nachhaltigkeit im Verständnis der Vereinten Nationen. Anspruch, Bedeutung, Schwierigkeiten. Münster.

Durdel, A. (2002): Der Bildungsbegriff als Konstruktion. Orientierungs- und handlungsleitendes Potenzial des Bildungsbegriffs. Hamburg.

Gresch, H.; Hasselhorn, M.; Bögeholz, S. (2013): Training in Decision-making Strategies: An Approach to Enhance Students' Competence to Deal with Socio-Scientific Issues. In: International Journal of Science Education, 13, 5, pp. 2587-607.

Haan, G. de (2008): Gestaltungskompetenz als Kompetenzkonzept für Bildung für nachhaltige Entwicklung. In: Bormann I.; Haan, G. de (Hrsg.): Kompetenzen der Bildung für nachhaltige Entwicklung. Operationalisierung, Messung, Rahmenbedingungen, Befunde. Wiesbaden, S. 23-43.

Haan, G. de; Kamp, G.; Lerch, A.; Martignon, L.; Müller-Christ, G.; Nutzinger, H.G. (2008): Nachhaltigkeit und Gerechtigkeit – Grundlagen und schulpraktische Konsequenzen. Berlin, Heidelberg.

Herzog, W.; Künzli David, Ch. (2007): Nachhaltigkeit in der Erziehungswissenschaft. Schlaglichter auf einen unabgeschlossenen Diskurs. In: Schweizerische Akademie der Geistes- und Sozialwissenschaften SAGW (Hrsg.): Nachhaltigkeitsforschung – Perspektiven der Sozial- und Geisteswissenschaften. Bern, S. 281-304.

Hügli, A. (2006): Die Bedeutsamkeit der Philosophie für das Geschäft der Bildung. In: Studia Philosophica, Vol. 65, S. 13-34.

Hügli, A. (2012): Erziehung zur Selbsterziehung oder: wie Demokratie und Bildung zusammenhängen. In: Studia Philosophica, Vol. 71, S. 155-180.

Kant, I. (1996/ 1783): Beantwortung der Frage: Was ist Aufklärung? In: Bahr, E. (Hrsg.): Was ist Aufklärung? Thesen und Definitionen. Stuttgart, S. 9-17.

Künzli David, Ch. (2007): Zukunft mitgestalten. Bildung für eine nachhaltige Entwicklung – Didaktisches Konzept und Umsetzung in der Grundschule. Bern.

Lenzen, D. (1997): Lösen die Begriffe Selbstorganisation, Autopoiesis und Emergenz den Bildungsbegriff ab? In: Zeitschrift für Pädagogik, 43, S. 950-968.

Lundegard, I.; Wickman, P.-O. (2007): Conflicts of Interest: an indispensable Element of Education for sustainable Development. In: Environmental Education Research, 13, 1, p. 1-15.

Martens, E. (2003): Methodik des Ethik- und Philosophieunterrichts. Philosophieren als elementare Kulturtechnik. Hannover.

Michalik, K.; Schreier, H. (2006): Wie wäre es, einen Frosch zu küssen? Philosophieren mit Kindern im Grundschulunterricht. Braunschweig.

Öhman, J. (2007): The Ethical Dimension of ESD – Navigating Between the Pitfalls of Indoctrination and Relativism. In: Björneloo, I.; Nyberg, E. (Eds.): Drivers and Barriers for Implementing Learning for Sustainable Development in Pre-School through Upper Secondary and Teacher Education. UNESCO Education for Sustainable Development in Action. Technical Paper, 4, p. 43-47.

Schneider, M. (2009): Werteerziehung in der Schule. Beiträge zur Praxis der Werteerziehung und zur Wert- und Partizipationsforschung. Berlin.

Tenorth, H.-E. (1997): „Bildung" – Thematisierungsformen und Bedeutung in der Erziehungswissenschaft. In: Zeitschrift für Pädagogik, 43, 6, S. 969-984.

Tugendhat, E. (1992): Gegen die autoritäre Pädagogik. Streitschrift gegen die Thesen „Mut zur Erziehung". In: Tugendhat, E. (1992): Ethik und Politik. Frankfurt am Main, S. 17-26.

Wals, A.E.J. (2010): Between Knowing what is Right and Knowing what is Wrong to Tell Others what is Right: on Relativism, Uncertainty and Democracy in Environmental and Sustainability Education. In: Environmental Education Research, 16, 1, pp. 143-151.

Sarah-Jane Conrad und Christian Mathis

Kompetent mit Kindern philosophieren lernen

Reflecting values and norms has been part and parcel of the general studies for a long time. However, little can be said about the question what students know about philosophical work and how their competences develop during their studies. These two questions underlie the empirical study currently undertaken at the School for Teacher Education FHNW. First results show that very little knowledge is generally given and teacher training is thus challenged when introducing philosophy at a scientifically orientated level.

1. Werte und Normen reflektieren im Sachunterricht

Werte und Normen zu reflektieren, gehört in den Sachunterricht der Schweiz. Das zeigt sich etwa in der Lehrplanforderung, dass Schülerinnen und Schülern das Entwickeln von Werthaltungen ermöglicht werden soll, die geprägt sind von Verantwortung gegenüber dem kulturellen Erbe und der natürlichen Umwelt (Kanton Aargau 2014). Die Auseinandersetzung mit Werten und Normen hat einen klar philosophisch-ethischen Charakter. Schließlich geht es dabei um die Frage, wie wir uns im Alltag gegenüber anderen verhalten sollen und welches Handeln richtig und welches falsch ist. Während die Werte festlegen, was uns im zwischenmenschlichen Umgang aus moralischer Sicht wichtig ist, schreiben die Normen vor, was zu tun ist, um den zugehörigen Wert nicht zu gefährden (vgl. Höffe 2002). Wenn Werte und Normen zu reflektieren Bestandteil des Sachunterrichts ist, dann gehört auch Philosophieren mit Kindern (PmK) fest in den Sachunterricht.
Während die philosophisch-ethischen Anteile des Sachunterrichts in den aktuellen Lehrplänen der Schweiz meist quer durch die verschiedenen Bereiche oder Perspektiven laufen, werden sie im neuen Lehrplan 21 (EDK 2014) explizit in der Teilkompetenz 11 „Grunderfahrungen, Werte und Normen erkunden und reflektieren" des Fachs „Natur, Mensch und Gesellschaft"

(NMG) gebündelt und festgeschrieben.[1] Will der Sachunterricht den Anspruch auf Wissenschaftsorientierung auch für diesen Teilbereich ernstnehmen, wird PmK in der einen oder anderen Form künftig in den Schweizer Kindergärten und Primarschulen an Bedeutung gewinnen.

2. Forschungsfrage und Forschungsdesign

Für die Schweiz ist bislang kaum bekannt, welche Vorkenntnisse Studierende der Pädagogischen Hochschulen mitbringen oder in welcher Qualität sie mit philosophisch-ethischen *Fragen, Konzepten und Methoden* umgehen. Ebenso wenig wissen wir darüber, wie sich ihr diesbezügliches Wissen und Können während des Studiums entwickelt. Ziel der vorliegenden empirischen Studie ist es, Antworten auf diese Fragen zu erhalten. Dazu wurden insgesamt 54 Studierende im ersten Semester beforscht, die in einem von insgesamt drei parallelen Kursen eine Lehrveranstaltung zum Philosophieren mit Kindern (PmK) im Sachunterricht besuchten.

Die Erhebung der Daten erfolgte während des regulären Semesterbetriebs. Im Sinne der *Aktionsforschung* sind in der Studie *Reflexion* und *Handlung* eng aufeinander bezogen und die Phasen der Situationsklärung, Datenerhebung, Exploration und Intervention sowie Evaluation von Handlungsstrategien werden mehrmals durchlaufen (vgl. Altrichter/ Posch 2007). Dabei werden die jeweiligen Interventionen und erhobenen Daten laufend in einem intersubjektiv validierten Auswertungsprozess ausgewertet und reflektiert, was zur Planung der weiteren Aktionen führt.

2.1 Erhebungsmethoden und Auswertung

Mit *komplementären Erhebungsmethoden* zur *Selbst- und Fremdeinschätzung* wurden im ersten Zyklus der Studie[2] zu verschiedenen Zeitpunkten die Kompetenz bzw. die Performanz von Studierenden im ersten Semester ihrer Ausbildung zu Lehrpersonen für 4- bis 9-jährige Kinder erfasst. Für die Auswertung stehen drei verschiedene Datentypen zur Verfügung: Einerseits drei *qualitative Fragebögen*, in denen die Studierenden ihre philosophischen Ausgangskenntnisse und ihren Kompetenzzuwachs reflektieren. Andererseits sind die Kompetenzverläufe anhand von drei *schriftlichen Hausarbeiten* der Studierenden und *drei visuell dokumentierten Gruppenarbeiten* (Posters etc.)

---

[1] Vgl. dazu auch den Perspektivrahmen der GDSU (2013, S. 27ff.), in dem PmK ebenfalls eine übergeordnete Denk-, Arbeits- und Handlungsweise darstellt.
[2] Der zweite Zyklus fand im Herbstsemester 2014 statt.

sowie einer protokollierten Gruppenarbeit qualitativ nachvollziehbar. Drittens liegen von einer der drei untersuchten Gruppen vier verschiedene *Audioaufnahmen* vor. In den Veranstaltungen kamen mehrheitlich etablierte Bücher, Materialien und Methoden für das PmK zur Anwendung.[3] Dabei wurde immer zu *naturethischen* Themen philosophiert.

Die Auswertung der Daten wurde im Sinne des „Inversionsprinzips" dem Forschungsgegenstand angepasst (Jüttemann 1983). Es wurde also je nach Fragestellung und Datenmaterial entweder mit der Qualitativen Inhaltsanalyse (Mayring 2003), mittels des theoretischen Kodierens (Glaser/ Strauss 2005) oder mit rekonstruktiven Methoden (Straub 1999) gearbeitet.

3. Erste Ergebnisse

3.1 Das Vorwissen der Studierenden

Zu Beginn des Semesters wurde mit einer *qualitativen Befragung* erhoben, wie die Studierenden ihre philosophischen Kenntnisse einschätzen. Erfahrungsgemäß verfügen Personen, die eine Lehrerinnen- und Lehrerbildung absolvieren, nur über geringe philosophische Kenntnisse. Das bestätigen die Resultate der Umfrage. Nur ein Drittel der Studierenden ist in formativen Bildungskontexten mit explizit philosophischen Themen und Arbeitsweisen in Berührung gekommen; die meisten davon höchstens während eines Jahres. Philosophische Themen und die philosophische Arbeitsweise sind also wenig bekannt. Zwar wurden wichtige Namen der Philosophiegeschichte wie Platon oder Aristoteles von einigen genannt, allerdings antworteten die meisten Studierenden auf die Frage, was man zum Philosophieren brauche, relativ allgemein mit „denken" und „fragen", „offen sein" und „viel Wissen". Diese Einschätzungen sind zwar nicht falsch, sie sind jedoch für andere Wissenschaften und Fächer ebenfalls erforderlich. Die spezifisch philosophische Herangehensweise an Probleme wird nicht umrissen; ebenso wenig erklären die Antworten, welche Erkenntnisse sich aus der philosophisch-ethischen Perspektive gewinnen lassen. Gleichzeitig stufen die Studierenden das Philosophieren und die ethische Auseinandersetzung für ihre Arbeit mit den Kindern als wichtig ein und sie fühlen sich auch grundsätzlich in der Lage, diese Aufgabe zu bewältigen. Diese positive Wahrnehmung des Philosophierens

---

[3] So etwa die Bücher der Akademie Kinder Philosophieren (Eberhard von Kuehnheim Stiftung 2012) sowie von Eva Zoller-Morf (2011), um philosophisches Fragenstellen und Argumentieren zu lernen; Philipp Cams logisch-begriffliche Übungen zu Aspekten (Cam 1996) sowie die Jackson-Karten für das philosophisch strukturierte Gespräch (Jackson 1989).

wie auch die Einschätzung der eigenen Fähigkeiten blieb bis zum Schluss des Moduls erhalten.

3.2 Philosophieren über „Wert(e)" und was dabei herauskommt

Wie angemessen über Werte und Normen reflektiert werden kann, das sollte auch im Rahmen des Kurses erarbeitet werden: Nach einer visuell- und audiodokumentierten Gruppenarbeit zum Thema „Wert" folgte deren Reflexion im Plenum mit dem Ziel, die zugehörige theoretische Fundierung sicherzustellen. Anschließend führten die Studierenden ein Gespräch mit einem Kind oder mehreren Kindern, bei dem die meisten Studierenden das Thema „Wert" aufgriffen. So wurde die Performanz der Studierenden zu verschiedenen Zeitpunkten des Seminarverlaufs dokumentiert, was die Rekonstruktion eines allfälligen Kompetenzzuwachses ermöglicht.

Phase 1: Werte im Kontext

In der ersten Phase (Gruppenarbeit, Reflexion und theoretische Fundierung) standen eine Auseinandersetzung mit der Vielfalt von Werten in verschiedenen Kontexten und die unterschiedlichen Begründungen von Werten im Vordergrund. In die Wertediskussion stiegen die Studierenden mit einem Video ein. In diesem wurde gezeigt, dass sich der Wert eines Gegenstands nicht allein an ökonomischen Faktoren bemisst, sondern auch an den individuellen und situativen Bedürfnissen.[4]

In der anschließenden fragegeleiteten Gruppendiskussion ging es darum zu klären, was es heißt, dass etwas einen Wert hat und welchen Wert die Natur hat. Dabei griffen die Studierenden die im Video vorgebrachten Feststellungen auf und vertieften diese. So diskutierten sie Werte, die nicht im Zusammenhang mit materiellen Gütern stehen, wie etwa Xenia[5]: „Ich denke ‚Wert' ist nicht nur der Wert von Gütern, sondern auch der Wert von Familien, Stellenwert, was einem wichtig ist... ." Sie fügt an, „dass es unterschiedliche Werte gibt", und meint auch, „es kommt auch sehr drauf an, in welcher Gesellschaft du lebst." Joana bemerkt: „Es sind auch die für das Überleben wichtigen Sachen, die wertvoll sind. Also beispielsweise Essen, Trinken." Auch wenn ihr „Wert für uns ... nicht mehr so groß [ist], wie er eigentlich sein sollte", weil sie für uns „selbstverständlich sind". Entsprechende Feststellungen machen auch andere wie Gisela: „Bei uns hat Wasser leider keinen so großen Wert. Aber sobald du nach Afrika gehst, ist Wasser so wertvoll."

---

[4] URL: www.youtube.com/watch?v=ZRxm9Tdza-Q [05.11.2014]
[5] Alle Namen sind geändert.

Erst wenn man ihren Mangel erlebt habe, „dann schätzt du es auch wieder, wenn du die Situation erlebt hast" (Petra).
Auf die spezifischere Frage, was die Natur für einen Wert habe, antwortet Lydia: „Ich glaube, die Natur ist etwas sehr Wertvolles für uns", und Petra ergänzt: „Ohne Natur wären wir recht am Arsch". Diese Zitate verdeutlichen, dass die Breite und Vielschichtigkeit des Wertbegriffs in den verschiedenen Gesprächen thematisiert wurde sowie Werte, die von der subjektiven Wertschätzung abhängen, und Werte, die sich aus ihrer lebenswichtigen Funktion ergeben, einander gegenübergestellt werden. Gleichzeitig taucht in der Diskussion immer wieder die These auf, Werte seien *relativ* und hingen in erster Linie von der *subjektiven Einschätzung* ab. So finden sich sowohl zu Beginn als auch zum Schluss der Gespräche Aussagen wie: „Es kommt immer darauf an, was für eine Bedeutung es für dich hat – momentan" (Laetizia) oder Werte seien „individuell" und Wertzuschreibungen „auf jeden Menschen selber zurückzuführen" (Kathrin) und daher etwas „Persönliches". Es finden sich zwar vereinzelt kritische Stimmen wie: „Ich finde es schwierig, eine einheitliche Definition zu finden..." (Joana) oder „Aber ich versuche zu widerlegen, was wir am Anfang gesagt haben, dass es individuell ist [was Werte sind]" (Jessica), ohne dass diese jedoch weiter geprüft werden.

Phase 2: Reflexion und theoretische Fundierung des Wertbegriffs
In der anschließenden Reflexion und theoretischen Fundierung dieser Ausgangsbehauptungen wird geklärt, ob alle Werte immer relativ sind und ob sie tatsächlich immer von der subjektiven Einschätzung abhängen. Es wurde gezeigt, dass subjektive Aussagen sich in Bezug auf ihre Wahrheitswerte auf eine bestimmte Weise verhalten und also eine spezifische logische Struktur haben, da zwei Personen zu unterschiedlichen Werturteilen kommen können, ohne sich wirklich zu widersprechen. Schließlich hängt die Richtigkeit der Aussage jeweils wesentlich von der Meinung jener Person ab, welche die Aussage macht. Diese Eigenheit trifft auf zahlreiche Wertaussagen allerdings nicht zu und einige Wertaussagen, wie beispielsweise die über Wasser oder die Natur, weisen eine andere logische Struktur auf. Diese beiden Ressourcen sind für den Menschen lebenswichtig und deshalb besitzen sie einen Wert für das menschliche Leben auch ohne Wertschätzung. Darum fühlt man sich i.d.R. dazu aufgefordert, einer Einschätzung wie „Wasser ist wertlos" zu widersprechen. Anders als bei den wirklich subjektiven Wertaussagen können die unterschiedlichen Wertaussagen nicht einfach nebeneinander stehen gelassen werden und eben dieser Umstand zeigt, dass ihre logische Struktur eine andere ist. Es scheint ein echter Widerspruch vorzuliegen, den es zu klären gilt. Dass Wert also nicht immer eine Wertschätzung impliziert und

nebst subjektiven Werten auch intersubjektive oder gar objektive Werte zu unterscheiden sind, wurde von den Studierenden in der Plenumsdiskussion nicht weiter kommentiert. Vereinzelt beharrten Studierende auf dem rein subjektiven Charakter von Werten, ohne dass sich daraus aber eine Diskussion ergeben hätte.

Phase 3: Mit Kindern über Werte reden
In der anschließenden Phase mussten die Studierenden selbstständig ein Gespräch mit einem von ihnen ausgewählten Kind führen. In den meisten Gesprächen griffen die Studierenden die Wertfrage auf und reflektierten diese im Sinne des Beispielvideos und der daran anschließenden Gespräche. Sabine erklärte: „Ich fand es auch sehr schön zu sehen, wie sie [das Kind] ohne Hilfestellung darauf kam, dass das Wichtigste für sie die Familie, Freunde, Natur sind, also Dinge, die man mit Geld weder kaufen noch herstellen kann." Mehrere Studierende stellten zudem fest, dass das Kind „verstand, dass verschiedene Personen verschiedenen Dingen anderen Wert zuschreiben" (Soraja und Janine). Wie Larissa resümierten auch andere Studierende: „Dabei darf man ihnen [den Kindern] auf keinen Fall die eigene Meinung aufdrücken und dennoch sollte man ihnen vermitteln, dass es auch noch eine andere Meinung gibt. Ich denke, das ist eine große Herausforderung." Gleichzeitig fällt bei der Analyse der Gespräche auf, dass die Studierenden ihre Wertvorstellungen beispielsweise in ihren Gesprächsinterventionen durchaus deutlich einbringen, anstatt jene der Kinder zu reflektieren bzw. zu spiegeln. „Wenn du aber Dinge hast", meint z.B. Anna-Maria, „auf die du verzichten kannst, wie zum Beispiel diesen Ball, dann hast du doch viele Sachen. Also brauchst du diesen Ball eigentlich nicht unbedingt, weil du auch noch andere Bälle hast." Oder an anderer Stelle: „Aber dein Papa und deine Mama kaufen dir sonst viele Dinge, die die anderen nicht haben!"

Die verschiedenen Gespräche wurden anschließend mit den Studierenden reflektiert und mit professionell geführten philosophischen Gesprächen verglichen (Nida-Rümelin 2012). Die Studierenden stellten dabei fest, dass sie „zu wenig tief" gingen und sich bisweilen „zu rasch" mit einer Antwort zufriedengaben. Erst die Anleitungen, wie ein Gespräch dialektisch entlang einer zunächst bejahenden und dann verneinenden Haltung zu einer bestimmten Frage moderiert werden kann, wie es für Pro-und-Kontra-Diskussionen üblich ist, gab den Studierenden ein wichtiges Steuerungsinstrument, von dem sie nach eigener Einschätzung für künftige Gespräche profitieren, da sie dadurch eine kritischere Haltung einnehmen können.

Wie bereits bei der Arbeit mit dem Einführungsvideo in eine Wertediskussion deutlich wurde, griffen die Studierenden einfache, aber effektive Handlungsmuster gerne auf, während theoretisch aufgeladene Unterscheidungen in der Regel wenig fassbar blieben und nicht in die Gesprächspraxis mitgenommen wurden. Es ist daher zu vermuten, dass diese in dieser Ausbildungsphase für die Performanz nicht als wichtig erachtet wurden, auch wenn die Studierenden mehrfach betonten, dass Lehrpersonen über ein „großes" und „solides Wissen" verfügen müssen, um angemessen auf die Kinder reagieren zu können.

Auch wenn aus den Gesprächen der Studierenden mit den Kindern keine voreiligen Schlüsse gezogen werden sollten, weil diese anspruchsvolle Aufgabe kontinuierliches Training erfordert, zeichnet sich in den Daten insgesamt ab, dass die Auseinandersetzung der Studierenden noch keiner wissenschaftsorientierten Reflexion von Werten und Normen genügt und den Studierenden am Ende des Semesters die reflexive Haltung fehlte. Deshalb wird den Kindern nicht die Reflexion von Werten, sondern es werden die Werte selber vermittelt.

4. Resümee

In den obigen Ausführungen wurde nur gerade ein Aspekt der erhobenen Daten beleuchtet, nämlich die Wertereflexion. Die Resultate des ersten Untersuchungszyklus' sind jedoch ernüchternd: Die reflexive Haltung fehlt bei den meisten Studierenden. Das ist wenig überraschend, betrachtet man die geringen Vorkenntnisse der Studierenden zum Philosophieren. Es war also nicht zu erwarten, dass sich in der verfügbaren Zeit eines Semesters die zugehörigen Kompetenzen ausbilden lassen. Wenn sich diese Resultate im zweiten Reflexions-Aktions-Zyklus jedoch bestätigen, dann sind die gewonnenen Erkenntnisse gleichzeitig richtungsweisend für die künftigen Ausbildungen zum PmK oder spezifischer für die Auseinandersetzung mit Werten und Normen im Sachunterricht. Denn die Rahmenbedingungen des Studiengangs bleiben bestehen und die Ansprüche an die Lehrpersonen werden nicht weniger.

Richtet man den Fokus zudem auf die Materialien für die Lehrpersonenbildung im Bereich PmK im Sachunterricht, stellt man fest, dass die meisten bei der Einführung ins PmK genutzten nicht darauf gerichtet sind, schrittweise an diese spezifische Form der Auseinandersetzung heranzuführen. Vorgestellt werden in der Regel die theoretischen Grundlagen, ohne deren Anwendung im Gespräch mit Kindern zu konkretisieren. Es fehlen also Materialien, die beispielhaft und anschaulich zeigen, wie die Gespräche mit Kindern gezielt angeleitet werden müssen, um eine philosophische Ebene erreichen zu können. Kommentierte Transkripte oder Videos, anhand welcher nicht nur die theoretischen Grundkonzepte, sondern ebenso die Gründe für die philosophischen Gesprächsbewegungen erläutert werden, könnten dafür eine hilfreiche Unterstützung bieten.

Literatur

Altrichter, H.; Posch, P. (2007): Lehrerinnen und Lehrer erforschen ihren Unterricht – Unterrichtsentwicklung und Unterrichtsevaluation durch Aktionsforschung. Bad Heilbrunn.

Cam, B. (1996): Zusammen nachdenken. Philosophische Fragestellungen für Kinder und Jugendliche. Mülheim an der Ruhr.

Eberhard von Kuehnheim Stiftung; Akademie Kinder Philosophieren (Hrsg.) (2012): Wie wollen wir leben? Kinder philosophieren über Nachhaltigkeit. München.

Eidgenössische Erziehungsdirektorenkonferenz (EDK) (2014): Lehrplan 21. URL: www.lehrplan.ch [07.11.2014]

Gesellschaft Didaktik des Sachunterrichts (GDSU) (2013): Perspektivrahmen des Sachunterrichts. Vollst. überarb. Aufl., Bad Heilbrunn.

Glaser, B.; Strauss, A.L. (2005): Grounded Theory. Strategien qualitativer Forschung. 2., korrigierte Auflage, Bern.

Höffe, O. (2002): Lexikon der Ethik. München.

Jackson, T.E. (1989) The „Good Thinker's Tool Kit". URL: www.konawaenahs.k12.hi.us/ GentleSocraticInquiryToolKit.pdf [04.10.2014]

Jüttemann, G. (1983): Psychologie am Scheideweg: Teilung oder Vervollständigung? In: Jüttemann, G. (Hrsg.): Psychologie in der Veränderung. Perspektiven für eine gegenstandsangemessenere Forschungspraxis. Weinheim/Basel, S. 30-65.

Kanton Aargau (2014): Lehrplan für die Volksschule des Kantons Aargau. URL: www.ag.ch/ de/bks/kindergarten_volksschule/unterricht_schulbetrieb/lehrplan_lehrmittel_volksschule/real ien/realien.jsp [04.11.2014]

Mayring, P. (2003): Qualitative Inhaltsanalyse. Grundlagen und Techniken. 8. Aufl. Weinheim.

Nida-Rümelin, J.; Weidenfeld, N. (2012): Der Sokrates Club. München.

Straub, J. (1999): Handlung, Interpretation, Kritik. Grundzüge einer textwissenschaftlichen Handlungs- und Kulturpsychologie. Berlin, New York.

Zoller-Morf, E. (2011): Selbst denken macht schlau. Bern.

Marcel Bullinger und Erich Starauschek

Beeinflussen Handlungsorientierung und Selbsterklärung den physikalischen Wissenserwerb in der Primarstufe?

Hands-on activities are popular and desired for successful primary science education. Research points to the necessity of mental activities attending hands-on activities. Self-explanation is a robust method for cognitive activation inducing mental activities. The effect of self-explanation on primary level is not yet clarified. Our experimental study (N=73, age: 8-10) focused on the question, whether hands-on activities and self-explanations support physics learning. The dependent variable is knowledge acquisition about the pinhole camera and its images (pre-, post- and follow up-design). The com-pared treatments are: learning with a picture book without self-explanations (A), learning with a picture book and self-explanations (B) and learning with hands-on activities equivalent to the picture book and self-explanations (C). Treatment B has a significant higher knowledge score than treatment A with big effect. There is no difference between treatment B and treatment C.

1. Stand der Forschung

Handlungsorientierung
Handlungsorientierung ist ein unscharfer Terminus. Aus der Vielzahl der zum Teil sehr unterschiedlichen Ansätze lässt sich als Beispiel für den naturwissenschaftlichen Sachunterricht ein Lernen durch Handeln mit realen Objekten ableiten (vgl. Wöll 2011, Möller 2007). Empirisch werden die Ansätze mit entwicklungspsychologischen Studien, meist Piagetscher Prägung, untermauert. Sie basieren auf der Annahme, Lernen entspreche den Stadien der kognitiven Entwicklung. Diese Begründung allein ist – wie sich schon früh gezeigt hat – eher unzureichend (Wopp 1986). Evidenzen speziell für ein Lernen durch Handeln stehen noch aus (Möller 2007). Die wenigen Hinweise aus der Sekundarstufe I und der Primarstufe auf eine mögliche Lernwirksam-

keit einer Handlungsorientierung sind uneindeutig (vgl. u.a. Meyer et al. 2011, Kaiser/ Puls 2012). In der Kognitionspsychologie dient als Referenz zu Lernen mit Handlungen oft das Lernen mit Bildern (vgl. Anderson 2013). Daraus lässt sich folgende Forschungsfrage ableiten: *Unterscheidet sich der Wissenserwerb mit Bildern bei gleichen Inhalten und Lernumgebungen vom Wissenserwerb mit Handlungen an realen Objekten?*

Selbsterklärungen
Für das naturwissenschaftliche Lernen sind kognitive Prozesse entscheidend (Minner et al. 2010). Eine wirkungsvolle Möglichkeit der kognitiven Aktivierung für Lernende ab der Sekundarstufe I ist die Selbsterklärung. Selbsterklärungen sind, ggf. durch Prompts eingeforderte, an sich selbst gerichtete Äußerungen zur eigenen Erschließung und Erklärung des Lerngegenstandes (u.a. Fonseca/ Chi 2011). Nicht eindeutig ist der Stand der Forschung im Elementar- und Primarbereich: In einigen Studien wirkt die Selbsterklärung positiv auf Lernprozesse (u.a. Rittle-Johnson 2006), bei anderen nicht (u.a. Mwangi/ Sweller 1998), wiederum andere sind widersprüchlich (Calin-Jageman/ Ratner 2005, Pillow et al. 2002). Erste Hinweise zu Selbsterklärungen an Lernmedien verschiedener Repräsentationsformen weisen außerdem darauf hin, dass in der Sekundarstufe I und der Primarstufe Selbsterklärungen an Bildern wirkungsvoller sind als an Texten (Ainsworth/ Loizou 2003, Starauschek/ Dockhorn 2009). Für die Primarstufe lässt sich daraus folgende grundlegende Forschungsfrage ableiten: *Unterscheidet sich der Wissenserwerb ohne Selbsterklärung bei gleichen Inhalten und Lernumgebungen vom Wissenserwerb mit Selbsterklärung?*

2. Studie

Design und Stichprobe
Eine experimentelle Studie wurde mit Pre-Post-Follow-up-Design durchgeführt. Als unabhängige Variable dienen drei Treatments (s.u.). Abhängige Variable ist der Wissenserwerb. Verschiedene Kontrollvariablen (u.a. Intelligenz, Selbstkonzept im naturwissenschaftlichen Sachunterricht, Bearbeitungszeit) wurden erhoben. Die randomisierte Stichprobe besteht aus 73 Probanden (31 weiblich, 42 männlich) der Jahrgangsstufe drei und vier (Alter in Jahren: $M = 10,01$, $SD = 0,67$). 52 Probanden bearbeiteten eines der drei Treatments, 21 bearbeiteten in einer Baseline-Gruppe nur die Fragebögen.

Instrumente

Der Wissenserwerb wurde mittels eines schriftlichen Wissenstests (13 Items) erhoben (Starauschek/ Dockhorn 2009). Die Reliabilitäten (Cronbachs Alpha) des Wissenstests sind mit $\alpha_{Posttest} = 0{,}73$ und $\alpha_{Follow\ up} = 0{,}77$ gut. Die Lösungswahrscheinlichkeiten ($0{,}04 < M_i < 0{,}69$) und Trennschärfen der Items ($0{,}11 < r_{it} < 0{,}68$) liegen für den Post- und Follow Up-Test zum Großteil in einem akzeptablen Bereich. Die Skalen der Kontrollvariablen zeigen in dieser Stichprobe folgende Reliabilitäten: $\alpha_{Intelligenz} = 0{,}65$, $\alpha_{Interesse-Pretest} = 0{,}83$, $\alpha_{Interesse-Posttest} = 0{,}74$, $\alpha_{Intrinsische\ Motivation} = 0{,}85$, $\alpha_{Selbstkonzept} = 0{,}77$.

Treatments

Die Treatments werden von den Probanden in Einzelinterventionen durchlaufen. Die drei Interventionen basieren auf einer Art „Bilderbücher" zur optischen Abbildung mit der Lochkamera (Starauschek/ Dockhorn 2009), die als computergestützte Lernprogramme gestaltet sind. Die Lernprogramme sind in 14 Teilsequenzen gegliedert. Im Treatment „Bilder ohne Selbsterklärung" beinhaltet jede Sequenz ein Bild und einen Informationstext, der zu dem Bild angehört wird (Abbildung 1). Im Treatment „Bilder mit Selbsterklärung" werden die Lernenden nach jedem Bild und nach jedem Informationstext mit einem Prompt zur Selbsterklärung aufgefordert. Analog dazu ist das Lernprogramm „Handlungen mit Selbsterklärung" aufgebaut. Anstelle von Bildern werden hier jedoch reale Objekte und Handlungsaufforderungen dargeboten.

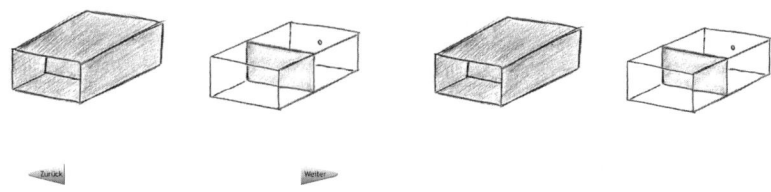

Abbildung 1: Beispielsequenz zum Lernprogramm „Bilder ohne Selbsterklärung". Der Informationstext, der bei der rechten Folie gehört wird, lautet: *„Wir fragen also: Wie sieht eine Lochkamera aus? Eine Lochkamera ist ein Kasten, zum Beispiel ein Schuhkarton oder eine andere Schachtel. In einer der beiden kleineren Seiten ist ein kleines Loch. Auf der Seite gegenüber dem Loch sitzt die Mattscheibe."*

Inhaltlich sind die Lernprogramme wie folgt aufgebaut: Aufbau und Eigenschaften der Lochkamera sowie phänomenologische Aspekte der Abbildung (Teil 1) und Erklärung der Abbildung durch Lichtbündel (Teil 2). Teil 2 war nicht handelnd umsetzbar, sodass sich die Treatments „Handlungen mit Selbsterklärung" und „Bilder mit Selbsterklärung" im zweiten Teil gleichen.

3. Ergebnisse

Kontrollvariablen
Die Teilstichproben der Treatments unterscheiden sich zum Großteil nicht in den Kontrollvariablen.[1] Allein die Bearbeitungszeit zeigt einen signifikanten Effekt ($F(2,49) = 67{,}132$, $p < 0{,}001$) zwischen den Gruppen „Bilder ohne Selbsterklärung" ($M = 08{:}45$, $SD = 03{:}07$), „Bilder mit Selbsterklärung" ($M = 18{:}55$, $SD = 04{:}06$) und „Handlungen mit Selbsterklärung" ($M = 25{:}23$, $SD = 05{:}26$)[2]. Sie korreliert aber weder mit dem Wissenszuwachs im Posttest ($r(52) = 0{,}199$, $p = 0{,}158$) noch im Follow-up-Test ($r(52) = 0{,}134$, $p = 0{,}345$).

Wissenserwerb
Tabelle 1 zeigt die Wissenszuwächse im Post- und Follow-up-Test.
Zur Beantwortung der Forschungsfragen werden zwei Kontraste berechnet[3]:
- Kontrast 1: Bilder ohne Selbsterklärung (-0,5), Bilder mit Selbsterklärung (-0,5), Handlungen mit Selbsterklärung (1)
- Kontrast 2: Bilder ohne Selbsterklärung (-1), Bilder mit Selbsterklärung (1), Handlungen mit Selbsterklärung (0)

Hinsichtlich der Wissenszuwächse zwischen Pretest und Posttest unterscheiden sich die Treatments „Bilder ohne Selbsterklärung" und „Bilder mit Selbsterklärung" nicht vom Treatment „Handlungen mit Selbsterklärung" ($t(49) = 0{,}29$, $p = 0{,}782$). Die Treatments „Bilder ohne Selbsterklärung" und „Bilder mit Selbsterklärung" unterscheiden sich hingegen signifikant ($t(49) = 2{,}14$, $p = 0{,}037$) mit einem großen Effekt ($d = 0{,}72$).
Auch bei den Wissenszuwächsen zwischen Pretest und Follow-up unterscheiden sich die Treatments „Bilder ohne Selbsterklärung" und „Bilder mit Selbsterklärung" nicht vom Treatment „Handlungen mit Selbsterklärung" ($t(49) = 0{,}95$, $p = 0{,}349$). Die Treatments „Bilder ohne Selbsterklärung" und

---

[1] UNIANOVA: $0{,}307 < p < 0{,}925$.
[2] Angaben in mm:ss.
[3] In Klammern: Gewichtung der Kontrastkoeffizienten.

„Bilder mit Selbsterklärung" unterscheiden sich jedoch auch hier signifikant ($t(49) = 2{,}06$, $p = 0{,}045$) mit ebenfalls einem großen Effekt ($d = 0{,}87$).

Tabelle 1: Deskriptive Statistik der Wissenszuwächse in den Treatments.

Treatments	N	Pretest zu Posttest				Pretest zu Follow up			
		min	*max*	*M*	*SD*	*min*	*max*	*M*	*SD*
Bilder ohne SE	18	-2	5	2,11	1,78	-2	4	1,00	1,75
Bilder mit SE	16	0	12	3,75	2,82	-1	8	2,69	2,18
Handlungen mit SE	18	0	6	3,11	2,03	-2	9	2,50	3,01
Baseline-Gruppe	21	-5	5	0,33	1,98	-1	5	0,71	1,52

Anmerkung: Mögliche Spannweite der Wissenszuwächse $-13 < x < 13$; SE = Selbsterklärung; N = Stichprobengröße; min = kleinster Wissenszuwachs; *max* = größter Wissenszuwachs; *M* = mittlerer Wissenszuwachs; *SD* = Standardabweichung

4. Diskussion

Die Ergebnisse bestätigen die Hinweise zur positiven Wirkung der Selbsterklärung an Bildern auf den Wissenserwerb in der Primarstufe. Zwar könnte die Bearbeitungszeit diesen Effekt verursacht haben, es finden sich jedoch keine dementsprechenden Korrelationen. Der positive Effekt kann daher der Selbsterklärung zugeschrieben werden. Der handelnde Umgang mit realen Objekten hat unter den von uns kontrollierten Bedingungen keinen Einfluss auf den Wissenserwerb. Der eingeschränkte Rahmen der Handlungen, die eingeschränkte Messung (nur zwei Behaltensitems zum ersten Teil der Lernumgebungen) und die fehlende Power für mittlere Effekte bieten mögliche Erklärungen. Die in der pädagogischen Literatur mitgeforderte (u.a. Wopp 1986) und in den Lernumgebungen fehlende Selbstbestimmung könnte den fehlenden Effekt erklären. Dagegen spricht die Notwendigkeit von Scaffolding für einen wirksamen naturwissenschaftlichen Unterricht in der Primarstufe (Kleickmann et al. 2007).

Literatur

Ainsworth, S.; Loizou, A. (2003): The Effects of Self-Explaining when Learning with Text or Diagrams. In: Cognitive Science, 27, 4, pp. 669-681.
Anderson, J. (2013): Kognitive Psychologie. Berlin, Heidelberg.
Calin-Jageman, R.; Ratner, H. (2005): The Role of Encoding in the Self-Explanation Effect. In: Cognition and Instruction, 23, 4, pp. 523-543.

Fonseca, B.; Chi, M. (2011): Instruction based on Self-Explanation. In: Mayer, E.; Alexander, P. A. (Hrsg.): Handbook of Research on Learning and Instruction. New York u.a., pp. 296-321.
Kaiser, A.; Puls, B. (2012): Instruktion durch Sachunterrichtsfilme und handlungsorientierter eigenaktiver Sachunterricht im empirischen Vergleich. In: Giest, H.; Heran-Dörr, E.; Archie, C. (Hrsg.): Lernen und Lehren im Sachunterricht. Zum Verhältnis von Konstruktion und Instruktion. Bad Heilbrunn, S. 87-93.
Kleickmann, T.; Hardy, I.; Jonen, A.; Blumberg, E.; Möller, K. (2007): Learning Environments in Primary School Science. Scaffolding Students' and Teachers' Processes of Conceptual Development. In: Prenzel, M. (Hrsg.): Studies on the educational Quality of Schools. The final Report on the DFG Priority Programme. Münster, pp. 137-156.
Meyer, A.; Balster, S.; Birkhölzer, C.; Wilde, M. (2011): Der Einfluss von lebenden Tieren als Unterrichtsmittel auf die Lernerwahrnehmung der konstruktivistischen Orientierung ihres Biologieunterrichts. In: Zeitschrift für Didaktik der Naturwissenschaften, 17, S. 339-355.
Minner, D.; Levy, A.; Century, J. (2010). Inquiry-based Science Instruction – What is it and does it matter? Results from a Research Synthesis Years 1984 to 2002. In: Journal of Research in Science Teaching, 47, 4, pp. 474-496.
Möller, K. (2007): Handlungsorientierung im Sachunterricht. In: Kahlert, J. et al. (Hrsg.): Handbuch Didaktik des Sachunterrichts. Bad Heilbrunn, S. 411-416.
Mwangi, W.; Sweller, J. (1998): Learning to solve compare Word Problems: the Effect of Example Format and Generating Self-Explanations. In: Cognition and Instruction, 16, 2, pp. 173-199.
Pillow, B.; Mash, C.; Aloian, S.; Hill, V. (2002): Facilitating Children's Understanding of Misinterpretation: explanatory Efforts and Improvements in Perspective Taking. In: The Journal of Genetic Psychology, 163, 2, pp. 133-148.
Rittle-Johnson, B. (2006): Promoting Transfer-Effects of Self-Explanation and direct Instruction. In: Child Development, 77, 1, pp. 1-15.
Starauschek, E.; Dockhorn, J. (2009): Physiklernen in der Primarstufe durch Selbsterklärungen mit Bildern. In: Höttecke, D. (Hrsg.): Chemie und Physikdidaktik für die Lehramtsausbildung. Gesellschaft für Didaktik der Chemie und Physik. Jahrestagung in Schwäbisch Gmünd 2008. Berlin, S. 110-112.
Wöll, G. (2011): Handeln: Lernen durch Erfahrung. Handlungsorientierung und Projektunterricht. Baltmannsweiler.
Wopp, C. (1986): Unterricht, handlungsorientierter. In: Haller, H.-D.; Meyer, H. (Hrsg.): Enzyklopädie Erziehungswissenschaft. Band 3. Ziele und Inhalte der Erziehung und des Unterrichts. Stuttgart, S. 600-606.

Andrea Becher und Eva Gläser

Historisches Lernen und Kompetenzorientierung im internationalen Vergleich

Didactics of general studies – in its specific shaping – is a peculiarity of the Federal Republic of Germany. It is closely connected with the didactics of primary schools and primary schools as an independent kind of school. A further development of this didactics, that includes international references as well, is faced with the task to make clear what general studies describes from an international point of view. Empirical studies, discourse on conceptional basics as well as international assessment studies cannot be compared without these basic discourse. In this text an analysis of competence orientation for historical learning in different countries is discussed in an exemplary way.

1. Sachunterricht international – offene Fragen

Internationale Vergleichsstudien wie IGLU oder TIMSS enthalten auch empirische Ergebnisse, die die Didaktik des Sachunterrichts betreffen. Kenntnisse aus den Bereichen Biologie, Physik und Geographie werden erhoben, die in deutschen Grundschulen im Lernbereich Sachunterricht vermittelt werden. Somit ist Sachunterricht, der vielperspektivisch konzipiert ist (vgl. GDSU 2013), nur teilweise in diesen Studien abgebildet. Von den fünf Perspektiven der Didaktik des Sachunterrichts werden in den Vergleichsstudien nur zwei einbezogen: die naturwissenschaftliche und die geographische Perspektive (vgl. Bos/ Köller/ Wendt/ Selter 2012). Begründet wird dies damit, dass „Science" international im Primarbereich sehr häufig im Gegensatz zum bundesdeutschen integrativen Lernbereich Sachunterricht als gesondertes Fach (Naturwissenschaft) unterrichtet wird (vgl. Blaseio 2007, Möller 2007).
Eine kritische Auseinandersetzung mit dieser faktischen Eingrenzung des Lernbereichs, den Daten und empirischen Grundlagen, die in diesen Ver-

gleichsstudien verwendet werden, steht aus sachunterrichtsdidaktischer Perspektive noch aus. Sachunterricht erscheint somit international vergleichbar zu sein, ohne eine Basis für diese Vergleichbarkeit zu kennen. „In Zeiten internationaler Vergleichsstudien ist es [...] überraschend, wie wenig Informationen der einschlägigen neueren Sachunterrichtsliteratur über die Organisation, die fachdidaktische und bildungspolitische Konzeption sowie die Inhalte schulischen Sachlernens in anderen Ländern zu entnehmen sind" (Studierende an der Universität Bremen/ Pech/ Rauterberg 2006, S. 1). Thomas hat sich im Rahmen seiner Habilitationsschrift mit der „Erweiterung der Perspektive: Sachunterricht im internationalen Vergleich" (Feige 2004, S. 149) befasst. Er unterscheidet wie auch Möller (2007) und Blaseio (2007) „Länder mit einem naturwissenschaftlichen Sachunterricht" (Feige 2004, S. 150ff.) und „Länder mit einem integrativen Sachunterricht" (a.a.O., S. 154ff.). Einen ersten allgemein vergleichenden Überblick insbesondere über die Situation in Europa hat zudem Blaseio (2007) vorgelegt. Möller (2007) hat speziell mit Blick auf den naturwissenschaftlichen Unterricht in der Grundschule eine Übersicht für Deutschland, England und die USA erarbeitet. Eine vergleichende Analyse, wie sie im Folgenden ausgeführt wird, die speziell das historische Lernen bzw. die historische Perspektive in den Mittelpunkt stellt, liegt dagegen bislang noch nicht vor.

2. „Sachunterricht" in ausgewählten Ländern

Sachunterricht, insbesondere die historische Perspektive, wird im Folgenden mit den Curricula bzw. Lehrplänen der Länder England, USA (Texas) und der Schweiz verglichen und analysiert. Begründet wird diese Auswahl mit der Aktualität der Lehrpläne: Der für die einundzwanzig deutsch- und mehrsprachigen Kantone der Schweiz neu erarbeitete Lehrplan 21 tritt voraussichtlich Ende 2014 in Kraft (D-EDK 2013), das National Curriculum Englands für die Grundschule gilt seit September 2013 (Government United Kingdom 2014) und die „Grade Standards" für die Elementary School in Texas gelten für die Naturwissenschaften seit dem Schuljahr 2010/11, für die Sozialwissenschaften seit dem Schuljahr 2011/12 (Texas Education Agency 2011).

Bevor die curricularen Unterschiede näher betrachtet werden, gilt es die Differenzen in den Bildungssystemen bzw. den Schulstrukturen zu skizzieren, denn auch diese sind für den Vergleich bedeutsam. Die Primarschule in den Kantonen der deutschsprachigen Schweiz ist i.d.R. sechsjährig, unterteilt in Zyklus 1 (Kindergarten und 1./2. Klasse) und Zyklus 2 (3. bis 6. Klasse). Im integrativ angelegten Fach „Natur, Mensch und Gesellschaft (NMG) werden die Kinder bereits ab dem Kindergarten unterrichtet. Es verbindet die vier Fachbereiche „Natur und Technik", „Wirtschaft, Arbeit, Haushalt", „Räume, Zeiten, Gesellschaften" und „Ethik, Religionen, Gemeinschaft" (D-EDK 2013). Englands Primary School ist in sechs Klassenstufen unterteilt, die sich in zwei Key Stages gliedern – Key 1: Klasse 1 und 2; Key 2: Klasse 3 bis 6. Sachunterricht als Fach gibt es nicht, vielmehr werden die Schüler/innen in den Fächern bzw. Fachanteilen Naturwissenschaften, Technik, Geschichte und Geografie unterrichtet, für die jeweils eigene Curricula entwickelt wurden. In Texas besuchen Kinder fünf Schuljahre lang die Grundschule, die (ggf.) durch den Besuch des Kindergartens vorbereitet wird. Für den Kindergarten wie auch für die einzelnen Klassenstufen gibt es Festlegungen von Kompetenzbereichen und -inhalten für den Bereich der Natur- sowie der Gesellschaftswissenschaften. Die sechs- bis zehnjährigen Grundschüler/innen werden in diesen Bereichen nicht fächerintegrativ unterrichtet.

3. Historisches Lernen kompetenzorientiert und international

In der Bundesrepublik liegt ein von der Fachgesellschaft GDSU autorisiertes Kompetenzmodell vor (Perspektivrahmen Sachunterricht), das Kompetenzen für insgesamt fünf fachliche Perspektiven formuliert. Die Perspektiven orientieren sich an Domänen – bspw. Geschichte, Politik, Biologie, Geographie, Soziologie u.a. – und werden integrativ zusammengeführt. Für die historische Perspektive, im Perspektivrahmen mit „Zeit – Wandel" betitelt (vgl. GDSU 2013, S. 56ff.), wird als übergeordnetes Ziel die Förderung der Fähigkeit zum historischen Denken bzw. die Entwicklung eines reflektierten Geschichtsbewusstseins angegeben (vgl. ebd.). Die historische Perspektive betreffend orientiert sich der Perspektivrahmen strukturell am Kompetenzstrukturmodell der FUER-Gruppe von Schreiber et al. (2007), das für das historische Lernen – auch in der Grundschule – vier Kompetenzbereiche benennt: die historische Frage-, Orientierungs-, Sach- und Methodenkompetenz.

Auch in den drei exemplarisch gewählten Curricula der Schweiz, Englands und Texas wird historisches Lernen als ein Bildungsbereich in der Primarstufe aufgeführt. Allerdings wird dieser jeweils unterschiedlich benannt und ausdifferenziert: Im Lehrplan 21 wird im Fachbereich „Räume, Zeiten, Gesellschaften" der Kompetenzbereich „Zeit, Dauer und Wandel verstehen – Geschichte und Geschichten unterschieden" angegeben, das National Curriculum führt „History" als ein „Foundation subject" an und das texanische

Curriculum beschreibt in seinen „Social Science Grade-Standards" sogenannte „TEKS" (knowledge and skills) für die Bereiche „History" sowie bereichsübergreifende „Social studies skills" (vgl. D-EDK 2013, Government United Kingdom 2014, Texas Education Agency 2011). Wie in diesen Curricula der Bereich des Historischen Lernens inhaltlich ausgestaltet wird bzw. noch grundlegender, welches Bildungsverständnis in ihnen enthalten ist, wird anhand von drei zentralen Leitfragen analysiert: *1) Welche Struktur ist in der historischen Perspektive/ dem historischen Bereich in den jeweiligen Curricula erkennbar?* (Frage nach der Abbildung einer Kompetenzorientierung für das historische Lernen); *2) Ist eine Entwicklungsorientierung historischen Lernens abgebildet?* (Frage nach der Ausdifferenzierung in Entwicklungsbereiche/ -schritte) und *3) Wird der Konstruktionscharakter von Geschichte als Lerninhalt einbezogen?* (Frage nach der evidenzbasierten Sichtweise auf historisches Lernen).

3.1 Internationaler Vergleich – Struktur des historischen Lernens

Die jeweilige Struktur und die Kompetenzorientierung der historischen Perspektive in den unterschiedlichen Curricula (Schweiz, England und Texas) wurde mit dem FUER-Modell verglichen, da dieses Modell den Grundschulbereich einbindet und im Perspektivrahmen der GDSU inkludiert ist. Die Analyse zeigt, dass alle Curricula die grundsätzliche Struktur des FUER-Modells, die vier Kompetenzbereiche historischen Lernens, enthalten – einzig Texas spart historische Fragekompetenz in allen fünf Grades der Elementary School aus. Allerdings unterscheiden sich die Curricula in ihrer Komplexität der Kompetenzbereiche: Der Lehrplan 21 zeigt mit seinen Inhalten eine sehr starke Orientierung am Modell der FUER-Gruppe. Dies zeigt sich u.a. auch darin, dass bspw. innerhalb der Sachkompetenz keine Inhalte aufgezählt werden, sondern übergeordnete und grundlegende Aspekte der Geschichte – bspw. die Einordnung von Dauer und Wandel – aufgeführt werden. Das englische National Curriculum skizziert die Bereiche historischer Kompetenzen ebenso, ist inhaltlich jedoch konkreter: Sachkompetenz beinhaltet beispielsweise das Verstehen von Fachbegriffen, historischen Konzepten und signifikanten Aspekten der Weltgeschichte. Der Umgang mit einem Zeitstrahl kann „Dauer und Wandel" zugeordnet werden sowie dem Kontext der Orientierungskompetenzen. Dagegen ist das Analysieren historisch wichtiger Rahmenfragestellungen in den Bereich der Fragekompetenz einzuordnen. Das Verstehen der Vorgehensweise und der Methodik von Geschichtsschreibung inklusive der Evidenzbasierung umschreibt Aspekte historischer Methodenkompetenz. Im Gegensatz zum englischen Curriculum enthalten die Social Science Grade-Standards von Texas weniger abstrakte Ziele, sondern viel mehr im Detail beschriebene Könnensziele. Bildung wird beim historischen Lernen vornehmlich als das Kennen von historisch wichtigen Figuren, Ländern, Staaten, Gemeinschaften etc. sowie der Herkunft verschiedener Feiertage und -anlässe (Sachkompetenz) und zudem als ein Verständnis des Konzepts chronologischer Zeit (Orientierungskompetenz) aufgefasst. Im Hinblick auf die Förderung von Aspekten historischer Methodenkompetenz werden Quellen und Darstellungen benannt, die Narrationen enthalten, mit denen aber auch Narrationen erstellt werden können. Wie bereits erläutert wurde, werden Fragen i.S. einer Förderung historischer Fragekompetenz nicht explizit benannt (vgl. Government United Kingdom 2014, Texas Education Agency 2011, D-EDK 2013).

3.2 Internationaler Vergleich – Entwicklungsorientierung
Eine Entwicklungsorientierung hinsichtlich des historischen Lernens ist nicht in allen ausgewählten Curricula erkennbar: Im Perspektivrahmen Sachunterricht werden für alle Kompetenzbereiche lediglich Aussagen über Kompetenzerwartungen am Ende von Klasse vier formuliert und es wird demnach keine Entwicklungsorientierung für den Primarbereich abgebildet. Die Lehrpläne der Bundesländer hingegen machen i.d.R. Aussagen über Kompetenzanforderungen am Ende von Klasse 2 und Klasse 4. Ebenso angelegt ist das National Curriculum Englands, das Angaben zum Ende von Key Stage 1 und Key Stage 2 macht. Stärker entwicklungsorientiert ist das Curriculum von Texas. Für den Bereich der Social Science werden für jedes Grade (1-5) Standards formuliert, die Aussagen über zu erreichende TEKS (knowledge and skills) machen. Noch einen Schritt weiter geht der Lehrplan 21 für die deutschsprachige Schweiz. In diesem werden im Fachbereich „Räume, Zeiten, Gesellschaften" für den Kompetenzbereich „Zeit, Dauer und Wandel verstehen – Geschichte und Geschichten unterscheiden" sechs verschiedene Kompetenzen in jeweiligen Kompetenzstufen detailliert ausformuliert – inklusive Stufungen, Mindestansprüche und Orientierungspunkte für bestimmte Altersstufen (vgl. GDSU 2013, Kultusministerkonferenz 2013, Government United Kingdom 2014, D-EDK 2013, Texas Education Agency 2011). Somit zeigt der Lehrplan 21, der als Fachbereichslehrplan konzipiert ist, auf, wie Kompetenzen über die gesamte Schulzeit aufgebaut werden sollen: „Die Inhalte der Fachbereiche sind in Kompetenzbereiche aufgeteilt [...]. Für jede Kompetenz wird der erwartete Kompetenzerwerb in mehreren Kompetenzstufen pro Zyklus beschrieben." Pro Zyklus bezeichnet ein Mindestanspruch „diejenige Kompetenzstufe, die spätestens bis zum Ende des jeweiligen Zyk-

lus von allen Schülerinnen und Schülern erreicht wird." Zudem gibt es Orientierungspunkte, die festlegen, „welche Kompetenzstufen bis zum Ende der 4. Klasse sowie bis zur Mitte der 8. Klasse verbindlich bearbeitet werden müssen. Sie dienen den Lehrpersonen als Planungs- und Orientierungshilfe" (D-EDK 2013).

3.3 Internationaler Vergleich – Konstruktionscharakter von Geschichte
Ob der Konstruktionscharakter von Geschichte, das Erkennen des Unterschieds zwischen realer Vergangenheit und rekonstruierter Geschichte, in der Grundschule vermittelt werden soll, wird international unterschiedlich eingeschätzt. Sowohl der deutsch-schweizerische Lehrplan als auch das englische Curriculum berücksichtigen die Förderung der Historischen Methode sowie ein Erkennen des Konstruktionscharakters von Geschichte schon im Verlauf der Grundschulzeit. So heißt es im Lehrplan 21 der Schweiz, dass „die Schülerinnen und Schüler [...] verstehen [können], wie Geschichte aus Vergangenheit rekonstruiert wird und dass mit Geschichte Gegenwart entsteht" (ebenda), worunter folgende Kompetenzbeschreibungen ausformuliert sind: Die Lernenden können „aus Funden und alten Gegenständen Vorstellungen über das Leben und die Kultur einer früheren Gesellschaft gewinnen (z.B. Steinzeit, Römer, Spätmittelalter); [...] sich aus Sachtexten, Karten, Quellen ein differenziertes Bild einer anderen Kultur oder historischen Epoche erarbeiten, [...] sich aus Funden und Überresten ein differenziertes Bild einer anderen Kultur oder historischen Epoche erarbeiten, [...] historische Quellentexte von geschichtlichen Darstellungen eigenständig unterscheiden" (ebenda). Im National Curriculum wird für das Foundation subject History u.a. folgendes Ziel formuliert: „Understand the methods of historical enquiry, including how evidence is used rigorously to make historical claims, and discern how and why contrasting arguments and interpretations of the past have been constructed" (Government United Kingdom 2014). Am Ende der Key Stage 1 sollen Kinder „some of the ways in which we find out about the past and identify different ways in which it is represented" (ebenda) verstanden haben. Für die Key Stage 2 soll ein Verstehen davon, wie unser Wissen über die Vergangenheit aus einer „range of sources" konstruiert ist, erworben worden sein (vgl. ebenda). Für Texas hingen gilt, dass, obwohl sich die Kinder bereits zu Schulbeginn mit verschiedenen Quellen befassen sollen, deren Ertrag und Analyse nicht kritisch zu hinterfragen ist. Quellen werden den Kindern somit als eine Art Abbild der Vergangenheit vermittelt, wobei dieser inadäquate Blick auf Quellen nicht im weiteren Verlauf des historischen Lernens in der Grundschulzeit weiter (aus-) differenziert wird (vgl. Texas

Education Agency 2011). Dies und das Fehlen historischer Fragekompetenz zeigen, dass dieses Curriculum das historische Lernen anders fasst und somit eine geringere Komplexität als die anderen Curricula aufweist.

4. Fazit und Ausblick

Die Analyse der internationalen Curricula zum historischen Lernen hinsichtlich ihrer Kompetenzbereiche und Kompetenzen lässt deutlich differente Sichtweisen erkennen. Obwohl dieser Bildungsbereich in jedem der ausgewählten Curricula (Schweiz, Englands und Texas) enthalten ist, bindet lediglich der deutsch-schweizerischen Lehrplan 21 das historische Lernen in den Kontext einer Fächerintegration mit ein. Die Curricula von England und Texas sind dagegen fachpropädeutisch ausgelegt. In allen konnten Übereinstimmungen in Bezug auf die inhaltliche Strukturierung des Lernbereichs erkannt werden. Allerdings sind unterschiedliche Graduierungen hinsichtlich des curricularen Aufbaus bzw. der Entwicklungsorientierung feststellbar, wobei die Phasen und Stufungen ungleich stark ausdifferenziert sind. In allen Lehrprogrammen ist jedoch eine curriculare Vernetzung innerhalb des Lernbereichs erkennbar. Schließlich zeigen zwei der drei ausgewählten Curricula – das der Schweiz und Englands – Orientierungen an auf Evidenz ausgerichteten Denk- und Handlungsweisen i.S. der Historischen Methode.

Die aufgezeigte Analyse ist für die bundesdeutsche Debatte um (frühes) historisches Lernen bedeutsam, denn sie verweist auf offene Diskussionspunkte und noch ausstehende Entwicklungen. Zum einen sollten vor diesem Hintergrund die zukünftig zu entwickelnden Curricula diskutiert werden. Denn eine weitere differenziertere Ausformulierung von Entwicklungsorientierung ist – wie der Lehrplan 21 aus der Schweiz zeigt – möglich. Ob die hier festgelegten Entwicklungsstufen allerdings in ihrer inhaltlichen Darstellung adäquat für die Lernprozesse von Grundschulkindern sind, ist eine Frage, die nicht normativ in Curricula festgelegt, sondern in empirischen Studien überprüft werden sollte.

Literatur

Blaseio, B. (2007): Sachunterricht in den EU-Staaten – ein Überblick. In: Kahlert, J.; Fölling-Albers, M.; Götz, M.; Hartinger, A.; Reeken, D. von; Wittkowske, St. (Hrsg.) (2007): Handbuch Didaktik des Sachunterrichts. Bad Heilbrunn, S. 281-291.

Bos, W.; Wendt, H.; Köller, O.; Selter, Chr. (Hrsg.) (2012): TIMSS 2011. Mathematische und naturwissenschaftliche Kompetenzen von Grundschulkindern in Deutschland im internationalen Vergleich. Münster.

Deutschschweizer Erziehungsdirektoren-Konferenz (D-EDK) (2013): Lehrplan 21 (Konsultationsfassung Juni 2013): URL: http://konsultation.lehrplan.ch [08.09.2014]

Feige, B. (2004): Der Sachunterricht und seine Konzeptionen. Historische, aktuelle und internationale Entwicklungen. Bad Heilbrunn.

Gesellschaft für Didaktik des Sachunterrichts (GDSU) (Hrsg.) (2013): Perspektivrahmen Sachunterricht, vollst. überarb. und erw. Ausgabe. Bad Heilbrunn.

Government United Kingdom (2014): Collection National Curriculum: URL: www.gov.uk/government/collections/national-curriculum [08.09.2014]

Kultusministerkonferenz (2013): Übersicht Lehrpläne: Bildungspläne/ Lehrpläne der Länder im Internet: URL: www.kmk.org/dokumentation/lehrplaene/uebersicht-lehrplaene.html [08.09.2014]

Möller, K. (2007): „Primary Science" – ein internationaler Überblick. In: Höttecke, D. (Hrsg.): Naturwissenschaftlicher Unterricht im internationalen Vergleich. Münster, S. 98-121.

Richter, D. (2009): Sachunterricht – Ziele und Inhalte. Ein Lehr- und Studienbuch zur Didaktik. 3. unveränderte Auflage. Baltmannsweiler.

Schreiber, W.; Körber, A.; Borries, B. von; Krammer, R.; Leutner-Ramme, S.; Mebus, S.; Schöner, A.; Ziegler, B. (2007): Historisches Denken. Ein Kompetenz-Strukturmodell (Basisbeitrag). In: Körber, A.; Schreiber, W.; Schöner, A. (Hrsg.): Kompetenzen historischen Denkens. Ein Strukturmodell als Beitrag zur Kompetenzorientierung in der Geschichtsdidaktik. Kompetenzen: Grundlagen – Entwicklung – Förderung, Bd. 2. Neuried, S. 17-53.

Studierende der Universität Bremen; Pech, D.; Rauterberg, M. (2006): Erste Blicke über den Tellerrand. Eine kleine Sammlung zum Sachlernen in internationaler Perspektive. In: www.widerstreit-sachunterricht.de/, Ausgabe Nr. 7.

Texas Education Agency (TEA) (2011): Texas Essential Knowledge and Skills by Chapter: URL: http://ritter.tea.state.tx.us/rules/tac/chapter113/ch113a.pdf [16.12.2014]

Bernd Wagner

Frühe Sachbildung im Museum – Spielstationen für Vorschulkinder in der Dauerausstellung „Deutsche Geschichte in Bildern und Zeugnissen" des Deutschen Historischen Museums

This article presents a video-ethnographic study of body-related learning processes in early childhood. The study focuses on explorations of preschool children dealing with collections of objects in a museum. The first results of a comparative analysis of the footage contribute to the discourse surrounding pedagogy of material culture. The project, a collaboration between the Department of Education and Communication at the German Historical Museum (DHM) in Berlin and the Department of Education at the University of Siegen, will elaborate further pedagogically-grounded possibilities of connections between early education and didactics in social studies teaching in museums.

Die Sachunterrichtsdidaktik an der Universität Siegen forscht ausgehend von der pädagogischen Anthropologie zu Sachlernprozessen von Kindern. Es geht um die Frage, wie sich Kinder Wissen über Sachen und Sachinhalte aneignen und wie diese sachbezogenen Zugänge von Kindern in sachunterrichtliche Lernarrangements einbezogen werden können. Das im Folgenden vorgestellte videoethnographische Forschungsprojekt referiert auf die von Ludwig Duncker (vgl. Duncker/ Popp 2003) formulierte anthropologische Begründung des Sachunterrichts, die auf sachbezogene Auseinandersetzungen von Kindern fokussiert. Im Sinne einer auch von Duncker implizierten pädagogischen Begründung des Sachunterrichts werden Erfahrungshorizonte von Kindern aufgegriffen sowie individuelle Zugangsweisen und Erprobungen berücksichtigt. Diesen beiden Begründungen folgend werden in dem vorgestellten Projekt Objekte aus Sammlungen und Aufbewahrungsräumen in Museen erschlossen, indem an die sach- und erfahrungsbezogene kindliche

Tätigkeit des Sammelns angeknüpft wird. Zu diesem Zweck wird empirisches Material vorgestellt, das die Konzeptionsphase eines museumspädagogischen Angebots für Vorschulkinder „Wir sammeln Dinge. Was sammelt ein Museum?" nachzeichnet.[1]

Das zweiphasige ethnographische Forschungsprojekt *Frühe Sachbildung* läuft seit dem Wintersemester 2012. In Kooperation mit der Abteilung *Bildung und Vermittlung des Deutschen Historischen Museums* (DHM) wird die Öffnung der für Erwachsene konzipierten Dauerausstellung *Deutsche Geschichte in Bildern und Zeugnissen* für 5-jährige Vorschulkinder angestrebt. In diesem Kontext ist von den Forschenden ein Parcours mit Spielstationen für die Ausstellung entwickelt worden. Der Parcours orientiert sich an der Materialität der Ausstellungsobjekte mit Bezug zu den Sammlungen des Museums, zu denen an Stationen Kontaktzonen hergestellt werden. Mit wahrnehmender, entdeckender Beobachtung (Schäfer 2004) sind in der ersten Projektphase Bewegungsverläufe von Vorschulkindern in der Ausstellung nachgezeichnet sowie die von ihnen ausgewählten Orte und Objekte herausgearbeitet worden. Die Bewegungsaufzeichnungen und die transkribierten Rückmeldungen der besuchenden Kinder sind in einem anschließenden Schritt für die Konzeption von Spielstationen an ausgewählten Orten der Ausstellung genutzt worden. Der ethnographische Forschungsprozess ist dabei als Prozess der Befremdung von Erwachsenensichtweisen und eine versuchte Annäherung an kindliche Auseinandersetzungsformen mit Objekten (Amann/ Hirschauer 1997) konzipiert worden. In einer zweiten Projektphase sind Prototypen der Spielstationen von den Werkstätten des DHM angefertigt und als Parcours in der Ausstellung aufgebaut worden, in dem in der Folge Kindergruppen videoethnographisch begleitet wurden. Das in diesem Untersuchungsfeld gewonnene ethnographische Datenmaterial wird angelehnt an die Grounded Theory ausgewertet. Die Entwicklung des frühpädagogischen und sachunterrichtsdidaktischen Angebots im DHM geht einher mit einer langfristig angelegten wissenschaftlichen Begleitforschung.

Im Folgenden wird zunächst der Forschungsstand zu Sachlernprozessen mit Bezug auf Kontaktzonen im Museum vorgestellt, dann wird an ausgewählten Beispielen die Entwicklung des Stationenparcours nachgezeichnet. Abschließend werden anhand erster Ergebnisse der vorgestellten Studie Verknüpfungen zwischen Früher Bildung und Sachunterrichtsdidaktik gezogen, die Perspektiven für den schulischen Sachunterricht, besonders im Anfangsunterricht, beinhalten. Abschließend werden anhand erster Ergebnisse der Studie

---

[1] Weitere Informationen: www.dhm.de/bildung-vermittlung/kita-schule/kita.html.

pädagogische Forderungen an die Disziplin *Sachunterricht und seine Didaktik* gestellt.

1. Sachlernprozesse von Vorschulkindern im Museum

Erziehungswissenschaftliche Forschungsergebnisse zeigen, dass Kinder vom Vorschul- bis ins Grundschulalter in Beziehungen denken (Scholz 2010). Auch bei einem Museumsbesuch ist es ein pädagogisches Anliegen, Gruppen von Vorschulkindern zu ermöglichen, Beziehungen zu den Dingen der Ausstellung herzustellen. Für diese Beziehungsaufnahme werden konkrete Gegenstände mit sinnlich wahrnehmbaren Eigenschaften benötigt, denen sich Vorschulkinder im Sinne von *artistic expression and play* (Isenberg/ Jalongo 2000) annähern können. Dieser relationale Charakter explorativer kindlicher Annäherungen an Objekte in einer Ausstellung ist als Sachlernprozess beschreibbar. Sachlernen ist Gegenstand der Disziplin *Sachunterricht und seine Didaktik*. Im Bezugsrahmen Sachlernen (Pech/ Rauterberg 2008) werden pädagogische Umgangsweisen hervorgehoben, die diskursive Dimensionen der im schulischen Sachunterricht verhandelten Sachen erschließbar machen. Die Umgangsweisen berücksichtigen kindliche Impulse und Fragen als Ausgangspunkt des Sachlernens. Sie betonen weniger Fähigkeiten und Wissensinhalte als vielmehr die reflexive Unterstützung individueller sachbezogener Auseinandersetzungsformen. Auch in der Frühen Bildung sind Studien zu sachbezogenen Auseinandersetzungsprozessen von Kindern vorgelegt worden. So beschreibt Iris Nentwig-Gesemann (2011) sachbezogene Annäherungen, auch wenn sie irritieren oder missglücken, als wichtig für den Erwerb von prozeduralem Wissen und Problemlösungskompetenzen. Erprobungen werden in den Kontext lebensweltlicher Erfahrungen gestellt, in denen mimetische Selbstbildungsprozesse (vgl. Gebauer/ Wulf 1992, Schäfer 2011, Nentwig-Gesemann/ Fröhlich-Gildhoff/ Pietsch 2011) ausgebildet werden. Mimetische Prozesse sind eine notwendige, teils informell stattfindende Bedingungen von Entwicklung und Lernen. Sie kennzeichnen eine Handlungspraxis, eine kreative Tätigkeit, mit der sich Kinder mit ihrer Umgebung aktiv in Beziehung setzen, um sich ihr in einem Prozess des Ähnlichmachens anzunähern. In der Elementarstufe findet kindliches Sachlernen im Sinne selbsttätiger, explorativer Prozesse statt, bei denen sinnliche, implizite Erfahrungen im Vordergrund stehen.² Die gewonnenen, sachbezogenen kindlichen Erlebenshorizonte können in der Primarstufe wertschätzend aufgegriffen werden. Wie Übergänge gelingen und prozedurales Wissen genutzt sowie etappenweise ausgebaut werden kann, sind wichtige zukünftige Forschungsanliegen. Diese können bearbeitet werden, wenn mehr Studien über die Erfahrungshorizonte vorliegen, auf die bereits Vorschulkinder im Umgang mit gesammelten Dingen zurückgreifen können (Duncker/ Kremling 2010). Sachlernen von Grund- und Vorschulkindern ist an Interpretationen, Situationen und Inszenierungen gebunden. Mögliche sachbezogene Bedeutungen werden, wie die Studie im *Museum der Dinge* (Wagner 2012) nahelegt, vor dem Hintergrund subjektiver Erfahrungen performativ erprobt. Diese performativen Lernformen werden mit Judith Butler (1991) als inszenatorische, soziale Handlungspraxen verstanden, die sich in spontanen Auseinandersetzungen mit musealen Objekten manifestieren können. Sie tragen dazu bei, Selbsttätigkeit von Kindern im Sinne von körperbezogenen mimetischen Vollzügen eingehender zu beschreiben (Wulf/ Göhlich/ Zirfas 2001) und sind in anthropologisch orientierten museumspädagogischen Konzepten aufgegriffen worden. Marie Luise Pratt (1995) entwirft Kontaktzonen im Museum, in denen eine Distanz zu Alltagsinterpretationen von Dingen hergestellt und zu selbsttätigen Erprobungssituationen ermutigt wird. Pratt fordert, zusätzliche Räume für interaktive Dimensionen mit Bezug zu Ausstellungsobjekten in Museen bereitzustellen. Sie arbeitet mit dem Aufforderungscharakter, den Dinge einmal innehatten und der zu performativen Erprobungssituationen führen kann. In diesem Kontext stellt sie die These auf, dass in Kontaktzonen Besuchenden ein Einblick in fremde oder vergangene Lebenswelten ermöglicht werden kann. Ihre Überlegungen zu Kontaktzonen in Museen erweitern grundschulpädagogische Ansätze und stellen bisherige didaktische Konzeptionen für außerschulische Lernorte, die etwa von originären Begegnungen ausgehen, grundlegend in Frage. Stattdessen favorisiert Pratt ein performatives Konzept von Lernen im Museum, das im Rahmen eines interaktiven, inszenatorischen Prozesses dazu führen kann, dass sich Schülerinnen und Schüler über Lerninhalte verständigen. Um Kontaktzonen mit musealen Objekten zu ermöglichen, ist eine an Situationen orientierte, auf flexiblen Handlungsarrangements fußende Arbeit mit Kindergruppen nötig. Diese gibt Kindern Raum, sich spielerisch Objekten der Ausstellung anzunähern, deren Materialität zu performativen

---

[2] „Deshalb finden Bildungsprozesse als subjektive Geneseprozesse nur da statt, wo Antworten auf Fragen gegeben werden, die das Subjekt – aus einem Bedürfnis heraus, sich und die Welt zu verstehen – selbst gestellt hat" (Schäfer 1999, S. 119).

Auseinandersetzungen einlädt. Im performativen Spiel werden Bedeutungskontexte verhandelt, die Pratt als konstitutiv für Kontaktzonen ansieht. Die spontan entstehenden Spielmomente im Museum können pädagogisch begleitet werden.

2. Die Entwicklung von Spielstationen in der Ausstellung

Der im Zuge des Projektes entwickelte Stationenparcours bietet Kontaktzonen zu den Ausstellungsobjekten an, indem Sammelaktivitäten von Kindern einbezogen und im Kontext der musealen Sammlungen und Aufbewahrungsräume betrachtet werden. Das museumspädagogische Angebot für Vorschulkinder ist zunächst mit Referenz auf die kurz dargestellten Theorieentwicklungen der Frühen Bildung und Sachunterrichtsdidaktik entstanden, ohne dass eine umfangreiche empirische Überprüfung stattfinden konnte. Frühzeitig sind jedoch kleine Kindergruppen in die Angebotskonzeption einbezogen worden, die immer wieder als Korrektiv für die von Erwachsenen ausgewählten Stationen gewirkt haben. Die baulichen Umsetzungsmöglichkeiten sind von der im Projekt eingebundenen Bühnenbildnerin geprüft worden. Die sechs Stationen ermöglichen spielerische, körperbezogene Aneignungsformen, z.B. sich verkleiden oder etwas ertasten. Sie bieten implizite Lerngelegenheiten, indem Kindern unkommentierte Sinneserfahrungen angeboten werden. Die Stationen sind durch sechs Tätigkeiten – Sammeln, Jagen, Musizieren, Fortbewegen, Wohnen und Anziehen – gekennzeichnet und werden mit Bewegungen verbunden. Die den Tätigkeiten zugeordneten Bewegungen kennzeichnen jeweils das Ende einer Station und überbrücken die langen Wege in der Ausstellung. Gesprächskreise an den Stationen und ein Abschlussgespräch bieten den besuchenden Kindergruppen einen Austausch über ihre körperlich-dinglichen Erfahrungen mit Bezug zu aktuellen kindlichen Lebenswelten. Die Station zur Tätigkeit *Wohnen* arbeitet beispielsweise mit dem Modell eines Berliner Mietshauses. Die heutigen Wohnbedingungen in den Gebäuden im Prenzlauer Berg werden thematisiert und mit dem Modell sowie historischen Aufnahmen aus den Räumen kontrastiert. Gleichzeitig werden Kinder angeregt, sich zwei Tastkästen anzunähern. Die beiden mit Stoff abgedeckten Holzkästen sind Nachbauten der Wohngeschosse. In sie kann hineingegriffen und Dinge, Emaille- und Porzellantassen, können ertastet werden. Die Tassen, die aus einem Arbeiterhaushalt des Hinterhauses bzw. aus einem bürgerlichen Haushalt des Vorderhauses aus der Bauzeit des Gebäudes stammen könnten, sind Sammlungsobjekten in Aufbewahrungsräumen des DHM nachempfunden, die zusätzlich auf Fotografien gezeigt werden können. So werden die umfangreichen Sammlungen des DHM visualisiert, die ca. 1 Millionen Objekte in mehreren Aufbewahrungsmagazinen einschließen. Die ertasteten Gegenstände haben Gebrauchsspuren und sind in heutigen Dingwelten, etwa als Campingutensilien, noch vertreten.

3. Historische Sachlernprozesse in der Elementar- und Primarstufe

Die bisherigen Audiotranskriptionen und videoethnographischen Aufnahmen weisen auf einen Aufforderungscharakter der Ausstellungsobjekte hin, der Vorschulkinder zum körperlich-sinnlichen Explorieren (Köster 2006) ermutigt. Die Beobachtungen an den Stationen verdeutlichen, dass zunächst eine an der Materialität der Objekte orientierte, explorative Phase im Vordergrund steht, eine begriffliche Auseinandersetzung mit den Objekten ist nachgeordnet. Die begleitenden Erwachsenen bieten oft zu schnell begriffliche Einordnungen und Rahmungen an und unterbrechen Kinder beim Erproben von Objekten. Die an ästhetischen Erfahrungen orientierten sachlernbezogenen Auseinandersetzungen benötigen Zeit, was bei der weiteren Planung des Stationenparcours berücksichtigt worden ist. Die beteiligten Vorschulkinder, oft das erste Mal im DHM, haben dazu beigetragen, das museumspädagogische Angebot auszuformulieren. Viele der ursprünglich von Erwachsenen für Kinder vorgesehenen Stationen sind angepasst oder verändert worden. So wurde beispielsweise ein großes Jahrhundertwendegemälde, das vom DHM für den Parcours favorisiert war, kaum von den besuchenden Kindern wahrgenommen. Der zunächst nicht im Parcours aufgenommene Autoprototyp hingegen stieß auf ein breites Interesse. Das Automobil zieht vermutlich zum einen durch die Art seiner Präsentation die Aufmerksamkeit auf sich, zum anderen weil es irritiert, denn Baumerkmale einer Kutsche sind bei diesem Exponat noch deutlich erkennbar. Die besuchenden Kinder können das Fahrzeug nicht in die gewohnten Kategorien einordnen, wodurch Irritationen hervorgerufen werden. Das empirische Material zeigt, dass insbesondere Ausstellungsobjekte, die zu lebensweltbezogenen Vergleichen anregen und sich kontrastiv an gewohnte Dingwelten angliedern lassen, ausgewählt werden. Die das Museum besuchenden Vorschulkinder stellen Bezüge zu ihrer Lebenswelt her. Neben den gewohnten Handlungspraxen, wie beispielsweise Anziehen, entwickeln die besuchenden Kinder spielerische Selbstdarstellungen, die Bewegungs-, Körper-, Kleidungs- und Sprachspiele beinhalten und ungewohnte Dinge der Ausstellung einbeziehen. Die Vorschulkinder des Samples eignen sich soziale Realität und Räume an, indem sie Bedeutungen körperbezogen erproben. Entstehende selbstorganisierte Bildungsanlässe machen Grenzen und Widerstände im Umgang mit Ausstellungsobjekten erfahrbar. Für die performativen Erprobungen benötigen Kinder einen Freiraum gegenüber den Interpretationen Erwachsener, die Dingordnungen vorgeben (Stieve 2012). Dies eröffnet Kindern die Möglichkeit: „(...) der Ordnung der Dinge eine neue Sichtweise abzutrotzen" (Treptow 2005, S. 802). Sie können ihre Dingerfahrungen sichtbar machen und Selbstwirksamkeitsüberzeugungen (Nentwig-Gesemann u.a. 2011) gewinnen, indem sie sich in außerschulischen Lernorten performativ präsentieren. Der im bisherigen Verlauf des Kooperationsprojekts in der Ausstellung implementierte Stationenparcours ist ein Forschungsfeld, um performative Interaktionen von Kindern im Museum weitergehend untersuchen zu können. Videoethnographische Untersuchungen werden in der zweiten Erhebungsphase als methodischer Zugang eingesetzt, um handlungsbezogene Interaktionen aufzuzeichnen. Filmen auf Augenhöhe ermöglicht es, Mimik und Gestik der Kinder wahrzunehmen, soziale Bezugnahmen der Beteiligten untereinander werden nachvollziehbar, auch Auseinandersetzungsformen mit den Ausstellungsobjekten und dem pädagogischen Material sind aufgezeichnet worden. Für die vergleichende Untersuchung und Diskussion ist das erhobene Videomaterial für bisher sieben Kindergruppen den sechs Stationen zugeordnet und sequenziert worden. Die videoethnographischen Forschungsergebnisse verweisen darauf, dass sich Vorschulkinder insbesondere mit Objekten auseinandersetzen, die Bezüge zu Gebrauchsstrukturen vermitteln. Sie legen nahe, Prozesse historischen Wandels anhand der Gebrauchsformen und den Zugehörigkeiten zu Dingzusammenhängen zu thematisieren, was insbesondere im Museum möglich wird, wenn es sich nicht nur als Aufbewahrungs- sondern auch als Bildungsraum versteht. Zusammenfassend kann festgehalten werden: A) An den entwickelten Stationen wird der Aufforderungscharakter der Objekte aus den Sammlungen des DHM didaktisch genutzt. Die Bezugnahme auf die pädagogische Anthropologie führt zu einem didaktischen Parcours, in dem langfristig objektbezogene Auseinandersetzungsformen von Kindern erforscht werden können. B) Die performativen Handlungspraxen in Sachlernprozessen verweisen auf disziplinäre Verknüpfungen zwischen Früher Bildung und Sachunterrichtsdidaktik, die schon in den bestehenden Studienmodulen widergespiegelt werden. Diese können in Form einer Frühen Sachbildung ausgearbeitet und in übergangsbezogenen Bildungskonzepten der Elementar- und Primarstufe verankert werden. In mehreren europäischen Ländern, beispielsweise der Schweiz, sind erste Erfahrungen mit Studiengängen und Curricula gewonnen worden, die Erzieher/innen und Grundschullehrer/innen in gemeinsame Studienphasen und -modulen ausbilden. Eine solche gemeinsame Ausbildung und Fortbildung beider Professionen im Bereich der Frühen Sachbildung kann im Bildungsraum Museum stattfinden, der von beiden Bildungsinstitutionen besucht werden kann. C) Darüber hinaus kann *Sachunterricht und seine Didaktik* als Disziplin erziehungswissenschaftliche Forschungsergebnisse der Frühen Bildung stärker aufgreifen und objektbezogene Sachlernprozesse weiter empirisch untersuchen. Diese wissenschaftliche Fundierung stärkt den schulischen Sachunterricht und trägt dazu bei, dass Kinder ihre Lernprozesse partizipativ mitgestalten.

Literatur

Amann, K.; Hirschauer, S. (1997): Die Befremdung der eigenen Kultur. In: Amann K.; Hirschauer, S. (Hrsg.): Die Befremdung der eigenen Kultur. Frankfurt/ Main, S. 7-52.
Butler, J. (1991): Das Unbehagen der Geschlechter. Frankfurt/ Main.
Duncker, L.; Popp, W. (2003): Kind und Sache. Zur pädagogischen Grundlegung des Sachunterrichts. Weinheim.
Duncker, L.; Kremling, C. (2010): Sammeln als Form frühkindlicher Weltaneignung. In: Fischer, H.-J.; Gansen, P.; Michalik, K. (Hrsg.): Sachunterricht und frühe Bildung. Bad Heilbrunn, S. 53-65.
Gebauer, G.; Wulf, Ch. (1992): Mimesis. Kultur – Kunst – Gesellschaft. Reinbek.
Isenberg, J.; Jalongo, M. (2000): Creative Expression and Play in Early Childhood. New Jersey.
Köster, H. (2006): Freies Explorieren und Experimentieren. Berlin.
Nentwig-Gesemann, I.; Fröhlich-Gildhoff, K.; Pietsch, S. (2011): Kompetenzorientierung in der Qualifizierung frühpädagogischer Fachkräfte. München.
Pech, D.; Rautenberg, M. (2008): Auf den Umgang kommt es an. „Umgangsweisen" als Ausgangspunkt einer Strukturierung des Sachunterrichts. URL: www.widerstreit-sachunterricht. de. [01.02.2014]
Pratt, M.-L. (1995): Arts of the Contact Zone. In Bartholomae, D.; Petroksky, A. (Eds.): Ways of Reading. New York, pp. 582-596.
Schäfer, G. (2011): Was ist frühkindliche Bildung? Kindlicher Anfängergeist in einer Kultur des Lernens. Weinheim.
Schäfer, G. (2004): Bildung beginnt mit der Geburt. Weinheim.
Scholz, G. (2010): Frühe Bildung als Herausforderung an das Sachlernen. In: Fischer, H.-J.; Gansen, P.; Michalik, K. (Hrsg.): Sachunterricht und frühe Bildung. Bad Heilbrunn, S. 29-42.
Stieve, C. (2012). Inszenierte Bildung. Dinge und Kind des Kindergartens. In Dörpinghaus, A.; Nießeler, A. (Hrsg.): Dinge in der Welt der Bildung. Würzburg, S. 57-86.
Treptow, R. (2005): Vor den Dingen sind alle Besucher gleich. Kulturelle Bildungsprozesse in der musealen Ordnung. In Zeitschrift für Pädagogik. 51/6, S. 797-809.
Wagner, B. (2012): Informelles Sachlernen von Kindern im Museum der Dinge. In: Zeitschrift für Erziehungswissenschaft. 16 (SH. 2), S. 203-218.
Wulf, Ch.; Göhlich, M.; Zirfas, J. (Hrsg.) (2001): Grundlagen des Performativen. Weinheim.

Lissy Jäkel

Der Bildungswert der originalen Begegnung mit Natur in der ersten Phase der Lehrerbildung

Education, as part of society, touches on dealing with nature. Sustainably designing our busy environment is one of the current social challenges. Life science encompasses competences connected to dealing with living organisms and often includes designing habitats. Elementary school should offer realms of experience for the gradual development of such competences. This would have a direct impact on the value of nature in society. Our research (qualitative and quantitative) with teacher trainees and cooperating schools shows that actual encounters of children with nature in the context of college courses have a positive effect on the motivation of college students but also on their subject-specific interest in plants and animals. This applies to learning outside of school, but it also applies to learning in the classroom, for example, learning about production, ingredients, and the use of food like vitamins and yoghurt. Authentic learning situations with actual encounters promote both the professional interests of teacher trainees and of schools. The competence of teachers to reflect on lesson design is also supported. Dealing with life processes in social science lessons is a particular challenge for teachers, but is extremely motivating for both teachers and learners when successfully accomplished.

1. Einleitung

352 Gramm wog ein Unterrichtentwurf im semesterbegleitenden Schulpraktikum einer Lehramtsstudierenden 2014, der sich von anderen Entwürfen ihrer Kommilitonen nur unwesentlich unterschied. Nach den USA, China und Japan ist Deutschland der viertgrößte Papierproduzent der Welt mit einem steigenden Jahresverbrauch von über 26 Millionen Tonnen. Dies ist eine gesellschaftlich relevante Problematik, eine wirtschaftliche Frage, eine Frage des ökologischen Fußabdrucks, der Verschwendung von Ressourcen und

Süßwasser – aber auch eine pädagogische Problemsituation. Reicht bei so aufwändiger Vorbereitung die Aufmerksamkeit noch für die Sache oder wird sie auch durch Papier verstellt? Sichert die Flut der geplanten Arbeitsblätter gegen alle Eventualitäten, fördert sie die Differenzierung? Sollten die „Forschungsfragen" nicht eher im Kopf der Kinder reifen als auf vorbereitetem Papier mit viel Materialaufwand abgesichert zu sein, insbesondere dann, wenn Phänomene der belebten und unbelebten Natur Lerngegenstand sind? Wilhelm fordert als eines von fünfzehn Kriterien guten, auf Natur bezogenen Unterrichts die Authentizität von Lernsituationen (Wilhelm 2007).

Durch die hier vorgestellten Studien aus der Lehrerbildung sollte geklärt werden, welche Rolle die originale Begegnung mit Natur (oder sagen wir „Authentizität") für schulische und hochschulische Lernprozesse spielen kann. Den Begriff der originalen Repräsentationen haben wir aus der Fachdidaktik übernommen, er geht zurück auf Uhlig u.a. 1962. Ein Vergleich mit Begriffsfassungen der originalen Begegnung von H. Roth zeigt nur bedingt Übereinstimmungen.

> „Wie bringe ich den Gegenstand in den Fragehorizont des Kindes? Wie mache ich ihn für das Kind fragenswert? …Wie entwickele ich daraus ein Interesse? Wie erwecke ich aus diesem Interesse einen Schaffensdrang? Wie bringe ich das Kind, das Fragen stellt, die einer Beantwortung bedürfen, zum gegenstandsgemäßen Antworten?" (Roth 1970, S. 109).

Abweichend von Roth stehen bei uns mediale Fragen und der Umgang mit Originalen zunächst im Vordergrund. Was sind Originale, welche Lernchancen eröffnen sie? Vermittelt durch diesen Teilaspekt kommen wir später wieder auf originale Begegnung im weiteren Sinne zurück. Im Umgang mit Lebewesen wird den Originalen (zumal im echten Wirklichkeitszusammenhang) eine besondere Lernwirksamkeit zugedacht, jedoch auch stets auf die „verschiedenen Formen des Kenntnisgewinns" verwiesen. Originale und „stellvertretende Objekte", also unterschiedliche Medien, sind demnach für die Befähigung zum selbständigen Erkennen erforderlich (Uhlig et al. 1962, S. 144f.). Die Entscheidungen über Arbeitsformen und Erkenntnisweisen können dabei nicht unabhängig von medialen Entscheidungen getroffen werden – und umgekehrt. Sehr häufig schwingen bei Gesprächspartnern assoziative Umfelder von Begriffsnamen (also Worte als Etiketten) mit, die sich mit denen anderer Menschen nicht decken. Also muss geklärt werden, welche Inhalte die jeweils verwendeten Begriffsnamen haben. Die zu klärenden Begriffe sind u.a. Bildung, Arten"wissen" als Kompetenz, Medien oder Repräsentationsformen – und natürlich „Natur". Beginnen wir mit dem Begriff der Bildung. In klarem Bezug zum Stellenwert einer auf die Natur bezogenen Bildung schreibt E.P. Fischer: „Es geht bei Bildung um die Fähigkeit zur

Kommunikation und zum Dialog, um den Prozess, der einem Individuum zu Selbständigkeit und Freiheit verhelfen und die Möglichkeit zur Teilhabe am Kulturganzen bringen soll" (Fischer 2002, S. 26). Köhnlein leitet seine Betrachtungen über Bildung und Sachunterricht mit Überlegungen zur Orientierung in der Welt der Phänomene ein: „Der Einstiegshorizont des Sachunterrichts ist die Welt der Phänomene" (ebd., S. 20), die aber zur „Denktätigkeit" herausfordert. Auch er spricht von „Teilhabe an der gesellschaftlichen Konstruktion der Wirklichkeit", die es Lernenden ermögliche, „individuelle Anlagen und Interessen persönlich befriedigend zu entfalten und sich Lebensräume zu schaffen, die wohnlich sind" (Köhnlein 2012, S. 21). Es geht bei Bildung um *„Verstehen und begründetes Handeln"*.

Bildung als gesellschaftliche Teilhabe berührt auch den Umgang mit Natur. Die nachhaltige Gestaltung unserer belebten Umwelt gehört zu den aktuellen gesellschaftlichen Herausforderungen. Was ist Natur? Natur ist beständig im Wandel. „Die moderne Wissenschaft betrachtet die Natur als ein offenes System, das permanenten und fortschreitenden Veränderungen unterworfen ist" (Gooding et al. 2003, S. 7). „Natur ist einerseits ein Begriff für die Lebensgrundlage aller Organismen auf der Welt. Andererseits steht der gleiche Ausdruck auch für Bilder, die wir uns vom Natürlichen machen" (Küry 1999, S. 21). Der Naturbegriff im Sinne von stetigem Wandel hat Konsequenzen für den Begriff Naturschutz. „Naturschutz bezieht sich weniger auf Natur, sondern vielmehr auf den Schutz der Identität einer anthropogen geprägten Landschaft in einem bestimmten Entwicklungsstadium" (Küster 1999). Landschaften in Deutschland sind anthropogen beeinflusst. Sollen die Lebensgrundlagen des Planeten erhalten werden und auch Menschen weiter auf der Erde überleben können, ist insbesondere gefragt, kompetent mit biologischen Ressourcen, mit Lebewesen in komplexen Zusammenhängen umzugehen. „Artenwissen" beispielsweise definieren wir (vgl. Hutter/ Blessing 2010) als besondere Kompetenzen im Umgang mit Organismen über die Gestaltung von Lebensräumen. Das ist mit dem Ausfüllen von Arbeitsblättern, mit Bildern ausgewählter Bäume, Blätter oder Früchte nicht getan. Für die schrittweise Entwicklung solcher Kompetenzen sollte die Grundschule einen (wenn auch begrenzten) Erfahrungsraum bieten und so den Stellenwert von Natur innerhalb der Gesellschaft mittelbar beeinflussen. Lebensraumgestaltung muss kein Naturschutzprojekt sein. Der Mensch nutzt die Natur – dies aber möglichst nachhaltig, also derart, dass seine Lebens- und Wirtschaftsweise noch lange global durchhaltbar ist. Nachhaltigkeit ist in diesem Zusammenhang ein weiterer wichtiger Begriff, den wir in Anlehnung an den Nachhaltigkeitstheoretiker Felix Ekardt verwenden.

Die Übung von Lebensraumgestaltungen ermöglicht ein Wildblumen- und Insektenbeet vor der Schule ebenso wie ein Sonnenblumen- oder Kräuterfeld, ein Schulgarten oder eine Streuobstwiese in Schulnähe, ein Vogelkasten an der Fassade oder eine Kooperation mit dem Forstamt. Duncker schließt in seinem kulturtheoretischen Verständnis von Bildung als Dialektik von Individualisierung und Enkulturation auch die Steigerung der „Sinneskräfte des Kindes", nicht nur der „Verstandeskräfte" (Duncker 1994, S. 13) mit ein. Wie sollte das gehen ohne Begegnung mit Originalen, die duften, tönen und mit Händen greifbar sind?
Angemessene Begriffsbildung sinnlich wahrnehmbarer Phänomene erfordert nach neurobiologischen Erkenntnissen diese sinnliche Verknüpfung mit der begrifflichen geistigen Repräsentation (Kiefer et al. 2008). Die Verarbeitung von Begriffen wie Telefon, Laubfrosch, Musikinstrument, z.B. beim Lesen, aktiviert Hirnareale, die auch bei der Sinneswahrnehmung aktiv waren. Begriffe sind nach Kiefer verarmt, wenn während des Lernens nie die Möglichkeit bestand, die Gegenstände, auf die sie sich beziehen, auch zu hören, zu sehen, zu riechen und zu fühlen. Das Wissen bleibt nach Kiefer (a.a.O.) dann blutleer, so dass sich Menschen nicht wirklich einen Begriff von ihrer Umwelt machen können. Entgegen alltagssprachlichen Verwendungen verstehen wir unter „Medien" auch lebendige Wesen, also Originale, und im humanbiologischen Erkenntnisprozess auch den lebenden menschlichen Körper selbst. Lebewesen, Biotope, echte Lebensräume sind für uns moderne originale Lernmedien. Unser Begriff von z.B. Arten"wissen" als Gestaltungskompetenz im Umgang mit Natur impliziert nicht nur Herausforderungen zur sinnlichen Wahrnehmung, sondern auch zur Planung und Reflexion. Lernangebote müssen daher Erfahrungsräume einschließen.

2. Praktische Studien

An den Pädagogischen Hochschulen in Baden-Württemberg studieren u.a. Lehrkräfte für den Sachunterricht. Durch unsere Studien sollte geklärt werden, welche Rolle die authentische originale Begegnung mit Lebendigem für schulische und hochschulische Lernprozesse spielen kann. Mit drei unterschiedlich großen Studien kamen auch verschiedene Perspektiven in den Blick. Die *erste Studie* richtete den Blick auf eine frühe Phase des Studiums, in dem die fachlichen Grundlegungen den Schwerpunkt bilden. Hier wurden Studierende im Kurs Botanik neben dem Erwerb von Kenntnissen und Fähigkeiten zur Orientierung in der Biodiversität mit der Aufgabe konfrontiert, eine exemplarische Lernsituation für Schulkinder im Außengelände der Hochschule zu planen, durchzuführen und zu reflektieren. Zum Seminarablauf des Fachmoduls Botanik gehörten: Frühblüher einschließlich Bärlauch, Lippenblütler und Kreuzblütler, Nelkengewächse, die Mikroskopie des Brennhaares der Brennnessel, die Bestimmung von Hülsenfrüchtlern, die Mikroskopie pflanzlicher Leitbündel, Licht und Fotosynthese, Pflanzenfarben, Korbblütler, Doldenblütler als Gewürz- und Giftpflanzen, Nadelbäume, vielfältige Früchte, Süßgräser und Getreide.

Die *zweite Studie*, näher ausgeführt auf dem GDSU-Kongress in Hamburg 2014, richtete sich auf eine Studienphase im Hauptstudium. Hier gestalteten Studierende des Hauptseminars zu Biotechnologie in enger Koordination mit einer Grundschule einen Schulvormittag zum Thema Joghurtzubereitung mit lebenden Kulturen. Es wurde qualitativ geforscht und vor allem Schüleräußerungen (beim Kosten, Argumentieren oder Rollenspiel u.a.) dokumentiert.

Die *dritte Studie* fragt nach dem Verbleib eines erfolgreichen Schulprojektes zur Gesundheitsförderung („Science Kids" in der Grundschule) nach inzwischen sieben Jahren seit Implementierung im Land Baden-Württemberg.

2.1 Fragen, Methoden und Ergebnisse der empirischen Studie 1

Aus vorherigen Forschungen ergeben sich Hinweise darauf, dass Kontexte die Interessiertheit steigern (z.B. Jäkel 2013). Außerdem ist hinlänglich bekannt, dass Botanik für die Mehrheit der Kinder und Erwachsenen (nicht jedoch für alle) weniger attraktiv scheint als Humanbiologie oder Zoologie. Im Ergebnis der o.g. Studie (Studierende Biologie 2012, n=70) ergab sich bei der Mehrzahl der Probanden deutlich stärkere Interessen an Zoologie oder Humanbiologie statt an Molekularbiologie oder Botanik. Interessen an Freilandbiologie und Ökologie korrelieren mit botanischen Interessen. Nahezu identische Ergebnisse liegen durchgängig seit 6 Jahren vor. Ebenfalls sind Forschungsergebnisse verfügbar, die darauf verweisen: Weniger ist manchmal mehr (Jäkel/ Schaer 2004). Die Reduktion der Zahl der Taxa ermöglicht eine Einbindung ausgewählter Organismen in sinnstiftende Kontexte.

Bei dieser individuell unterschiedlichen Interessenkonstellation ist nun die Frage zu klären, ob alle Lernenden gleichermaßen von bestimmten Kontexten profitieren. Insbesondere wollten wir die Lernwirksamkeit von Kontexten mit Originalen im echten Wirklichkeitszusammenhang prüfen. Um dies zu untersuchen, mussten nicht nur die jeweiligen überdauernden Interessen der Probanden geprüft (Pretest/ Posttest), sondern auch die aktuelle Interessiertheit in den unterschiedlichen Lernsituationen und Kontexten gemessen werden. Hierzu kam das bewährte Instrument „Short Scale of Intrinsic Motivation" mit fünfstufigen Likert-Skalen zu Kompetenzerleben, Interessiertheit, Selbstbestimmung bzw. Angespanntheit nach Deci und Ryan zum Einsatz. Die Kenntnisse der Probanden wurden ebenfalls regelmäßig mit geprüften Messmethoden (Jäkel/ Schaer 2004) erhoben. Ergänzend für 2014 liegen schriftliche Reflexionen der Probanden für die Kontexte mit den originalen Begegnungen vor. Mit unseren aktuellen Messwerten 2013 (n=84) und 2014 (n=76 bzw. 49) konnten wir erkennen, dass biologische Originale im echten Wirklichkeitszusammenhang (wie ihn ein Lerngang zu Bäumen bietet) noch stärker motivieren als die kontextorientierten Lernangebote mit Originalen im geschlossenen Gebäude. Solch ein Lerngang geht trotz der sehr positiven Werte bei der Interessiertheit mit geringeren Werten bei der wahrgenommenen Autonomie einher.

Die stärksten Effekte zeigen nach den Messwerten jedoch Kontexte, die originale Begegnung mit den biologischen Originalen im eigenen zukünftigen Berufsfeld ermöglichten. Dieser Effekt, bekannt aus 2012, konnte im Sommer 2014 klar reproduziert werden, als die Studierenden aus zwei Kursen wieder Lernsituationen mit Schülerinnen und Schülern im Außengelände gestalteten, diesmal zum Thema Vielfalt der Hülsenfrüchte. Im Jahr 2013 bot sich dieser Kontext, Lernsituationen für Schulklassen zu gestalten, nicht an.

Besonders hoch ist das Autonomieerleben beim mit Kindern gestalteten Seminar. Außerdem wurde statistisch gezeigt: Das Autonomieerleben zum Ende des Kurses ist bei denjenigen Lehramtsstudierenden am höchsten, die fachlich fit sind und über gutes nominelles Artenwissen verfügen. Die Interessiertheit bei der Kontextorientierung ist bei allen Studierenden hoch, die überdauernden Interessen verändern sich aber nur schwer. Einige Zitate Studierender (sechs Wochen nach der didaktischen Erprobung) illustrieren die Effekte dieser doppelten originalen Begegnung – mit Inhalten, aber auch mit dem Lernen von Kindern.

„Die Lernsituation mit den Schülern hat sehr gut funktioniert. Positiv war, dass viele von ihnen schon was zu dem Thema wussten, so waren sie direkt voll dabei. Es war sehr schön, dass unser Platz direkt bei einer originalen Zuckererbse war. So konnten wir den Kindern zeigen, wie das Ganze aussieht. Sie konnten sich bei der Aufgabe, bei der sie Begriffe zuordnen sollten, gemeinsam entscheiden. So war sowohl die Kommunikation mit uns als auch untereinander möglich. Wir saßen an einem ruhigen schattigen Platz, sodass die Kinder sich bei den heißen Temperaturen wohl fühlen konnten. Bei einer abschließenden Fragerunde konnte man sehen, wie gut sie aufgepasst und die Inhalte verinnerlicht hatten."

„Unser Thema war Soja und Sojalecithin. Bei uns konnten die Schüler Hypothesen aufstellen, selbst experimentieren und die Hypothesen überprüfen und über die Artenvielfalt staunen. Mit den Schülern zu arbeiten und ihnen bei der Lösung eines Problems zu helfen hat Spaß gemacht. Die Schüler waren definitiv bereit mitzuarbeiten, und es war interessant zu sehen, wie sie versucht haben, Wasser und Öl zu mischen und eine Lösung für das Problem zu finden.

Auch das Quiz, bei dem sie raten konnten in welchen Lebensmitteln Soja vorhanden ist, war interessant durchzuführen."

2.2 Kurzdarstellung von Methoden und Ergebnissen der Studien 2 und 3

Originale Begegnungen sind nicht nur mit Tieren und Pflanzen, sondern auch mit lebenden Bakterien möglich. Dies zeigte Studie 2 zur Joghurtbereitung in Klasse 4, um alltägliche Wirkungen von Bakterien auf Milch zu verstehen und zugleich die Professionalisierung angehender Lehrender zu fördern. In Studie 3 ging die angehende Lehrerin (Fries 2014) dem Verbleib des auf originale Begegnung orientierten Unterrichtsprojektes „Science Kids" mit qualitativen Interviews (Inhaltsanalyse nach Mayring) sowie einem erneuten Schulversuch nach und kam zu ernüchternden Erkenntnissen. Nur 2 von 14 befragten Lehrenden haben schon von diesem landesweit eingeführten Projekt „Science Kids" gehört, fortgebildet hatte sich damit keiner. Die Zitate aus den Interviews sprechen für sich: Zitate einer Lehrkraft vor dem Schulversuch zum Thema Vitamine:

„Die Kinder haben von sich aus ... das Wort Vitamine in den Mund genommen. Aber ob die wussten, was das ist, weiß ich nicht. ... das bringen die zum Teil auch schon aus dem Kindergarten mit." Vitamine sind „zu komplex und zu unanschaulich" für die Grundschule.

Zitate dieser Lehrkraft nach dem Schulversuch:

„Die fanden es super interessant ... und haben richtig gut mitgemacht. ... Die waren voll im Thema drin. Und weitaus mehr dabei, weil jedes Kind natürlich seinen direkten Bezug hat."
„Also man merkt schon, dass es ein absolut interessantes Thema ist und das Sie das gerne machen und auch annehmen."

3. Diskussion und Zusammenfassung

In unseren Lernarrangements finden wir Authentizität im doppelten Sinn: authentische Lernsituationen und authentische Wuchsorte originaler Kulturpflanzen (Studie 1) oder Bakterien (Studie 2). Kaiser schrieb: „das originale Kind und der originale Gegenstand" würden bei der Originalbegegnung so miteinander in Beziehung gebracht, dass Fragen produktiv werden (Kaiser 1997, S. 151). Unsere Deutungen zeigen Übereinstimmungen mit denen von Heck u.a. (2009). Sie sprechen von „vertiefter Sachbegegnung", der gezielten und zugleich mutigen offenen Arbeit mit „Erfahrungsräumen und Lernumgebungen" und betonen: „Lernende müssen handeln können" (2009, S. 46) und „Lernende brauchen Wiederholungen" (2009, S. 53). Authentische Lernsituationen mit originalen Begegnungen stärken die fachliche Interessiertheit von Lehramtsanwärtern und schulen zudem deren Kompetenzen zur Reflexion von Unterrichtsgestaltungen. Der Umgang mit Lebensprozessen im Sachunterricht ist für Lehrende eine besondere Herausforderung, für Lernende wie Lehrende bei erfolgreicher Bewältigung aber stark motivierend.

Literatur

Duncker, L. (1994): Lernen als Kulturaneignung. Weinheim und Basel.

Fischer, E.P. (2002): Die andere Bildung. Berlin.

Fries, S. (2014): A, B, C sind mehr als nur Buchstaben – eine Untersuchung zur unterrichtlichen Ausgestaltung des Themas Vitamine im Ernährungsunterricht der Grundschule. Wissenschaftliche Abschlussarbeit zum 1. Staatsexamen, PH Heidelberg.

Heck, U.; Weber, C.; Baumgartner, M. (2009): Lernen in Erfahrungsräumen. Baltmannsweiler.

Hutter, K.P.; Blessing, K. (Hrsg.) (2010): Artenwissen als Basis für Handlungskompetenz zur Erhaltung der Biodiversität. Stuttgart. (Beiträge der Akademie für Natur- und Umweltschutz Baden-Württemberg. Band 49)

Jäkel, L. (2013): Interests in Botany, as influenced by Teaching Context. ESERA, September 2013, Nikosia.

Jäkel, L.; Schaer, A. (2004): Sind Namen nur Schall und Rauch? Wie sicher sind Pflanzenkenntnisse von Schülerinnen und Schülern? IDBM 13. Münster, S. 1-24.

Köhnlein, W. (2012): Sachunterricht und Bildung. Bad Heilbrunn.

Gooding, M.; Furlong, W. (2003): Erde, Wasser, Licht. Kunst mit der Natur. Frankfurt.

Küry, D. (1999): Natur in Ballungsräumen: eine soziokulturelle Perspektive. In: Forum für Wissen, S. 21-25.

Kaiser, A. (Hrsg.) (1997): Lexikon Sachunterricht. Baltmannsweiler.

Küster, H. (1999): Naturschutz und Ökologie – Bewahren des Wandels. In: Biologen heute, 5, S. 1-4.

Kiefer, M.; Sim, E.-J.; Herrnberger, B.; Grothe, J.; Hoenig, K. (2008): The Sound of Concepts for Markers for a Link between auditory and conceptual Brain Systems. In: The Journal of Neuroscience, 28, pp. 12224-12230.

Roth, H. (1970): Die Originale Begegnung als methodisches Prinzip. In: Pädagogische Psychologie des Lehrens und Lernens. 12. Aufl. Hannover, S. 109-118.

Uhlig, A.; Baer, H.-W.; Dietrich, G.; Fischer, H.; Günther, J.; Hopf, P.; Loschan, R. (1962): Didaktik des Biologieunterrichts. Berlin.

Wilhelm, M. (2007): Was ist guter Naturwissenschafts-Unterricht? In: Chimica didactica 98, 33. S. 67-86.

Heike de Boer

Partizipation und Bildung im Gespräch – Studierende philosophieren mit Kindern

How can be initiated educational and at the same time participatory discussions among children and what kind of challenges do they create for the participants? These questions will first be discussed from a theoretical point of view. In a second step, the transcript of philosophical conversation with a small group of children will be examined, applying an interactional analysis to the material. The aim is to reconstruct how new aspects arise in the philosophical conversation when students have the opportunity to collectively think about and discuss what "truth" means to them. What are their perspectives on truth? Finally, we will address the question how in teacher training university students can raise their awareness of how to initiate (philosophical) group discussions in which children exchange their ideas to a given topic and learn to reason with one another. They do so by reflecting transcriptions of philosophical conversations that they themselves have led.

1. Philosophische Gespräche und Partizipation

Mit Kindern philosophieren bedeutet, dem gemeinsamen, lauten Nachdenken Raum zu geben, unterschiedliche Denkwege auszutauschen, Fragen zu entwickeln und ein offenes Gespräch ohne Validierungszwänge zuzulassen. Das Entstehen neuer fundamentaler Fragen, die Entwicklung von Mehrdeutigkeiten und unterschiedlicher Lesarten im philosophischen Gespräch kann Denk- und Verstehensprozesse befördern und zum Unterrichtsprinzip für das fachliche Lernen werden (vgl. Michalik 2013). Die Partizipation der Schüler und Schülerinnen im kollektiven Gespräch ist hierfür unabdingbare Voraussetzung. Partizipation, verstanden als Teilhabe an der kollektiven Sinnkonstitution, kann einen gemeinsamen Denkprozess und einen Denkfluss hervorbringen (vgl. Bohm 2008, S. 65), dessen Produkt über die Einzeläußerungen der Beteiligten hinausgeht und die Entstehung von Neuem möglich macht. Ein bildendes Gespräch ist in diesem Sinne ein Gespräch, in dem sich das Denken, die Einstellungen, Blickwinkel der Beteiligten geändert haben und es zum Einlassen auf neue Facetten und Denkwege kommt. Zu diesem Prozess gehört, dass im Gespräch der Umgang mit der Sprache der Anderen gelingt (vgl. Kolenda 2010, S. 37). Die Entstehung neuer Fragen auf der Seite der Schüler/innen und die Herstellung von Anschlüssen im Sinne des „Produktivmachens" unterschiedlicher Bedeutungen sind wichtige Kennzeichen für das bildende Gespräch (vgl. ebd.). Anschließend an Gadamer spricht Kolenda in ihrer Studie zum „Unterricht als bildendes Gespräch" von der „Kunst des Fragens" und „Weiterfragens". Als entscheidendes Merkmal arbeitet sie eine reziproke Gesprächsstruktur (a.a.O., S. 164) zwischen Lehrenden und Schüler/innen heraus, die dazu führt, dass auch das nicht „Ausdrückbare", der „Sinnüberschuss" in sprachliche Artikulation überführt wird (a.a.O., S. 153). Einige qualitativ empirisch angelegte Untersuchungen in Kanada und England nehmen in diesem Kontext das „joint meaning making" in den Blick, mit der ausdrücklichen Perspektive auf den kollektiven Denkprozess, der fachlich-inhaltliche und soziale Dimensionen umfasst und ebenso das Lehrerhandeln berücksichtigt. Besonders interessant sind Ergebnisse von Daniel (2013) in diesem Kontext. Sie expliziert die enorme Bedeutung der Lehrerolle für mathematisch-philosophische Gespräche und belegt, dass ohne die vertiefenden, kritisch hinterfragenden und einzelne Schüleräußerungen in Beziehung setzenden Impulse der Lehrkraft in den Gesprächen kein gemeinsamer Denkprozess angestoßen wird, der zur Entstehung von „Neuem" führt (vgl. Daniel 2013, S. 64).

2. Methodisches Vorgehen und ein Fallbeispiel

Das Koblenzer Netzwerk „Campus, Schulen und Studienseminare", kurz „KONECS", wirkt auf eine intensive Zusammenarbeit der an der Lehrerbildung beteiligten Institutionen mit dem Ziel hin, mehr Kohärenz und Kontinuität zwischen den verschiedenen Phasen der Lehrerbildung in Rheinland-Pfalz herzustellen. Im Wintersemester 2013/2014 fand im Rahmen des Projektes eine Veranstaltung im Mastermodul Sachunterricht mit dem Titel: „Philosophieren mit Kindern" statt. Die Studierenden sind während ihres dreimaligen Feldaufenthaltes zu zweit an Schulen des oben genannten Projektverbundes und wechseln sich während einer Unterrichtsstunde mit der Leitung des philosophischen Gesprächs ab. Jede Studierende leitet circa 20 Minuten das Gespräch, während die zweite Studentin Beobachtungen vornimmt, um anschließend Feedback zu geben. Die Gespräche werden aufgezeichnet, transkribiert und im Seminar entlang festgelegter Kriterien analysiert. Das erste Gespräch wird hinsichtlich der gestellten Lehrerfragen und des kognitiven Niveaus der Fragen sowie eingeräumter Pausen untersucht. Das zweite und dritte Gespräch wird interaktionsanalytisch untersucht; mittels der partizipationsanalytischen Betrachtung wird in Anlehnung an Krummheuer und Brandt (2001) der Sprecherstatus[1] rekonstruiert. Krummheuer und Brandt unterscheiden zwischen Imitieren, Paraphrasieren, Traduzieren und Kreieren.[2] Im Rahmen des skizzierten Kontextes führten 40 Studierende in Zweiertandems im Wintersemester insgesamt 120 philosophische Gespräche mit Kindern. In den meisten Fällen wurde ein Bilderbuch zum Einstieg in das Gespräch genutzt. Während es bei dem ersten Gespräch um ein Thema ging, das die Studierenden vorbereitet hatten, konnten in den zweiten und dritten Gesprächen zunehmend Kinderfragen aufgegriffen werden, die sich aus den Dialogen entwickelt hatten.

Im Folgenden wird nun ein Gesprächsausschnitt vorgestellt, der in einer vierten Klasse zu dem Bilderbuch von Edith Schreiber-Wicke und Carola Holland „KÖNIG WIRKLICH WAHR" entstanden ist. Im Kinderbuch gerät der Protagonist Leon immer wieder in schwierige Situationen, weil er stets die Wahrheit sagt. Er lernt den kleinen „König Wirklich Wahr" kennen, der ihn mit seinen Geschichten nachdenklich macht. Die folgende Gesprächsszene wurde ausgewählt, da sie aus einem Gespräch mit zahlreichen interaktiv dichten Sequenzen stammt[3] und aus dem gesamten Sample heraussticht, da die Schüler/innen phasenweise ohne Einwirkung der Studentin miteinander argumentieren, sich aufeinander beziehen und ihre Vorstellungen von Wahrheit und Lüge diskutieren und weiterentwickeln.

Die Studentin stellt den Kindern kapitelweise das Buch vor und eröffnet das Gespräch mit der Frage: „Was hättet ihr an Leos Stelle getan?" Sie bezieht

---

[1] Die Analyse von Partizipation erfolgt nach Krummheuer/ Brandt 2001 über das Produktions- und Rezipientendesign. Im Produktionsdesign werden Originalität und Autonomie der Äußerungen untersucht und führen zur Feststellung des Sprecherstatus. Im Rezipientendesign werden unterschiedliche Adressierungsformen analysiert und führen zur Bestimmung des Rezipientenstatus.

[2] Während die Äußerungen des Kreators hinsichtlich der geäußerten Idee und der umgesetzten Formulierung das höchste Maß an Autonomie und Originalität erreicht, steht der Imitierer mit der kompletten Übernahme von Idee und Formulierung dem gegenüber. Der Paraphrasierer übernimmt die Idee und setzt sie mit einer eigenen Formulierung um. Der Traduzierer überführt die geäußerte Idee und übernimmt die Formulierung.

[3] Eine interaktional dichte Sequenz zeichnet sich dadurch aus, dass es einen gemeinsamen fachlich-inhaltlichen Gesprächsfokus gibt, ein hoher Aufmerksamkeitsfokus der beteiligten Lernpartner/innen sichtbar wird und sich eine argumentative Auseinandersetzung entwickelt.

sich auf eine Bilderbuchszene in der der Protagonist Leon auf die Frage einer Mitschülerin, wie ihm ihre Frisur gefalle, antwortet: „Gar nicht, jetzt sieht man, dass du zu große Ohren hast" (Schreiber-Wicke/ Holland 2007, S. 5).

Hajo	Ich hätte/ also in dem Fall/ hätte man schon/ also sagen können einfach die Antwort verschweigen/ also sozusagen wenn du/ du willst ein/ ja also vielleicht schon/ ne gefällt mir nicht so gut/ aber nicht, äh, ne jetzt sieht man deine viel zu großen Ohren. Das klingt irgendwie/ weil das ist nicht nett/ halt. Also das könnte man dann einfach verschweigen/ das mit den viel zu großen Ohren. Man kann ja trotzdem seine eigene Meinung sagen/ ne finde ich nicht so gut/ aber deins/ ich finde trotzdem/ die kannst du behalten. So etwas hätte ich dann gesagt.
Kim	Nimmst du jemand anderen dran.
Hajo	Jürgen
Jürgen	Ich glaub aber dass die ähm, dass der die Frisur aber schön fand und dass er einfach dann gelogen hat. (4) Tobi
Tobi	Also ich fand, auch wenn der ähm/ wenn ihm nicht die Frisur gefallen würde, dann könnte man das auch denken und sagen die gefällt mir und
(Gemurmel) eines Kindes)	§Dann lügst du ja
	§ denken die gefällt mir halt nicht wenn/ (.) Susi

Hajo äußert sich hier als erster und argumentiert, dass er Leons Verhalten nicht richtig findet. Er entwickelt die Alternativen, entweder nichts zu sagen oder aber ein abgeschwächtes „gefällt mir nicht so gut" zu formulieren. Hajo schlägt vor, die „großen Ohren" zu verschweigen und begründet mit einem kausalen „weil das nicht nett ist". Hier kommt implizit die höhere Moral, andere mit der Wahrheit nicht zu verletzten, ins Gespräch. Mit seiner ausführlichen Äußerung nimmt er den Sprecherstatus des Kreators ein und entwickelt sowohl die inhaltliche Idee als auch die sprachliche Formulierung eigenständig. Auf Hajo folgt Jürgens Aussage; dieser leitet mit „aber" seinen Widerspruch zu Hajo ein, bezieht sich auf dessen Aussage und argumentiert, dass er glaubt, dass Leon gelogen haben muss und die Frisur der Mitschülerin eigentlich schön fand. Jürgen nimmt hier eine interessante Deutung vor und hinterfragt das im Bilderbuch als wahrheitsgemäße Äußerung dargestellte Handeln des Protagonisten. Mit seiner Formulierung „ich glaub" kennzeichnet er seine Äußerung als subjektive Vermutung, die Begründung für seine Vermutung bleibt implizit. Seine Aussage enthält eine neue Idee und eine neue Formulierung und damit ebenso den Gehalt des „Kreators". Auf seine Äußerung folgt eine viersekündige Pause, die als Ausdruck von Nachdenklichkeit oder Irritation verstanden werden kann. Tobi erhält das Wort von

Jürgen und schließt seine Stellungnahme nicht an diesen, sondern an Hajo und dessen Äußerung an. Er paraphrasiert Hajos Argumentation und grenzt sich zugleich von Jürgens Deutung ab. Indem Tobi äußert, dass man sagen könne, „die Frisur gefällt einem", geht er noch einen Schritt weiter als Hajo. Der Zwischenruf eines Kindes: „Dann lügst du ja", verweist darauf, dass er einen neuen Gesichtspunkt mit dem Begriff „Lüge" ins Gespräch bringt und damit moralische Entrüstung provoziert. Hier wird implizit ein qualitativer Unterschied zwischen der Idee von Hajo „nicht alles sagen was man denkt" und der Idee von Tobi „die Unwahrheit sagen" erkennbar. Möglicherweise paraphrasiert Susi deswegen auch Hajos Aussage, ohne weiter auf Tobis Vorschlag einzugehen. Indem sie seine Deutung nicht aufgreift, versagt sie diesem die Zustimmung. Susi, Tobi und Hajo teilen allerdings die Einschätzung, dass man bei der Wahrheit bleiben könne, indem nicht alle eigenen Gedanken preisgegeben werden und Kritisches zurückgehalten wird.

Susi	Man kann einfach denken/ wenn man sowas sagt dann muss man einfach nur denken und man soll nicht so doofe Kommentare dann abgeben (…) Maria
Maria	Und eh, wenn der Junge wirklich sie so gern mochte, dann hätte der/ wollte der das wahrscheinlich nicht vor den Freunden und so sagen, damit die nicht denken das der in die verliebt oder so ist und der hätte gesagt joa ich find sie ganz ok oder so (xxx)
Max	Aber man kann auch ähm lügen, damit der Freund oder die Freundin nicht gekränkt ist. Wie zum Beispiel man könnte sagen, ja deine ähm Frisur gefällt mir gut, obwohl man die Frisur nicht so gut findet, ähm und dann ähm lügt man halt ähm, damit der Freund oder die Freundin halt nicht gekränkt ist. Janni
Janni	Das ist ja dann wie ne Notlüge. (6) Hanna

Maria greift nun mit ihrer Äußerung Jürgens Deutung auf. Sie expliziert einen in Jürgens Argumentation implizit gebliebenen Zusammenhang mit einer konditionalen „wenn…dann" Formulierung und führt aus, dass Leons Aussage darauf zurückzuführen sei, dass er das Mädchen mögen könnte und vor seinen Freunden nicht als verliebt gelten wolle. Mit dem Gebrauch des Konjunktivs markiert sie, dass es sich um eine Möglichkeit und ein Gedankenspiel handelt. In diesem Fall liegt die höhere Moral und Stützung ihrer Argumentation in dem peerkulturellen Moment, das Gesicht vor den Freunden nicht verlieren zu wollen. Marias Äußerung verweist auf ihre peerkulturellen Erfahrungen in der vierten Klasse, in der Jungen und Mädchen sich nicht ohne einen „Imageverlust" wechselseitig Nettes sagen können. Da sie ihren Gedanken mit einer neuen Formulierung und einem neuen Inhalt äußert; gibt sie ebenso wie Hajo und Tobi einen kreativen Impuls. Nun greift

Max Marias Äußerung auf und markiert mit einem „aber" seinen Widerspruch. Er schließt an Marias Beispiel an und bezieht sich wohl auf das Thema „Freundschaft", allerdings in einem anderen Sinn. Auch er spricht im Konjunktiv und argumentiert, dass man lügen könne, um den Freund nicht zu kränken. Hier greift er auf eine Idee zurück, die Hajo bereits geäußert hat und expliziert das bis dahin nicht konkret benannte Thema, dass es um die Vermeidung von Kränkung geht. Max paraphrasiert bereits Geäußertes. Mit seiner Argumentation präzisiert er die vorausgegangenen Äußerungen, dass Lügen erlaubt sind, wenn damit die Kränkung eines Freundes verhindert werden kann. Auf Jannis anschließende Paraphrase, dass es sich dann um eine „Notlüge" handle, folgt eine sechs Sekunden lange Pause, die Ausdruck von Überraschung und Nachdenklichkeit zugleich sein kann. Er bringt mit der Formulierung „Notlüge" die vorausgegangenen Deutungen auf den Punkt und findet einen zutreffenden Begriff dafür.

3. Modifizierung des philosophischen Themas im kollektiven Denkfluss

Mit der analytischen Perspektive des „Produzentendesigns" wird in dieser kurzen Sequenz der Blick für die unterschiedlichen Formen, mit denen die Kinder Gesprächsanschlüsse herstellen, den thematischen Faden aufgreifen, modifizieren und weiter entwickeln, eröffnet. Hier interagieren acht Schüler/innen miteinander, entfalten Argumentationen und Widersprüche, ohne dass sich die Studentin einmischt. Sie bittet die Kinder lediglich, sich gegenseitig das Wort zu geben und trägt damit dazu bei, dass sich das klassische *I*nitiation-*R*eply-*E*valuation Muster (vgl. Lüders 2011) nicht etablieren kann; sie hält auch die Gesprächspausen aus, ohne sich einzubringen und trägt damit dazu bei, dass Reziprozität im Gespräch entstehen kann. Die Kinder entfalten in den ersten Minuten dieses insgesamt 43 Minuten langen Gesprächs bereits verschiedene Themen, die sie im Laufe des weiteren Gesprächs ausdifferenzieren. Interessant ist zu sehen, wie die Auseinandersetzung mit der „Wahrheit" zunehmend überformt wird von dem Thema „Freundschaft". Die Schüler/innen entwickeln miteinander eine kollektiv geteilte moralische Perspektive, in der die Beziehungsdimension eine hohe Qualität erhält. Um Freunde nicht zu verletzten, ist es erlaubt, die Wahrheit zurückzuhalten oder auch eine Notlüge vorzunehmen. Gleichzeitig können Freunde auch zu einem Imageverlust beitragen und um der Beschämung oder Bloßstellung zu entgehen, ist die Notlüge ebenso erlaubt. Gesprächsanalytisch verweist der Gebrauch von Konditionalsätzen, Modalverben und -partikeln auf die Entwicklung von Uneindeutigkeiten hin. Im Gespräch erfolgen kreative Impulse, Paraphrase und Traduktion gepaart mit Argumentationen und machen den kollektiven Denkfluss sichtbar. Die Gesprächspausen und Gesprächsschleifen, durch den wiederholten Rückgriff auf zurückliegende Äußerungen, können als Ausdruck von entstandener Nachdenklichkeit gewertet werden. Rowe formuliert für ihre Untersuchungen in den 80er Jahren in diesem Kontext die überzeugende These „Slowing Down May Be a Way of Speeding Up" (1986, S. 43). So zeigt sich auch in diesem Gespräch insgesamt, dass nach Wartezeiten nicht nur immer wieder lange, argumentationsreiche Schülerantworten folgen, sondern auch Schüler/innen neu das Wort ergreifen, die bis dahin noch nicht in das Gespräch involviert waren.

4. Forschend lernen und Spannungen ausbalancieren

Eine auf den Gesprächsprozess orientierte Gesprächsführung stellt Lehrende, in diesem Fall zukünftige Lehrende, vor große Herausforderungen, die das Ausbalancieren konträrer Handlungspole erfordert. Sie benötigen für ihr professionelles Handeln die fachwissenschaftliche und fachdidaktische Vorbereitung und müssen diese im Gespräch selbst zugleich wieder suspendieren, um für die Denkprozesse der Schüler/innen offen sein zu können. Es bedarf der Kunst des Fragens und Weiterfragens und der Fähigkeit, Impulse und Interventionen auf die Schüleräußerungen abzustimmen und gleichzeitig Zurückhaltung üben zu können, um die Schüler/innen in ihren Denkprozessen nicht vorzeitig zu unterbrechen. Für den kollektiven Denkprozess ist es essentiell, dass Schüler/innen aufeinander verwiesen werden, sie miteinander sprechen lernen, Bezüge und Anschlüsse herstellen können. Gleichzeitig ist immer wieder das Strukturieren, Bündeln, Kontrastieren und nach Beispielen, Begründungen sowie Erfahrungen fragende Lehrerhandeln notwendig. Einerseits müssen Denkpausen zugelassen werden, andererseits können zu lange Pausen auch Ausdruck dafür sein, dass das Gespräch in eine Sackgasse gelangt ist. Für diese unterschiedlichen auszubalancierenden Spannungen sind neben den genannten Handlungsanforderungen auch situatives Einfühlungsvermögen, eine fragend-forschende Grundhaltung und die Bereitschaft zur Auseinandersetzung mit der Perspektive von Kindern notwendig. Das für unterrichtliches Handeln typische Abarbeiten von didaktischen Planungen und Kompetenzfeldern steht diesen Handlungsanforderungen dann entgegen, wenn keine Reflexion von Planung und praktischer Umsetzung folgt. Hier bietet das forschende Lernen, wie am dargelegten Beispiel, große Chancen. Die Planung, Durchführung und Analyse philosophischer Gespräche ermöglicht mit Hilfe von Transkription und Partizipationsanalyse die Flüchtigkeit des sprachlichen Handelns „festzufrieren", die eigenen Gesprächsimpulse zu beforschen und den kollektiven Denkprozess verstehen zu lernen. Die Frage, wann und unter welchen Bedingungen es gelingt, mit Kindern das gemeinsame Nachdenken, Staunen, Zweifeln und Fragen im Gespräch zu erwirken, ist eben eine offene Frage, die nicht über die Validierung festgelegter Kompetenzen und Teilkompetenzen zu beantworten ist. Abschließend führt diese Feststellung zu der Überlegung, ob in der Lehrerbildung nicht mit weniger Kompetenzorientierung und mehr forschendem und auf Prozesse ausgerichtetem Lernen das Interesse an und die Sensibilität für bildende und partizipative Gespräche zurückgewonnen werden kann.

Literatur

Bohm, D. (2008): Der Dialog. Das offene Gespräch am Ende der Diskussion. Stuttgart.
Daniel, M.- F. (2013): Engaging in Critical Dialogue about Mathematics. In: Analytic Teaching and Philosophical Praxis, Vol. 34, pp. 58-68.
Kolenda, S. (2010): Unterricht als bildendes Gespräch: Richard Rorty und die Entstehung des Neuen im sprachlichen Prozess. Opladen.
Krummheuer, G.; Brandt, B. (2001): Paraphrase und Traduktion. Basel und Weinheim.
Lüders, M. (2011): Die Sprachspieltheorie des Unterrichts. In: Meseth, W; Proske, M.; Radtke, F.-O. (Hrsg.): Unterrichtstheorien in Forschung und Lehre. Bad Heilbrunn, S. 175-189.
Michalik, K. (2013): Philosophieren mit Kindern als Unterrichtsprinzip. Bildungstheoretische Begründung und empirische Fundierung. In: Pädagogische Rundschau 6, S. 635-650.
Rowe, M. B. (1986): Wait Time: Slowing Down May Be a Way of Speeding Up! In: Journal of Teacher Education, pp. 43-59.
Schreiber-Wicke, E.; Holland, C. (2007): „KÖNIG WIRKLICH WAHR". Stuttgart.

Carolin Kölzer und Volker Schwier

Wirtschaft und wirtschaftliches Handeln als lebensweltliche Praxis – Perspektiven sozioökonomischer Bildung im Sachunterricht

The article examines socio-economic education as a part of science and social studies ("Sachunterricht") at elementary school level. Socio-economic education supports children's development of an educated view on the more and more economically dominated world and separates itself from common economic education by examining the diverse interconnections of economy and society; it notices a broad spectrum of the social in the economic. Economic interpretation patterns alone are not sufficient; this is why socio-economic education follows the strategy to provide knowledge of social science bound into a multidisciplinary approach. The article demonstrates that Sachunterricht, due to its multi-perspectivity, is virtually predestined for socio-economic education.

1. Erschließen ökonomisch geprägter Lebenswelten

Bildung im und durch Sachunterricht vollzieht sich über die Lebenswelt. Da auf die sachunterrichtsdidaktische Relevanz des Lebensweltbezuges hier nicht weiter eingegangen werden kann (vgl. z.B. Kahlert 2009, S. 17ff.; Richter 2002, S. 76ff.; Schwier/ Jablonski 2002), dient folgende prägnante Umschreibung der Orientierung: „Lebenswelt ist für Kinder in der Regel das heimatliche Umfeld mit seiner jeweiligen Wohn- und Sozialstruktur; sie umfasst die Bereiche, in denen sie handeln, die sie erkunden und in denen sie Erfahrungen machen" (Köhnlein 2012, S. 345). Es besteht kein Zweifel, dass auch wirtschaftlich relevante Phänomene, Probleme und Zusammenhänge Bestandteil der (kindlichen) Lebenswelt sind, welche bildungswirksam erschlossen werden müssen. Im Folgenden illustrieren wir dies am Beispiel des Phänomens „Geld".

Geld ist vielfach in den lebensweltlichen Erfahrungen von Kindern, Jugendlichen und Erwachsenen präsent. Meist dient es als probates (funktionales) Wertaufbewahrungs- und Tauschmittel im Alltag, aber es wird dabei kaum in seiner basalen Bedeutung als ein wesentliches Medium der Vergesellschaftung wahrgenommen und verstanden: Kaum zu überblicken, oft unsichtbar und komplex sind die gegenläufigen Geld- und Warenströme, in deren Folge wir uns überhaupt erst ernähren, kleiden oder kommunizieren können. Gleichwohl eröffnet der alltägliche Umgang mit „Geld" weder ein Verständnis unserer Lebenswelten noch ihrer ökonomischen und sozialen Rahmungen. So verwundert es auch nicht, dass Geld im Zusammenhang grundlegender Bildungsprozesse im Sachunterricht nur selten und wenn, dann oft unter sehr handlungspraktischen, funktionalen Aspekten, wie umsichtigem Planen von Ein- und Ausgaben, Sparen, Formen und Geschichte der Zahlungsmittel aufgegriffen wird. Eine grundlegende Bildungsbedeutung wird „Geld" – gerade im Kontext elementarer und primärer Bildungsprozesse – mit Verweis auf die Abstraktheit meist abgesprochen. Zudem sind ökonomische Zusammenhänge auch vielen Erwachsenen suspekt; Schüler/innen werden mit ihren entsprechenden Fragen so nicht selten auf den Unterricht der Sekundarstufen vertröstet. Konsequent wäre es jedoch, wenn eine lebensweltorientierte Sachunterrichtsdidaktik die ökonomischen Erfahrungen, Voraussetzungen und Fragen im Alltag der Kinder nicht ausklammert, sondern sich den damit einhergehenden Anforderungen aktiv stellt.

Kahlerts Modell der Didaktischen Netze (1998) bietet ein Planungsinstrument, das anregt, auch wirtschaftlich relevante Inhalte vielperspektivisch zu beleuchten, um auf diese Weise didaktische Potenziale zu erschließen. Übertragen auf das Beispiel „Geld" ginge es zunächst darum, sich dessen möglicher lebensweltlicher Relevanz zu nähern. Dazu bedarf es keiner besonderen Anstrengungen, denn das Phänomen „Geld" ist omnipräsent, universell und als solches auch Teil der Lebenswelt von Grundschulkindern. In Beobachtungen und Erlebnissen, im eigenen Entdecken und Handeln, aber auch in Deutungen und Erfahrungen und erst recht in Fantasievorstellungen und Wünschen ist es ihnen grundsätzlich und meist vielfältig verfügbar. In einem weiteren Schritt können fachliche Perspektiven auf den Gegenstandsbereich „Geld" herangezogen werden. Ihre Auswahl wird sich an ausgewählten Bezugsdisziplinen des Sachunterrichts orientieren und sie ließe sich um zusätzliche Fachperspektiven erweitern. Oftmals – und das ist wissenschaftstheoretisch nicht verwunderlich – sind die fachlichen Perspektiven weder trennscharf noch überschneidungsfrei. So lassen sich auch mannigfache wechselseitige Bezüge zwischen den Perspektiven herstellen. Entsprechend distanziert sich sozioökonomische Bildung im Sachunterricht insbesondere von dem Verständnis einer ökonomischen Bildung in der Primarstufe, welche ausschließlich – und meist sehr selektive – ökonomische Theorien, Methoden und Fragestellungen heranzuziehen gedenkt, um die komplexe wirtschaftliche Wirklichkeit zu durchdringen. Dieser Auffassung hält die sozioökonomische Bildung entgegen, dass Lernenden gerade deshalb „multidisziplinäres sozialwissenschaftliches Wissen" (Hedtke 2013a, 208) angeboten werden muss, weil die wirtschaftliche Wirklichkeit so komplex ist und man sie mit ökonomischen Interpretationsmustern allein nicht hinreichend verstehen kann. Eine Fokussierung auf eine einzelfachliche Perspektive – etwa „die" ökonomische – erscheint weder sinnvoll noch ergiebig. Jedoch kann und soll es auch nicht darum gehen, eine vermeintliche Vollständigkeit fachlicher Perspektiven und ihrer wechselseitigen Vernetzungen anzustreben. Die Notwendigkeit sozioökonomischer Bildung erwächst vielmehr daraus, dass es einer sozialen Einbettung ökonomischer Sachverhalte bedarf, um diese für die Schüler a) erfahrbar zu machen und b) als sozioökonomische Kompetenz bildungswirksam werden zu lassen. Es geht darum, Kinder dabei zu unterstützen, ihre Lebenswelt bildungswirksam zu erschließen. Jedoch ist diese Lebenswelt erstens nie „nur" ökonomisch, da sich kein Phänomen eindeutig und ausschließlich nur einer Disziplin „zuordnen" lässt, sodass schon allein diese Tatsache „multidisziplinäres sozialwissenschaftliches Wissen" (ebd.) erfordert. Zweitens stehen vorwiegend ökonomisch geprägte Lebenssituationen und Phänomene wie Geld nie für sich, sondern sind beeinflusst durch und beeinflussen selbst gesellschaftliche Interessen und staatliches Handeln, sind insbesondere mit soziokulturellen Aspekten vernetzt und mit Gesellschaft und Politik verflochten (vgl. Köhnlein 2012, S. 380ff.). Dies erkennen auch Arndt und Jung (2013), die sich in ihrer Curricula-Analyse für ökonomische Bildung im Sachunterricht stark machen. Sie argumentieren, dass Themenbereiche wie „Die politische Ordnung", „Politische Entscheidungen", „Gemeinwohl", „Sozialisation", welche der aktuelle Perspektivrahmen ausweist, „nicht ohne ökonomische Bezüge vermittelt werden [können]" (Arndt/ Jung 2013, S. 168). Dies bedeutet im Umkehrschluss aber auch, dass Inhaltsbereiche wie „Kinder als aktive Konsumenten", „Arbeit" oder unser Beispiel „Geld" nicht ohne soziologische und politische Bezüge unterrichtet werden können. Drittens denken Kinder naturgemäß gar nicht in Fachdisziplinen, sondern nehmen die (komplexe wirtschaftliche) Lebenswirklichkeit, wenn auch nicht „ganzheitlich", so doch jenseits von Fachlogiken wahr. Aus diesen Gründen gehen wir zuvorderst von sozialwissenschaftlicher Bildung aus, welche u.a. die drei zentralen Bezugsdisziplinen Soziologie, Wirtschafts- und

Politikwissenschaften, einschließlich ihrer Didaktiken, berücksichtigt. Gegenstände wie Arbeit und Beruf, Geld, Macht, Armut, Wahlen oder Werbung versuchen diese Disziplinen jeweils mit ihren bevorzugten Theorien und Methoden zu erklären (vgl. Hedtke 2013a, S. 209). Wir teilen Hedtkes (ebd.) Auffassung, dass die erwartbaren Beiträge zu Aufklärung und Bewältigung der jeweiligen Problemtypen letztendlich den Maßstab dafür bilden, welche Wissensbestände bildungsrelevant werden und welche nicht. Entgegen der Neigung, bspw. Geld als ein genuin ökonomisches Phänomen zu klassifizieren, welches in den Zuständigkeitsbereich der Wirtschaftswissenschaften fällt, ist genau diese Zuordnung, d.h. die Frage danach, wer darüber entscheidet, welche Lebenssituationen warum als ökonomisch, politisch bzw. soziologisch gelten sollen (vgl. ebd. S. 208f.), faktisch ungeklärt und auch unsinnig. Mit anderen Worten: Die sozialwissenschaftliche Perspektive im Sachunterricht muss sich von der Vorstellung verabschieden, man könne den Bereichen Soziales, Politik und Wirtschaft, in welche der aktuelle Perspektivrahmen differenziert, eindeutig einzelne Gegenstände bzw. Phänomene oder Probleme zuordnen. Sozioökonomische Bildungsprozesse gehen „nicht von der fachdidaktisch rekonstruierten ‚Logik' einer einzelnen Wissenschaftsdisziplin aus, sondern von relevanten wirtschaftlichen Phänomenen und Problemen, die sie mit unterschiedlichen, komplementären oder kontroversen wissenschaftlichen Perspektiven beschreiben, erklären und bearbeiten" (Hedtke 2013b, S. 131).

2. Sozioökonomische Bildung im Sachunterricht

Sachunterricht als „das bislang einzige, von seinem Anspruch her interdisziplinär ausgerichtete Schulfach" (Richter 2002, S. 17), das einerseits den Erwerb perspektivenbezogener Kompetenzen fördern soll, andererseits die Vernetzung über die Perspektiven und damit perspektivenübergreifende Denk-, Arbeits- und Handlungsweisen anstrebt (vgl. GDSU 2013, S. 17), ist für sozioökonomische Bildung geradezu prädestiniert. Trotzdem stellt sich bezogen auf das Konzept sozioökonomischer Bildung nach Hedtke und Weber (2012) die Frage, ob das, was dort zwar als genereller Anspruch an sozialwissenschaftliche Bildung, aber mit starker Akzentuierung für die Sekundarstufen, eingefordert wird, tatsächlich auch für den Sachunterricht der Primarstufe gelten kann. So verstehen die Autoren sozioökonomische Bildung als Teil sozialwissenschaftlicher Bildung, die „in erster Linie person- oder subjektorientiert, in zweiter Linie problem- oder lebenssituationsorientiert, in dritter Linie wissenschaftsorientiert und erst in vierter Linie fachdisziplinorientiert" (Hedtke/ Weber 2012, S. 4) ist. Genau diese vorgeschlagene Hierarchisierung der Charakteristika sozioökonomischer Bildung kritisieren wir. Speziell für den Sachunterricht erweist sie sich nämlich als unergiebig, weil hier schon immer das Spannungsfeld zwischen Kind und Sache bzw. zwischen Lebensweltorientierung und Fachbezügen konstitutiv ist. Lebensweltliche Dimension und fachliche Perspektiven repräsentieren zwei Betrachtungsweisen auf einen Gegenstand, „die beide notwendig sind, ihre jeweils spezifischen Vorzüge und Grenzen haben und sich gegenseitig kontrollieren" (Kahlert 1998, S. 74). Dies entspricht dem exemplarischen Pluralismus, wie ihn Hedtke und Weber (2012) fordern. Richter (2001, S. 4) kritisiert allerdings, dass „erkenntnistheoretische Probleme aus der Sicht der Lernenden" nicht diskutiert werden und bezweifelt, dass Kinder „überhaupt einen Zusammenhang zwischen der wirtschaftlichen und der soziologischen Perspektive" erkennen. Jedoch ist diese Kritik insofern nicht gerechtfertigt, als Kahlert eine Planungshilfe für Lehrkräfte bereithält, deren Aufgabe es wiederum ist, die Schüler/innen zu einem „Denken und Orientieren in Zusammenhängen" (Kahlert 2007, S. 219) erst (!) zu befähigen.

In seiner Konzeption eines genetisch-exemplarischen Sachunterrichts verweist auch Köhnlein (1996) auf vier grundlegende Gestaltungsprinzipien, von denen hier mit Blick auf das Spannungsfeld zwei besonders relevant sind: Kind- und Sachgemäßheit. Im Sinne eines „kindgemäßen wissenschaftsorientierten Sachunterrichts" wird hier folgender Orientierungsrahmen für eine sozioökonomisch reflektierte Bildung im Sachunterricht vorgeschlagen:

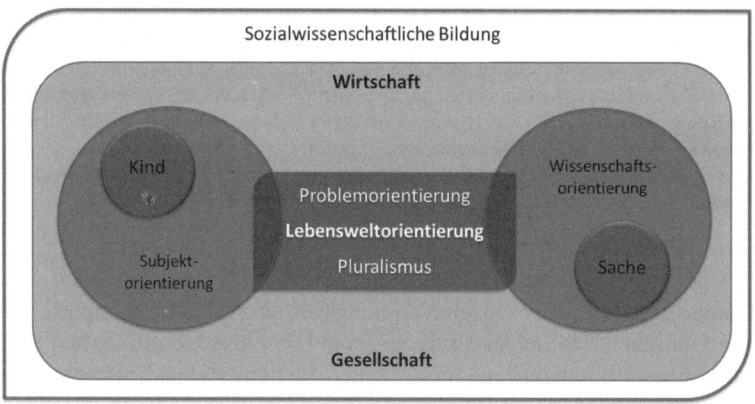

Abbildung 1: Orientierungsrahmen eines „kindgemäßen wissenschaftsorientierten Sachunterrichts" für eine sozioökonomisch reflektierte Bildung; eigene Darstellung

Den äußeren Rahmen bildet die sozialwissenschaftliche Bildung mit ihren unterschiedlichen Fachbezügen. Sozioökonomische Bildung lässt sich anknüpfend an Hedtke und Weber als ein auf Wirtschaft fokussierter Teil sozialwissenschaftlicher Bildung sehen. Weil sie dadurch charakterisiert und von einer ökonomischen Bildung zu unterscheiden ist, dass sie besonders das Verhältnis von Wirtschaft und Gesellschaft thematisiert, bilden beide einen gemeinsamen Rahmen. Er verdeutlicht, dass wirtschaftlich relevante Phänomene und Probleme stets mindestens unter sozialer und ökonomischer Perspektive zu betrachten und wirtschaftliche Lebenssituationen durchgängig „durch Gesellschaft geprägt und auf Sozialität hin orientiert sind" (Hedtke/ Weber 2012, S. 1). Wesentlich für sozioökonomische Bildung im Sachunterricht ist der innere Bereich des Schemas. Dieser beschreibt, dass Hierarchisierungen entbehrlich sind: „Kindgemäßheit und Wissenschaftsorientierung sollten nicht als Gegensätze, sondern als sich ergänzende Bezugspunkte des Sachunterrichts gesehen werden" (Klewitz 1993, S. 3). Problem-, Lebensweltorientierung und Pluralismus müssen zudem immer hergestellt werden. Die didaktisch-konstruktive Aufgabe der Lehrkraft besteht folglich u.a. darin, wirtschaftlich relevante Phänomene und Probleme zu identifizieren, auszuwählen und in ihnen das breite Spektrum des Sozialen für die Schüler transparent zu machen und sie darin zu unterstützen, dass sie zunehmend lernen, in Zusammenhängen zu denken und sich zu orientieren. D.h., in einem sozioökonomisch reflektierten Sachunterricht erfahren Kinder bspw., inwieweit Geld als Zahlungsmittel soziales Handeln voraussetzt und bewirkt:

> „Niemand versorgt sich selbst, sondern wir alle versuchen, Geld zu verdienen, um uns damit alle jene Dinge zu kaufen, die wir zum Lebensunterhalt benötigen oder uns wünschen. Dass wir für unsere Arbeit mit Zahlen bedruckte Zettel oder sogar bloß eine virtuelle Zahl, die uns der Bildschirm eines Bankautomaten anzeigt, erhalten, erscheint uns ebenso normal wie die umgekehrte Tatsache, dass uns Menschen reale Dinge dafür übergeben, dass wir ihnen jene bedruckten Zettel, vulgo: Geldscheine, weiterreichen. [...] Es ist ein Geschehen, das in allen seinen Verzweigungen von niemandem geplant und kontrolliert wird, zu dem jeder der daran Beteiligten aber gleichwohl mit seinem Tun beiträgt" (Schwietring 2011, S. 22).

Schon dieses Zitat illustriert individuelle Macht und Ohnmacht, verzweigte Geldströme und globale Abhängigkeiten. Es lässt erahnen, wie sozial voraussetzungsvoll allein jeder einzelne Zahlungsvorgang ist: Nur indem Menschen in die Gültigkeit des Geldes vertrauen, sind komplexe Gesellschaften wie die gegenwärtigen überhaupt möglich. Oder – sachunterrichtsdidaktisch gewendet – Welterschließen und Bildung als zentrale Aufgaben des Sachunterrichts können diese basalen Einsichten nicht ausblenden, wenn „Geld" zum Thema wird. Die Sorge, Grundschulkinder mit exemplarischen Erfahrungsmöglichkeiten zum Zusammenhang von Vertrauen und Geld zu überfordern, verkennt deren längst entwickelte Expertise in diesem Bereich: Auch Erstklässler/innen wissen, dass Geldscheine aus ihrem Kaufladen keine Unterstützung beim Süßwarenkauf im Supermarkt bieten, und ihnen ist bewusst, dass sie umgekehrt beim Verkauf ihrer alten Spielsachen auf dem Flohmarkt auch keine DM-Münzen mehr akzeptieren sollten.

Sozioökonomische Lehr-/ Lernarrangements sollten hieran anknüpfen, entsprechende Alltagserfahrungen aufgreifen, verfremden und z.B. kognitive Dissonanzen stiften, indem sie folgende Fragen aufwerfen: *Wie funktioniert eine Gesellschaft ohne Geld? Was geschieht, wenn Geld nicht mehr anerkannt wird? Warum kann man nicht mit Spielgeld zahlen?* Sozioökonomische Bildung bezieht sich aber nicht allein auf Inhalte und ihre „Sachlichkeit". „Personorientiertheit" meint, bei der Ausgestaltung entsprechender Lehr-/ Lernarrangements den Kindern Gelegenheiten anzubieten, in denen neben den Erfahrungen auch ihre Interessen zur Sprache kommen: Gerade sehr heterogene Lerngruppen eröffnen die Chance, unterschiedliche Gewohnheiten, Überzeugungen und Haltungen zu kontrastieren und vermeintliche Selbstverständlichkeiten eben als etwas gar nicht Selbstverständliches zu erfahren. Sozioökonomische Bildung anerkennt z.B. auch Umstände, in denen eine Kreditaufnahme durchaus Sinn macht und Lebenssituationen, die nicht allein mit buchhalterischer Präzision von Kosten-/ Nutzenkalkülen bewältigt werden, sondern anderen handlungsleitenden Prämissen – wie z.B. dem Bedürfnis nach sozialer Abgrenzung oder Anerkennung – folgen.

3. Fazit: Sozioökonomische Perspektiven im Sachunterricht

Mit Bezug auf Konzeptionen sozioökonomischer Bildung nehmen wir an, „dass die wirtschaftlichen Lebenssituationen der lernenden Subjekte durch Gesellschaft geprägt sowie auf Sozialität hin orientiert sind" (Hedtke/ Weber 2012, S. 1). Demnach können – so unsere These – ökonomisch geprägte Lebenssituationen resp. wirtschaftliche Phänomene der (kindlichen) Lebenswelt nicht unabhängig von ihren gesellschaftlichen Kontexten hinreichend verstanden werden. Deshalb ist das Verhältnis von Wirtschaft und Gesellschaft, sind ihre wechselseitigen Bezüge zu thematisieren. Hierzu bedarf es der Perspektive einer sozioökonomischen Bildung im Sachunterricht. Mit ihr kann der Bildungsanspruch – „Schülerinnen und Schüler dabei zu unterstützen, Phänomene und Zusammenhänge der Lebenswelt wahrzunehmen und zu verstehen [...] " (GDSU 2013, S. 9) – eingelöst werden. Indem sozioökonomische Bildung auf wirtschaftlich relevante Phänomene der Lebenswelt fokussiert, aber gleichzeitig mit ihrer paradigmatischen Offenheit den „prinzipielle[n] Zusammenhang zwischen Wirtschaft und Gesellschaft" (Köhnlein 2012, S. 391) thematisiert, sorgt sie nicht nur für ein besseres Verständnis der Phänomene, sondern fördert insbesondere das Denken, Orientieren und Handeln in Zusammenhängen.

Literatur

Arndt, H.; Jung, E. (2013): Ökonomische Bildung in der Primarstufe. Hamburg.
GDSU – Gesellschaft für Didaktik des Sachunterrichts (2013): Perspektivrahmen Sachunterricht. Bad Heilbrunn.
Hedtke, R. (2013a): Teilgebiet oder eigenständige Domäne: Zum Verhältnis von ökonomischer und politischer Bildung. In: Hufer, K.-P.; Länge, T.W; Menke, B.; Overwien, B.; Schudoma, L. (Hrsg.): Wissen und Können. Schwalbach/Ts., S. 206-209.
Hedtke, R. (2013b): Sozio-ökonomische Bildung als integratives Paradigma der Wirtschaftsdidaktik. In: Zeitschrift für Didaktik der Gesellschaftswissenschaften. 3, 1, S. 130-133.
Hedtke, R.; Weber, B. (2012): Eckpunkte einer sozioökonomischen Bildung. Unveröffentlichtes Vortragsskript auf der Fachtagung: „Was ist Sozioökonomie? Was ist sozio-ökonomische Bildung?" an der Universität Bielefeld, am 28.09.2012.
Kahlert, J. (1998): Grundlegende Bildung im Spannungsverhältnis zwischen Lebensweltbezug und Sachanforderungen. In: Marquardt-Mau, B.; Schreier, H. (Hrsg.): Grundlegende Bildung im Sachunterricht. Bad Heilbrunn, S. 67-81.
Kahlert, J. (2007): Bildung für Nachhaltigkeit. In: Richter, D. (Hrsg.): Politische Bildung von Anfang an. Demokratie – Lernen in der Grundschule. Schwalbach, S. 215-228.
Kahlert, J. (2009): Der Sachunterricht und seine Didaktik. 3. Aufl. Bad Heilbrunn.
Klewitz, E. (1993): Sachunterricht zwischen Wissenschaftsorientierung und Kindbezug. URL: www.edoc.hu-berlin.de/humboldt-vl/klewitz-elard/PDF/Klewitz.pdf [14.02.13]
Köhnlein, W. (1996): Leitende Prinzipien und Curriculum des Sachunterrichts. In: Glumpler, E.; Wittkowske, S. (Hrsg.): Sachunterricht heute – zwischen interdisziplinärem Anspruch und traditionellem Fachbezug. Bad Heilbrunn, S. 46-76.
Köhnlein, W. (2012): Sachunterricht und Bildung. Bad Heilbrunn.
Richter, D. (2001): Sachunterricht als Vorbild? Ist der integrierte Sachunterricht Vorbild oder Warnung für eine sozialwissenschaftliche Bildung in den Sekundarstufen? URL: www.jsse.org/2001/2001-1/richter.htm [14.02.13]
Richter, D. (2002): Sachunterricht – Ziele und Inhalte. Baltmannsweiler.
Schwier, V.; Jablonski, M. (2002): Legowelten und Lebenswelten – warum der Sachunterricht heimatlos sein sollte. In: Engelhardt, W.: Stoltenberg, U. (Hrsg.): Die Welt zur Heimat machen? Bad Heilbrunn, S. 124-136.
Schwietring, T. (2011): Was ist Gesellschaft? Einführung in soziologische Grundbegriffe. Konstanz.

Kerstin Michalik

Philosophische Gespräche mit Kindern als Medium für Bildungsprozesse im Sachunterricht

The article argues that philosophizing with children presents a variety of positive challenges for pupils as well as for educators in regard of meaningful learning processes which also affect personal development. The integration of philosophical approaches into all subjects opens up a space for a critical and self-critical pedagogy which can help to analyze and to deal with actual problems of mainstream education. The argument is based on reflections about the theory of education and processes of personal development.

Kinder einer zweiten Klasse wollen die Metamorphose von der Raupe zum Schmetterling erforschen. Als die Raupen per Post in der Schule eintreffen, kommt die Frage auf, ob es für die Raupen nicht unangenehm sei, in einem dunklen Paket verschickt zu werden. Es entspannt sich ein Gespräch über mögliche Gefühle und Empfindungen von Raupen und was man darüber wissen kann, über Unterschiede zwischen Mensch und Tier, über ein mögliches Recht der Raupen, in Ruhe gelassen zu werden, aber auch berechtigte Interessen der Kinder am Forschen und Experimentieren.
Als die ersten Schmetterlinge schlüpfen, machen die Kinder eine irritierende Entdeckung: Nicht alle Tiere haben sich richtig entwickelt. Es sind auch Wesen entstanden, die irgendwie nicht vollständig sind, die aber leben und sich bewegen. Die Kinder diskutieren darüber, was mit den Tieren geschehen soll. Soll man sie in den Müll werfen, oder soll man sie draußen aussetzen? Würden sie da aber nicht sofort von Vögeln gefressen werden? Ja, aber so wäre es auch in der Natur. Aber sie sind ja nicht in der Natur geschlüpft, sondern im Klassenzimmer. Entsteht daraus vielleicht eine Verantwortung für diese Tiere und ihr Leben? Warum sind sie überhaupt entstanden?
In den Gesprächen werden erkenntnistheoretische, anthropologische und ethische Fragen erörtert, es geht darum, was wir wissen können, was das Verhältnis von Menschen und Tieren bestimmt, und vor allem um die Frage,

was wir tun dürfen oder sollen und wie wir unser Handeln begründen können. Es geht um Grundsätzliches. Was hat das mit Bildung oder Bildungsprozessen zu tun? Beim Philosophieren mit Kindern geht es um das Verhältnis zu sich selbst, zu anderen Menschen und zur Welt. Das philosophische Gespräch im Unterricht geht von Fragen der Kinder aus, es greift rätselhafte, faszinierende, ambivalente, auch beunruhigende Erscheinungen unseres Daseins auf. Es macht die Vielfalt von Erfahrungen, Vorstellungsmöglichkeiten und Weltdeutungen sichtbar und dem gemeinsamen Austausch darüber zugänglich. Das Philosophieren mit Kindern kann – so lautet meine These – bildungsrelevante Erfahrungen herausfordern und Schule zu einem Ort von Lernprozessen höherer Ordnung machen.

1. Was ist „Bildung", was sind bildungswirksame Lernprozesse?

Eine Auseinandersetzung mit dem Bildungsbegriff ist für das Nachdenken über Schule und Unterricht unverzichtbar, denn die Bildungstheorie ist der Ort, „an dem über Legitimation, Zielsetzungen und Kritik pädagogischen Handelns methodisch reflektiert gestritten werden kann und soll" (Koller 2012, S. 9). Thema der klassischen Bildungstheorie seit Humboldt ist die Verknüpfung des Ichs mit der Welt in seinen Wechselwirkungen. Es geht um die Selbstformung und Selbstbildung des Menschen, um die Entfaltung seiner körperlichen und seelischen Anlagen mit dem Ziel der Selbstbestimmung, der eigenen Urteilsfähigkeit und Mündigkeit. Bildung entsteht in der Wechselwirkung von Ich und Welt, es handelt sich um Aneignungs- und Auseinandersetzungsprozesse, die das Verhältnis der Menschen sowohl zu den Dingen als auch zu anderen Menschen umfassen. Hans-Christoph Koller hat ausgehend von der Frage, was konkrete Auslöser von Bildungsprozessen im Sinne der Infragestellung und Veränderung eigener Weltbilder sein können, den Humboldtschen Bildungsgedanken weiterentwickelt. Er definiert Bildung als „Transformation des Selbst- und Weltverhältnisses in der Auseinandersetzung mit neuen Problemlagen. […] Bildungsprozesse bestehen demzufolge darin, dass Menschen in der Auseinandersetzung mit neuen Problemlagen neue Dispositionen der Wahrnehmung, Deutung und Bearbeitung von Problemen hervorbringen, die es ihnen erlauben, diesen Problemen besser als zuvor gerecht zu werden" (Koller a.a.O., S. 16).
Was bedeutet dies für Bildungsprozesse in Schule und Unterricht? Vor dem Hintergrund dieses transformatorischen Bildungsverständnisses ginge es darum, nach Möglichkeiten und Bedingungen von Lernprozessen zu suchen,

die zu einer Erweiterung oder Neuorientierung vorhandener Formen des Wahrnehmens, Denkens und Handeln führen können. Ich werde im Folgenden zeigen, dass hier das Philosophieren mit Kindern im Hinblick auf bildungswirksame Lernprozesse eine produktive Rolle spielen kann.

2. Philosophische Gespräche mit Kindern und ihre Bedeutung für Lern- und Bildungsprozesse

Das Philosophieren mit Kindern im Unterricht zeichnet sich durch verschiedene Merkmale aus, die es als Medium für Bildungsprozesse im Sinne einer Transformation des Selbst- und Weltverhältnisses oder einer Neuorientierung vorhandener Formen des Wahrnehmens, Denkens und Handelns besonders geeignet erscheinen lassen. Es sind vor allem drei Elemente, die für Bildungsprozesse relevant sind: Das Fragen, der Dialog und die Selbstreflexion.

2.1 Das Hinterfragen und In-Frage-Stellen der Dinge

„Man denkt über Sachen nach, über die man vorher nie nachgedacht hat, und dann kommt plötzlich irgendeine Frage auf, und dann merkt man, Oh, stimmt, was ist das eigentlich oder warum machen wir das überhaupt?" (Lisa, 10 Jahre).

Das Philosophieren beginnt mit dem Fragen und Staunen. Woher kommt der Mensch? Können Tiere denken? Was ist Natur? Muss man immer die Wahrheit sagen? Was passiert nach dem Tod? Das Philosophieren mit Kindern greift Kinderfragen auf, es richtet sich auf rätselhafte, ungeklärte Phänomene, komplexe Probleme oder auch auf das Selbstverständliche, das beim genaueren Hinsehen fragwürdig und fremd wird. Es zielt auf das Hinterfragen und Infragestellen der Dinge. Dabei sind Verunsicherung und Irritation im Spiel. Das Denken, bisherige Sichtweisen und Vorstellungen werden in besonderem Maße herausgefordert.

2.2 Der Austausch von Denkweisen und Weltdeutungen im philosophischen Gespräch

„Ich finde das gut, weil man eben seine Meinung sagen kann und man kann dann auch eben die anderen Meinungen hören und sich vielleicht auch umstellen mit seiner Meinung" (Lasse, 9 Jahre).

Im philosophischen Gespräch geht es um den Austausch verschiedener Erfahrungen, Meinungen, Sichtweisen und Deutungen, es geht um die gemeinsame Klärung von Gedanken und die Prüfung von Argumenten. Philosophische Gespräche sind ergebnisoffen, es geht nicht darum, eine eindeutige

Antwort zu finden, sondern den Gesprächsgegenstand in seiner Vielschichtigkeit zu entfalten, ein differenziertes Problemverständnis zu gewinnen und sich mit der Vielfalt von Perspektiven, Denkweisen und Antwortmöglichkeiten konstruktiv auseinanderzusetzen. Im philosophischen Gespräch, werden eigene Selbst- und Weltbilder bewusst und öffentlich gemacht und in der Konfrontation mit anderen Denk- und Sichtweisen reflektiert.

2.3 Das Moment der Selbstreflexion – Selbsterkenntnis und Selbstbildung

„Ich komme da eigentlich ganz anders raus, als ich reingegangen bin" (Nina, 11 Jahre).

Philosophische Gespräche dienen auf der einen Seite dazu, die Sache zu erschließen und gemeinsam Sinn und Bedeutung herzustellen. Sie dienen andererseits auch der Selbstreflexion: Entscheidend ist „die Erfahrung des Denkprozesses, die nicht nur einer besseren Kenntnis des Problemfeldes dient, sondern auch der Selbsterkenntnis und Selbstbildung [...]" (Raupach-Strey 2013, S. 187f.). Beim Philosophieren mit Kindern geht es immer auch um das Verhältnis zu sich selbst, zu anderen Menschen und zur Welt in einem in sich verwobenen Prozess. Es handelt sich hier auf eine ganz spezifische Art und Weise um eine wechselseitige Erschließung von Kind und Sache, Mensch und Welt.

Ob im Rahmen schulischen Lernens Bildungsprozesse im Sinne einer umfassenden „Transformation des Selbst- und Weltverhältnisses" nach Koller möglich sind, muss offen bleiben. Koller selbst hat angesichts der grundsätzlichen Schwierigkeiten, solche Transformationen im Rahmen empirischer Forschung zu rekonstruieren, folgende Frage oder Vermutung formuliert: „Vielleicht [...] besteht Bildung ja weniger in dem abgeschlossenen Vorgang der Ersetzung eines *etablierten* durch ein neues Welt- und Selbstverhältnis als vielmehr in einem unabschließbaren Prozess der Infragestellung oder Verflüssigung bestehender Ordnungen und eines Anders*werdens* mit offenem Ausgang" (Koller a.a.O., S. 169, Hervorhebungen i. Original).

Versteht man Bildung in diesem Sinne als einen permanenten Prozess des Hinterfragens der Welt und ihrer Erscheinungen und des Offenhaltens von Sinn und Bedeutung, dann ist das Philosophieren mit Kindern das Medium par excellence, um Selbstbildungsprozesse zu ermöglichen und anzuregen, geht es doch hier eben darum, entsprechende Einstellungen und Haltungen zu entwickeln und zu kultivieren: eine kritische Fragehaltung, eine Haltung der Offenheit für andere Denkweisen sowie die Bereitschaft, auch sich selbst, eigene Sicht- und Denkweisen immer wieder kritisch in Frage zu stellen.

Welche Implikationen haben diese Überlegungen für das konkrete Lernen im Sachunterricht?

3. Implikationen für das schulische Lernen und den Sachunterricht

Das Philosophieren steht in einem gewissen Spannungsverhältnis zum üblichen Lernen in unserem Schulwesen, das Gisela Raupach-Strey im Kontrast zum philosophischen Gespräch im Sinne einer dreifachen „Entfremdung" charakterisiert: Der Lernprozess „geschieht" den Kindern als eher äußeres Ereignis, die Sache bleibt ihnen fremd, weil es nicht um ihre eigenen Fragen geht und weil ihre Bearbeitung sich überwiegend in der Aufnahme reproduzierbarer Wissenselemente erschöpft. Als drittes Element der Entfremdung kommt hinzu, dass statt einer Lerngemeinschaft Konkurrenz und Konkurrenzzwang erfahren wird (Raupach-Strey 2012, S. 387).

Angesichts dieser vielfach analysierten und zugleich beklagten Situation bietet das Philosophieren mit Kindern im Unterricht besondere Möglichkeiten und Freiheitsgrade. Philosophische Gespräche mit Kindern im Unterricht sind nämlich gerade, weil sie ein anderes Lernen anstreben und implizieren, anschlussfähig an die aktuelle lern- und bildungstheoretische Diskussion, die von Problemen des herkömmlichen Schulunterrichts ausgeht. Es geht hier ganz grundsätzlich um die Wiedergewinnung der Komplexität von Lern- und Verstehensprozessen, um die Forderung nach einem vielperspektivischen, inhaltlich anspruchsvollen und in die Tiefe der Sache gehenden Unterricht. Gemeinsamer Kern ist die Überzeugung, dass schulische Bildung auf Verstehensprozesse ausgerichtet sein muss und sich nicht in einem bloßen Lernen zum Zwecke mechanischen Reproduzierens und Anwendens erschöpfen darf. So plädieren Combe und Gebhard dafür, das Moment der Krise und der Irritation als Ausgangspunkt von Verstehensprozessen in den Mittelpunkt schulischen Lernens zu rücken, weil „Widerstands- und Widerspruchserfahrungen [...] Vorspiele möglichen intensiven Verstehens" sind (Combe/ Gebhard 2012, S. 61). Um tieferen Verstehensprozessen im Unterricht den Weg zu bahnen, sei daher eine Wiederherstellung der Vieldeutigkeit von Unterrichtsgegenständen auf dem Wege einer „vergleichenden Gegeneinanderführung und Abarbeitung von unterschiedlichen Deutungsperspektiven" erforderlich (Combe/ Gebhard 2012, S. 63).

Auch Meyer-Drawe, die Lernen als eine Erfahrung des Subjektes versteht, betont die Bedeutung von Fremdheitserfahrungen und Irritationen für das Lernen: „Wenn menschliches Lernen anderes bedeutet, als bloße mechani-

sche Anpassung [...], dann besagt es, einen fremden Blick auf die Sache und damit auch auf sich selbst zu gewinnen" (Meyer-Drawe 2012, S. 15). Es ist nach Meyer-Drawe gerade die „zeitraubende Irritation" (ebd.), die von großer Bedeutung für tiefergehende Lernprozesse ist, denn sie führt in Nachdenklichkeit als Verzögerung par excellence: „Die Verzögerung und das Einhalten sind [...] notwendige Bedingungen für kritisches Erkennen, das sich niemals als eine prompte Reaktion auf einen Reiz verwirklicht" (a.a.O., S. 126).
Was anspruchsvolles, bildungswirksames schulische Lernen zunehmend beeinträchtigt, sind nach Meyer-Drawe im Wesentlichen zwei Momente. Erstens ist es die zunehmende Beschleunigung des Lernens, Meyer-Drawe spricht von „hochtourigen Lernern unter Turbobedingungen" (a.a.O., S. 125). Zweitens ist es der zunehmende Bedeutungsverlust von Inhalten und inhaltlicher Komplexität zugunsten formalisierter, kleinstufiger Kompetenzanforderungen sowie einer Output-Orientierung, die sich einseitig auf die Ergebnisse, nicht aber die Ausgangspunkte und die Prozesse des Lernens richte (a.a.O., S. 187).
In dieselbe Richtung geht die Kritik von Gruschka, der den Verlust der pädagogischen Substanz und der Bildungsfunktion von Schule beklagt, weil es nicht mehr primär um das „Verstehen" der Sachen, sondern um die Entwicklung von Kompetenzen gehe, in deren Rahmen die Inhalte nur noch ein bloßes Mittel seien (Gruschka 2011, S. 138f.). Anstelle „die Komplexität der Sachen möglichst lange und breit zu entfalten bzw. sie überhaupt erst fragend bewusst zu machen" (Gruschka 2009, S. 19), würden Inhalte didaktisch kleingearbeitet und zu Lernstoff reduziert, der allein im Dienste der Vermittlung abfragbaren Wissens stehe. Bildung im Sinne von „Verstehen" muss nach Gruschka demgegenüber auf eine Entdidaktisierung von Inhalten im Sinne einer Rückgewinnung von Komplexität zielen, indem „existentielle Formen des Fragens und Wissenwollens" in den Unterricht integriert werden. Es handelt sich hier um Fragen, welche die Immanenz des Faches überschreiten und in den Bereich der Philosophie bzw. zu philosophischen Anschlussfragen führen (Gruschka 2011, S. 148).
Das Philosophieren mit Kindern als Unterrichtsprinzip hat viele Bezüge zur aktuellen lern- und bildungstheoretischen Diskussion, und es bietet mögliche Ansatzpunkte, um den bildungstheoretischen Anspruch empirisch gehaltvoll und konkret auf Unterricht zu beziehen. Was bedeutet dies für den Sachunterricht?

1. Schülerfragen aufgreifen und ermutigen und Kinder in ihrem Bemühen um Welterkenntnis ernst nehmen.

2. Die Sachen des Sachunterrichts in ihrer Komplexität entfalten und vielperspektivische Zugänge bieten.
3. Raum und vor allem Zeit für Nachdenklichkeit und gemeinsame nachdenkliche Gespräche bieten.

Es handelt sich hier nicht um ein völlig neues Sachunterrichtskonzept, sondern es geht um die Anreicherung und Vertiefung des Sachunterrichts durch philosophisches Fragen und Nachdenken, das immer auch bezogen auf allgemeine Bildungsaufgaben ist (vgl. Michalik 2013). Ich verweise hier auf Klafkis Allgemeinbildungskonzept, in dessen Rahmen die Fähigkeit zur vernünftigen Selbstbestimmung neben der Mitbestimmungs- und Solidaritätsfähigkeit an erster Stelle steht (Klafki 1996, S. 52). Bei Klafkis „epochaltypischen Schlüsselproblemen", die in der Sachunterrichtsdidaktik breit rezipiert worden sind, handelt es sich um Probleme, die aufgrund ihres fächerübergreifenden und Grundsatzfragen menschlichen Lebens und Handelns betreffenden Charakters philosophisches Fragen und Nachdenken in besonderem Maße herausfordern, ja sogar erforderlich machen. Dies wird nicht zuletzt anhand der „Einstellungen und Fähigkeiten" deutlich, die nach Klafki bei der Auseinandersetzung mit Schlüsselproblemen von besonderer Bedeutung sind: Kritikbereitschaft und -fähigkeit, Bereitschaft und Fähigkeit zur Selbstkritik, Argumentationsbereitschaft und -fähigkeit, Empathie, vernetzendes Denken (vgl. Klafki 1996, S. 63). Es handelt sich um Fähigkeiten und Haltungen, die beim Philosophieren mit Kindern im Zentrum stehen. Das Philosophieren im Sach- und Fachunterricht ist anschlussfähig an zentrale Bildungsaufgaben, es steht im Dienste sowohl persönlichkeitswirksamer Lern- und Bildungsprozesse und fachlich anspruchsvollen Lernens als auch gegenwärtiger und zukünftiger gesellschaftlicher Herausforderungen.

4. Kritik an der aktuellen Bildungsreform

Die aktuellen bildungspolitischen Entwicklungen scheinen in einem gewissen Kontrast zu solchen Formen bildungswirksamen Lernens zu stehen. Die aus bildungstheoretischer Sicht geäußerte Kritik an den einseitig auf Bildungsstandards und Kompetenzentwicklung ausgerichteten Reformmaßnahmen lässt sich als Kritik an einer zunehmend marktförmigen, durch ökonomische Prinzipien bestimmten Ausrichtung von Schule und Bildung zuspitzen. Die Kritik richtet sich auf die Übertragung betriebswirtschaftlicher Konzepte und Modelle der Qualitätsentwicklung und -kontrolle, der Produkt- und Prozessoptimierung auf Schule, auf die einseitige Orientierung am „Output", also an den Ergebnissen und der „Effizienz" schulischen Lernens und auf den

Anspruch, die Ergebnisse des Lernens klar definieren, standardisieren und messen zu können wie die Qualität der Produkte industrieller Fertigungsprozesse (Gruschka 2011, Dressler 2013). Konrad Paul Liessmann hat diese Kritik dahingehend zugespitzt, „dass gegenwärtig nicht die Wissensgesellschaft die Industriegesellschaft ablöst, sondern umgekehrt das Wissen in einem rasanten Tempo industrialisiert wird" (Liessmann 2009, S. 39). Auch angesichts dieser radikalen Kritik gegenwärtiger Reformprozesse im Bildungssystem plädiere ich dafür, das Philosophieren mit Kindern als ein Medium für Lern- und Bildungsprozesse im Sinne einer Wiedergewinnung des Bildungsgedankens aufzugreifen. Das Philosophieren mit Kindern ist nicht nur eine Methode oder ein Unterrichtsprinzip, sondern es ist eine pädagogische Haltung im Sinne einer kritischen und selbstkritischen Pädagogik, von der wichtige Impulse für das Nachdenken über Schule und Unterricht, über Bildungs- und Lernprozesse und auch über unser Bild vom Kind ausgehen können.

Literatur

Combe, A.; Gebhard, U. (2012): Verstehen im Unterricht. Die Rolle von Phantasie und Erfahrung. Wiesbaden.

Dressler, J. (2013): Schule der Pädagogen oder Schule der Ökonomen? Das Philosophieren mit Kindern und die Frage der Unterrichtskultur. In: Pädagogische Rundschau, 6, S. 741-752.

Gruschka, A. (2009): Erkenntnis in und durch Unterricht. Frankfurt/M.

Gruschka, A. (2011): Verstehen lehren. Ein Plädoyer für guten Unterricht. Stuttgart.

Klafki, W. (1996): Neue Studien zur Bildungstheorie und Didaktik. Zeitgemäße Allgemeinbildung und kritisch-konstruktive Didaktik. 5. Auflage. Weinheim und Basel.

Koller, H.-C. (2012): Bildung anders denken. Einführung in die Theorie transformatorischer Bildungsprozesse. Stuttgart.

Liessmann, P. (2009): Theorie der Unbildung. Stuttgart.

Michalik, K. (2013): Philosophieren mit Kindern als Unterrichtsprinzip. Bildungstheoretische Begründungen und empirische Fundierungen. In: Pädagogische Rundschau, 6, S. 635-640.

Meyer-Drawe, K. (2012): Diskurse des Lernens. 2., durchgesehene und korrigierte Auflage. München.

Raupach-Strey, G. (2013): Sokratische Didaktik. Die didaktische Bedeutung der Sokratischen Methode in der Tradition von Leonard Nelson und Gustav Heckmann. 2. Auflage. Berlin.

Bärbel Kopp und Holger Arndt

„Dann würden die Preise immer höher kommen und dann wäre Geld überhaupt nichts mehr wert" – Erste Ergebnisse einer Studie zu ökonomischen Präkonzepten von Grundschulkindern

An independent, self-responsible management of life requires economic competencies. This is true already for young children who cope with economic challenges when they e.g. deal with scarce resources or act as consumers. Through life-world experiences children develop their own interpretation patterns and concepts that do not always match with scientifically viable explanations. In order to offer fitting learning opportunities, one needs to know about students' typical economic (mis-)conceptions. The empirical study "Economic preconceptions of primary school students" which is financed by the Joachim-Herz-Foundation aims to identify such concepts. This paper describes the study and presents first results of the exploratory qualitative part of the project.

1. Problemstellung

Sachunterricht hat den Anspruch, grundlegende Bildung zu vermitteln. Dabei geht es in einem umfassenden Bildungsverständnis darum, sich die Welt zu erschließen. Phänomene und Zusammenhänge sollen nicht lediglich auf Begriffsebene bekannt, sondern auch wahrgenommen und verstanden werden. Gleichzeitig soll die Interessens- und Persönlichkeitsentwicklung gefördert werden, um verantwortliches Handeln in der Zukunft und die Bereitschaft zur Mitgestaltung der Lebenswelt zu ermöglichen (GDSU 2013). Immer wieder wird in diesem Zusammenhang auf die „doppelte Anschlussaufgabe" des Sachunterrichts (GDSU 2013, S. 10) verwiesen. Für den vorliegenden Zusammenhang ergibt sich: Kindheit ist „kein wirtschaftsfreier Raum" (Richter 2014, S. 58), da schon Kinder immer wieder direkt oder indirekt mit ökonomisch geprägten Lebenssituationen konfrontiert sind. Sie konsumieren z.B. Güter und Dienstleistungen als Kunden, bewirtschaften die knappen Ressourcen Taschengeld und Zeit, nehmen gesellschaftliche Probleme wie Arbeitslosigkeit und Ungleichheit mehr oder weniger bewusst wahr oder haben am Arbeitsleben der Eltern teil. Deshalb gilt es einerseits, im Sachunterricht wichtige Konzepte wie Konsum, Bedürfnisse, Güter, Knappheit, Geld, Haushalt, Wettbewerb, Nachfrage und Angebot, Preis und Qualität eins Konsumgutes sowie Verbraucherinformation und Verbraucherorganisation (GDSU 2013) fachlich zu klären. Andererseits ist im Gefolge eines konstruktivistischen Lernverständnisses unstrittig, dass anschlussfähige Bildungsprozesse des Aufgreifens vor- und außerschulisch erworbener individueller Erklärungs- und Deutungsmuster bedürfen. Kinder interpretieren die Welt auf ihre jeweils eigene Weise, die mitgebrachten Alltagsvorstellungen müssen erweitert oder durch tragfähige Konzepte ersetzt werden. Für den hier fokussierten Bereich der Wirtschaft liegen zwar einzelne Studien zu Präkonzepten in unterschiedlichen Themengebieten vor, jedoch behandelt die Mehrzahl der Studien eher das Alter der Sekundarstufe bzw. sind die Studien für das Grundschulalter teilweise nicht mehr aktuell (vgl. zum Forschungsstand Arndt/ Kopp 2014). Generell gilt, dass die Forschung zu diesem sachunterrichtsdidaktischen Teilbereich bislang „kaum systematisch" ist und „kaum vergleichbare Studien" vorliegen (Richter 2014, S. 69), die aber im Prinzip zeigen, dass Kinder relevante Begriffe häufig undifferenziert und zusammenhangslos verwenden und nicht hinreichend über Strukturen und Wechselwirkungen informiert sind (a.a.O.). Doch helfen solche pauschalen Aussagen über unzulängliche Vorkenntnisse nicht weiter, wenn im Rahmen des Sachunterrichts tatsächlich Lerngelegenheiten geschaffen werden sollen, die allen Kindern ungeachtet des Niveaus ihres Vorwissens anschlussfähiges Lernen ermöglichen sollen. Aus diesem Grund will das hier vorgestellte Projekt genauer erfassen, wie sich Grundschulkinder ökonomische Sachverhalte erklären und dabei das Spektrum an Heterogenität hinsichtlich des Vorwissens aufspannen.

2. Projekt zur empirischen Erfassung ökonomischer Präkonzepte bei Grundschulkindern und erste Ergebnisse

Das Projekt „Ökonomische Präkonzepte von Grundschulkindern" wird von 2013 bis 2016 von der Joachim-Herz-Stiftung gefördert und besteht aus einer qualitativen Vorstudie und einer sich anschließenden quantitativen Fragebogenstudie. Die erste Phase mit explorativem Charakter identifizierte anhand von Interviews mit Grundschulkindern deren Präkonzepte. Dabei erfolgte zunächst eine Orientierung am Ansatz der Phänomenographie als didaktischem Forschungsansatz (vgl. z.B. Marton/ Pang 2008), um erfassen zu können, wie unterschiedlich komplex Kinder wirtschaftliche Phänomene strukturell erfahren, wahrnehmen und verstehen (Kricks/ Mittelstädt/ Liening 2013). Dazu wurde ein Interviewleitfaden entwickelt, der in drei Probeinterviews getestet und schrittweise optimiert wurde. Der überarbeitete Leitfaden (ausführlich Arndt/ Kopp im Druck) enthält neben der Erfassung von Kontextdaten Fragen zu den Inhaltsbereichen Konsum (z.b. Funktion von Geld), Unternehmen (z.b. unternehmerisches Denken), Arbeit (z.b. Arbeitslosigkeit) und Staat (z.b. Steuern). Zwanzig bis zu zwei Stunden dauernde Einzelinterviews wurden in vertrautem Umfeld geführt. Dabei folgte die Schülerauswahl den Grundsätzen des theoretical samplings (Glaser/ Strauss 1967). Um ein möglichst großes Spektrum an Heterogenität bezogen auf Alter, Sozialisationserfahrung und Geschlecht zu gewährleisten, setzt sich die primär durch persönliche Kontakte gewonnene Stichprobe zusammen aus jeweils fünf Kindern der ersten (4 Mädchen, 1 Junge) und zweiten (2 Mädchen, 3 Jungen) Jahrgangsstufe, einem Mädchen und zwei Jungen der dritten Jahrgangsstufe und insgesamt sieben Kindern (3 Mädchen, 4 Jungen) der vierten Jahrgangsstufe.

3. Erste Ergebnisse

Die Transkripte wurden paraphrasiert, anschließend wurden individuell vorgefundenen Konzepte mit inhaltlicher Ähnlichkeit zu induktiv gewonnenen Kategorien zusammengefasst (Mayring 2001). Diese Beschreibungskategorien ergeben den sogenannten Ergebnisraum (Kricks/ Mittelstädt/ Liening 2013), der „das Spektrum sämtlicher empirisch festgestellter Verständnisse" (Murmann 2008, S. 186) abbildet. Tabelle 1 zeigt exemplarisch die aus den Interviews gewonnenen Ergebnisräume zu den Inhaltsbereichen „Geld" und „Preisbildung" mit den zugehörigen Beschreibungskategorien.
Die Kategorien bilden die unterschiedliche Komplexität der Kinderantworten ab. Teilweise liegen Konzepte vor, die eher auf Unkenntnis und Unvertrautheit mit den Zusammenhängen hinweisen (kein Kauf möglich, keine Alternative), es finden sich aber qualitative Abstufungen zwischen Konzepten, die über die Wahrnehmung und Inbezugsetzung mehrerer Aspekte bis schließlich

hin zu durchaus ausdifferenzierten Erklärungen (z.b. Bezeichnung der Funktion des Geldes als das Tauschgeschäft erleichterndes Medium) reichen.

Tabelle 1: Antwortmöglichkeiten zu den Inhaltsbereichen „Geld" und „Preisbildung"

	Ergebnisraum	Frage aus dem Leitfaden	Beschreibungskategorien
Geld	Funktion von Geld[1]	Was wäre, wenn es kein Geld gäbe?	kein Kauf möglich
			leihen, teilen
			alternative Zahlungsmittel verwenden
			erleichtert Tauschgeschäft
	Alternativen zu Geld	Was könnte man statt Geld nehmen?	keine Alternative
			beliebige Tauschobjekte
			Gold
			seltene/wertvolle Gegenstände
Preisbildung	Kriterien für Preisbildung	Welches ist das teuerste Produkt? Warum?	Optik
			Größe
			Qualität
			Nutzen
			Wert/Seltenheit
			Produktionskosten

Bei den Antworten auf die Frage nach Alternativen zu Geld finden sich solche, die aus erklärter Unkenntnis („weiß nicht") keine Alternativen zu Geld entwickeln. Daneben führen Kinder aber auch beliebige Tauschobjekte an (häufig: Gold). Diese Nennungen erfolgen aber oft als bloße Begrifflichkeit, ohne explizit den Wertaspekt von Geld herauszuarbeiten. In einer komplexeren Stufe finden sich jedoch auch Wertkonzepte. Ein Junge erfasst bereits das Wertkonzept, welches der Verwendung von Geld zugrunde liegt, allerdings eher noch intuitiv:

> I: Ok. Jetzt nehmen wir mal an, ich sammle Blätter im Garten, ja? Ganz viele Blätter. Und dann gehe ich ins Geschäft und sage: „Ich will ein Laserschwert und ich gebe Ihnen die Blätter dafür." Würde er mir das Laserschwert geben? B: Hmm [verneint]. I: Wieso nicht? B: Weil Blätter nicht wertvoll sind. I: Wovon hängt ab, ob etwas wertvoll ist? Du sagst, Gold ist wertvoll, Platin und Diamanten; das ist alles wertvoll, aber Blätter sind nicht wertvoll. Woran liegt das? B: Weil Gold anders aussieht und... das weiß ich irgendwie. (Junge, 1. Jhgst.)

---

[1] Ausführlichere Beschreibung dieses Ergebnisraumes vgl. Arndt/ Kopp (im Druck)

Ein Viertklässler äußert sich in der gleichen Beschreibungskategorie hingegen recht elaboriert. Er zeigt ein Verständnis für die geldmengenbedingte Inflationsursache und bezieht den Seltenheitsaspekt mit ein:

> I: Was könnte man dann statt Geld nehmen? F: ... [denkt länger nach] Irgendetwas anderes, das man nicht so leicht haben kann. Also das selten ist eher. I: Und warum nimmt man nicht einfach etwas, wovon es ganz viel gibt? Zum Beispiel Blätter oder so? Dann sind ja alle reich. F: Weil man das einfach pflücken kann und dann wird man reich und dann würden die Preise immer höher kommen und dann wäre Geld überhaupt nichts mehr wert... Dann wäre es eine Euro-Krise. (Junge, 4. Jhgst.)

Die unterschiedliche Komplexität der Erklärung zeigt sich ebenfalls bei den Antworten zum Phänomen der Preisbildung. Hierzu bekamen die Befragten Bildkärtchen mit unterschiedlichen Produkten vorgelegt und sollten erklären, warum manche Produkte einen höheren Preis als andere haben. Weitgehend richtig gelang das Sortieren in der richtigen Reihenfolge. Insbesondere bei jüngeren Kindern wurde die Größe als ausschlaggebender Faktor für einen hohen Preis benannt. Während Antworten, die Optik, Größe und Qualität benennen, eher auf den inhärenten Wert des Produktes abzielen, enthalten Antworten, die den Nutzen des Produkts oder dessen Wert oder Seltenheit zusätzlich mit beachten, bereits die Nachfragesicht:

> I: Ok. So, jetzt kostet das Fahrrad mehr als das Zelt. C: Weil man damit fahren kann, (…) Was ist größer? C: Das Zelt. I: Hm. Und es ist billiger als das Fahrrad. C: Ja. I: Ok, warum? C: Weil mein Fahrrad hat auch so teuer gekostet, aber ich weiß nicht warum. I: Du weißt nicht warum. C: Weils vielleicht verschiedene Farben hat? I: Das Fahrrad? C: Ja. I: Vielleicht. C: Oder dass es Räder hat. Man kann damit halt fahren und lenken wie ein Motorrad, lenken und so alles. (Mädchen, 2. Klasse)

Interessanterweise liegen aber auch Antworten vor, die durch den Verweis auf den Aufkleber die Produktionskosten miteinbeziehen:

> I: Und wenn man das Zelt noch ein bisschen schöner anmalen würde? Vielleicht noch mit einem Star-Wars-Kleber drauf oder so? Wäre es dann teurer? B: Vielleicht. I: Vielleicht? Wenn der Star-Wars-Kleber nichts kostet, vielleicht auch nicht. (Junge, 1. Klasse)

4. Ausblick

Welchen Nutzen haben solche Ergebnisse? Die Beantwortung der Fragen nach dem Spektrum möglicher Erklärungen hat eine Weiterentwicklung didaktischer Settings zum Ziel. Einerseits vermögen sie Einblick zu geben in Vorstellungen von Kindern, die notwendig sind, um anschlussfähige Lernumgebungen zu entwickeln. Es leuchtet ein, dass Kinder, die bereits von sich aus Produktionskosten bei der Preisbildung berücksichtigen, eine andere Art der Lernherausforderung benötigen als Kinder, die davon ausgehen, dass einzig die Größe ein Argument für hohe Preise ist. Andererseits können Ergebnisse einer solchen Untersuchung im Sinne einer Vorstudie zur Entwicklung eines diagnostischen Instruments dienen, anhand dessen der Lernstand einer Klasse ermittelt werden kann, um dann dementsprechend individuelle Förderung leisten zu können. Dies ist ein Ziel der folgenden Projektphase. Insgesamt sollen die Studienergebnisse auch eine empirische Grundlage liefern für die Einschätzung der Frage, welche ökonomischen Zusammenhänge Kinder im Grundschulalter verstehen können.

Literatur

Arndt, H.; Kopp, B. (2014): Ökonomische Bildung im Sachunterricht – Präkonzepte von Grundschulkindern. In: Müller, C.; Schlösser, H.; Schuhen, M.; Liening, A. (Hrsg.): Bildung zur Sozialen Marktwirtschaft. Schriften zu Ordnungsfragen der Wirtschaft, Band 99, Stuttgart, S. 34-53.

Arndt, H.; Kopp, B. (im Druck): Präkonzepte von Grundschulkindern zu ökonomischen Sachverhalten – erste Ergebnisse der Vorstudie. In: Arndt, H. (Hrsg.): Kognitive Aktivierung in der Ökonomischen Bildung. Schwalbach/Ts. Erscheint 2015.

Gesellschaft für Didaktik des Sachunterrichts GDSU (Hrsg.) (2013): Perspektivrahmen Sachunterricht, vollständig überarbeitete und erweiterte Ausgabe. Bad Heilbrunn.

Glaser, B.G.; Strauss, A. (1967): The Discovery of Grounded Theory. Chicago.

Kricks, K.; Mittelstädt, E.; Liening, A. (2013): Schwellenkonzepte und Phänomenografie. Explorative Studie zur Messung von Unterschieden im ökonomischen Verstehen. In: Zeitschrift für ökonomische Bildung, 2, S. 17-41.

Marton, F. Pang, M. (2008): The Idea of Phenomenography and the Pedagogy of Conceptual Change. In: Vosniadou, S. (Hrsg.): International Handbook of Research on Conceptual Change. New York, pp. 533-559.

Mayring, P. (2001): Kombination und Integration qualitativer und quantitativer Analyse. In: Forum Qualitative Sozialforschung/ Forum Qualitative Social Research (Online-Journal), 2, 1. URL: www. qualitative-research.net/ index.php/fqs/article/view/967/ 2111 [17.09. 2014]

Murmann, L. (2008): Phänomenographie und Didaktik. In: Zeitschrift für Erziehungswissenschaft, 10, Sonderheft 9, 87-199.

Richter, D. (2014): Sozialwissenschaftliches Lehren und Lernen. In: Hartinger, A.; Lange, K. (Hrsg.): Sachunterricht – Didaktik für die Grundschule. Berlin, S. 57-78.

Gudrun Helzel und Kerstin Michalik

Kindliche Entwicklungsprozesse beim Philosophieren mit Kindern – Eine empirische Untersuchung zu Mehr-Perspektivität und Ungewissheitstoleranz

This article reports an empiric research for the practical use of philosophizing with children in teaching primary science. It aims at analyzing the communicative progress in pupils while dealing with philosophical questions. Basic approaches of research are the tolerance of uncertainty in children i.e. their communicative dealing with ambiguity in philosophical conversations as well as a detailed examination of their ability to change perspective in the sense of Theory of Mind. In this article first results are presented, which emphasize the fact that children's dealing with philosophical approaches can contribute essentially to the development of basic communicative faculties. Since moments of uncertainty induce processes of mental development, thus configurating anew the relation of the self and the world, it becomes more and more obvious, that using philosophy in teaching creates space for developing personality and also developing educational progress.

1. Einführung

Zum Philosophieren mit Kindern gibt es in Deutschland wenig empirische Forschung, dennoch findet das Konzept zunehmend Verbreitung in der Unterrichtspraxis der Grundschule. Die vorliegenden empirischen Studien liefern deutliche Hinweise darauf, dass das Philosophieren positive Effekte auf die kognitive Entwicklung von Kindern hat[1]. Ziel der in diesem Beitrag vorgestellten qualitativen Studie ist es, das Forschungsfeld in dieser Hinsicht

---

[1] Im angelsächsischen Raum existieren Studien, die u.a. darauf hinweisen, dass regelmäßiges Philosophieren dazu beiträgt, die Intelligenz von Schüler/innen dauerhaft zu fördern (Trickey/ Topping 2004).

weiter zu erschließen und grundlegende kognitive und kommunikative Entwicklungsprozesse von Kindern beim Philosophieren zu analysieren. Forschungsschwerpunkte sind die Ungewissheitstoleranz der Kinder bzw. der kommunikative Umgang mit Ambiguität im philosophischen Gespräch sowie die Untersuchung ihrer Fähigkeit zur Perspektivübernahme im Sinne der Theory of Mind.

Mehr-Perspektivität ist im philosophischen Gespräch von besonderem Interesse, da sich die Vielfalt von Perspektiven im Prozess des Philosophierens in besonderer Weise entwickelt, nämlich im Zusammenhang mit der Offenheit der Inhalte. Ungewissheit ist konstituierend für das philosophische Denken, da ausschließlich über Fragen philosophiert wird, auf die es keine eindeutigen Antworten gibt. Philosophieren als aktive Tätigkeit beinhaltet zum einen eigenständiges, originäres Denken, um einer schwierigen Frage ohne Hilfsmittel nachzugehen (vgl. Michalik 2005, S. 15), zum anderen ist das Philosophieren Kommunikation mit anderen, wobei der aktive Umgang mit Ambiguität gefordert ist. Der Dialog und Gedankenaustausch über mehrdeutige Themen ist Gegenstand des Forschungsprojektes. Die Ergebnisse der Untersuchung sollen sowohl auf bildungswirksame als auch persönlichkeitswirksame Aspekte des Konstrukts Ungewissheit bezogen werden, um einen Beitrag zur Grundlagenforschung des Philosophierens mit Kindern zu leisten.

2. Mehr-Perspektivität – Theory of Mind als interdisziplinäres Bezugssystem

Der Begriff „Mehr-Perspektivität" ist mehrdeutig und lässt sich in unterschiedliche Zusammenhänge bringen: Einerseits lässt sich der Begriff inhaltlich auf pädagogisch-didaktische Themenfelder beziehen,[2] andererseits findet sich die Idee der Perspektivenvielfalt auch im philosophischen Gespräch wieder. Die Entfaltung verschiedener Antwortmöglichkeiten auf offene Fragen ist die konstituierende Grundidee des Philosophierens mit Kindern. Dieser Leitgedanke der Mehr-Perspektivität beim Philosophieren lässt sich mit entwicklungspsychologischen Konzepten verknüpfen, nämlich mit der Fähigkeit der Perspektivübernahme. So lässt sich die Theory of Mind (vgl. Förstl 2007; Bischof-Köhler 2011) als interdisziplinäres Bezugssystem hin-

---

[2] Im Sachunterricht existiert beispielsweise das Konzept von Mehrperspektivität als didaktisches Grundprinzip, bei welchem es darum geht, kontextuelle Zugänge verschiedener fachlicher Richtungen und damit verbunden verschiedene methodische Zugangsweisen auf einen Unterrichtsgegenstand zu ermöglichen (vgl. Richter 2005, S. 5 ff.).

zuziehen. Diese bezeichnet den „Versuch, andere und ihre Absichten zu verstehen" (Förstl 2007, S. V), d.h. sich in andere Menschen hineinzuversetzen. Laut Förstl bildet die Theory of Mind die Grundlage sozialen Verhaltens und weist auf die Entwicklung des interindividuellen Verständnisses hin. Die Theory of Mind ist eine Theorie, die alltagsorientiert ist und sich auf die Lebenswelt von Kindern beziehen lässt. Es gilt zu verstehen und nachzuvollziehen, wie sich das Denken und auch die kommunikativen Interaktionen von Kindern entwickeln. Die Fragestellung dazu lautet: Wie entwickelt sich die Fähigkeit zur Perspektivübernahme im Laufe eines Jahres beim Philosophieren und welche Rolle spielt dabei die Mehr-Perspektivität im Kommunikationsverhalten? Hierzu wurde u.a. untersucht, welche Perspektiven sich in den Aussagen der Schüler/innen feststellen lassen und in welcher Art und Weise sie sich in ihren Gesprächsbeiträgen aufeinander beziehen.

3. Ungewissheit und Ambiguität – theoretische Bezüge

Das Philosophieren mit Kindern und die Themenfelder Ungewissheit und Ambiguität (Frenkel-Brunswik 1949, Rokeach 1960)[3] stehen in einem besonderen Zusammenhang: Zum einen spielt das interindividuell variierende Persönlichkeitsmerkmal der „Ungewissheitstoleranz" (Dalbert 1999) beim Philosophieren eine besondere Rolle, zum anderen wird im philosophischen Gespräch aktiv mit Ambiguität umgegangen. So werden im Kontext von Mehrdeutigkeiten Sinn- und Bedeutungsmuster kommunikativ konstruiert. Eine empirische Untersuchung der kindlichen Umgangsweisen, sowohl mit Ungewissheit als auch mit Ambiguität, im philosophischen Gespräch ist von großem Interesse, da der grundlegende Kern der Entwicklung und Kommunikation philosophischer Gedanken davon berührt wird.

Im Rahmen der Studie werden kommunikative Muster erfasst und analysiert, die für den Umgang mit Ungewissheit und Ambiguität charakteristisch sind. Dabei spielt die Konstruktion von Sinngehalten eine wichtige Rolle. Diese lassen sich auf die Theorie transformatorischer Bildungsprozesse nach Koller beziehen. Die Theorie beschreibt die Reflexion der Struktur und die Genese

---

[3] Beide Begriffe sind eng verwandt und thematisch miteinander verbunden (vgl. Grenier et al. 2005). Sie werden in der deutschsprachigen Literatur oftmals gleichgesetzt und unter dem Begriff der „Ungewissheitstoleranz" zusammengefasst. Im Rahmen dieser Studie werden die Begrifflichkeiten differenziert und in unterschiedlicher Weise auf das Philosophieren mit Kindern bezogen. So greift der Aspekt der „Ungewissheit" die grundsätzliche Offenheit der Gespräche auf, und der Begriff „Ambiguität" bezieht sich auf den konkreten kommunikativen Umgang mit Mehrdeutigkeit im Gespräch.

individueller Haltungen zur Welt und zu sich selbst, wobei für Bildungsprozesse der Umgang mit neuen Problemen und ungewissen Situationen eine wichtige Rolle spielt (vgl. Koller 2012, S. 16).[4]
Die Ungewissheitstoleranz als Persönlichkeitsmerkmal des Individuums spielt für sein Lernpotential und den Umgang mit neuen Situationen und Informationen eine wichtige Rolle (vgl. Goch 1998). Sie ist beim Philosophieren einerseits eine wichtige Voraussetzung und wird andererseits im philosophischen Gespräch ständig gefördert. Beim Philosophieren werden beide Aspekte des Konstrukts bedeutsam:
1. Inhaltlich: Philosophische Gespräche drehen sich ausnahmslos um Inhalte und Fragen, auf die es keine eindeutige Antwort gibt (Ungewissheit).
2. Formal: Es werden vielfältige und mehrdeutige Argumente kommuniziert (Ambiguität).
Die zentrale Fragestellung der Untersuchung hierzu lautet: Wie entwickeln sich kommunikative Umgangsweisen mit Ungewissheit/ Ambiguität im Laufe eines Jahres? Zu diesem Untersuchungsaspekt wird auch auf der inhaltlichen Ebene analysiert, wie Sinngehalte in der Gruppe konstruiert werden.

4. Zur Methodik der Untersuchung

Um kommunikative Entwicklungen beim Philosophieren mit Kindern zu untersuchen, bietet sich ein qualitatives Forschungsdesign an, um in einer Längsschnittstudie durch Beobachtung über einen längeren Zeitraum Zugänge zu diesem komplexen Unterrichtsgeschehen zu erhalten und über die Zeitspanne eines Jahres mögliche Entwicklungsprozesse der Schüler/innen feststellen und beschreiben zu können. Die Datenerhebung fand in einer ersten Klasse einer Hamburger Grundschule statt, mit der in Abständen von jeweils zwei Wochen regelmäßig philosophiert wurde. Die Untersuchung strukturierte sich in drei Phasen: Die Eingangsphase zu Beginn des Schuljahres, das Ende des ersten Schulhalbjahres, das Ende des Schuljahres. Aus allen drei Phasen wurden jeweils zwei Videoaufnahmen von Unterrichtsstunden transkribiert und nach der Dokumentarischen Methode (Bohnsack 2010, Przyborski 2004) ausgewertet. Dieses Verfahren der rekonstruktiven Sozialforschung ist für diese Studie besonders gut geeignet, da es ein Instrumentarium bietet, um Sinn- und Bedeutungsmuster zu rekonstruieren und darüber

---

[4] Der Zusammenhang zwischen dem Philosophieren mit Kindern und der Theorie transformatorischer Bildungsprozesse wird in dem in diesem Band enthaltenen Beitrag von Kerstin Michalik dargelegt.

hinaus auch durch die Kontrastierung der Ergebnisse eine Prozessbeschreibung zu ermöglichen.

5. Kompakte Ergebnisdarstellung der Längsschnittstudie

Die Ergebnisse zur Mehr-Perspektivität können an dieser Stelle nur kurz skizziert werden. Aus allen sechs Gesprächstranskripten lassen sich auf der Basis der dokumentarischen Methode folgende drei Perspektiven der Kinder rekonstruieren:
Die Subjektive Perspektive: Perspektive des Subjekts, des Individuums. Es werden persönliche Erfahrungen und Erlebnisse mitgeteilt.
Die Allgemeine Perspektive: Perspektive der Verallgemeinerung und der Abstraktion. Es wird auf einen übergeordneten Bezugsrahmen verwiesen, Aussagen sind sachlich und scheinbar objektiv.
Die Relationale Perspektive: Perspektive der wechselseitigen Bezugnahme. Es werden Bezüge zu den Aussagen von Mitschüler/innen hergestellt.
Zu Beginn des Jahres dominiert die Subjektive Perspektive in den Beiträgen der Schüler/innen; die Kinder sprechen vor allem über sich selbst und nur vereinzelt werden Verallgemeinerungen vorgenommen. Direkte Bezüge auf Gesprächsbeiträge von Mitschüler/innen sind kaum vorhanden. Perspektivübernahmen finden kaum statt, allerdings wird Mehr-Perspektivität auf der inhaltlichen Ebene deutlich, indem die Schüler/innen zum Beispiel zum Gesprächsgegenstand Thema „Glück" verschiedene Bedeutungen und Sinngehalte entfalten.
Die ersten Diskurse sind gekennzeichnet durch eine parallele Diskursorganisation, die auf die Lehrperson ausgerichtet ist. Die Kinder kommunizieren Bedeutungen „nebeneinander" und setzen Wiederholungen zur gegenseitigen Bestätigung ein. Inhaltliche Differenzierungen werden kaum vorgenommen.
Zum Zeitpunkt der zweiten Datenerhebung nach sechs Monaten regelmäßigen Philosophierens nehmen bereits zahlreiche Schüler/innen in ihren Beiträgen eine Allgemeine Perspektive ein und sind zunehmend in der Lage zu abstrahieren. Es findet eine bemerkenswerte Verknüpfung von Subjektiver und Allgemeiner Perspektive statt. Performative und spielerische Elemente unterstützen dabei abstrakte Vorstellungen und schaffen so indirekt erfahrbare Bezüge und Möglichkeiten der Perspektivübernahme. Dabei ist die Fähigkeit, abstrakt zu denken, bei den Kindern individuell sehr unterschiedlich ausgeprägt. Wenn es um abstrakte Themen geht, ist die Subjektive Perspektive häufig Ausgangspunkt für Denkbewegungen, indem die Schüler/innen Anknüpfungspunkte suchen, die etwas mit ihrer eigenen Lebenswelt zu tun

haben. Nach sechs Monaten regelmäßigen Philosophierens lassen sich auch im Hinblick auf die Relationale Perspektive zunehmend Bezugnahmen der Schüler/innen auf andere Gesprächsbeiträge feststellen, die verschiedene Formen von Perspektivübernahmen dokumentieren. Es werden von den Schüler/innen vielfältige, individuelle Umgangsweisen mit Ambiguität entwickelt, die kreative Denkbewegungen darstellen:
- explizites Eingeständnis des Nichtwissens
- Formulierung eigener Hypothesen im Sinne eines „wissenschaftlichen" Vorgehens
- Differenzierungen der Aussagen anderer Kinder
- Perspektivwechsel im Rahmen von Gedankenexperimenten
- Kombination von Wissenselementen und phantasievollen Gedankenexperimenten
- spielerische Ausdrucksformen zur Verdeutlichung und Entwicklung von Gedanken

Diese vielfältigen, individuell verschiedenen Umgangsweisen mit Ungewissheit/ Ambiguität zeugen von verschiedene kognitiven Strategien der Schüler/innen. Es wird Raum geschaffen, diese unterschiedlichen Perspektiven nebeneinander zu stellen und gelten zu lassen. Die Schüler/innen entfalten tentative Wirklichkeitsauslegungen auf der Grundlage des eigenen Erfahrungswissens, die auf elementare Such- und Denkprozesse verweisen, in denen das Subjekt sich aktiv ins Verhältnis zur Welt setzt und eigenständig Sinn konstruiert.

Der Vergleich der ersten beiden Erhebungspunkte zeigt, dass sich die Komplexität der individuellen Denkbewegungen erhöht und auch die Komplexität des gesamten Diskurses zunimmt, was unter anderem in der großen Vielfalt an inhaltlichen Perspektiven deutlich wird. Während die Schüler/innen am Anfang des Jahres noch zuvor Gesagtes wiederholen, um zu bestätigen, dass sie der gleichen Meinung sind, werden sechs Monate später bereits verstärkt Aussagen anderer Schüler/innen aufgegriffen, weiterentwickelt und auf komplexe Weise miteinander verknüpft, sodass sich vernetztes Denken entwickelt. Gleichzeitig lassen sich zu diesem Zeitpunkt deutlich mehr Perspektivübernahmen feststellen. Die Schüler/innen kommunizieren mehr miteinander, sie beziehen sich aufeinander, interessieren sich für die Meinung der anderen und entwickeln das Thema gemeinsam weiter. Zum zweiten Untersuchungszeitpunkt wird bereits deutlich, dass die offene, kommunikative Auseinandersetzung mit Ambiguität zu Mehr-Perspektivität im philosophischen Gespräch führt.

Am Ende des Jahres gibt es erneut Veränderungen. Die Auswertung der Gespräche der letzten Datenerhebung zeigt, dass die Relationale Perspektive nunmehr eine zentrale Rolle einnimmt, sodass am Ende des Jahres interkommunikative Sequenzen den Diskurs dominieren. Es gibt eine facettenreiche, aufeinander bezogene Kommunikation unter den Schüler/innen. In nahezu allen Passagen lassen sich zahlreiche direkte Bezüge dokumentieren, die verschiedenen Formen der Perspektivübernahme entsprechen: Die Spiegelung oder gegenseitige Bestätigung und Ergänzung von Argumenten, die Differenzierungen der Aussagen anderer, die Formulierung von Oppositionen im Sinne konträrer Bezüge, der Wechsel von Perspektiven.

Diese Entwicklungen werden begleitet von der zunehmenden Herausbildung eigener begründeter Positionen im Sinne von Urteilsbildungen. Ferner ist zu beobachten, dass die Diskurse in der dritten Phase stärker logisch-argumentativ ausgerichtet sind und die sprachliche Komplexität zunimmt. Redebeiträge einzelner Schüler/innen gewinnen an Umfang und enthalten differenziertere Argumentationsgänge, es werden Metaphern gebildet und die Beiträge zeigen eine zunehmende Sensibilität bei der Wortwahl.

6. Fazit

Als wichtiges Ergebnis der Untersuchung lässt sich festhalten, dass das Philosophieren mit Kindern die Fähigkeit zur Perspektivübernahme in verschiedener Hinsicht fordert und fördert und zur Entwicklung vernetzenden Denkens beiträgt. Die diskursive Auseinandersetzung mit Ambiguität führt zu vielfältigen kreativen Denkbewegungen, die an Komplexität zunehmen und auch der sprachliche Ausdruck der Kinder wird im Untersuchungszeitraum umfangreicher und differenzierter. Gleichzeitig werden Prozesse der Urteilsbildung angeregt. Es wird deutlich, dass das Philosophieren mit Kindern einen wichtigen Beitrag zur Ausbildung von Kompetenzen beitragen kann, die in einem fundamentalen Maß bildungswirksam sind. So werden z.B. verschiedene Formen der Perspektivübernahme, differenzierendes und kritisches Denken sowie die Urteilsfähigkeit der Schüler/innen im Laufe eines Jahres zunehmend entwickelt. Und indem das Moment des Ungewissen kreative gedankliche Auseinandersetzungen auslöst, in denen das Verhältnis zwischen Subjekt und Welt neu konfiguriert wird, vermag das Philosophieren mit Kindern Räume für persönlichkeitswirksame Bildungsprozesse zu eröffnen.

Literatur

Bischof-Köhler, D. (2011): Soziale Entwicklung in Kindheit und Jugend. Bindung, Empathie, Theory of Mind. Stuttgart.

Bohnsack, R. (2010): Rekonstruktive Sozialforschung. Einführung in qualitative Methoden. Opladen, Farmington Hills.

Dalbert, C. (1999): Die Ungewißheitstoleranzskala: Skaleneigenschaften und Validierungsbefunde. Halle/Saale.

Förstl, H. (Hrsg.) (2007): Theory of Mind. Neurobiologie und Psychologie sozialen Verhaltens. Heidelberg.

Frenkel-Brunswik, E. (1949): Intolerance of Ambiguity as an emotional and perceptual Personality Variable. In: Journal of Personaltity, 18, pp. 108-143.

Goch, I. (1998): Entwicklung der Ungewissheitstoleranz. Die Bedeutung der familialen Sozialisation. Regensburg.

Grenier, S.; Barrette, A.-M.; Ladouceur, R. (2005): Intolerance of Uncertainty and Intolerance of Ambiguity: Similarities and differences. In: Personality and Individual Differences, 39, pp. 593-600. URL: http://www.sciencedirect.com/science/article/pii/S0191886905000668 [04.09.2014]

Koller, H.-C. (2012): Bildung anders denken. Einführung in die Theorie transformatorischer Bildungsprozesse. Stuttgart.

Michalik, K. (2005): Philosophieren über Mensch und Natur im Sachunterricht. In: Hößle, C.; Michalik, K. (Hrsg.): Philosophieren mit Kindern und Jugendlichen. Didaktische und methodische Grundlagen des Philosophierens. Baltmannsweiler, S. 13-23.

Przyborski, A. (2004): Gesprächsanalyse und dokumentarische Methode. Qualitative Auswertung von Gesprächen, Gruppendiskussionen und anderen Diskursen. Wiesbaden.

Richter, D. (2005): Sachunterricht – Ziele und Inhalte. Ein Lehr- und Studienbuch zur Didaktik. Baltmannsweiler.

Rokeach, M. (1960): The Open and Closed Mind. Investigations into the Nature of Belief Systems and Personality Systems. New York.

Trickey, S.; Topping, K.J. (2004): "Philosophy for children": a systematic review. In: Re search Papers in Education, 19, 3, pp. 365-380. URL: http://www.tandfonline.com/doi/pdf/10.080/0267152042000248016 [02.09.2014]

Julia Lüpkes und Ines Oldenburg

Grundschule und Medien als Hauptakteure sexueller Bildung[1] – eine empirische Analyse aus der Sicht von Grundschulkindern

Sexual education in primary schools in the current general studies discourse is primarily characterized by a lack of empirical foundation. A few current studies suggest that the primary science curriculum is not in accord with children's need. Therefore media constitute an essential factor in the educational efforts of children in the field of sexuality. The study in preparation focuses on the tension between primary schools and media as key actors in sexual education of primary school-age children.

1. Sexuelle Bildung im Sachunterricht und/ oder durch Medien?

Sexuelle Bildung in der Grundschule ist im aktuellen Sachunterrichtsdiskurs vor allem dadurch gekennzeichnet, dass es ihr an entsprechender Evidenzbasierung mangelt. Einige wenige aktuelle Studien (s.u.) und dokumentierte Erfahrungen aus der Praxis (vgl. Semper 2012) legen nahe, dass sachunterrichtliche und damit schulische Angebote mit den Bedürfnissen der Kinder nicht überein zu stimmen scheinen, weshalb die Medien einen wesentlichen Faktor in den Bildungsbemühungen der Kinder für das Themenfeld Sexualität darstellen. Hat Sachunterricht nicht die Aufgabe, die in diesem Kontext gesehenen Bilder und gehörten Dialoge mit den Kindern zu reflektieren, um ihnen auch andere Bilder von Männlichkeit und Weiblichkeit, von Intimität und Sexualität, und auch andere als die (fern-)gesehenen Beziehungs-Geschichten nahe zu bringen?

---

[1] Unter Rückgriff auf Norbert Kluge (2008) verstehen wir den Begriff der sexuellen Bildung als „nicht nur von außen gelenkte und kontrollierte Lernprozesse […], [er] betont auch die Aktivitäten der Selbstformung" (Kluge 2008, S. 119). Dies schließt die aktive Beteiligung der Kinder an ihrer eigenen sexuellen Bildung also ausdrücklich ein.

In der Untersuchung von Milhoffer (2000) zeigt sich, dass Jungen neben der Schule als Informationsquelle (60%) in erster Linie den Fernseher bevorzugen (30%), gefolgt von Zeitschriften (28%) und Büchern (28%). Die Familie als Wissensquelle nannten dagegen nur 18% der Jungen. Bei den Mädchen sieht das etwas anders aus: Auch bei ihnen ist die Schule die Hauptwissensquelle für Sexualität (60%), gefolgt von der Familie (33%), erst danach kommen Bücher (21%), Zeitschriften (19%) und das Fernsehen (10%) (vgl. Milhoffer 2000, S. 125). Diese 15 Jahre alten Befunde dürften sich aktuell noch anders darstellen: Viel mehr Sender als in den Erhebungsjahren prägen die Fernsehlandschaft, 45% der 10-11-jährigen Kinder verfügen heute über einen eigenen Laptop oder Computer, 43% besitzen einen eigenen Fernseher im Kinderzimmer (vgl. World Vision e.V. 2013, S. 139). Zwar ist der Fernsehkonsum insgesamt über die letzten Jahre konstant geblieben, aber die Kinder können in einem immer größeren Ausmaß auf entsprechende Geräte zugreifen bzw. darüber frei verfügen (vgl. a.a.O.).

Milhoffer belegt, dass die (Grund-)Schule in Bezug auf Sexualität einen wichtigen Bildungsauftrag von den Kindern zugesprochen bekommt (vgl. Milhoffer 2000, S. 125ff.) – und Medien eben auch. Anders als die Grundschule haben Medien allerdings keinen pädagogischen Auftrag, sondern unterliegen Marketinggesetzen. Was bedeutet das für die sexuelle Bildung der Mädchen und Jungen? Und: Darf Sachunterricht die Kinder mit dieser medialen Lebenswirklichkeit allein lassen?

2. Mediale Vermittlung sexueller Bildung durch „Talks" und „Soaps": Stand der Forschung

Zur Beantwortung dieser Frage werden zunächst die bereits vorliegenden Studien (s.u.) herangezogen, um festzustellen, welche Art von Informationen die Kinder in den Medien suchen. Dazu resümiert Milhoffer: „Kinder suchen hier [in Printmedien, im Fernsehen, in Videos, über den Computer und im Internet, Anm. d. Verf.] nach Modellen für Kontaktaufnahme und hoffen auf Antworten auf intime Fragen. (…) Viele Mädchen und Jungen erinnern sich im Interviews [sic!] an die gängigen Daily Soaps, wie „Gute Zeiten, schlechte Zeiten", „Verbotene Liebe" [sic!] „Marienhof", „Lindenstraße" etc. Wenn in diesen Sendebeiträgen Sexualität auch eher zurückhaltend präsentiert wird, so enthält doch das Liebesleben der Protagonist/innen wichtige Tipps für die Selbstdarstellung und Beziehungspflege" (Milhoffer 2000, S. 129). Mädchen und Jungen unterscheiden sich allerdings darin, zu welchen Aspekten von Sexualität sie sich Informationen suchen und welche Medien sie dafür nutzen: Mädchen bevorzugen eher Printmedien (z.B. „Bravo") und richten ihren

Blick eher auf Vorbilder und Handlungsoptionen für Beziehungen in Film und Fernsehen, während Jungen eher audiovisuelle Medien in den Fokus nehmen, die den sexuellen Akt darstellen und die die Möglichkeit zur Interaktion bieten wie z.B. Computerspiele (vgl. Milhoffer 2000, S. 130f.). Kindern geht es demzufolge nicht nur um Aspekte von Körperlichkeit wie z.B. „Wie fühlt sich Sex an?" oder „Wie macht man Sex?" (vgl. von der Gathen 2014, S. 30 und 41), sondern auch um Fragen der Beziehungsgestaltung: von Kontaktaufnahme über das Gefühl des Verliebtseins bis zum Konflikt in Partnerschaften und der Trennung. Daher stellt sich die wesentliche Frage, welche Bilder und Vorbilder von Gestaltung der eigenen Geschlechterrolle und des geschlechtsbezogenen Körperstylings, der Gestaltung und des sozialen, emotionalen und zeitlichen Ablaufs von kinder-, jugendlichen- und erwachsenenbezogenen Beziehungen, Ehen, Familien und weiteren Formen des Zusammenlebens, ihren Problemen und deren Lösungen, sexueller Verhaltensweisen und ihren scheinbaren Normen der Körperlichkeit den Kindern durch die Medien geboten werden und wie sie diese verarbeiten. Darüber hinaus gilt es zu klären, ob Mädchen und Jungen mit den von den Medien angebotenen Vorbildern, Handlungsoptionen und Beziehungsmustern allein gelassen werden sollten – oder ob die Grundschule und speziell der Sachunterricht eine Rahmung für die Bildungsbemühungen der Kinder bieten sollte.

Als Antwort auf die Frage nach Beziehungsgestaltung etc. lassen sich fast ausschließlich Untersuchungen finden, die mit Jugendlichen als Probanden gearbeitet haben. Kinder im Grundschulalter werden hier sehr selten einbezogen (Ausnahme: Matz 2005). Die Medienforschung liefert wichtige Hinweise, was Jugendliche an Informationen über Sexualität in den Medien suchen und wie sie sie verarbeiten und verwerten (vgl. z.B. Götz 2002, Matz 2005, Simon 2006, BzgA 2010). Adressaten dieser Forschung sind Jugendliche sehr unterschiedlichen Alters und mit variierenden Altersspannen (vgl. z.B. Barthelmes 2001, Theunert/ Gebel 2000, Göttlich/ Krotz/ Paus-Haase 2001, Fahr/ Zubayr 1999). Interessant ist, dass die Jugendlichen die gleichen Daily Soaps schauen, die auch von den befragten Mädchen und Jungen der Studie von Milhoffer genannt wurden, zum Beispiel „Gute Zeiten, schlechte Zeiten" und „Verbotene Liebe" (vgl. Fahr/ Zurbayr 1999). Ob die Kinder darin dieselben Informationen wie die Jugendlichen suchen, kann aufgrund fehlender empirischer Daten nicht gesagt werden. Zur Erläuterung der Orientierungsfunktion von Soaps greifen wir zwei Studien heraus:
Die Studie „Daily Soaps und Daily Talks im Alltag von Jugendlichen" (Göttlich/ Krotz/ Paus-Haase 2001), die inhaltlich einen ähnlichen Schwerpunkt hat wie die Studie „Lehrstücke fürs Leben in Fortsetzung. Serienrezeption zwischen Kindheit und Jugend" (vgl. Theunert/ Gebel 2000, darin insbeson-

dere Eggert 2000), ist in diesem Kontext besonders interessant. Inhaltlich standen erstens Daily Soaps, zweitens Talkshows im Mittelpunkt, wobei auch das Zusammenspiel dieser beiden untersucht wurde, sowie die Anschlusskommunikation im Internet. Die untersuchten Talks und Soaps dienen den Jugendlichen als Vergleichsfolie für ihre eigene Identität und ermöglichen so „eine lustorientierte, unangeleitete Bespiegelung des Selbst" (Paus-Haase 2001, S. 318). Für die Jugendlichen erscheinen sie als eine Art Expertensystem in Bezug auf Zusammenleben, Liebe und Freundschaftsbeziehungen, auch bieten sie Vorbilder und Modellvorstellungen zur Aneignung verschiedener Lebensweisen der Frauen und Männer. Die Sendungen als Vergleichsfolie zu nutzen bedeutet, dass die Jugendlichen diese Vor-Bilder akzeptieren oder sich graduell unterschiedlich von ihnen abgrenzen. Paus-Haase beschreibt die am meisten beeinflussbare Rezipienten-Figur durch Daily Talks so: „Es handelt sich um jüngere Mädchen mit mittlerem oder niedrigem Bildungsstand, geringer Medienkompetenz und einem problematischen lebensweltlichen Hintergrund" (Paus-Haase 2001, S. 319). Manche dieser Mädchen orientieren sich in besonders ausgeprägter Weise an deren Wirklichkeitskonstruktionen, dies betrifft auch Verhaltensmodelle und Problemlösestrategien (Paus-Haase 2001, S. 321). Mädchen nehmen darüber hinaus den Themenkomplex aus Liebe, Partnerschaft und Beziehungen doppelt so häufig wahr wie die Jungen, sie beschreiben ihn detaillierter und setzen ihn stärker in Bezug zur eigenen Lebenswelt (Paus-Haase/ Wagner 2001, S. 210). So liegt das Nutzungsinteresse dieser Mädchen darin, dass sie aus den Geschichten etwas für ihr Leben lernen können (ebd.). In Anlehnung an diese Studie wäre zu fragen, ob und inwiefern sich diese Unterschiede in Reflexionsgraden auch bei Grundschülerinnen und -schülern wiederfinden lassen. Dies hätte zur Folge, dass das sehr unterschiedliche Potential positiv im Hinblick auf sexuelle Bildung im Rahmen von Sexualerziehung genutzt werden könnte – und müsste.

Simon (2006) konnte in ihrer Untersuchung „Wirkungen von Daily Soaps auf Jugendliche", die zunächst das Fernsehformat der Daily Soaps mit einem besonderen Augenmerk auf den narrativen Strukturen beleuchtet hat, zeigen, dass in diesen täglich laufenden Serien sehr viel Kommunikation über „Intimes" geboten wird, die insbesondere die psychische Verfassung, die Einstellungen und Werthaltungen zu den Ereignissen erörtern und meist aus Sicht der (jungen und daher identifikationsstarken) betroffenen Paare und Personen heraus gezeigt wird. Dies ermöglicht den (jugendlichen) Zuschauern eine „Gottperspektive" einzunehmen, da sie über das Intimleben der Serienfiguren aus mehr Perspektiven informiert sind als die Figuren in der internen Logik. Dies unterstützt nach Simon die Suche der Jugendlichen nach Orientierungs- und Identifikationsmodellen (vgl. Simon 2006, S. 49f.). Es steht zu vermuten, dass die Jugendlichen in ihrer Lebenswelt nicht einmal annähernd einen entsprechenden Einblick in die eigene Gefühlswelt und die der Personen in ihrem Lebensumfeld bekommen. Auch dass Themen aus dem Bereich des Emotionalen und der Beziehungen so häufig und vielfältig präsentiert werden, hat seine Wirkung. Unter Rückgriff auf „Neue Konzepte der Medienwirkungsforschung" (a.a.O., S. 109) argumentiert Simon mit der Agenda-Setting-These (vgl. dazu Diskurs bei Jäckel 2011, S. 189ff.). Sie geht davon aus, dass Medien durch die Häufigkeit des Aufgreifens bestimmter Themen diese mit einer höheren oder geringeren Relevanz versehen, sodass die Rezipienten (und insbesondere die, deren Lebenswirklichkeit sich häufig in medialen Kontexten abspielt) den Eindruck gewinnen, dass diese Themen eine hohe Relevanz auch im „wirklichen Leben" haben (vgl. Simon 2006, S. 109f.). Darüber hinaus beruft Simon sich auf die Kultivierungshypothese (vgl. dazu Jäckel 2011, S. 239ff.), die davon ausgeht, „dass bei Vielsehern eine Homogenisierung des Weltbildes im Sinne der Fernsehrealität eintritt" (Simon 2006, S. 110).

Jugendliche, die zu Hause sowohl qualitativ als auch quantitativ wenig Beziehungsverhalten von ihren Eltern vorgelebt bekommen, nutzen verstärkt das Fernsehen dafür, Vorbilder für die Gestaltung intimer Beziehungen zu bekommen. Von Martial unterstellt auch den Jugendlichen, die sich die Serien mit kritischer Distanz ansehen, sich einer (unbewussten) Wirkung auszusetzen (vgl. von Martial 2013, S. 125ff.). Da sich Kinder im Grundschulalter dieselben Serien anschauen und dies auch explizit vor dem Hintergrund der Informationssuche in Bezug auf Intimität, muss gefragt werden, ob nicht bei dieser Rezipientengruppe eine ähnliche Wirkung eintreten kann.

3. Geplantes Forschungsvorhaben

Die geplante Studie ist auf das Spannungsverhältnis von Grundschule und Medien als Hauptakteure sexueller Bildung von Kindern im Grundschulalter fokussiert:
- Welche Inhalte sexueller Bildung präferieren Kinder im Grundschulalter insgesamt?
- Welche Bildungswünsche hinsichtlich sexueller Bildung adressieren die Grundschulkinder an die Schule/ an den Sachunterricht?
- Welchen Beitrag leisten die (neuen) Medien im Rahmen der sexuellen Bildungsbemühungen der Schulkinder?
- Welche Änderungen sind im Zeitverlauf beobachtbar (vgl. Milhoffer 2000)?

Die Studie ist als quantitative Erhebung mittels Fragebogen für Grundschülerinnen und Grundschüler der dritten und vierten Klassen in Niedersachsen konzipiert. Hierzu wird eine Stichprobe aus der Gesamtheit aller Grundschulen in Niedersachsen per Zufallsauswahl gezogen. Diese ist geschichtet nach den vier Regionalabteilungen Braunschweig, Lüneburg, Osnabrück und Hannover. Pro Region werden 10 Schulen ausgewählt, sodass ca. 3.200 Dritt- und Viertklässler an der Befragung teilnehmen können.

Literatur

Barthelmes, J. (2001): Funktionen von Medien im Prozess des Heranwachsens. In: Media Perspektiven, 2, S. 84-89.

BzgA (2010): Jugendsexualität 2010. URL: www.tns-emnid.com/politik_und_sozialforschung/pdf/Jugendsexualitaet.pdf [01.06.2014]

Eggert, S. (2000): Von Frauen, Männern und Menschen – Wie Mädchen und Jungen die Serienfiguren sehen. In: Theunert, H.; Gebel, C. (Hrsg.): Lehrstücke fürs Leben in Fortsetzung. München, S. 97-130.

Fahr, A.; Zubayr, C. (1999): Fernsehbeziehungen. München.

Gathen, K. von der (2014): Klär mich auf. Leipzig.

Göttlich, U.; Krotz, F.; Paus-Haase, I. (Hrsg.) (2001): Daily soaps und daily talks im Alltag von Jugendlichen. Opladen.

Götz, M. (Hrsg.) (2002): Alles Seifenblasen? München.

Jäckel, M. (2011): Medienwirkungen. Wiesbaden.

Kluge, N. (2008): Sexuelle Bildung: Erziehungswissenschaftliche Grundlegung. In: Schmidt, R.-B.; Sielert, U. (Hrsg.): Handbuch Sexualpädagogik und sexuelle Bildung. Weinheim, S. 115-123.

Martial, I. von (2013): Sexualität in den Medien – Einfluss auf Kinder und Jugendliche. Baltmannsweiler.

Matz, C. (2005): Vorbilder in den Medien. Frankfurt am Main.

Milhoffer, P. (2000): Wie sie sich fühlen, was sie sich wünschen. Weinheim.

Paus-Haase, I. (2001): Schlussfolgerungen: Daily Talks und Daily Soaps als Foren der Alltagskommunikation. In: Göttlich, U.; Krotz, F.; Paus-Haase, I. (Hrsg.): Daily soaps und daily talks im Alltag von Jugendlichen. Opladen, S. 311-329.

Paus-Haase, I.; Wagner, U. (2001): Soaps und Talks auf der Basis der Talkshow-Interviews. In: Göttlich, U.; Krotz, F.; Paus-Haase, I. (Hrsg.): Daily soaps und daily talks im Alltag von Jugendlichen. Opladen, S. 171-212.

Semper, R. (2012): Kinder – Sexualität – Pädagogik. In: Quindeau, I.; Brumlik, M. (Hrsg.): Kindliche Sexualität. Weinheim, S. 195-208.

Simon, J. (2006): Wirkungen von Daily Soaps auf Jugendliche. Berlin.

Theunert, H.; Gebel, C. (Hrsg.) (2000): Lehrstücke fürs Leben in Fortsetzung. Serienrezeption zwischen Kindheit und Jugend. München.

World Vision Deutschland e.V. (Hrsg.) (2013): Kinder in Deutschland 2013. 3. World Vision Kinderstudie. Weinheim.

*Michael Haider, Thomas Haider und
Maria Fölling-Albers*

Lernen mit Modellen im Sachunterricht am Beispiel elektrischer Stromkreis

Models play an important role in daily life. In the following article we will illustrate the importance of learning with models in science education. This report presents an overview of theoretical approaches to model and empirical evidence in this field and selected results of a study funded by the German Research Foundation (DFG).

1. Modelle als Möglichkeit der Lernunterstützung

1.1 Modelle – Merkmale und Funktionen

Nach der allgemeinen Modelltheorie (Stachowiak 1973) weisen Modelle die Hauptmerkmale Abbildungsmerkmal, Verkürzungsmerkmal und pragmatisches Merkmal auf (siehe auch Schwarz et al. 2009, Harrison/ Treagust 2000, Lange/ Hartinger 2014). Modelle erfassen jedoch nicht alle Merkmale und Attribute des durch sie repräsentierten Originals, sondern nur die, die den Modellschaffern oder Modellnutzern als relevant erscheinen. Schließlich sind Modelle ihren Originalen nicht per se zugeordnet, sondern es finden modellnutzende, zeitliche oder auf Operationen beschränkte Zuordnungen statt (vgl. Stachowiak 1973, Schwarz et al. 2009). Modelle stellen also „Realität" vereinfacht dar, sollen aber den Kriterien fachlicher und inhaltlicher Korrektheit genügen. Zu ein und demselben Phänomen können unterschiedliche Modelle erstellt werden – abhängig von der Fragestellung bzw. Perspektive und Akzentuierung gegenüber dem jeweiligen Phänomen. Daher scheint es angemessen, Modelle (ausgehend davon, dass sie empirischen Evidenzen genügen) nicht als „richtig" oder „falsch" zu klassifizieren, sondern als „zweckerfüllend" oder nicht. Modelle müssen somit ihren unterschiedlichen Funktionen gemäß entwickelt werden. Zu diesen Funktionen zählen die Vereinfachung und Reduktion komplexer Phänomene auf wesentliche Merkmale, die

Veranschaulichung, die Analogiebildung und die Simulation, um Vorhersagen treffen zu können. Diese vier Merkmale fasst Seel (1991) unter dem Begriff der didaktischen Funktionen von Modellen zusammen und überträgt diese auch auf mentale Modelle.

1.2 Modelle im Unterricht

Im naturwissenschaftlichen Unterricht stellen Modelle zum einen ein Medium der Erkenntnisvermittlung dar (vgl. Kattmann 2006, Terzer/ Upmeier zu Belzen 2007) und sie können zum anderen – auf der Metaebene – selbst Unterrichtsinhalt sein, indem mit ihrer Hilfe naturwissenschaftliche Arbeitsweisen vermittelt werden (Duit/ Gropengießer/ Stäudel 2007). Durch ihren Einsatz soll bei den Schüler/innen ein kompetenter Umgang mit Modellen erreicht werden.

Auch im Sachunterricht werden mit Hilfe von Modellen Sachverhalte verkürzt und mit eingeschränkter Gültigkeit abgebildet (Schwarz et al. 2009, Lange/ Hartinger 2014). Dabei können entweder Ähnlichkeitsmerkmale (Modell sieht aus wie Original) oder strukturelle Merkmale (z.B. die gleiche Struktur bei Modell und Phänomen) im Vordergrund stehen.

1.3 Spezialfall: Analogiemodelle

Analogiemodelle weisen im Unterricht spezifische Merkmale und Funktionen auf. Anhand der Modelle wird erarbeitet, was im primären, also dem „eigentlichen" Lernbereich, nicht oder nur unzureichend gelernt werden kann. So kann beim Thema „elektrischer Stromkreis" das Lernziel, dass der Strom im Kreis fließt und nicht verbraucht wird, z.B. anhand eines Wassermodells veranschaulicht und erarbeitet werden. Ein sekundärer Lernbereich (z.B. das Wassermodell) dient somit als „Brücke" zum Erlernen des unanschaulichen Lerninhalts – der Elektronenfluss im Kabel ist nicht beobachtbar. Analogien wird beim Erwerb tragfähiger wissenschaftlicher Konzepte somit eine „Brückenfunktion" zugeschrieben: Lernende sollen auf ihr Wissen in einem sekundären Bereich zurückgreifen, um auf den primären Lernbereich Analogieschlüsse zu ziehen. Allerdings gilt es zu prüfen, ob bzw. inwiefern die Schüler/innen Analogiemodelle für ihren Lernprozess nutzen (können). Somit ergeben sich Forschungsfragen bzgl. der Anwendung von Analogien für die Klärung physikalischer Phänomene (z.B. der Erklärung des Stromkreises mit Hilfe von Analogiemodellen).

2. Studie mit Modelleinsatz

Im Rahmen einer von der DFG geförderten Studie[1] wurde der Einsatz verschiedener Modelle (Wassermodelle und mechanische Modelle, hier: Riemenmodelle) zu einem physikalischen Sachverhalt (Stromkreis) untersucht. In einem quasi-experimentellen Design wurden zwei Experimentalgruppen (Wassermodellgruppe und Riemenmodellgruppe) einer Kontrollgruppe, die zu diesem Thema ohne den Einsatz von Modellen unterrichtet wurde, und einer Wartegruppe, die keinen Unterricht zum Thema „Stromkreis" erhielt, gegenüber gestellt. Die Stichprobe umfasste je vier Klassen der dritten Jahrgangsstufe. Die Interventionen wurden von derselben Lehrkraft in allen Klassen durchgeführt.[2]

An insgesamt sechs Messzeitpunkten wurden qualitative[3] und quantitative Daten zum Lerngewinn der Schüler/innen hinsichtlich der Stromfluss- und Stromverbrauchsvorstellungen erhoben. Ob bzw. inwiefern der konkrete Einsatz der Analogiemodelle den Lernprozess der Schüler/innen unterstützt hat, wird nachfolgend dargestellt. Die Daten beziehen sich auf die Fragebogenerhebungen der MZPe 2 und 4 – d.h. vor und nach den Unterrichtseinheiten 4-6.[4]

3. Ergebnisse

3.1 Ergebnisse hinsichtlich eines angemessenen Stromflusskonzeptes

Die Unterrichtseinheiten 4-6 bewirkten einen signifikanten Lernzuwachs beim Stromflusskonzept. In allen drei Gruppen ist ein signifikanter Anstieg im Wissen um den Stromfluss zu verzeichnen. Der Leistungszuwachs ist in den Experimentalgruppen (Wassergruppe und mechanische Gruppe) zwar höher als in der Kontrollgruppe. Allerdings sind die Effekte, die durch die

---

[1] Fördernummer HA 6072/2-1.
[2] Eine ausführlichere Beschreibung des Designs findet sich u.a. bei Haider/ Keck/ Haider/ Fölling-Albers 2013, eine ausführliche Beschreibung der Interventionen in Keck/ Haider/ Haider/ Fölling-Albers 2013.
[3] Die qualitativen Daten sind noch nicht ausgewertet. Deshalb werden in diesem Beitrag nur Daten zu den quantitativen Erhebungen (Fragebögen) dargestellt.
[4] In den Unterrichtseinheiten 1-3 haben die Schüler/innen u.a. einen Stromkreis praktisch aufgebaut. Es wurden ihnen Batterien, Kabel und Lämpchen bereitgestellt. Am MZP3 wurden prozessbegleitend Interviews mit ausgewählten Schüler/innen zu ihren Modellvorstellungen durchgeführt.

eingesetzten Modelle erzielt worden sind, im Vergleich zur Kontrollgruppe statistisch nicht signifikant. Vergleicht man die Lernzuwächse differenziert nach verschiedenen Subgruppen, so zeigt sich einen höchst signifikanter Zusammenhang zwischen der Schulleistungsgruppe und der Mittelwertsänderung durch die Unterrichtsstunden 4-6 ($\eta^2=0{,}61$). Dies ist jedoch unabhängig davon, ob im Unterricht ein Modell zum Einsatz gekommen ist oder nicht. Schüler/innen des unteren Leistungsdrittels haben einen signifikant höheren Lernzuwachs durch die „Modelleinheiten" (UE 4-6) als Schüler/innen des mittleren und oberen Drittels. Hier lässt sich also ein Kompensationseffekt bei den Stromflussvorstellungen zeigen. Allerdings zeigte sich bei den beiden oberen Leistungsgruppen bereits beim MZP2 ein Deckeneffekt

3.2 Ergebnisse hinsichtlich der Stromverbrauchsvorstellungen

Ein Vergleich zwischen den verschiedenen Versuchsgruppen zeigt, dass die Gruppe, die mit dem Riemenmodell gearbeitet hatte, den stärksten Lernzuwachs erzielte, die Kontrollgruppe, in der keine Analogiemodelle eingesetzt worden waren, den zweitstärksten. Fast keinen Lernzuwachs hinsichtlich korrekter Vorstellungen zum „Stromverbrauch" zeigte die Gruppe, die mit Wassermodellen gearbeitet hatte. Die Unterschiede im Lernzuwachs sind jedoch nicht signifikant. Es lässt sich nachweisen, dass Schüler/innen mit unterschiedlichem *Vorwissen* unterschiedlich vom Einsatz der Modelle bzw. des Unterrichts in der KG profitierten. Der Anstieg beim Aufbau korrekter Vorstellungen zum „Stromverbrauch" ist bei der Gruppe mit wenig Vorwissen signifikant höher als bei den Gruppen mit höherem Vorwissen.

Signifikante Unterschiede ergeben sich im Lernzuwachs durch UE 4-6 auch bei den Subgruppen *Mädchen und Jungen*: Die Jungen lernten durch die über den Bau eines Stromkreises hinausgehenden Unterrichtsstunden (UE 4-6) signifikant mehr dazu als die Mädchen.

Ein Vergleich von Mädchen und Jungen zeigt zudem: Bei den Mädchen sanken richtige Vorstellungen zum Stromverbrauch in der Wassermodellgruppe, Jungen hingegen profitierten von beiden Modellen. Die Jungen der Kontrollgruppe gewannen dagegen kaum hinzu.

4. Diskussion

Die vorliegenden Ergebnisse zeigen: Der Einsatz von Modellen kann anspruchsvolle und wenig anschauliche naturwissenschaftliche Lerninhalte nachdrücklich unterstützen, doch es gibt keinen „Automatismus". Verschiedene Schülergruppen profitierten unterschiedlich vom Einsatz der Modelle. So profitierten zum Abbau von Stromverbrauchsvorstellungen z.B. Kinder mit wenig Vorwissen und die Gruppe der Jungen besonders vom Einsatz der Analogiemodelle. Auch beim Aufbau adäquater Flussvorstellungen im Gleichstromkreis lernten Kinder mit wenig Vorwissen besser, wenn sie anhand der Modelle die Kreisbewegungen anschaulich nachvollziehen konnten. Der Wissensvorsprung der leistungsstärkeren Kinder konnte durch die „zusätzlichen" Unterrichtseinheiten 4-6 weitgehend kompensiert werden. Viele Mädchen scheinen vom Wasserkreislaufmodell überfordert gewesen zu sein. Es ist zu prüfen, ob die qualitativ erhobenen Daten Hinweise auf mögliche Ursachen für dieses Ergebnis liefern.

Ein Vergleich mit der Untersuchung von Haider (2010), in der zum Teil ein entsprechender Untersuchungsaufbau vorlag, zeigt diskussionswürdige Punkte. In dieser Studie waren die Schüler/innen der KG deutlich weniger erfolgreich als die Schüler/innen der Experimentalgruppen. In der aktuellen Untersuchung konnte dieses Ergebnis nicht bestätigt werden. Die guten Leistungen der KG in der vorliegenden Studie führen wir zum einen auf das „faire Design" zurück, nicht zuletzt aber auch auf den qualitativ hochwertigen Unterricht in dieser Gruppe. In der Untersuchung von Haider (2010) führten die Klassenlehrer/innen der KG ihren „üblichen" Unterricht zum Thema „Strom" durch. In der vorliegenden Untersuchung hingegen erhielten auch die Schüler/innen der KG einen Unterricht, in dem das Thema sowohl fachlich differenziert als auch handlungsbezogen und diskursiv erarbeitet wurde. Der Unterricht wurde in allen Klassen von einer ausgewiesenen Expertin für naturwissenschaftlichen Sachunterricht durchgeführt (Studienfach: Physik). Die Ergebnisse bestätigen somit den Stellenwert fachlicher und pädagogischer Expertise für erfolgreichen Unterricht – in diesem Fall naturwissenschaftlichen Fachwissens und fachdidaktischen Wissens (vgl. Entsprechendes auch in weiteren Studien wie PLUS: Lange/ Kleickmann/ Möller 2012 und COACTIV: Baumert/ Kunter/ Voss/ Blum/ Brunner/ Jordan 2010).

Literatur

Baumert, J.; Kunter, M.; Voss, T.; Blum, W.; Brunner, M.; Jordan, A. (2010): Teachers' mathematical Knowledge, cognitive Activation in the Classroom, and Student Progress. American Educational Research Journal, 47(1), pp. 133-180.
Duit, R.; Gropengießer, H.; Stäudel, L. (2011): Naturwissenschaftliches Arbeiten. Seelze-Velber.
Haider, M. (2010): Der Stellenwert von Analogien für den Erwerb naturwissenschaftlicher Erkenntnisse. Bad Heilbrunn.

Haider, M.; Keck, M.; Haider, T.; Fölling-Albers, M. (2013): Analogiemodelle als didaktisches Mittel zur Unterstützung naturwissenschaftlicher Lernprozesse. In: Fischer, H.J.; Giest, H.; Pech, D. (Hrsg.): Der Sachunterricht und seine Didaktik. Bestände prüfen und Perspektiven entwickeln. Bad Heilbrunn, S. 147-154.

Harrison, A.G.; Treagust, D. (2006): Teaching and Learning with Analogies: Friend or Foe. In: Aubusson, J.B. (Hrsg.): Metaphor and Analogy in Science Education. Berlin, pp. 11-219.

Kattmann, U. (2006): Modelle. In: Gropengießer, H.; Kattmann, U. (Hrsg.): Fachdidaktik Biologie. (7. Ausg.). Köln.

Keck, M.; Haider, M.; Haider, T.; Fölling-Albers, M. (2013): Analogiegestützter Unterricht zum Thema elektrischer Strom. GDSU-Journal, Heft 3, S. 11-22.

Lange, K.; Hartinger, A. (2014): Modellierungskompetenz – Konzeptionierungen und Verortung im Sachunterricht. In: Fischer, H.-J.; Giest, H.; Peschel, M. (Hrsg.): Lernsituationen und Aufgabenkultur im Sachunterricht. Bad Heilbrunn, S. 165-172.

Lange, K.; Kleickmann, T.; Tröbst, S.; Möller, K. (2012): Fachdidaktisches Wissen von Lehrkräften und multiple Ziele im Sachunterricht. In: Zeitschrift für Erziehungswissenschaft, 15, S. 55-75.

Mikelskis-Seifert, S.; Kasper, L. (2011): Modellieren in der Physik, im Alltag und im Unterricht. Hintergründe und unterrichtliche Orientierung zum Thema Modelle. In: Unterricht Physik, 122, S. 4-12.

Schwarz, C.V.; Reiser, B.J.; Davis, E.A.; Kenyon, L.; Achér, A.; Fortus, D. (2009): Developing a Learning Progression for Scientific Modeling: Making Scientific Modelling Accessible and Meaningful for Learners. In: Journal of Research in Science Teaching, 6, pp. 632-654.

Seel, N.M. (1991): Weltwissen und mentale Modelle. Göttingen, Toronto, Zürich.

Stachowiak, H. (1973): Allgemeine Modelltheorie. Wien.

Terzer, E.; Upmeier zu Belzen, A. (2007): Naturwissenschaftliche Erkenntnisgewinnung durch Modelle – Modellverständnis als Grundlage für Modellkompetenz. In: IDB Münster. Berichte des Instituts für Didaktik der Biologie, Bd. 16. Münster, S. 33-56.

Anna Windt und Gerlinde Lenske

Entwicklung der Reflexion von Sachunterricht in der zweiten Phase der Lehrerausbildung

The article describes a project which investigates the development of prospective teachers in the second phase of teacher training in Germany. The project is divided into three sub projects which analyze the development of the prospective teachers' planning of lessons, teaching of lessons and reflection on lessons in the subject Sachunterricht. The article focuses on the sub project regarding the reflection on lessons and describes why the reflection on lessons is important and how the construct reflection is defined and measured in the project. The article illustrates the category system used to rate reflections on lessons regarding their quality.

1. Ausgangslage

Lehrkräfte sind die zentralen Akteure im Bildungssystem. Über ihr Unterrichtshandeln beeinflussen sie maßgeblich den Bildungserfolg der Schülerinnen und Schüler (Hattie 2009). Die professionelle Kompetenz von Lehrkräften wird deshalb als zentraler Bedingungsfaktor für erfolgreichen Unterricht betrachtet (z.b. Hascher 2011, Helmke 2009). Seit einigen Jahren rücken, auch angetrieben durch internationale Vergleichsuntersuchungen wie PIRLS, TIMSS und PISA, die professionelle Kompetenz von Lehrkräften und ihre Ausbildung stärker in den Fokus der empirischen Bildungsforschung (Blömeke 2011).
Mittlerweile ist man sich einig, die professionelle Kompetenz als ein multidimensionales Konstrukt aufzufassen: Neben dem Unterrichtshandeln gelten das Professionswissen sowie Überzeugungen und Einstellungen als wesentliche Dimensionen (Krauss et al. 2004). Während sich einige Studien mit der Entwicklung des Professionswissens in der ersten und zweiten Ausbildungsphase beschäftigt haben (z.b. TEDS-M, LEK), fehlt es insbesondere an empirischer Evidenz über die Kompetenzentwicklung hinsichtlich des Unter-

richtens während der zweiten Ausbildungsphase. Dieser Mangel ist sicherlich auch darin begründet, dass es die zweite Ausbildungsphase fast ausschließlich in Deutschland gibt; in den meisten anderen Ländern ist die praktische Ausbildung in Form von Praxisphasen in das Studium an der Hochschule integriert (Košinár 2014).

Das Unterrichten stellt eine zentrale Kompetenz dar, die angehende Lehrkräfte insbesondere in der zweiten Ausbildungsphase entwickeln sollen (KMK 2004). Dabei werden drei Kompetenzbereiche unterschieden: die Planung, die Durchführung und die Reflexion des Unterrichts (Merkens 2010). Für den Sachunterricht ist, wie auch für viele andere Fächer, weitgehend ungeklärt, wie die Entwicklung der Kompetenz des Unterrichtens verläuft. Das Projekt EuLe (Windt/ Rumann 2014) nimmt sich dieser Forschungslücke an und untersucht in drei Teilprojekten zunächst getrennt die Entwicklung der Kompetenzbereiche Planung, Durchführung und Reflexion von Sachunterricht in der zweiten Phase der Lehrerausbildung. Da alle Teilprojekte mit derselben Stichprobe arbeiten, lassen sich auch Zusammenhänge zwischen Planung, Durchführung und Reflexion untersuchen.

Dieser Beitrag fokussiert auf das Teilprojekt zur Reflexion, das sich folgende Ziele gesetzt hat:
- Entwicklung eines Instruments zur Beurteilung der Qualität der Reflexion von Sachunterricht
- Erfassung der Qualität der Reflexion von Sachunterricht
- Beschreibung von Entwicklungsverläufen angehender Lehrkräfte über den Zeitraum der zweiten Phase der Lehrerausbildung hinsichtlich der Reflexion als Teilkompetenz des Unterrichtens

2. Theoretischer Hintergrund

Im Folgenden wird zunächst beschrieben, warum die Reflexion von Unterricht relevant ist und wie das Konstrukt Reflexion definiert und erfasst werden kann.

2.1 Relevanz von Reflexion

Nachdenken und Reflektieren sind Fähigkeiten, die – laut Kapitel 2 des Perspektivrahmens Sachunterricht – bereits in vorschulischen Lernprozessen gefördert werden sollen (GDSU 2013). Dies zeigt, für wie basal und wichtig das Reflektieren gehalten wird. Die Fähigkeit zur Reflexion ist auch eine wichtige Voraussetzung für die Entwicklung von beruflicher Professionalität, da erst die Wechselwirkung zwischen praktischem Handeln und theoretischer

Reflexion eine Weiterentwicklung ermöglicht (Dubs 2008, Helmke 2009, Kansanen 2000, Korthagen 2002, Schön 1983). Allerdings ist die Wirkung der Reflexion von Lehrkräften auf die Schülerleistung bislang empirisch nicht untersucht (Roters 2012). Es wird jedoch davon ausgegangen, dass Reflexion nicht automatisch zu einem besseren Unterricht führt, aber die professionelle Weiterentwicklung von Lehrkräften ermöglicht (Helmke/ Lenske im Druck, Kansanen 2000).

Die Relevanz der Reflexionsfähigkeit zeigt sich auch darin, dass Reflexion ein integratives Element fast aller Empfehlungen zur Lehrerbildung in Deutschland ist, wobei es sich allerdings – aufgrund mangelnder Evidenz der Wirksamkeit – um normative Forderungen mit wenig konkreten Vorschlägen zur Umsetzung, zu Inhaltsbereichen, Zeitpunkten etc. handelt. Der Reflexion über fachspezifische Inhalte kommt darin besondere Bedeutung zu (Roters 2012).

Graff (2010) geht davon aus, dass die Reflexion im Sachunterricht eine besondere Relevanz hat, da der Sachunterricht aufgrund seiner Vielperspektivität eine besondere Herausforderung für die Lehrkräfte darstellt, die in der Regel in ihrem Studium Inhalte und Methoden der einzelnen Bezugsdisziplinen nur exemplarisch gelernt haben und große Eigeninitiative zur Weiterbildung aufbringen müssen.

2.2 Definition von Reflexion

Reflexion ist eine bestimmte Form des Denkens, ein mentaler Prozess (Dewey 1933, Hatton/ Smith 1995, Korthagen 2002), bei dem es darum geht, Probleme, Situationen, Erfahrungen oder Wissen kognitiv zu strukturieren (Dewey 1933, Hatton/ Smith 1995, Korthagen 2002, Roters 2012, Schön 1983). Insbesondere die *reflection-on-action* (vgl. Schön 1983), also die Reflexion über eine abgeschlossene Handlung, ist ein Merkmal professioneller Kompetenz, da das eigene Wissen analysierbar, reorganisierbar und mitteilbar wird (Altrichter/ Posch 2007). Bei einer Reflexion geht es sowohl um die Rückschau auf erfolgte Handlungen, um sie retrospektiv zu analysieren, als auch um die Vorausschau, um prospektiv mögliche Auswirkungen und Konsequenzen zukünftigen Handelns abzuschätzen (Valli 1997). Reflexion beinhaltet also auch die Generierung von Handlungsalternativen (Dewey 1933, Roters 2012). Die Argumentation einer Reflexion sollte sich nicht auf subjektiven Annahmen oder Theorien begründen, sondern rational, theoretisch begründet und empirisch abgesichert, also so weit wie möglich objektiv sein (Roters 2012). Reflexion setzt eine offene Grundhaltung voraus und den Willen, Inhalte zu durchdringen (Dewey 1933, Hatton/ Smith 1995). Es ist

davon auszugehen, dass die Fähigkeit zur Reflexion durch praktische Anwendung erlernbar ist (Dewey 1933, Roters 2012).
Hatton/ Smith (1995) unterscheiden vier Formen der Reflexionstiefe: Beim *descriptive writing* erfolgt ausschließlich eine Beschreibung der Situation, so dass diese Form noch keine Reflexion darstellt. Bei der descriptive reflection werden darüber hinaus Begründungen für Ereignisse oder Handlungen benannt. Bei der *dialogic reflection* gelingt es darüber hinaus, aus der Distanz auf Ereignisse oder Handlungen zu schauen und mögliche Alternativen zu formulieren. Die *critical reflection* ist darüber hinaus in einen historischen oder gesellschaftspolitischen Kontext integriert.

2.3 Erhebung des Konstrukts Reflexion
Grundsätzlich ist die empirische Erfassung des Konstrukts Reflexion schwierig (z.B. Calderhead/ Shorrock 1997, Korthagen 2002). Sie ist nur über Rekonstruktionen möglich, wobei die Rekonstruktion sowohl Novizen als auch Experten schwer fällt (Hatton/ Smith 1995, Korthagen 2002, Roters 2012). Um den ohnehin schon mühsamen Prozess der Rekonstruktion nicht durch eine das Gedächtnis belastende zeitlich ungünstige Terminierung der Erhebung zu erschweren, sollte die Erfassung der Reflexion möglichst kurz nach der Handlung stattfinden (Leuchter/ Reusser/ Pauli/ Klieme 2008).
Hinsichtlich der Erhebung der Reflexion haben sich schriftliche Formate im Vergleich zu mündlichen als aussagekräftiger erwiesen (Danielson 2008, Hatton/ Smith 1995). Die qualitative, kategoriengeleitete Inhaltsanalyse von Texten ist die am weitesten verbreitete methodische Herangehensweise im Zuge der Datenauswertung (Roters 2012).
Da Reflexion also eine große Relevanz für die Entwicklung professioneller Kompetenz hat und durch praktische Anwendung erlernbar ist, erscheint es fruchtbar, die Entwicklung der Reflexion in der Lehrerausbildung zu untersuchen. Dabei ist insbesondere die zweite Ausbildungsphase interessant, in der durch ein größeres Maß an Unterrichtsverpflichtung eine Vielzahl an Reflexionsanlässen besteht. Auch wenn die Erfassung des Konstrukts schwierig ist, lassen sich unterschiedliche Niveaustufen operationalisieren (vgl. Hatton/ Smith 1995), was die Beschreibung einer Entwicklung ermöglicht.

3. Methoden und Design

Vor diesem Hintergrund werden im Folgenden die Forschungsfragen und Hypothesen sowie das Design des Projektes und das Kategoriensystem zur Analyse der Reflexion beschrieben.

3.1 Forschungsfragen und Hypothesen

F1: Wie verändern sich die Inhalte, die im Fokus der Reflexion von Sachunterricht stehen, im Verlauf des Vorbereitungsdienstes (VD)?
H1: Aufgrund des Modells für Unterrichtsqualität von Pietsch (2010) wird davon ausgegangen, dass in der ersten Hälfte des VD Aspekte der Unterrichtsorganisation und -strukturierung im Fokus stehen (Klassenführung, Klarheit und Strukturiertheit, Angebotsvielfalt) und in der zweiten Hälfte Aspekte, die die Individualebene der Schülerinnen und Schüler einbeziehen (Umgang mit Heterogenität, Aktivierung, lernförderliches Klima).
F2: Wie verändert sich die Qualität der Reflexion von Sachunterricht im Verlauf des VD?
H2: Da Reflexion durch praktische Anwendung erlernbar ist (Dewey 1933, Roters 2012), wird davon ausgegangen, dass die Qualität der Reflexion von Sachunterricht im Verlauf des VD zunimmt.

3.2 Design

Zur Beantwortung der Forschungsfragen wird eine Stichprobe von ca. 25 Lehramtsanwärterinnen und -anwärtern (LAA) untersucht (vgl. Abb. 1).

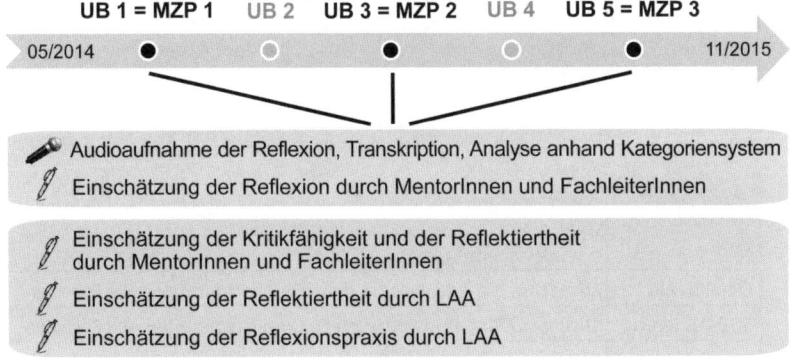

Abbildung. 1: Design des Projektes

Aufgrund der Anlage des Gesamtprojektes werden die mündlichen Reflexionen im Rahmen der verpflichtenden Unterrichtsbesuche genutzt. Die Empfehlung, schriftliche statt mündliche Reflexionen zu verwenden, kann aufgrund der Vernetzung mit den anderen beiden Teilprojekten nicht umgesetzt werden. Um Aussagen über den Verlauf des Vorbereitungsdienstes treffen zu können, werden der erste, dritte und fünfte Unterrichtsbesuch als Messzeitpunkt genutzt. Nach der gezeigten Unterrichtsstunde haben die LAA zehn Minuten Zeit, über die Stunde nachzudenken und geben dann eine ca. zehnminütige mündliche Reflexion ab. Diese wird audiographiert, transkribiert und anhand eines Kategoriensystems (vgl. 3.3) unter Verwendung der strukturierten Inhaltsanalyse nach Mayring (2000) analysiert.

Zusätzlich schätzen zur Validierung auch die Fachleiterinnen und Fachleiter sowie die Mentorinnen und Mentoren die Reflexion bezüglich derselben Kriterien des Kategoriensystems ein.

Ergänzend schätzen – als Kontrollvariable beim dritten Messzeitpunkt – die Fachleiterinnen und Fachleiter sowie die Mentorinnen und Mentoren die Kritikfähigkeit und Reflektiertheit der LAA ein und die LAA schätzen selbst ihre Reflektiertheit und ihre Reflexionspraxis ein.

3.3 Kategoriensystem

Zur Beantwortung der ersten Forschungsfrage wird der Inhalte der Reflexion kodiert. Dabei wird – auch zur Vernetzung mit den anderen Teilprojekten – kodiert, über welche Facetten ihrer Unterrichtsplanung und -durchführung die LAA reflektieren (z. B. Klassenführung, Aktivierung, ...).

Kategorie	Kodierung
Inhalt	Facetten aus den Kategoriensystemen für Planung und Durchführung
Veridikalität	5-stufige Bewertung durch FachleiterInnen und MentorInnen
Niveaustufe	1. Beschreibung 2. Bewertung 3. Begründung 4. Alternativen 5. Konsequenzen
Objektivität	Dichotom für jede Facette, dann Durchschnitt über alle Facetten
Strukturierung	Dichotom für jede Facette, dann Durchschnitt über alle Facetten
Umfang	- Wortanzahl - Anzahl an genannten Facetten - Anzahl an Fachbegriffen

Abbildung 2: Kategoriensystem

Zur Beantwortung der zweiten Forschungsfrage werden die Veridikalität, also die Wirklichkeitsgetreue der Reflexion, die Niveaustufe, die Objektivität und die Strukturiertheit bewertet (vgl. Abb. 2). Die Niveaustufen wurden in Anlehnung an die Reflexionstiefe von Hatton/ Smith (1997) entwickelt: LAA auf der ersten Stufe beschreiben in ihrer Reflexion ausschließlich Unterrichtssituationen. LAA auf der zweiten Stufe bewerten die beschriebenen Unterrichtssituationen darüber hinaus hinsichtlich ihrer Qualität. LAA auf der dritten Stufe begründen zusätzlich ihre vorgenommene Bewertung. LAA auf der vierten Stufe entwickeln zusätzlich alternative Handlungsweisen und LAA auf der fünften Stufe leiten darüber hinaus aus ihrer Reflexion Konsequenzen ab.
Zusätzlich wird als Kontrollvariable die Anzahl der Wörter, die Anzahl der genannten Facetten und die Anzahl der Fachbegriffe kodiert.

4. Fazit und Ausblick

Bildung im und durch Sachunterricht wird maßgeblich durch die Lehrkräfte beeinflusst. Für die Optimierung des Unterrichts ist die Reflexion durch die Lehrkräfte von zentraler Bedeutung. Im Rahmen dieses Projektes konnte ein Kategoriensystem entwickelt werden, mit dem sich die Qualität der Reflexion von Sachunterricht erfassen lässt. Dieses wird nun eingesetzt, um die Entwicklung der Reflexion von Sachunterricht im Verlauf der zweiten Phase der Lehrerausbildung zu beschreiben. Vor dem Hintergrund dieser Erkenntnisse sollen Implikationen für eine gezielte Förderung der Reflexionskompetenz im Vorbereitungsdienst abgeleitet werden.

Literatur

Altrichter, H.; Posch, P. (2007): Lehrerinnen und Lehrer erforschen ihren Unterricht. Bad Heilbrunn.
Blömeke, S. (2011): Forschung zur Lehrerbildung im internationalen Vergleich. In: Terhart, E.; Bennewitz, H.; Rothland, M. (Hrsg.): Handbuch der Forschung zum Lehrerberuf. Münster, S. 345-360.
Calderhead, J.; Shorrock, S. (1997): Understanding Teacher Education: Case Studies in the Professional Development of beginning Teachers. London.
Danielson, L. (2008): Making Reflective Practice more concrete through Reflective Decision Making. In: The Educational Forum, 72, 2, pp. 129-137.
Dewey, J. (1933): How we think: A Restatement of the Relation of Reflective Thinking to the Educative Process. Boston.
Dubs, R. (2008): Lehrbildung zwischen Theorie und Praxis. In: Lankes, E. (Hrsg.): Pädagogische Professionalität als Gegenstand empirischer Forschung. Münster, S. 11-28.

GDSU (2013): Perspektivrahmen Sachunterricht. Bad Heilbrunn.
Graff, T. (2010): Reflexionspotential von Lehrerinnen und Lehrern im Fach Sachunterricht. In: Giest, H.; Pech, D. (Hrsg.): Anschlussfähige Bildung im Sachunterricht. Bad Heilbrunn, S. 213-220.
Hascher, T. (2011): Forschung zur Wirksamkeit der Lehrerbildung. In: Terhart, E.; Bennewitz, H.; Rothland, M. (Hrsg.): Handbuch der Forschung zum Lehrerberuf. Münster, S. 418-440.
Hattie, J. (2009): Visible Learning. London.
Hatton, N.; Smith, D. (1995): Reflection in Teacher Education: Towards Definition and Implementation. In: Teaching and Teacher Education, 11, 1, pp. 33-49.
Helmke, A. (2009): Unterrichtsqualität und Lehrerprofessionalität. Seelze.
Helmke, A.; Lenske, G. (im Druck): Mentorieren und Unterrichtsqualität reflektieren als Bausteine von Personal- und Unterrichtsentwicklung. Erscheint in: Grundschulmagazin.
Kansanen, P. (2000) (Hrsg.): Teachers' pedagogical Thinking: Theoretical Landscapes, practical Challenges. New York.
KMK (2004): Standards für die Lehrerbildung: Bildungswissenschaften. Berlin.
Korthagen, F. (2002): Eine Reflexion über Reflexion. In: Korthagen, F.; Kessels, J.; Koster, B.; Lagerwerf, B.; Wubbels, T. (Hrsg.): Schulwirklichkeit und Lehrerbildung. Hamburg, S. 55-73.
Košinár, J. (2014): Professionalisierungsverläufe in der Lehrerausbildung. Opladen.
Krauss, S.; Kunter, M.; Brunner, M.; Baumert, J.; Blum, W.; Neubrand, M.; Jordan, A.; Löwen, K. (2004): COACTIV: Professionswissen von Lehrkräften, kognitiv aktivierender Mathematikunterricht und die Entwicklung von mathematischer Kompetenz. In: Doll, J.; Prenzel, M. (Hrsg.): Die Bildungsqualität von Schule. Münster, S. 31-53.
Leuchter, M.; Reusser, K.; Pauli, C.; Klieme, E. (2008): Zusammenhänge zwischen unterrichtsbezogenen Kognitionen und Handlungen von Lehrpersonen. In: Gläser-Zikuda, M.; Seifried, J. (Hrsg.): Lehrerexpertise. Münster, S. 165-186.
Mayring, P. (2000): Qualitative Inhaltsanalyse. Forum Qualitative Sozialforschung, 1, 2.
Merkens, H. (2010): Unterricht: Eine Einführung. Wiesbaden.
Pietsch, M. (2010): Evaluation von Unterrichtsstandards. In: Zeitschrift für Erziehungswissenschaften 13, 1, S. 121-148.
Roters, B. (2012): Professionalisierung durch Reflexion in der Lehrerbildung. Eine empirische Studie an einer deutschen und einer US-amerikanischen Universität. Münster.
Schön, D. (1983): The reflective Practitioner. New York.
Valli, L. (1997): Listening to Other Voices. In: Peabody Journal of Education 72, 1, pp. 67-88.
Windt, A.; Rumann, S. (2014): Entwicklungsprozesse während der zweiten Phase der Lehrerausbildung. In: Bernholt, S. (Hrsg.): Naturwissenschaftliche Bildung zwischen Science- und Fachunterricht. Kiel, S. 129-131.

Cornelia Sunder, Maria Todorova und Kornelia Möller

Professionelle Unterrichtswahrnehmung angehender Lehrkräfte durch den Einsatz von Videos fördern

In teacher training video-based analysis can be used to foster (pre-service) teachers' professional vision which is considered to be an important component of teaching expertise. This study presents and evaluates a video-based intervention program that aims at fostering pre-service teachers' professional vision concerning learning support in primary school science classroom. First results indicate that students participating in the program could partially improve their professional vision.

1. Das Potential von Unterrichtsvideos in der Lehrerbildung

Der Einsatz von Unterrichtsvideos im Rahmen der Lehreraus- und -weiterbildung ist ein aktuell viel diskutiertes Thema (Blomberg et al. 2013). Nicht nur in der wissenschaftlichen Diskussion wird die Nutzung von Unterrichtsvideos positiv eingeschätzt; auch Studierende (Rosaen et al. 2008) sehen das Potential dieses Mediums für die Analyse von Unterricht. Generell kann ein adäquater Umgang mit Unterrichtsvideos aber nicht vorausgesetzt werden. Studierende, Lehrpersonen und Lehrende müssen einen objektivierenden, respektvollen Umgang mit diesen häufig erst lernen (Reusser 2005). Neben angemessenen Umgangsformen sollte die Arbeit mit Unterrichtsvideos auch auf inhaltlicher Ebene gut durchdacht sein. So darf aufgrund der Popularität des Mediums Video nicht geschlussfolgert werden, dass jegliche Beschäftigung mit Videos im Rahmen der Ausbildung per se sinnvoll ist. Lehrende sollten Unterrichtsvideos nur zielgerichtet einsetzen (Krammer/ Reusser 2005); dafür bieten sich je nach Lernziel verschiedene Nutzungsmöglichkeiten an. Diesbezüglich unterscheiden Petko/ Reusser

(2005) zum Einsatz von Videos in der beruflichen Ausbildung von Lehrpersonen drei Kategorien: 1. *Videogestützte Selbstreflexion und Feedback*, 2. *Illustrative und modellhafte Videobeispiele* und 3. *Problemorientierte und komplexe Video-Fallbeispiele*. Während in der ersten Kategorie auf das Analysieren und Reflektieren eigenen Unterrichts fokussiert wird, ermöglichen die Kategorien zwei und drei eine theoriebasierte Analyse von Unterricht fremder Personen, zum einen in Form von good-practice Beispielen, zum anderen zur konstruktiven Auseinandersetzung mit realen Problemen aus der Praxis.

Unter der Voraussetzung eines zielgerichteten Einsatzes von Videos kann sich das Potential dieses Mediums für die Unterrichtsanalyse entfalten (Krammer/ Reusser 2005): Videos bilden komplexen Unterricht ab, wobei der Beobachter keinen Handlungsdruck hat. Durch die Möglichkeit, Unterrichtsausschnitte wiederholt zu betrachten, ist eine vertiefte Analyse möglich; auch können bei wiederholtem Anschauen des Videos neue Aspekte in der Analyse entdeckt werden, wodurch subjektive Theorien erweitert werden. Videos bieten zudem eine Grundlage für gemeinsame Diskussionen, in denen verschiedene Perspektiven auf Unterricht eingenommen und zugleich flexibles Denken über Unterrichtssituationen trainiert werden können. Nicht zuletzt ermöglichen Videos eine theoriebasierte Unterrichtsanalyse, bei der theoretisches Wissen auf praktische Situationen angewendet werden kann.

Die videobasierte Unterrichtsanalyse wird häufig zur Förderung einer professionellen Unterrichtswahrnehmung eingesetzt (z.B. Roth et al. 2011, Sherin 2007, Stürmer et al. 2013). Auch im Projekt „ViU: Early Science" versuchen wir, das Potential von Videos zu nutzen, um die professionelle Unterrichtswahrnehmung von Studierenden zu fördern.

2. Das Projekt „ViU: Early Science"

2.1 Professionelle Unterrichtswahrnehmung

Der Begriff der professionellen Unterrichtswahrnehmung geht zurück auf das Konstrukt der *professional vision* (Goodwin 1994). Goodwin bezeichnet damit die Wahrnehmung und Interpretation von Experten bezüglich relevanter Merkmale innerhalb einer bestimmten Domäne. Bezogen auf die Domäne „Schule" liegt der Fokus der professionellen Wahrnehmung auf Unterrichtsmerkmalen, die lernrelevant sind (Sherin 2007). In diesem Kontext gilt die professionelle Unterrichtswahrnehmung als wichtige Komponente der Lehrerexpertise. Auch empirische Befunde belegen die Bedeutung der professionellen Wahrnehmung für die Expertise von Lehrkräften: So zeigen sich Zu-

sammenhänge zwischen effektivem Lehrerhandeln und der Fähigkeit, Schüler-Lehrer-Interaktionen in Videos professionell wahrzunehmen (Hamre et al. 2012). Zusammenhänge zwischen der professionellen Wahrnehmung der Lehrkraft und den Schülerleistungen (Kersting et al. 2012, Roth et al. 2011) unterstreichen die Bedeutung dieser Fähigkeit für das schulische Lernen. Konzeptuell kann die professionelle Wahrnehmung als wissensbasierter Prozess (Stürmer et al. 2013) aufgefasst werden. Dabei beinhaltet diese Fähigkeit das *Erkennen* und das *theoriebasierte Interpretieren* lernrelevanter Unterrichtsereignisse (Sherin 2007). Um Lernsituationen professionell wahrzunehmen, muss also theoretisches Wissen zur Erfassung und Deutung praktischer Situationen eingesetzt werden. Je nach Untersuchungsfokus erfordert das professionelle Wahrnehmen lernrelevanter Situationen dabei allgemeinpädagogisches bzw. domänenspezifisches Wissen (Blomberg et al. 2011). Die Wirksamkeit videobasierter Interventionen in der Lehrerbildung zur Förderung einer professionellen Wahrnehmung ist in verschiedenen Studien untersucht worden. Die Ergebnisse zeigen, dass die professionelle Wahrnehmung von Studierenden und Lehrkräften gefördert werden kann (z.b. Roth et al. 2011, Stürmer et al. 2013). Einige Studien haben dabei einen allgemeinpädagogischen Fokus (z.B. Stürmer et al. a.a.O.), andere weisen einen domänenspezifischen Fokus (z.B. Roth et al. a.a.O.) auf.
Bezüglich der Ausbildung von Grundschullehramtsstudierenden fehlen bisher Konzepte und Befunde zur Förderung der professionellen Wahrnehmung im naturwissenschaftlichen Sachunterricht. Dies ist Gegenstand der vorliegenden Studie. Im Projekt „ViU: Early Science" wird untersucht, ob und inwiefern die professionelle Wahrnehmung von Studierenden im Rahmen einer videobasierten Intervention gefördert werden kann. Die Wahrnehmung lernrelevanter Situationen erfolgt dabei unter dem Fokus der Lernunterstützung. Im Folgenden wird erläutert, was unter Lernunterstützung verstanden wird, bevor das Interventionskonzept und die Ergebnisse vorgestellt werden.

2.2 Lernunterstützung im naturwissenschaftlichen Sachunterricht
Naturwissenschaftlicher Sachunterricht stellt hohe Anforderungen an kognitive Prozesse der Lernenden. Häufig ist es erforderlich, dass die Lernenden ihre vorhandenen Präkonzepte umstrukturieren, falsifizieren oder erweitern. Untersuchungen haben gezeigt, dass solche anspruchsvollen, aktiven Denkprozesse der Lernenden der Unterstützung durch die Lehrkraft bedürfen (z.B. Hardy et al. 2006). Diese Unterstützung – die wir mit dem Begriff Lernunterstützung bezeichnen – wird in Lehr-Lern-Theorien häufig als Scaffolding bezeichnet (Wood/ Bruner/ Ross 1976). Beim Scaffolding sollen Hilfen indi-

viduell angepasst und – falls sie nicht mehr notwendig sind – zurückgenommen werden, um die aktiven Konstruktionsprozesse der Lernenden so optimal wie möglich zu fördern (van de Pol/ Volman/ Beishuizen 2010). Reiser (2004) spricht in diesem Sinn von einer delikaten Aushandlung zwischen angemessener Unterstützung und Aktivierung der Kinder im Lernprozess.

2.3 Interventionskonzept der videobasierten Lehr-Intervention
Zur Förderung der professionellen Wahrnehmung lernunterstützender Maßnahmen wurde ein videobasiertes Interventionskonzept entwickelt. Das Konzept wurde in zwei Seminaren (n=21) im Wintersemester 2012/13 und im Sommersemester 2013 evaluiert. Die professionelle Wahrnehmung wurde vor und nach den Seminaren mit einem standardisierten Videotest (Meschede et al. eingereicht) erfasst. Dieser beinhaltet Videos zu den Themen „Schwimmen und Sinken" und „Aggregatzustände". Als Vergleichsgruppe dienten Grundschullehramtsstudierende im Bachelor (n=16), die den Videotest im selben Zeitabstand durchführten, aber keine Intervention erhielten.
Die Intervention hatte einen Umfang von 2 SWS bzw. 2-3 LP und war in drei Blöcke gegliedert: Im ersten Seminarblock lernten die Studierenden Theorien zu lernunterstützenden Maßnahmen kennen. Im zweiten Block beschäftigten sie sich zunächst mit dem Fachwissen und dem fachdidaktischen Wissen zum Unterrichtsthema „Schwimmen und Sinken". Mit dem Wissen zur Lernunterstützung und zum Unterrichtsthema analysierten sie anschließend Unterrichtsvideos zu diesem Thema in Hinblick auf den adäquaten Einsatz lernunterstützender Maßnahmen. Dabei konzentrierten sie sich zuerst darauf, den Einsatz lernunterstützender Maßnahmen in Videos zu erkennen, um ihn dann zu *analysieren*. Die Analyse beinhaltete neben dem Begründen des Einsatzes einer Maßnahme auch das Nennen von Handlungsalternativen, wenn diese nötig erschienen. Im letzten Seminarblock führten die Studierenden eigenständig ein Micro-Teaching zum Thema „Schwimmen und Sinken" durch, welches sie auf Video aufnahmen. Anschließend analysierten sie ihr eigenes Unterrichtsvideo im Hinblick auf den adäquaten Einsatz lernunterstützender Maßnahmen im selben Zweischritt-Verfahren wie oben beschrieben.

2.4 Ergebnisse
Die Ergebnisse zeigen, dass die Studierenden der Interventionsgruppe ihre professionelle Wahrnehmung teilweise durch das Seminar verbessern konnten: Bei der professionellen Wahrnehmung der Lernunterstützung insgesamt zeigten sich keine Unterschiede im Lernzuwachs von Prä- nach Posttest zwischen Interventions- und Kontrollgruppe. Bei einer Differenzierung zwischen

den Unterrichtsthemen „Schwimmen und Sinken" und „Aggregatzustände", die jeweils Gegenstand der Unterrichtsvideos aus dem Videotest waren, unterschieden sich aber die Interventions- und Kontrollgruppe in ihrer professionellen Wahrnehmung. In dem im Seminar behandelten Thema „Schwimmen und Sinken" konnte sich die Interventionsgruppe im Vergleich zur Kontrollgruppe signifikant verbessern, während sich in dem nicht im Seminar behandelten Themenbereich „Aggregatzustände" keine Gruppenunterschiede zeigten.

3. Diskussion und Ausblick

Die Ergebnisse weisen darauf hin, dass die professionelle Wahrnehmung der Interventionsgruppe im Vergleich zu einer Kontrollgruppe (nur) in dem im Seminar behandelten Thema gefördert werden konnte. Befunde, die einen Zusammenhang zwischen dem professionellen Wissen und der professionellen Wahrnehmung von Unterricht zeigen (Kersting et al. 2012), könnten dieses Ergebnis erklären: Bezüglich der Videoszenen und Items zum Themenbereich Aggregatzustände könnte den Studierenden das fachliche und fachdidaktische Wissen gefehlt haben, das zur professionellen Wahrnehmung lernunterstützender Situationen notwendig ist. Hieraus ergäbe sich die Notwendigkeit, in künftigen Seminaren zur Förderung der professionellen Wahrnehmung auch das jeweils relevante professionelle Wissen mit den Studierenden zu erarbeiten.

Das evaluierte Seminarkonzept beinhaltet eine Vielzahl an Komponenten, deren Einflüsse nicht kontrolliert untersucht wurden. Vor dem Hintergrund aktueller Diskussionen (z.B. Blomberg et al. 2013) erscheint es sinnvoll, den speziellen Nutzen eines Einsatzes von Videos kontrolliert zu untersuchen. In einer Folgeuntersuchung sollen deshalb zwei Interventionen miteinander verglichen werden, die sich nur im Einsatz von Videos bei der Analyse von Unterricht unterscheiden. Die Vergleichsgruppe wird statt Videoszenen Textvignetten zur Analyse von Fallbeispielen benutzen und ihren eigenen Unterricht anhand von dokumentierten Aufzeichnungen analysieren. Diese Folgeuntersuchung soll Aufschluss darüber geben, ob der Aufbau einer professionellen Wahrnehmung alleine durch das Analysieren von situierten Fallbeispielen erfolgen kann oder ob hierfür die Analyse von Videos entscheidend ist.

Literatur

Blomberg, G.; Renkl, A.; Sherin, M.; Borko, H.; Seidel, T. (2013): Five research-based Heuristics for Using Video in pre-service Teacher Education. In: Journal for Educational Research Online/ Journal für Bildungsforschung Online, 5, 1, pp. 90-114.

Blomberg, G.; Stürmer, K.; Seidel, T. (2011): How pre-service Teachers observe Teaching on Video: Effects of viewers' Teaching Subjects and the Subject of the Video. In: Teaching and Teacher Education, 27, 7, pp. 1131-1140.

Goodwin, C. (1994): Professional Vision. In: American Anthropologist, 96, 3, pp. 606-633.

Hamre, B.K.; Pianta, R.C.; Burchinal, M.; Field, S.; LoCasale-Crouch, J.; Downer, J.T.; Howes, C.; LaParo, K.; Scott-Little, C. (2012): A Course on Effective Teacher-Child Interactions: Effects on Teacher Beliefs, Knowledge, and Observed Practice. In: American Educational Research Journal, 49, 1, pp. 88-123.

Hardy, I.; Jonen, A.; Möller, K.; Stern, E. (2006): Effects of Instructional Support within Constructivist Learning Environments for Elementary School Students' Understanding of "Floating and Sinking". In: Journal of Educational Psychology, 98, 2, pp. 307-326.

Kersting, N.; Givvin, K.; Thompson, B.; Santagata, R.; Stigler, J. (2012): Measuring Usable Knowledge: Teachers' Analyses of Mathematics Classroom Videos Predict Teaching Quality and Student Learning. In: American Educational Research Journal, 49, 3, pp. 568-589.

Krammer, K.; Reusser, K. (2005): Unterrichtsvideos als Medium der Aus- und Weiterbildung von Lehrpersonen. In: Beiträge zur Lehrerbildung, 23, 1, S. 35-50.

Meschede, N.; Steffensky, M.; Wolters; Möller, K. (eing.): Professionelle Wahrnehmung der Lernunterstützung im naturwissenschaftlichen Grundschulunterricht – Theoretische Beschreibung und empirische Erfassung. Erscheint in: Unterrichtswissenschaft.

Petko, D.; Reusser, K. (2005): Praxisorientiertes E-Learning mit Video gestalten. In: Hohenstein, A.; Wilbers, K. (Hrsg.): Handbuch E-Learning. Köln, S. 1-21.

Reiser, B.J. (2004): Scaffolding complex Learning: The Mechanisms of structuring and problematizing Student Work. In: Journal of the Learning Sciences, 13, 3, pp. 273-304.

Reusser, K. (2005): Situiertes Lernen mit Unterrichtsvideos. In: Journal für LehrerInnenbildung, 5, 2, S. 8-18.

Rosaen, C.L.; Lundeberg, M.; Cooper, M.; Fritzen, A.; Terpstra, M. (2008): Noticing Noticing: How Does Investigation of Video Records Change How Teachers Reflect on Their Experiences? In: Journal of Teacher Education, 59, 4, pp. 347-360.

Roth, K.J.; Garnier, H.E.; Chen, C.; Lemmens, M.; Schwille, K.; Wickler, N.I.Z. (2011): Videobased Lesson Analysis: Effective Science PD for Teacher and Student Learning. In: Journal of Research in Science Teaching, 48, 2, pp. 117-148.

Sherin, M.G. (2007): The Development of Teachers' Professional Vision in Video Clubs. In: Goldman, R.; Pea, R.; Barron, B.; Derry, S. (Hrsg.): Video Research in the Learning Sciences. Hillsdale, NJ, pp. 383-395.

Stürmer, K.; Könings, K.D.; Seidel, T. (2013): Declarative Knowledge and professional Vision in Teacher Education: Effect of Courses in Teaching and Learning. In: British Journal of Educational Psychology, 83, pp. 467-483.

van de Pol, J.; Volman, M.; Beishuizen, J. (2010): Scaffolding in Teacher-Student Interaction: A Decade of Research. In: Educational Psychology Review, 22, 3, pp. 271-297.

Wood, D.; Bruner, J.S.; Ross, G. (1976): The Role of Tutoring in Problem Solving. In: Journal of Child Psychology and Psychiatry, 17, pp. 89-100.

Sandra Tänzer und Christian Grywatsch

Heimatkundelehrer/innenausbildung in der DDR – ein Forschungsdesiderat

This article presents a study that is part of a complex research project aimed at reconstructing the disciplinary self-concept of general studies as subject in teacher training and scientific discipline since 1970. The study intends to reconstruct special characteristics of teacher training in GDR between 1970 and 1989. Its research-methodology is characterized by a micro-historical approach that tries to open up a historical context from a local perspective. The article reports on previous findings about formal structures of primary teacher training, and outlines the research's methodology in detail.

1. Einleitung

Der folgende Beitrag stellt eine Studie vor, die im Kontext eines komplexen Forschungsvorhabens zur Rekonstruktion des disziplinären Selbstverständnisses des Sachunterrichts als Ausbildungsfach und Wissenschaftsdisziplin seit 1970 steht (vgl. Schomaker/ Tänzer/ Grittner in diesem Band). Die Studie zielt darauf, sowohl fachspezifische Kennzeichen der Ausbildung von Heimatkundelehrer/innen in der DDR als auch Forschungsbedingungen und wissenschaftliche Aktivitäten zur „Methodik des Heimatkundeunterrichts", wie die Fachdisziplin in der DDR hieß, zwischen 1970 und 1989 zu rekonstruieren und damit einen zentralen Beitrag für eine gesamtdeutsche Disziplingeschichtsschreibung zu leisten. Sie knüpft in ihrem Erkenntnisinteresse an die Aussage von Hartmut Giest und Steffen Wittkowske (2007) im Handbuch Didaktik des Sachunterrichts an, dass eine „Methodik des Heimatkundeunterrichts als Wissenschafts- und Ausbildungsdisziplin [...] seit Mitte der 70er-Jahre" existierte (S. 236) und will deren Ausprägung und Kennzeichen genauer erforschen.
Dieser Text konzentriert sich auf die Heimatkundelehrer/innenausbildung in der DDR. Im 1. Kapitel werden vorliegende Erkenntnisse der Sekundärlitera-

tur über formale Strukturen der Unterstufenlehrer/innenausbildung respektive der Ausbildung von Heimatkundelehrer/innen dargelegt. Das zweite Kapitel umreißt das forschungsmethodische Vorgehen, bevor im 3. Kapitel anhand eines Fallbeispiels erste Einblicke in die Forschungsarbeit dieser – der historischen Bildungsforschung verpflichteten – Studie gegeben werden.

2. Unterstufenlehrer/innenausbildung in der DDR

2.1 Formale Strukturen der Ausbildung

Man stelle sich einen jungen Mann vor – heute Anfang 40, geboren 1972/1973 in der DDR, zur Schule gegangen in eine allgemeinbildende Zehnklassenschule, die sogenannte Polytechnische Oberschule. Die ersten vier Jahre hat dieser junge Mann in der „Unterstufe" gelernt, wobei seit 1965 die ersten drei Jahre als „Unterstufe" im engeren Sinne galten und die 4. Klassenstufe programmatisch den Charakter einer fachvorbereitenden „Übergangsklasse" zur Mittelstufe" trug (vgl. Wiegmann 2012, S. 144). Als Kind und Jugendlicher hat dieser junge Mann ein Bildungs- und Erziehungssystem durchlaufen, das neben der Vermittlung sachbezogener Kenntnisse, Fähigkeiten und Fertigkeiten großen Wert auf politisch-ideologische Erziehung legte und in seinen pädagogischen Programmen der Herausbildung ideologischer Überzeugungen große Priorität zuwies (vgl. Dengel 2005, S. 147). Das „Gesetz über das einheitliche sozialistische Bildungssystem vom 25.02.1965" beschrieb im Paragraphen 1 (1) das Bildungs- und Erziehungsziel dieses Schulsystems einschließlich eines „parallelen Erziehungssystems" (Anweiler/ Fuchs/ Dorner/ Petermann 1992, S. 14) durch Pionier- und Jugendorganisation, organisierte Freizeit- und Ferienlagerangebote als Formung „allseitig und harmonisch entwickelter sozialistischer Persönlichkeiten, die bewußt das gesellschaftliche Leben gestalten, die Natur verändern und ein erfülltes, glückliches, menschenwürdiges Leben führen" (1965, § 1 (1)). Der junge Mann hat ein Bildungssystem durchlaufen, über das in einem historisch-vergleichenden Quellenband zur Bildungspolitik 1945-1990 geurteilt wird:

> „Bei allen strukturellen Unterschieden im Einzelnen hat sich in beiden deutschen Staaten ein leistungsfähiges Bildungswesen entwickelt, das auch im internationalen Vergleich einen relativ hohen Stand aufwies. Das galt für die DDR besonders gegenüber den anderen sozialistischen Staaten z.B. im Bereich der polytechnischen Bildung und der beruflichen Ausbildung. In fachlicher Hinsicht fielen die Unterschiede zwischen den beiden Bildungssystemen geringer aus als in den politischen Grundsätzen und Orientierungen" (Anweiler/ Fuchs/ Dorner/ Petermann 1992, S. 29).

Für den Sachunterricht, der als „Disziplin Heimatkundliche Anschauung" in den Deutschunterricht integriert war, wenn auch nach der 3. Lehrplanreform 1971 mit eigener Stundenzahl ausgewiesen (vgl. Jung 2011, S. 92), dürfen diese geringen fachlichen Unterschiede bezweifelt werden. Hartmut Giest und Steffen Wittkowske betonen die Differenzen zwischen den Schulfächern in Ost und West im Handbuch Didaktik des Sachunterrichts mit Verweis auf die „ständig gesteigerte Ideologisierung des Unterrichts", der sich als ein „auf die herrschende Ideologie orientierter Gesinnungsunterricht" darstellt (2007, S. 231; vgl. auch Giest 1997). Johannes Jung (2011) hat die Kennzeichen dieses gesinnungsbildenden Heimatkundeunterrichts der DDR differenziert herausgearbeitet.

Hätte sich der eingangs erwähnte junge Mann 1989 im Jahr des gesellschaftlichen Umbruchs in der DDR und im Alter von 16 Jahren entschieden, Unterstufenlehrer werden zu wollen, hätte er – als letzter Jahrgang in der DDR ohne Abitur – zu einem der damals noch existierenden Institute für Lehrerbildung (IfL) wechseln können, um jene seit 1965 in den entsprechenden Studienplänen als vierjährig und einphasig konzipierte Ausbildung an einer der Fachschulen zu absolvieren. Er wäre inhaltlich qualifiziert worden in den Studienbereichen Deutsch, inklusive Heimatkunde, Mathematik (fachlich und methodisch), einem Wahlfach wie Sport oder Schulgarten o.a., dazu in den Grundlagen des Marxismus-Leninismus, in Russisch, Pädagogik, Psychologie, Gesundheitserziehung und Sprecherziehung; ein „durchgängiger Bezug zur Schulpraxis" (Wissenschaftsrat 1991, S. 12) als auch Erfahrungen in außerschulischen pädagogischen Handlungsfeldern wie ein Ferienlagerpraktikum hätten seine Ausbildung gekennzeichnet. Er hätte vorwiegend in einer „klassenähnlichen Jahrgangsgruppe" (a.a.O.) nach einem festen Stundenplan ohne Wahlmöglichkeiten gelernt (vgl. a.a.O.) und sollte, folgt man Ulrich Wiegmann (2012, S. 133), befähigt werden, sein „pädagogisches Handeln durch das Schulgesetz, die Schulordnung und die Lehrpläne leiten zu lassen". Wiegmann urteilte diesbezüglich: „Einer originären sozialistischen Unterstufenpädagogik bedurfte es nicht", da im Zentrum eine „Methodik der Unterstufe (stand), die, als Praxis befördernde Methodenlehre in der gedachten Einheit von effizientem Lernen und Erziehuung sich in den verbindlichen Lehrplänen materialisierte" (a.a.O., S. 131f.).

Im Studium nahmen dementsprechend die Fachmethodiken zur Qualifizierung der Umsetzung der Lehrplanvorgaben einen großen Raum ein. Das darf allerdings nicht darüber hinwegtäuschen, dass das bildungspolitisch intendierte Berufsverständnis eines Unterstufenlehrers bzw. einer Unterstufenlehrerin in hohem Maße auf die Umsetzung eines Erziehungsauftrages im marxistisch-leninistischen Sinne ausgerichtet war. Entsprechend der „Konzeption zur perspektivischen Entwicklung der Ausbildung von Fachlehrern der Allgemeinbildenden Polytechnischen Oberschule der DDR für den Zeitraum von 1968 -1980" zeichnet sich die „sozialistische Lehrerpersönlichkeit [...] durch einen festen Klassenstandpunkt, durch ein hohes Verantwortungsbewusstsein gegenüber den Kindern der Arbeiterklasse und allen Werktätigen, durch eine hohe marxistisch-leninistische, fachwissenschaftliche und erziehungswissenschaftliche Bildung sowie durch pädagogisch-methodische Fähigkeiten und Fertigkeiten" (Schimunek/ Zedler 2005, S. 14) aus. Die Heimatkundelehrer/ innenausbildung „fand in enger Verbindung zur Disziplin ‚Geschichte der DDR' mit den gesellschaftswissenschaftlichen Grundlagen des Heimatkundeunterrichts und dem marxistisch-leninistischen Grundlagenstudium statt" (Giest/ Wittkowske 2007, S. 237).

Die Dozent/innen des jungen Mannes wären, folgt man Schimunek/ Zedler (2005, S. 8, 63), „befähigte" und „erfahrene Lehrer/innen" der Unterstufe gewesen, die zum Teil am 1970 an der PH Erfurt/ Mühlhausen gegründeten Institut für Unterstufenmethodik (IfU) einen explizit für die Qualifizierung von Unterstufenlehrkräften eingerichteten zweijährigen Studiengang zu Diplompädagog/innen absolvierten (vgl. ebd., S. 8). Am IfU und auch an der Akademie der Pädagogischen Wissenschaften wurden darüber hinaus diplomierte Unterstufenlehrer/innen qualifiziert, um den Anteil promovierter Dozent/innen zu erhöhen und auf diese Weise systematisch eine Hochschulausbildung vorzubereiten (vgl. a.a.O.). Denn schon vor 1989 wurde „Unzufriedenheit mit dem Status und dieser Form der Grundschullehrerausbildung" (Thiem 1997, S. 150) geäußert, was zu Bemühungen zur Umwandlung der IfL in Pädagogische Hochschulen, wie z.B. der Integration des IfL Potsdam 1987 in die Pädagogische Hochschule Potsdam führte (vgl. Wissenschaftsrat 1991, S. 76). Die Gründe lagen v.a. im fehlenden akademischen Abschluss, ungleich verteilten Ausbildungsanteilen – einhergehend mit geringerer Entlohnung der Lehrpersonen der Unterstufe im Vergleich zu den anderen Schulformen – sowie einem „stark verschulten Vorgehen" (Thiem 1997, S. 150) der Ausbildung. Flächendeckend umgesetzt wurde diese inhaltlich und strukturell intendierte Änderung der Ausbildung bis 1989/1990 nicht.

2.2 Ausbildung von Heimatkundelehrer/innen
Disziplingeschichtlich wissen wir bis heute wenig über die fachspezifische Ausbildung von Heimatkundelehrer/innen. Silke Pfeiffer gibt einen Überblick über Inhalte und Anteile heimatkundlicher Fachschulausbildung entlang des letzten gültigen Lehrprogramms aus dem Jahr 1987 für die damals exis-

tierenden 26 Institute für Lehrerbildung (vgl. 2006, S. 49f.), wie sie auch von Giest (1997) sowie Giest/ Wittkowske (2007) benannt werden: Die Ausbildung umfasste insgesamt 188 Stunden in den Lehrbereichen fachwissenschaftliche Grundlagen aus der Biologie (42 Stunden), fachwissenschaftliche Grundlagen aus der Geographie (41 Stunden) sowie Methodik des Heimatkundeunterrichts (105 Stunden); die gesellschaftswissenschaftlichen Inhalte wurden im Studienbereich „Geschichte der DDR" (99 Stunden) und im Grundlagenstudium zum Marxismus-Leninismus (282 Stunden) gelehrt. Veröffentlichte Interviewauszüge mit ehemaligen Fachschüler/innen sowie Lehrerbildner/innen (Händle/ Nitsch/ Uhlig 1998, Schimunek/ Zedler 2005, Pfeiffer 2006) geben Einblicke in die Praxis des Lehrens und Lernens, doch ist deren Aussagekraft für die Heimatkundelehrer/innenausbildung begrenzt. Stabile gesicherte Befunde, die über diese curricularen Merkmale hinaus auch Bedingungen und Kennzeichen des Lehrens und Lernens auf pädagogisch-interaktionaler sowie personenbezogen-individueller Ebene erfassen, liegen bislang nicht vor; sie sollen mit dieser Studie genauer erfasst werden.

3. Forschungsmethodisches Vorgehen

Methodologischer Hintergrund der Studie ist der Ansatz der Mikrohistorie; er zielt auf die Erschließung historischer Gegebenheiten aus lokaler Perspektive. Mikrohistorische Verfahren untersuchen „soziale Beziehungsnetze und Handlungszusammenhänge, freilich nie nur in der Fixierung auf diese selbst, sondern immer auch mit Blick auf die gesellschaftlichen, ökonomischen, kulturellen und politischen Bedingungen und Verhältnisse, die in und mit ihnen, durch und auch gegen sie zur Äußerung und zur Wirkung kommen" (Medick 1994, S. 45). Die Erfassung dieser komplexen Zusammenhänge macht eine Untersuchung auf drei Ebenen – der Makroebene, der Mikroebene und der persönlich-individuellen Ebene – notwendig (vgl. Dathe 1999, S. 62).
Die Makroebene mit ihrem Fokus auf überregionale und strukturelle Bedingungen politischer, soziokultureller oder wissenschaftlicher Art (vgl. a.a.O., S. 64f.) ist teilweise durch vorliegende theoretisch-systematische Erkenntnisse zu gesellschaftlichen Rahmenbedingungen, Bildungspolitik und Strukturen des Bildungssystems bis hin zur Unterstufenpädagogik in der Sekundärliteratur aufgearbeitet (z.B. Kell/ Olbertz 1997, Benner/ Kemper (2009), Jung 2011, Einsiedler 2012). Bedeutsam sind darüber hinaus weitere originäre Quellen zur Unterstufenlehrerausbildung: die Konzeptionen, Studienpläne, Lehrprogramme und Lehrmaterialien. Die Erkenntnisse der Makroebene

bilden die Folie und das Vergleichsinstrumentarium, vor deren Hintergrund eine konkrete Praxis auf der Mikroebene untersucht wird. Diese intendiert die Erforschung der „Strukturen, strukturelle(n) Bedingungen, Beziehungen, Personen, spezifische(n) Ereignisse etc." (Dathe 1999, S. 64) in einem konkreten lokal und zeitlich definierten sozialen Raum – in diesem Forschungsprojekt eine konkrete Ausbildungsstätte. Auch hier spielt die Dokumentenanalyse eine zentrale Rolle, ergänzt um Expert/inneninterviews mit ehemaligen Lehrerbildner/innen, die forschungsmethodisch vor allem auf die Ermittlung von Erkenntnissen der 3. Kontextebene – der persönlich-individuellen Ebene einer Einzelperson, deren Leistungen und deren „Stellung innerhalb eines institutionellen Kontextes" (a.a.O.) – zielen.

In mikrohistorischen Untersuchungen kommt dem Vergleich als methodischem Prinzip zentrale Bedeutung zu: dem Vergleich mit der makrohistorischen Ebene bzw. die theoretische Anbindung an die makrohistorische Ebene – Martin Rothland spricht von der Notwendigkeit einer „integrierende(n) theoretische(n) Reflektion" (2008, S. 86) – sowie dem Vergleich mit anderen Standorten, die helfen, vom Einzelfall zu abstrahieren, ohne zu generalisieren (vor allem da, wo wenig Erkenntnisse auf der Makroebene vorliegen). Das im Folgenden vorgestellte Fallbeispiel repräsentiert einen solchen lokalhistorischen Kontext.

4. Ein Fallbeispiel

Es stellte sich zunächst äußerst schwierig dar, die Archive bzw. Dokumentenbestände der aufgelösten Institute ausfindig und zugänglich zu machen. Die Abwicklung der Fachschulen und der damit vollzogene Bruch hin zu einer universitären Ausbildung führten zu Standortschließungen, mit denen eine Umlagerung bzw. Vernichtung der Akten einherging.

Für das IfL „A-Stadt" – aus datenschutzrechtlichen Gründen wird die Institution nicht benannt – konnte erstmals der Verbleib eines Teils der Akten und Dokumente ermittelt werden, sodass dieses Institut als erstes Forschungsobjekt ausgewählt wurde. Da aufgrund der zentralistischen Vorgaben für die Ausbildung eine Einheitlichkeit für das gesamte Gebiet der DDR unterstellt werden kann, scheint dies legitim. Die sich heute in einem Schulamtsarchiv befindlichen Unterlagen umfassen lückenlos die Klassenbücher für den Zeitraum 1964 bis 1991, 3151 alphabetisch geordnete Studierenden-/ Prüfungsakten sowie diverse Abschlussarbeiten. Mittels dieser Unterlagen war es möglich, die Dozent/innen für Heimatkunde bzw. Methodik der Heimatkunde zu ermitteln und drei Lehrerbildner/innen aus der Zeit von 1978 bis 1991 für Interviews zu gewinnen. Anhand der Daten aus den inhaltsanalytisch auszuwertenden Dokumenten und Interviews (Mikroebene und persönlich-individuelle Ebene), kontrastiert mit den allgemeinen Dokumenten zur Lehrer/innenbildung (Makroebene), lässt sich ein differenzierteres und realitätsadäquateres Bild der Ausbildungsrealität skizzieren, als es bisher in der Sekundärliteratur dargestellt wird. Die Menge der Daten konnte bisher nur gesichtet und stichprobenartig ausgewertet werden; trotzdem zeichnen sich bereits einige Tendenzen für weitere Forschungen ab. So ist zum Beispiel auffällig, dass die interviewten Dozent/innen ausnahmslos Diplomlehrer/innen mit Hochschulabschluss waren, was im Widerspruch zu den oben zitierten Aussagen der Sekundärliteratur (Schimunek/ Zedler 2005) steht. Ob sich diese Tendenz bestätigt oder ob es sich für dieses IfL oder gar fachspezifisch für die Heimatkunde und ihre Methodik um einen Sonderfall handelt, ist momentan noch nicht abzuschätzen. Die Tatsache, dass alle drei Kolleg/innen aufgrund von Kontakten zum Direktor des Institutes ihre Stelle erhielten, rückt diese auch als Organisation in ihrer Personalentwicklung ins Interesse. Die Rolle des Direktors und die Einflussnahme des Rates des Bezirkes Abteilung für Volksbildung muss dafür näher untersucht werden.

Die ersten Stichproben der Klassenbücher zeigen in Verbindung mit den Interviews der ehemaligen IfL-Dozent/innen auch, dass diese einen Spielraum bei der „Erfüllung" der zentralen Ausbildungsanforderungen unterschiedlich nutzten und Schwerpunkte entsprechend ihrer eigenen Profession setzten. Inwieweit sich aus diesen ersten Indizien Tendenzen und belastbare Erkenntnisse entwickeln, werden die weiteren Untersuchungen zeigen.

Literatur

Anweiler, O.; Fuchs, H.-J.; Dorner, M.; Petermann, E. (1992): Bildungspolitik in Deutschland 1945-1990: ein historisch-vergleichender Quellenband. Opladen.

Benner, D.; Kemper, H. (2009): Theorie und Geschichte der Reformpädagogik Teil 3.1: Staatliche Schulreform und Schulversuche in SBZ und DDR. Weinheim, Basel.

Dathe, U. (1999): Mikrohistorische Verfahren in der Disziplingeschichtsschreibung. In: Peckhaus, V. (Hrsg.): Disziplinen im Kontext. Perspektiven der Disziplingeschichtsschreibung. München, S. 61-76.

Dengel, S. (2005): Untertan, Volksgenosse, Sozialistische Persönlichkeit. Politische Erziehung im Deutschen Kaiserreich, dem NS-Staat und der DDR. Frankfurt am Main.

Einsiedler, W.; Götz, M.; Wiegmann, U. (Hrsg.) (2012): Grundschule im historischen Prozess. Zur Entwicklung von Bildungsprogrammen, Institution und Disziplin in Deutschland. Bad Heilbrunn.

Gesetz über das sozialistische Bildungssystem vom 25. 02. 1965, veröffentlicht in: Deutsche Lehrerzeitung (DLZ-Dokumentation) Nr. 9 vom 5. März 1965, S. 5-31.

Giest, H. (1997): Voraussetzungen und Bedingungen des Sachunterrichts in den Neuen Bundesländern. In: Giest, H. (Hrsg.): Sachunterricht. Fragen, Probleme, Standpunkte zur Entwicklung des Sachunterrichts aus der Sicht der Neuen Bundesländer. Potsdam, S. 74-85.

Giest, H.; Wittkowske, St. (2007): Die Heimatkunde in der DDR. In: Kahlert, J., Fölling-Albers, M., Götz, M., Hartinger, A., Reeken, D. v., Wittkowske, S. (Hrsg.): Handbuch Didaktik des Sachunterrichts. Bad Heilbrunn, S. 230-240.

Händle, Ch.; Nitsch, W.; Uhlig, Ch. (1998): Lehrer/innen und Erziehungswissenschaftler/innen im Transformationsprozeß: Anhörungen in den neuen Bundesländern. Weinheim.

Jung, J. (2011): Der Heimatkundeunterricht in der DDR. Die Entwicklung des Faches in den unteren vier Jahrgangsstufen der Polytechnischen Oberschule zwischen 1945 und 1989. Bad Heilbrunn.

Kell, A.; Olbertz, J.-H. (Hrsg.) (1997): Vom Wünschbaren zum Machbaren. Erziehungswissenschaften in den neuen Bundesländern. Weinheim.

Medick, H. (1994): Mikro-Historie. In: Schulze, W. (Hrsg.): Sozialgeschichte, Alltagsgeschichte, Mikro-Historie,. Göttingen, S. 40-53.

Pfeiffer, S. (2006): Schule und Sachunterricht in Ost- und Westdeutschland: Vergleich der Bundesländer Niedersachsen und Mecklenburg-Vorpommern. Wiesbaden.

Rothland, M. (2008): Disziplingeschichte im Kontext. Erziehungswissenschaft an der Universität Münster nach 1945. Bad Heilbrunn.

Schimunek, F.-P.; Zedler, P. (2005): „Die Flamme wurde immer kleiner" – Lehrer/innenbiographien aus der DDR. Erfurt.

Thiem, W. (1997): Vom IfL zu Universität – Entwicklung der Grundschullehrerausbildung. In: Kell, A.; Olbertz, J.-H. (Hrsg): a.a.O., S. 49-171.

Wiegmann, U. (2012): Zur Geschichte der Unterstufenpädagogik in der DDR. In: Einsiedler, W.; Götz, M.; Wiegmann, U. (Hrsg): a.a.O., S. 119-159.

Wissenschaftsrat (1991): Empfehlungen zur Lehrerbildung in den neuen Ländern vom 5.7.1991. Düsseldorf.

Katja Wagner und Bernd Reinhoffer

Bedingungen für innovative Lernarrangements im Sachunterricht

How do school frameworks need to be designed in order to support primary school teachers in implementing long-term innovative learning situations in science classroom? A sub-study within the frame of the INTeB research project investigated this question. The contribution below presents selected results relevant to educational policy and focuses on when innovative learning situations should be implemented in science classes.

1. Problemstellung

1.1 Grundschule und naturwissenschaftlicher Sachunterricht
Spätestens seit Veröffentlichung der Ergebnisse von TIMSS und PISA steht die Primarstufe des Schulwesens verstärkt unter dem Druck, naturwissenschaftliche Aspekte des Sachunterrichts zu forcieren. Dies zeigt sich einmal in normativen Forderungen von Lehrplänen (Reinhoffer 2014) und in zahlreichen konzeptionellen Entwicklungen, die über Materialangebote bis hin zu Schulbüchern auf den Markt kommen. Aber auch die Gesellschaft für Didaktik des Sachunterrichts (z.B. Fischer et al. 2013) wie auch die fachdidaktische Forschung (z.B. Möller 2012) richten ihr Augenmerk auf Innovationen in naturwissenschaftlich orientierten Sachunterrichtseinheiten der Grundschule.

1.2 Nachhaltige Wirksamkeit von innovativen Lernarrangements?
Die Implementation innovativer Lernarrangements und der Übertrag von Fortbildungsinhalten in den alltäglichen Unterricht haben grundsätzlich das Nachhaltigkeitsproblem von Unterrichtsentwicklung zu beachten (Helmke 2009, Lipowsky 2010). Neue Ideen im Rahmen festgefahrener Routinen in die Tat umzusetzen, ist eine schwierige Angelegenheit (Reinmann-Rothmeier/ Mandl 1998). Wahl (2006) weist auf den langen Weg vom (Fortbildungs-)Wissen zu einem veränderten Unterrichtshandeln hin. Die Beständig-

keit subjektiver Theorien erschwert Veränderungen von Unterricht. Es kommen wohl nur sehr wenige Fortbildungsinhalte bei der Schülerschaft an. Lipowsky (2004) bemängelt, die kaum andauernde Unterrichtswirksamkeit von Fortbildungen sei aufgrund der komplexen Anforderungen an das Forschungsdesign noch wenig erforscht.

2. Das Projekt INTeB

Das von der Internationalen Bodenseehochschule (IBH) geförderte Forschungsprojekt „Innovation naturwissenschaftlich-technischer Bildung in Grundschulen der Region Bodensee" (INTeB) beforscht seit Januar 2011 die Implementierung eines innovativen Lernarrangements zum Thema „Das Fliegen" im Sachunterricht. Im Projekt kooperieren die Pädagogischen Hochschulen Weingarten (Deutschland), Vorarlberg (Österreich) und St. Gallen (Schweiz) mit Primarschulen und Lehrkräften in allen drei Ländern. Der vorliegende Beitrag bezieht sich auf ein Teilprojekt von INTeB, welches die Bedingungen zur nachhaltigen Wirksamkeit des innovativen Lernarrangements untersucht.

2.1 Kontextbedingungen

Unterricht ist in ein komplexes Bedingungsgefüge interner und externer Bedingungen eingebettet. Nach Helmke (2009) hängen Unterrichtsgestaltung sowie Unterrichtserfolg u.a. auch von den Kontextbedingungen vor Ort ab. Diese sind also bei Interventionen (z.B. Fortbildung bzw. Einsatz innovativer Materialien) zu überprüfen. Als Grundlage wird deshalb im Forschungsprojekt INTeB auf das Angebots-Nutzungs-Modell von Helmke (vgl. Helmke 2009) zurückgegriffen. Es sieht Unterrichtsgestaltung und -erfolg als wesentlich abhängig vom vorgefundenen Kontext. Helmkes Modell nennt mindestens den historischen und kulturellen Kontext, den regionalen, kommunalen und schulischen Kontext und die unterrichtete Klasse.

2.2 Personale Systemtheorie und Kontextbedingungen

Die Personale Systemtheorie (König/ Volmer 2005) bietet u.E. einen theoretischen Ansatz, um die von Helmke auf einer eher allgemeinen Ebene genannten Kontextbedingungen auszudifferenzieren und z.B. förderliche und hinderliche Faktoren für den Einsatz des Lernarrangements zu identifizieren.

> „Veränderung sozialer Systeme kann immer nur bedeuten, dass sich Menschen Gedanken über ihre Situation machen, auf Basis dieser Deutungen handeln und damit das System verändern" (König/ Volmer 2005, S. 33).

Eine Analyse muss demnach die individuellen und die schulspezifischen Aspekte berücksichtigen. Zur Ausdifferenzierung der schulischen Kontextbedingungen wurde ein modifiziertes Modell im Rahmen der Personalen Systemtheorie entwickelt.

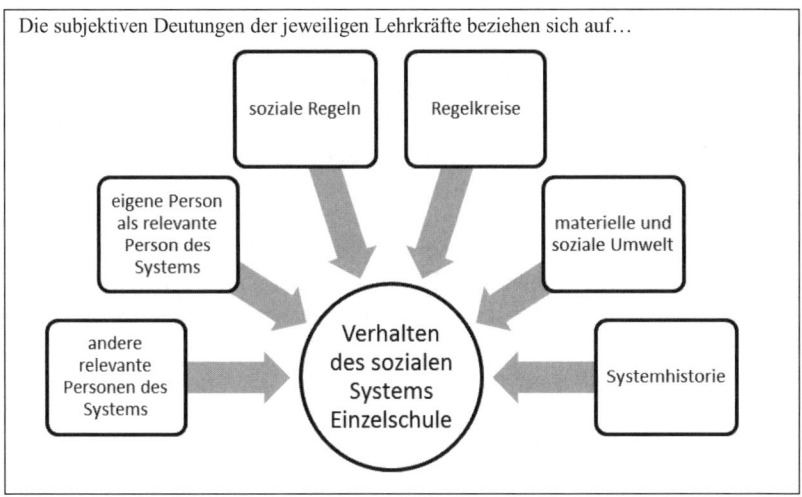

Abbildung 1: Modifiziertes Modell zur Ausdifferenzierung schulischer Kontextbedingungen (in Anlehnung an König/ Volmer 2005)

Dem Modell entsprechend erheben wir die subjektiven Deutungsmuster der Lehrkräfte im Hinblick auf die jeweiligen Bedingungen an den Einzelschulen (z.B. ihre Sicht auf die Ausstattung der Schulen mit Räumen oder die Kooperation mit Kolleginnen und Kollegen) zum Einsatz des Lernarrangements im Sachunterricht.

2.2 Fragestellungen und methodisches Vorgehen

Um günstige Rahmenbedingungen für den Einsatz des innovativen Lernarrangements zu erforschen, wird u.a. folgenden Fragestellungen nachgegangen:
- Einsatz des Lernarrangements in den Klassen: Wie sind die schulischen Rahmenbedingungen vor Ort?
- Aktuelle und weitere Unterrichtsgestaltung an den Schulen: Inwiefern fördern bzw. behindern Faktoren des Systems Schule den Einsatz und die nachhaltige Wirksamkeit des Lernarrangements?

In halbstandardisierten Interviews in Anlehnung an das Konstruktinterview nach König/ Volmer (2005) wurden zu Beginn und zum Abschluss der Intervention die subjektiven Deutungen von insgesamt 45 Lehrkräften aus den drei beteiligten Ländern zu den Kontextbedingungen erfasst. Zudem wurden weitere personenspezifische Daten, Daten zu den Schulen und zu ihrer Ausstattung über gesonderte Fragebogen erhoben.
Die Auswertung der transkribierten Leitfadeninterviews erfolgte auf der Grundlage der qualitativen Inhaltsanalyse nach Mayring (2010). Im Zentrum der qualitativen Inhaltsanalyse stand die Entwicklung eines Kategoriensystems, dessen Besonderheit in der Kombination von deduktiver und induktiver Kategorienbildung liegt. Es wurde sowohl die metatheoretische Ebene einbezogen als auch zwischen formalen und materialen Kategorien unterschieden (vgl. Reinhoffer 2008). Die Interviews wurden mit dem Verfahren des konsensuellen Kodierens (Reinhoffer 2000, S. 251) von einem Kodierteam ausgewertet. Aus dem Datenmaterial wurden förderliche sowie hinderliche Bedingungen des Systems Einzelschule aus Sicht der Sachunterrichtslehrkräfte identifiziert und systematisiert.

2.3 Ausgewählte Ergebnisse und Diskussion

Die vorliegende Auswahl an Ergebnissen bezieht sich auf drei von insgesamt sechs Kontextbedingungen (siehe Abb. 1), die aus Sicht der Lehrkräfte für den Einsatz des Lernarrangements im Sachunterricht relevant erscheinen.
Subjektive Deutungen zu anderen systemrelevanten Personen: Die Personen bzw. Personengruppen des Systems Einzelschule werden von den jeweiligen Lehrkräften entweder als Unterstützung bzw. als Erschwernis für den Einsatz des Lernarrangements wahrgenommen. Insbesondere werden in diesem Zusammenhang die Kolleginnen und Kollegen, die Schulleitung und/oder die Schülerinnen und Schüler (Klassenkontext) genannt.
Eine Detailanalyse der Aussagen über Kolleginnen und Kollegen ergibt, dass diese von den Sachunterrichtslehrkräften überwiegend als kooperativ bzw. flexibel wahrgenommen werden.

> „Die einzelnen Lehrer mit denen ich tauschen musste, durch diese Einzelstunden, die ich eben teilweise habe, die waren da alle sehr kooperativ, gerade auch die Klassenlehrerin, ja" (1107, Z. 87).

Vereinzelt erhalten die Lehrkräfte sogar aktiv Unterstützung durch Kolleginnen oder Kollegen und helfen sich beispielsweise gegenseitig bei der Vorbereitung des Lernarrangements.

„Mit B. [Personenname] habe ich meistens zu tun gehabt. Und wir haben uns gegenseitig geholfen, das [Lernarrangement] einzurichten und miteinander die Posten durchgeschaut, um was geht es jetzt hier, wo legt man das am besten hin? Und nachher, wo sie es gemacht hatte, ist sie mir einrichten helfen gekommen" (1304, Z. 54).

Im Gegensatz dazu – als eine den Einsatz des Lernarrangements eher erschwerende Bedingung – nehmen einzelne Sachunterrichtslehrkräfte Kolleginnen und Kollegen als unflexibel wahr, beispielsweise wenn es um einen Raum- oder Stundentausch geht.

„Also die Religionslehrpersonen, die Stunden können wir auch mal nicht abtauschen, die sind sehr unflexibel. Vielleicht von der Sache her, ich weiß es nicht, oder von den anderen Gegebenheiten her" (2305, Z. 39).

Ein weiterer auffallender Aspekt ist, dass einzelne Sachunterrichtslehrkräfte sich dadurch beeinflusst sehen, dass ihre Kolleginnen und Kollegen keinerlei Interesse bzw. Wertschätzung für ihr Engagement zeigen.

„Was mich ein bisschen traurig machte war, dass die Direktorin auf einer Konferenz oder auf einer Teamsitzung sagte, ich solle mal kurz das Projekt vorstellen, was wir da eigentlich machen. Dann habe ich vorgeschlagen, kommt mal mit hoch, sehen wir uns mal die Stationen an, damit ihr ungefähr wisst, was die Kinder da machen. Und dann haben sie gesagt, dass sehen sie als nicht notwendig" (2201, Z. 41).

Diese Aussage einer Lehrkraft zeigt, dass die Reaktion des Kollegiums eine eher demotivierende Wirkung auf die Lehrkraft hat. Dieses Verhalten könnte einen Einfluss darauf haben, ob die entsprechende Lehrkraft das Lernarrangement überhaupt wieder in ihrem Unterricht einsetzt. Andere Studien kommen zu ähnlichen Ergebnissen. Schönknecht (2005, S. 14) zeigt z.B. auf, dass Isolation und Unverständnis im Kollegium belastend für die Umsetzung von Innovationen sind.

Subjektive Deutungen zur eigenen Person: Die selbstreflexive Komponente scheint eine wesentliche Rolle für den Einsatz des Lernarrangements zu spielen. Es werden von den Lehrkräften u.a. Ängste vor Überforderung oder Grenzen in fachlicher Perspektive thematisiert.

„Ich denke der ganze Part, der mit den Flügeln vom Flugzeug und so zu tun hat, den halt ich für schwer zugänglich. Vielleicht deshalb, weil er für mich als Nicht-Physiker auch nicht ganz einfach zu raffen war" (2109, Z. 30).

„Selber muss ich aber sagen, gerade dass naturwissenschaftliche Themen für mich noch eher ein Tabu oder etwas mit Angst verbunden sind, weil ich mich weder in Physik, Chemie, ist nicht mein Ding" (2201, Z. 47).

Die Ergebnisse zur selbstreflexiven Komponente decken sich weitgehend mit Aussagen von Lehrkräften in anderen Studien (vgl. z.B. Köster 2006, S.

19ff.). Dort wird darauf hingewiesen, dass persönliche Lehrgrenzen dazu führen können, dass physikalische Themen im Sachunterricht nicht behandelt werden.

Subjektive Deutungen zur materiellen Umwelt: Die Mehrheit der Lehrkräfte betont die Relevanz, welche die Räumlichkeiten für den Einsatz des Lernarrangements haben. Ein Großteil der Sachunterrichtslehrkräfte nimmt die räumliche Ausstattung an ihrer Einzelschule als überwiegend förderlich für den Einsatz des Lernarrangements wahr. In diesem Zusammenhang wird beispielsweise die Größe des Klassenzimmers im Verhältnis zur Schülerzahl gesehen.

> „Wir haben natürlich ganz besondere Bedingungen mit der kleinen Klasse, die wir jetzt gehabt haben, mit den 14 Kindern und so viel Raum. Das ist super. Und ich denke, das ist eine Bedingung" (2302, Z. 60f).

Allerdings nimmt ein verhältnismäßig großer Anteil an Lehrkräften die Ausstattung an Räumlichkeiten an der Einzelschule als eine eher hinderliche Bedingung wahr. Für den Einsatzzeitraum des Lernarrangements stehen kein zusätzlicher Raum bzw. Räume an der Schule zur Verfügung, obwohl dieser aus Sicht der Sachunterrichtslehrkräfte benötigt wird. (z.B. Lehrkraft 1105, 1104). Das vorbereitete Lernarrangement kann dadurch nicht im aufgebauten Zustand im Klassen- bzw. Fachraum verwahrt bleiben. Der häufige Auf- und Abbau der einzelnen Stationen koste nach den Aussagen der Lehrkräfte wertvolle Unterrichtszeit und schrecke sie daher von der Umsetzung des Lernarrangements im Sachunterricht ab (z.B. Lehrkraft 2106, 1108).

3. Fazit und Ausblick

Für die Ausdifferenzierung der Kontextbedingungen nach Helmke hat sich die Personale Systemtheorie als fruchtbar erwiesen. Es konnte ein Analyseinstrumentarium entwickelt und erfolgreich erprobt werden, das Einblicke in förderliche und hinderliche Faktoren bei der Umsetzung von innovativen, naturwissenschaftlich orientierten Sachunterrichtseinheiten bietet. Die gewonnene formale „Checkliste" kann auch ohne den Anspruch auf Vollständigkeit wertvolle Hinweise für die Implementation von Innovationen bieten. Ein durch unflexibles Verhalten, geringe Wertschätzung des Engagements bzw. demotivierende Rückmeldungen eher hinderlich wirkendes Kollegium kann zur Optimierung der Intervention z.B. motiviert werden, indem das gesamte Kollegium in die Intervention miteinbezogen und begleitet wird (vgl. Lehrerfortbildungsprojekt PROFI: Heinrich.et.al 2010, S. 181ff.). Eine

Verbesserung der räumlichen Situation an der Schule, um bspw. Lernumgebungen im aufgebauten Zustand stehen lassen zu können, kann den Einsatz innovativer Materialien bzw. Lernarrangements unterstützen und diesen nachhaltig fördern. Dies bringt bildungspolitische Implikationen mit sich. Weitere Studien sollten nicht nur Wirkrichtungen der Kontextbedingungen, sondern auch die Wirkmechanismen analysieren. Interessant erscheinen auch Untersuchungen zu nicht-naturwissenschaftlichen Unterrichtsbereichen oder Lernarrangements.

Literatur

Fischer, H-J.; Giest, H.; Pech, D. (Hrsg.) (2013): Der Sachunterricht und seine Didaktik. Bestände prüfen und Perspektiven entwickeln. Bad Heilbrunn.

Heinrich, A.; Irion, T.; Reinhoffer, B. (2010): Schul- und Unterrichtsentwicklung durch schulbezogene Fortbildungen in der Grundschule. In: Arnold, H.-K.; Hauenschild, K.; Schmidt, B.; Ziegenmeyer, B. (Hrsg.): Zwischen Fachdidaktik und Stufendidaktik: Perspektiven für die Grundschulpädagogik. Jahrbuch Grundschulforschung, Bd. 14. Wiesbaden, S. 181-184.

Helmke, A. (2009): Unterrichtsqualität und Lehrerprofessionalität. Diagnose, Evaluation und Verbesserung des Unterrichts. Seelze.

König, E.; Volmer, G. (2005): Systemisch denken und handeln. Personale Systemtheorie in Erwachsenenbildung und Organisationsberatung. Weinheim, Basel.

Köster, H. (2006): Freies Explorieren und Experimentieren – Eine Untersuchung zur selbstbestimmten Gewinnung von Erfahrungen mit physikalischen Phänomenen im Sachunterricht. Berlin.

Lipowsky, F. (2004): Was macht Fortbildungen für Lehrkräfte erfolgreich? Befunde der Forschung und mögliche Konsequenzen für die Praxis. Die Deutsche Schule, 96, 4, S. 462-479.

Lipowsky, F. (2010): Lernen im Beruf. Empirische Befunde zur Wirksamkeit von Lehrerfortbildung. In: Müller, F. H.; Eichenberger, A.; Lüders, M.; Mayr, J. (Hrsg.): Lehrerinnen und Lehrer lernen. Konzepte und Befunde zur Lehrerfortbildung. Münster, S. 51-70.

Mayring, P. (2010): Qualitative Inhaltsanalyse. Grundlagen und Techniken. 11. Aufl. Weinheim.

Möller, K. (2012): Konstruktion vs. Instruktion oder Konstruktion durch Instruktion? Konstruktionsfördernde Maßnahmen im Sachunterricht. In: Giest, H.; Heran-Dörr, E.; Archie, C. (Hrsg.): Lernen und Lehren im Sachunterricht. Zum Verhältnis von Konstruktion und Instruktion. Bad Heilbrunn, S. 37-50.

Reinhoffer, B. (2000): Heimatkunde und Sachunterricht im Anfangsunterricht. Entwicklungen, Stellenwert, Tendenzen. Bad Heilbrunn.

Reinhoffer, B. (2008): Lehrkräfte geben Auskunft über ihren Unterricht. Ein systematisierender Vorschlag zur deduktiven und induktiven Kategorienbildung in der Unterrichtsforschung. In: Mayring, P.; Gläser-Zikuda, M. (Hrsg.): Die Praxis der Qualitativen Inhaltsanalyse. 2. Aufl. Weinheim und Basel, S. 123-141.

Reinhoffer, B. (2014): Sachunterricht in den Lehrplänen – eine Herausforderung. In: Hartinger, A.; Lange, K. (Hrsg.): Sachunterricht – Didaktik für die Grundschule. Berlin, S. 17-25.

Reinmann-Rothmeier, G.; Mandl, H. (1998): Wenn kreative Ansätze versanden. Implementation als verkannte Aufgabe. Unterrichtswissenschaft, 26, 4, S. 292-311.

Schönknecht, G. (2005): Die Entwicklung der Innovationskompetenz von Lehrer/innen aus (berufs-)biographischer Perspektive. URL: www.bwpat.de/spezial2/schoenknecht_spezial2-bwpat.pdf [28.09.2014]

Wahl, D. (2006): Lernumgebungen erfolgreich gestalten. Vom trägen Wissen zum kompetenten Handeln. 2. erw. Aufl. Bad Heilbrunn.

*Corina Rohen-Bullerdiek, Sonja Dietrich und
Meike Wulfmeyer*

Interdisziplinarität und Umgang mit Heterogenität als zentrale Komponenten der Lehrer/innenausbildung im Sachunterricht

Learning processes in Interdisciplinary Science Education (ISE) rely on well-educated professionals, whose perceptions and perspectives on learning and teaching are highly relevant to successful classroom activities. This article discusses the integration of different natural and social sciences into the subject ISE and presents an empirical long-term study investigating students' concepts of heterogeneity.

1. Einleitung

Erfolgreiche Bildungsprozesse im Sachunterricht profitieren von gut ausgebildeten Lehrkräften, deren Studium somit besondere Bedeutsamkeit zukommt. Ihre Einstellungen und ihre sachunterrichtsdidaktische Position sind entscheidend bei der Lern- und Entwicklungsbegleitung von Kindern.
In diesem Artikel wird vorgestellt, mit welchen Schwerpunkten an der Universität Bremen der integrative Charakter des Faches in der Studienstruktur repräsentiert wird und wie der Studienschwerpunkt *Umgang mit Heterogenität* im Rahmen einer Langzeitstudie beforscht wird.

2. Das „Bremer Modell" – Integration fachlicher Bezüge

Die Didaktik des Sachunterrichts hat keine einzelne dominante Bezugswissenschaft, die den Gegenstand des Faches bestimmt. Nach Richter hat Sachunterricht „alle Wissenschaften als Bezugswissenschaften" (Richter 2005, S. 16). Deswegen ist im Sachunterricht anders als in anderen Fächern die Frage nach dem Umgang mit unterschiedlichen fachlichen Bezügen zentral und in sachunterrichtsdidaktischen Konzeptionen wird darüber hinaus auf den Lebensweltbegriff und den Bildungsbegriff zurückgegriffen. Lebensweltliche Perspektiven der Kinder (oder auch ihre Alltagstheorien und Erfahrungen), die nicht einer fachlichen Systematik entsprechen, und fachliche Perspektiven sollen bei der Erschließung der Welt berücksichtigt und zusammengebracht werden. Um den Bildungsauftrag des Sachunterrichts zu bestimmen, wird vielfach das Allgemeinbildungskonzept von Klafki herangezogen (vgl. z.B. Richter 2005 oder Kaiser 2006). Ein Element in Klafkis Allgemeinbildungskonzept ist die Auseinandersetzung mit epochaltypischen Schlüsselproblemen, woran sich der Sachunterricht beteiligen und dafür notwendige Haltungen und Fähigkeiten anbahnen soll (vgl. Klafki 2005, S. 4f.). Der mehrdimensionale Charakter dieser Schlüsselprobleme erfordert eine mehrperspektivische, interdisziplinäre Auseinandersetzung, woraus für den Sachunterricht eine Forderung nach Vernetzung unterschiedlicher fachlicher Perspektiven erwächst. Klafki selbst versteht unter dem Prinzip der Wissenschaftsorientierung in Bezug auf die Grundschule eine mehrperspektivische und problemorientierte Ausrichtung des Unterrichts (vgl. Klafki 2005, S. 7).

In aktuellen Ansätzen und Konzepten wird Sachunterricht häufig als viel- oder mehrperspektivisch beschrieben. Die Perspektiven strukturieren lebensweltliche Erfahrungen der Schülerinnen und Schüler, verweisen als fachliche Perspektiven aber zugleich auf die späteren Schulfächer und Wissenschaftsdisziplinen. Nach Köhnlein sind für den Sachunterricht mehrere Dimensionen zu berücksichtigen, die als unterschiedliche Sichtweisen auf ein Ganzes, Zusammengehöriges verstanden werden (vgl. Köhnlein 1996, S. 50). Auch bei dem Konzept der didaktischen Netze von Kahlert geht es darum, einen Inhalt aus unterschiedlichen Perspektiven zu erschließen und im Sinne der polaren Paare lebensweltliche Erfahrungen der Kinder (sog. Dimensionen) und fachliche Perspektiven zu berücksichtigen (vgl. Kahlert 2009, S. 222f.).

Das Prinzip der Vielperspektivität liegt auch dem Perspektivrahmen Sachunterricht zugrunde. Dort werden die Inhalte und Themen (sowie Methoden und Arbeitsweisen) durch fünf Perspektiven strukturiert. Diese Perspektiven sind „jedoch nicht getrennt und unabhängig voneinander zu interpretieren. Aufgabe des Sachunterrichts ist es, die den Perspektiven zugeordneten Inhalte und Methoden sinnvoll miteinander zu vernetzen, um übergreifende Zusammenhänge erfassbar und damit auch für Normen- und Wertfragen zugänglich zu machen" (GDSU 2002, S. 3). In der überarbeiteten Ausgabe des Perspektivrahmens Sachunterricht wird dies zusätzlich noch verstärkt durch die Aufnahme von perspektivenübergreifenden Denk-, Arbeits- und Handlungsweisen sowie perspektivenvernetzenden Themenbereichen (vgl. GDSU 2013).

Somit ist im Sachunterricht neben der Bedeutung fachlicher Perspektiven und deren Spezifik (auch im Sinne der Anschlussfähigkeit an die Fächer der weiterführenden Schulen) gleichzeitig der Anspruch der Interdisziplinarität im Sinne der Integration statt der Addition unterschiedlicher Perspektiven und fachlicher Bezüge relevant. Die Auseinandersetzung mit einem Phänomen erfolgt vernetzend und integrativ, um einem zentralen Bildungsanspruch des Sachunterrichts gerecht zu werden. Dies ist nicht nur für die Bestimmung der Inhalte des Sachunterrichts und seine Etablierung als wissenschaftlicher Disziplin relevant (vgl. Thomas 2014, S. 52f.). Es stellt auch eine Herausforderung für die universitäre Lehrer/innenbildung dar: zum einen geht es darum, die fachliche Spezifik der Perspektiven und somit einen fachlichen Bildungsanspruch angemessen zu berücksichtigen, zum anderen ist aber im Sinne einer professionsorientierten Fachlichkeit eine integrative und vernetzende Betrachtungsweise notwendig. Für die Studienstruktur bedeutet das, dass auch dort ein Nebeneinander mehrerer relevanter Fachwissenschaften nicht ausreicht, weil dies dem integrativen Anspruch des Sachunterrichts nicht gerecht wird.

Deswegen wurde im Studienfach „Interdisziplinäre Sachbildung/ Sachunterricht" an der Universität Bremen die klassische Aufteilung zwischen Fachdidaktik und Fachwissenschaft zugunsten einer nicht nur inhaltlichen, sondern auch strukturellen Interdisziplinarität erweitert, indem neben Fachdidaktik und natur- resp. sozialwissenschaftlichen Fachwissenschaften als dritte Kategorie die sogenannte Interdisziplinäre Fachwissenschaft entwickelt wurde und in diesem Sinne eine Dreiteilung der Studieninhalte erfolgt.

Im Rahmen der *Fachdidaktik* geht es um den Bildungsanspruch des Sachunterrichts und Fragen des Lehrens und Lernens zu Auswahl und Begründung von Zielen, Inhalten, Methoden und Medien im Bereich der individuellen Lernbegleitung. *Interdisziplinäre Fachwissenschaft* bezieht sich auf die traditionellen Fachwissenschaften als Bezugswissenschaften wie Biologie, Politik, Geschichte, Physik usw. Zudem nutzt sie Erkenntnisse der Psychologie, Soziologie usw. und integriert diese in einem bildungswissenschaftlichen Kontext. Fachdidaktik und interdisziplinäre Fachwissenschaft sind eng miteinander verknüpft und werden in gemeinsamen Modulen angeboten. Ergänzt wird das Studium durch vertiefende *fachwissenschaftliche Angebote* der Natur- oder Sozialwissenschaften, die aus anderen Fachbereichen importiert werden. Hier setzen die Studierenden eigene Schwerpunkte und vertiefen ihre Kompetenzen exemplarisch in einem Wissenschaftsbereich (Natur- oder Sozialwissenschaften). Ziel des Studiums ist die Entwicklung einer eigenen sachunterrichtsdidaktischen Position.

Einen Schwerpunkt der Studienstruktur bildet dabei die sukzessive Verzahnung von Theorie und Praxis; auch im Rahmen der Anschlussfähigkeit an den Elementarbereich und an weiterführende Schulen.
Ein zentraler Fokus des gesamten Studiums liegt auf dem Umgang mit heterogenen Lerngruppen in einem inklusiven Bildungssystem. Von allen Studienfächern und -bereichen als übergreifende Aufgabe anerkannt, stellt auch die Studienstruktur des Faches Sachunterricht den Umgang mit Heterogenität sowohl als Studieninhalt als auch als Forschungsbereich in den Mittelpunkt.

3. Langzeitstudie zu Vorstellungen über und zum Umgang mit Heterogenität

Grundannahme ist, dass die Anerkennung von und der Umgang mit Heterogenität grundsätzliche Leitmotive in Bildungssituationen und damit auch in der Lehrerinnen- und Lehrerausbildung sein sollten. Ziel ist es, ein Heterogenitätsbewusstsein bereits in der Ausbildung zu fördern, das den Blick schärft und die Handlungsfähigkeit von Lehrkräften unterstützt.

Im Folgenden werden erste Ergebnisse einer Langzeitstudie vorgestellt, die Vorstellungen von Studierenden über Heterogenität und den Umgang mit Heterogenität in Theorie- und Praxisbezügen im Rahmen der genannten Studienstruktur untersucht. Ziel der Untersuchung ist es, herauszuarbeiten, welche Vorstellungen Studierende zu heterogenen Lernvoraussetzungen und zum pädagogischen Umgang mit Heterogenität am Beginn ihres Studiums besitzen und wie sich diese Vorstellungen im weiteren Verlauf der Ausbildung sowie im Vorbereitungsdienst und im Berufsleben weiterentwickeln.

3.1 Methodisches Vorgehen

Die qualitative Studie erfolgt mit Hilfe eines leitfadengestützten problemzentrierten Interviews. Die Fragen beziehen sich nicht nur auf Vorstellungen zu Heterogenität, sondern auch auf die Dimension Begabungsvielfalt sowie daraus resultierende didaktisch-methodische Konsequenzen für den Sachunterricht.

Eine erste Befragung von 23 Sachunterrichtsstudierenden erfolgte in ihrem ersten Semester, eine zweite Erhebung fand im 4. Semester mit 16 der 23 Studierenden statt. Weitere Erhebungen sind im Masterstudium sowie im Referendariat geplant. Insofern handelt es sich um eine Langzeitstudie, die zusätzlich zur ersten Befragung durch eine Form der kommunikativen Validierung im Rahmen der zweiten Befragung unterstützt wird, der *retrospektiven Konfrontation*. Unter kommunikativer Validierung versteht Lamnek den

„Versuch, sich seiner Interpretationsergebnisse durch erneutes Befragen der Interviewten zu vergewissern. Mit diesem Vorgehen soll es möglich sein, die Stimmigkeit und Gültigkeit der Analyse zu überprüfen" (Lamnek 2010, S. 139). Die für dieses Vorgehen entwickelte Methode der *retrospektiven Konfrontation* versteht sich in der Tradition der kommunikativen Validierung. In den verschiedenen Erhebungsphasen werden die Probanden mit ihren eigenen Aussagen aus vorherigen Befragungen konfrontiert und um Kommentierung und professionsorientierte Reflexion gebeten, die Aufschluss über die Entwicklung der eigenen Einstellung gibt.

Während die zwei Erhebungen im Bachelorstudium eher auf die Entwicklung theoriebasierter Konzepte zu Heterogenität zielen, fokussiert die Erhebung im Masterstudium, die übrigens im Anschluss an eine dreimonatige Praxiserfahrung durchgeführt wird, auf die Vernetzung der individuellen theoretischen Konzepte mit konkreten Unterrichtserfahrungen. Erste Ergebnisse der vollständig transkribierten und inhaltsanalytisch ausgewerteten Interviews (vgl. Mayring 2010) zeigen, dass sich bei den Vorstellungen zu Heterogenität Entwicklungen abzeichnen. Dies zeigen folgende typische Ankerbeispiele aus den beiden bislang ausgewerteten Erhebungsphasen:

1. Erhebungsphase (1. Semester)

Frage: „Kinder sind ja ganz unterschiedlich. Der Begriff, mit dem diese Unterschiedlichkeit auch ausgedrückt wird, lautet „Heterogenität". Fällt Ihnen spontan etwas zum Begriff ‚Heterogenität' ein?"
Antwort: „Unterschiedliche Wissensstände, unterschiedliche Leistungsstände und ja und dass man auch manche von der Persönlichkeit einfach noch nicht, also nicht gleich entwickelt sind. Also, sie (die Heterogenität) ist natürlich sehr bedeutsam, weil ich natürlich jedem Kind das mitgeben will, was es im Leben braucht und es ist natürlich auch schön, wenn alle so im gleichen Level dann im Endeffekt aus der Klasse, die ich dann vielleicht später mal unterrichten werde, ähm dann rausgehen. Das wäre natürlich ein großer Wunsch, aber ich denke nicht, dass das machbar ist. Aber man wird natürlich sein Bestes tun, um das irgendwie zu vermitteln oder zu erreichen" (Studentin A, 1. Semester).

2. Erhebungsphase (4. Semester), retrospektive Konfrontation:

S: „Ja, da habe ich Heterogenität, glaube ich, fast nur auf die Leistung bezogen der Schüler. Und heutzutage würde ich Heterogenität noch ein bisschen weiter fassen. Also, dass das quasi nicht nur leistungsorientierte Heterogenität gibt, sondern auch halt von der Kultur her oder irgendwelche soziokulturellen Hintergründe oder von der Herkunft oder also, es gibt ja, das ist ja so ein weites Spektrum. Wir haben ja im Moment diese Heterogenitätsvorlesung und wir haben quasi jede Stunde von irgend einem anderen Dozenten irgendwie eine Einführung, sei es jetzt in der Kunstdidaktik oder interkulturelle Bildung oder also da könnte man sich jetzt fünf Stunden drüber unterhalten. Das kann man, glaube ich, nicht mehr so einschränken wie im ersten Semester.

Also, na klar spielt Heterogenität eine ganz große Rolle, absolut. Ob man die jetzt später alle auf das gleiche Level kriegen wird. Also, das stelle ich mir ganz schön schwierig vor. Ja, also, eine homogene Gruppe dann später zu haben, stell ich mir nicht machbar vor. Also, da wird nach wie vor werden alle irgendwie unterschiedlich sein" (Studentin A, 4. Semester).

Weiterhin lassen die ersten Ergebnisse den Schluss zu, dass sich die Vorstellungen zum Umgang mit Heterogenität in der zweiten Erhebungsphase ebenfalls weiter differenzieren:

1. Erhebungsphase (1. Semester)

Frage: „Wie würden Sie mit der Heterogenität von Kindern umgehen?"
Antwort: „Oh, das ist schwer. Ich glaub so'n ähm (Pause) ja so'n Leitfaden nach Thema X gibt es da glaub ich nicht. Ich versuch das jetzt noch im Studium ganz ja mir da irgendwie so eine Eignung irgendwie anzulegen, weil es ist doch schon ein großes Thema, jetzt gerade auch am Anfang, aber ich bin da noch ganz gespannt wie ich damit später umgehen werde. Also, ich hoffe da auf das Studium, dass es dass man mir sozusagen hier beibringt wie ich damit umzugehen habe" (Studentin B, 1. Semester).

2. Erhebungsphase (4. Semester), retrospektive Konfrontation:

S: „Also, klar kriegt man hier (in der Universität) alle möglichen Paradebeispiele sozusagen vorgelebt, gar keine Frage, man macht sich da sehr viel drüber Gedanken. Allerdings wie es dann später in der Klasse aussieht, da ist man dann natürlich wieder vor einer ganz speziellen Situation, für die es keinen Leitfaden nach Schema X gibt. Den gibt es wahrscheinlich nie. Aber man hat schon wesentlich besseren Einblick darin oder man fühlt sich schon sicherer. Wenn man jetzt in eine Klasse reingeht und merkt, okay, der eine hinkt jetzt ganz weit hinten und der andere ist aber schon mit der übernächsten irgendwie fertig und, also man weiß schon besser damit umzugehen als vorher" (Studentin B, 4. Semester).

3.2 Ergebnisse

Insgesamt lässt sich feststellen, dass sich im Verlauf der ersten vier Semester die Wahrnehmung von und der Umgang mit Heterogenität schärft und erweitert. Die im ersten Semester erhobenen Vorstellungen sind im Sinne reflektierter Konzepte noch recht vage oder einseitig und differenzieren sich im Verlauf der weiteren Ausbildung. Auch die Vorstellungen zum Umgang mit Heterogenität erweitern sich. Allerdings zeigt sich auch, dass Studierende Schwierigkeiten in der Verzahnung von Theorie und Praxis aufweisen.

In einer Studie von Kopp (2007) wurden auf Heterogenität bezogene subjektive Theorien von Studierenden erhoben und ermittelt, ob inklusives Denken durch selbstreflexive Maßnahmen wie z.B. Bewusstmachungstechniken beeinflusst werden können. Die Ergebnisse zeigen, dass Selbstreflexionsmaßnahmen Einfluss auf die Einstellungen und den Umgang mit Heterogenität haben, indem Studierende „durch Bewusstmachungstechniken eigene Theorien offenlegen, diese überdenken, mit wissenschaftlichen Theorien konfrontieren und ihre eigenen Einstellungen reflektieren" (Kopp 2007, S. 128).

Im Rahmen der vorliegenden Studie werden Studierende innerhalb ihrer Ausbildung wiederholt zu Vorstellungen und den Umgang mit Heterogenität befragt. Die Methode der *retrospektiven Konfrontation* stellt eine gute Möglichkeit dar, eigene Konzepte und Theorien zu überdenken und sie mit wissenschaftlichen Erkenntnissen, die in den Lehrveranstaltungen thematisiert werden, zu vergleichen und auch mit Hilfe eigener Praxiserfahrungen zu reflektieren. Insofern dient die *retrospektive Konfrontation* nicht nur der Validierung der Untersuchungsergebnisse, sondern auch der Bewusstmachung und Weiterentwicklung eigener Vorstellungen.

Deutlich wird somit, dass der Ausbildung von Lehrerinnen und Lehrern bei der Umsetzung fachlicher Integration und der Förderung des professionellen Handelns in heterogenen Lerngruppen eine besondere Bedeutsamkeit zukommt.

Literatur

GDSU (Hrsg.) (2002): Perspektivrahmen Sachunterricht. Bad Heilbrunn.
GDSU (Hrsg.) (2013): Perspektivrahmen Sachunterricht. Bad Heilbrunn.
Kahlert, J. (2009): Der Sachunterricht und seine Didaktik. Bad Heilbrunn.
Kaiser, A. (2006): Neue Einführung in die Didaktik des Sachunterrichts. Baltmannsweiler.
Klafki, W. (2005): Allgemeinbildung in der Grundschule und der Bildungsauftrag des Sachunterrichts. In: www.widerstreit-sachunterricht.de/Ausgabe Nr. 4 (10 Seiten). URL: www.widerstreit-sachunterricht.de [16.12.2014]
Köhnlein, W. (1996): Leitende Prinzipien und Curriculum Sachunterricht. In: Glumpler, E.; Wittkowske, S. (Hrsg.): Sachunterricht heute: zwischen interdisziplinärem Anspruch und traditionellem Fachbezug. Bad Heilbrunn, S. 46-76.
Kopp, B. (2007): Inklusives Denken und Selbstwirksamkeitserwartungen als Voraussetzungen für den Umgang mit Heterogenität. In: Möller, K.; Hanke, P.; Beinbrech, C.; Hein, A. K.; Kleickmann, T.; Schages, R. (Hrsg.): Qualität von Grundschulunterricht entwickeln, erfassen und bewerten. Wiesbaden, S. 127-130.
Lamnek, S. (2010): Qualitative Sozialforschung. Weinheim.
Mayring, P. (2010): Qualitative Inhaltsanalyse. Weinheim.
Richter, D. (2005): Sachunterricht – Ziele und Inhalte. Ein Lehr- und Studienbuch. Baltmannsweiler.
Thomas, B. (2014): Zur Geschichte der Wissenschaftsdisziplin Didaktik des Sachunterrichts. In: GDSU (Hrsg.): Die Didaktik des Sachunterrichts und ihre Fachgesellschaft GDSU e.V. Bad Heilbrunn, S. 51-55.

Anja Heinrich-Dönges

Wirkungen schulbezogener Fortbildung von Lehrkräften im Fächerverbund MeNuK auf Sequenzen der Unterrichtsentwicklung

Teacher training is effective in the long term when teachers continue to develop their practice in relation to the content of teacher training on a permanent basis. The results of a qualitative study in the teacher training project "PROFI" show how different the range of instructional development in teacher training and conditions (or maybe framework) for a supportive environment at individual schools are.

1. Problemstellung

Lehrkräfte, die ihren Unterricht im Kontext von Lehrkräftefortbildung weiterentwickeln, tun dies meist nicht als Resultat einer einmaligen Maßnahme (Helmke 2009, Lipowsky 2010). Dem unterrichtlichen Alltag sind im Rahmen eines langwierigen Prozesses vielfältige Veränderungen abzuringen, damit Unterrichtsentwicklung nachhaltig wirkt. Die Fortbildungsforschung deckt zunehmend einzelne Gelingensbedingungen erfolgreicher Lehrkräftefortbildung auf (Timperley 2007) und leitet konkrete Maßnahmen der Fortbildungsgestaltung ab. So belegt eine Studie von Lipowsky/ Rezjak (2012), dass die Lehrkräfte Fortbildungsinhalte eher umsetzen, wenn in der Fortbildung über neue Methoden der Leseförderung hinaus auch die möglichen Lernprozesse der Schüler/innen für die Lehrkräfte nachvollziehbar offengelegt werden. Diese vielversprechenden Ergebnisse beleuchten jedoch nur Ausschnitte auf Klassenebene. Das potentielle Wirkgefüge von Lehrkräftefortbildung erscheint hoch komplex, wenn die Wirkungen über die einzelne Klasse hinausreichen (sollen) und mehrere Klassen oder gar die ganze Schule betreffen.

2. Theoretische Einordnung

Aus personal-systemtheoretischer Perspektive (König/ Volmer 2005, S. 33) handeln Personen vor dem Hintergrund ihrer subjektiven Wahrnehmungen und Interpretationen und verändern so personale Systeme. Die Wahrnehmung *unterrichtlicher Voraussetzungen* (z.b. Handlungsbedarf in einer konkreten Klasse, Stoffverteilungsplan) und *schulischer Hintergründe* (z.B. Klima für Veränderungen im Kollegium, finanzielles Budget und zeitliche Ressourcen) bestimmt das unterrichtsbezogene Denken und Handeln einer Lehrkraft – und damit gleichermaßen ihre Bereitschaft zur Veränderung ihres Denkens und Handelns. Bislang wurde dieses Wirkungsgefüge kaum ausdifferenziert.

Wie Lehrkräfte ihren Unterricht weiterentwickeln, stellt Helmke (2009, S. 308ff.) in einem sequenzierten Prozess dar: von der Information (beispielsweise in Lehrkräftefortbildung) über die Rezeption (der Fortbildungsinhalte) und die Reflexion (vor dem Hintergrund des bisherigen Verständnisses und den unterrichtlichen Bezügen) hin zur Aktion (als Umsetzung der Fortbildungsinhalte in den Unterricht zugunsten eines veränderten Lernens der Schüler/innen), mündend in die Evaluation (subjektive Abwägung der Ergebnisse gegenüber den Vorhaben und ihren Wirkungen auf das Lernen der Schüler/innen). Bedingt wird diese Entwicklung durch ein komplexes Wirkgefüge individueller und schulischer bzw. externer Faktoren.

Im Rahmen der Begleitforschung zum Fortbildungsprojekt „PROFI – Professionalisierung von Lehrkräften durch schulbezogene Fortbildungen im Fächerverbund Mensch, Natur und Kultur" erfolgte eine Adaptation des Modells für Lehrkräftefortbildung (Heinrich et al. 2010). Im Weiteren soll dieses Modell empirisch überprüft und ggf. ausdifferenziert werden.

3. Methodisches Vorgehen

Mit dem Blick auf die Entwicklung beruflicher Interessen im Kontext von Fortbildungen ist die vorliegende Studie auf nachhaltiges Lernen von Lehrkräften fokussiert.[1] Vier Grundschulkollegien wurden über den Projektzeitraum von einem Jahr begleitet. An jeder Schule fanden vier schulinterne Fortbildungen statt. In einer Prä- und Post-Studie äußerten sich Lehrkräfte zu

---

[1] Nachhaltig angelegtes Lernen im Fortbildungskontext wird mit dem Fokus auf berufsbezogene Interessen und ihre Entwicklung nach dem Münchner Interessekonstrukt (Prenzel et al. 1984, Krapp 2004) erfasst. Dieser Beitrag legt jedoch einen anderen Auswertungsschwerpunkt fest.

ihren aktuell bestehenden Interessen. Die Post-Erhebung erfasste zusätzlich die veränderten bzw. neu entwickelten berufsbezogenen Interessen, insbesondere diejenigen im Fortbildungskontext. Die Interessenentwicklung ausdifferenzierend schilderten die Lehrkräfte, welche Kontextbedingungen sie als unterstützend oder hemmend wahrnahmen. Die Post-Erhebung umfasste auch den aktuellen Stand der Fortbildungsinteressen. Sie bezog sich auf deren erste schriftliche Erhebung in offenem Antwortformat im Anschluss an die einzelnen Fortbildungen.

Von insgesamt 26 Lehrkräften liegen vollständige, transkribierte und qualitativ inhaltsanalytisch (Mayring 2008, Gläser/ Laudel 2009) mittels konsensuellem Kodieren (Reinhoffer 2008) ausgewertete Datensätze vor. Die in deduktiven Kategorien abgebildeten Strukturtheorien zu Unterrichtsentwicklung und Personaler Systemtheorie ließen sich in parallelen Materialdurchläufen induktiv ausdifferenzieren.

4. Ergebnisse

Die Überschneidungen der beiden Auswertungsdimensionen zeigen die subjektiv relevanten Verhältnisse zwischen personal-systemtheoretisch erfassten Wirkfaktoren von Lehrkräftefortbildungen und den Sequenzen der Unterrichtsentwicklung nach Helmke (a.a.O.). Sie decken das Bedingungsgefüge nachhaltiger interesseorientierter Unterrichtsentwicklung auf: von der Ebene der Lehrkräftefortbildung über die individuelle Ebene der einzelnen Lehrkraft und ihrem unterrichtsbezogenen Denken und Handeln, eingebettet in den systemischen Schulkontext (siehe Tabelle 1).

Die Reichweite der identifizierten Faktoren scheint unterschiedlich zu sein: Während die Gelingensbedingungen auf den Ebenen Information und Reflexion weiterreichenden Faktoren den Weg zu ebnen scheinen, fällt der Ebene der Reflexion wohl eine Schlüsselfunktion zu. Die subjektiven Deutungen der Lehrkräfte scheinen entscheidend für die Realisierung oder Nicht-Realisierung von Umsetzungsvorhaben: Wenn einzelne Umstände als ungünstig wahrgenommen werden, folgen kaum Umsetzungen – auch nicht „trotzdem". Ob verbindliche Vereinbarungen zur Umsetzung diese Hürde überwinden würden, ist zu bezweifeln. Interessant wäre die Anschlussfrage, ob dies ein lehrerspezifisches Phänomen ist, das möglicherweise in Verbindung mit der „pädagogischen Freiheit" steht.

Dass die Wahrnehmung der Rahmenbedingungen individuell sehr unterschiedlich sein kann, zeigt die entgegengesetzte Wirkrichtung eines Faktors in unterschiedlichen Situationen oder bei verschiedenen Personen. So unter-

stützt die Teilnahme des gesamten Kollegiums an einer Fortbildung das Planen gemeinsamer Umsetzungsvorhaben, die Wahrnehmung des Kompetenzspektrums im eigenen Kollegium sowie das Schaffen eines vergleichbaren Grundwissens zum Fortbildungsthema. Hemmend kann sich die gemeinsame Fortbildungsteilnahme auswirken, wenn sich Lehrkräfte an denjenigen orientieren, die eine eher ablehnende Haltung gegenüber dem Fortbildungsthema oder einzelnen Fortbildungsaspekten einnehmen.
Derartige Ursache-Wirkungs-Zusammenhänge lassen sich mit Hilfe der Kausalkettenanalyse nach Gläser/ Laudel (a.a.O.) aufzeigen. Der Kategorie „soziale Regeln" wurden beispielsweise transferrelevante Wirkungen in den Bereichen Umsetzungsplanung und Unterricht zugeschrieben. Kooperativen Austausch und Materialbeschaffung ermöglichende Präsenzzeiten, Teambesprechungen oder auch ein pädagogischer Tag ermöglichten Transfer im Sinne konkreter Unterrichtsvorbereitungen, wie das folgende Beispiel zeigt: *„Also was wir jetzt als pädagogischen Tag vorhaben. Dass wir MeNuK wirklich als äh (pp), ja (p), als gemeinsames Tätigungs/ Betätigungsfeld sehen und nicht jeder für sich seine (p) Versuchskisten und so/ das sich langsam entwickelt. Wir haben jetzt Luftkisten drüben/ Wasserkiste ist die erste Kiste da"* (AW-AN-33 O-12). Die unterrichtliche Umsetzung unterstützen soziale Regeln zu klassenübergreifendem Unterricht, Kooperationen zwischen Lehrer/innen und Klassenlehrer/innen in einem „durchgehenden Stundenplanband", Projektunterricht oder gemeinsam genutzten Materialien. Eine Lehrkraft gewährt folgenden Einblick: *„Das mit dem Band haben wir/ auch dieses Jahr schon besser gemacht, wir haben ja schon zwei Pausen eingeführt und/ aber wir haben unser Band nicht ganz durchlaufen. Einmal ist Sport, (...). Und so kann man auch immer wieder was zusammen/, ja also so/ mal die einen gehen hierhin und die anderen halt rüber zur Frau X, und so"* (ED-CR-24 O-171-176).
Diese und weitere Faktoren sind noch tiefer auszudifferenzieren, ihre Reichweite bleibt in Anschlussstudien zu untersuchen.

Tabelle 1: Bedingungsgefüge von Unterrichtsentwicklung (UE) im Kontext von Lehrkräftefortbildung (Auswahl)

Bedingungen der Fortbildung	+ wahrnehmbares eigenes Interesse des Fortbildenden - Fortbildungsorganisation: Nachmittag	+ „Pädagogischer Doppeldecker" + Offenlegung der möglichen Lernwege der Schüler/innen - Passung: Fortbildungsinhalte und Deputat	+ Methoden- und Ideenpool + Handreichungen + Expertise des Fortbildenden + Fortbildungsorganisation: Reihe
Individuelle Bedingungen	- Wahrnehmung begrenzter eigener Fähigkeiten	+ offene Einstellung gegenüber Neuem - fehlende Herausforderung	+ Passung der pädagogischen Überzeugungen - Wahrnehmung von Einzelkämpfertum
Sequenz UE	Information Rezeption	Reflexion	Aktion Evaluation
Systemische Bedingungen	- heterogene Bedarfslage + kompetente Kolleg/innen	+ kollegiale Teilnahme - kollegiale Teilnahme - zeitliche Belastung	+ vorhandene Fachräume, Materialien + schulspezifische Regelungen + Teamarbeit + Erfahrungen von Kolleg/innen

5. Fazit

Lehrkräftefortbildung scheint das Potenzial zu haben, auf allen schulischen Ebenen verändernd wirksam sein zu können. Welche Veränderungen tatsächlich bewirkt werden, ist abhängig von einem komplexen Bedingungsgefüge aus Fortbildungsfaktoren, individuellen Einstellungen und Voraussetzungen sowie den schulischen Rahmenbedingungen. Von einer einzelnen Lehrkraft lässt sich nach einer Fortbildung wohl kaum erwarten, auf allen drei Ebenen gleichermaßen initiativ zu sein. Längerfristige Unterstützung durch bedarfsorientierte Fortbildung oder Coaching sowie günstig gestaltete Rahmenbedingungen erscheinen notwendig und vielversprechend.

Literatur

Gläser, J.; Laudel, G. (2006): Experteninterviews und qualitative Inhaltsanalyse als Instrumente rekonstruierender Untersuchungen. Wiesbaden.

König, E.; Volmer, G. (2005): Systemisch denken und handeln. Personale Systemtheorie in Erwachsenenbildung und Organisationsberatung. 1. Aufl. Weinheim, Basel.

Krapp, A. (2004): Individuelle Lebensinteressen als lerntheoretische Grundkategorie im Spiegel der pädagogisch-psychologischen Interessetheorie. In: Faulstich, P.; Ludwig, J. (Hrsg.): Expansives Lernen. Grundlagen der Berufs- und Erwachsenenbildung. Baltmannsweiler, S. 275-287.

Helmke, A. (2009): Unterrichtsqualität und Lehrerprofessionalität. Diagnose, Evaluation und Verbesserung des Unterrichts; 1. Aufl. Seelze-Velber.

Heinrich, A.; Irion, Th.; Reinhoffer, B. (2010): Schul- und Unterrichtsentwicklung durch schulbezogene Fortbildungen in der Grundschule. In: Arnold, K.-H.; Hauenschild, K.; Schmidt, B.; Ziegenmeyer, B. (Hrsg): Zwischen Fachdidaktik und Stufendidaktik. Perspektiven für die Grundschulpädagogik. Wiesbaden, S. 181-184.

Lipowsky, F. (2010): Lernen im Beruf. Empirische Befunde zur Wirksamkeit von Lehrerfortbildung. In: Müller, F.H. (Hrsg): Lehrerinnen und Lehrer lernen. Konzepte und Befunde zur Lehrerfortbildung. Münster, S. 51-70.

Lipowsky, F.; Rzejak, D. (2012): Lehrerinnen und Lehrer als Lerner. Wann gelingt der Rollentausch? Merkmale und Wirkungen wirksamer Lehrerfortbildungen. In: Schulpädagogik heute, 3, 5, S. 1-17.

Mayring, Ph. (2008): Qualitative Inhaltsanalyse. Grundlagen und Techniken. Weinheim.

Prenzel, M.; Krapp, A.; Schiefele, U. (1986): Grundzüge einer pädagogischen Interessentheorie. In: Zeitschrift für Pädagogik, 32, S 163-173.

Reinhoffer, B. (2008): Lehrkräfte geben Auskunft über ihren Unterricht. Ein systematisierender Vorschlag zur deduktiven und induktiven Kategorienbildung in der Unterrichtsforschung. In: Mayring, Ph.; Gläser-Zikuda, M. (Hrsg.): Die Praxis der Qualitativen Inhaltsanalyse. Weinheim, Basel, S. 123-141.

Timperley, H. (2007): Teacher professional Learning and Development. Best Evidence Synthesis Iteration (BES). Wellington, N.Z.

Marlies Hempel und Linya Coers

Bildung ohne Genderkompetenz?
Zum Zusammenhang von Bildung und Gender im Sachunterricht

This paper highlights the necessity of knowledge about gender as an element of gender-expertise of Sachunterricht-teachers and justifies addressing the theming of gender in teaching-learning-processes of Sachunterricht with the educational demand of this school subject. In the course of this, the potential of the sociological dimension "gender" for Sachunterricht will be opened up – both regarding the subject matter and the pedagogical and methodical dealings with it. This paper is completed by a model of the complexity of profession-based gender competence proposed by the authors.

1. Bildung und Gender

Für die Überlegungen zum Zusammenhang von Bildung und Gender ist es hilfreich, ausgehend vom allgemeinen Bildungsbegriff und unter Berücksichtigung der Überlegungen und Forderungen Klafkis zum Bildungsauftrag des Sachunterrichts die Frage zu stellen, wie in diesem Sinne gerade der Sachunterricht der Grundschule immer besser dazu beitragen kann, tatsächlich allen Kindern Bildung zu ermöglichen, die sie u.a. befähigt, sich selbst zu begreifen, die Lebenswelt zu verstehen und das eigene Leben auch erfolgreich zu meistern. Wenn Bildung verstanden wird als Ermöglichung der „Selbstkonstruktion des Subjekts, nicht in solipsistischer Abkehr von der ihn umgebenden Welt, sondern immer und notwendig als Selbstkonstruktion in der Welt und in Auseinandersetzung mit den Herausforderungen, die die Welt bereithält" (Tenorth 2014, S. 16) oder als Entwicklung zu einer verantwortungsbewussten Persönlichkeit, die durch ihr Wissen und Können – auch bezogen auf die Schlüsselprobleme dieser Welt – zu Selbstbestimmungs-, Mitbestimmungs- und Solidaritätsfähigkeit in der Lage ist (vgl. Klafki 1996), muss das für den Sachunterricht bedeuten, die Kinder mit sicheren Fundamenten des

Wissens und Könnens auszurüsten, ihre moralischen Fähigkeiten im o.g. Sinne zu fördern und Kompetenzen für ein lebenslanges, eigenständiges und kooperatives Lernen anzubahnen. Das schließt notwendiger Weise ein Wissen über/ um Gender, über Sozialisations- und Konstruktionsprozesse etc. ein, weil gerade dieses Wissen als grundlegende Basis des Selbst- und Weltverständnisses verstanden werden muss. Schließlich ist das Wissen um/ über Gender sowie die Fähigkeit, kritische Fragen an Geschlechterrollen und -konstruktionen zu stellen, eine notwenige Bedingung, um die Gesellschaft, in der wir leben, zu verstehen und um in ihr handlungsfähig zu sein. Wir leben in einer Kultur der Zweigeschlechtlichkeit, das Geschlecht fungiert als eine „ideale [...] psychosoziale [...] Orientierungs- und soziale [...] Ordnungskategorie" (Funk 2012, S. 468), die unseren Gestaltung- und Kulturraum prägt (z.B. in Form von Kleidungsabteilungen in Kaufhäusern, Gehältern etc.). Sich mit diesen Aspekten unseres gesellschaftlichen und sozialen Zusammenlebens auseinanderzusetzen und dahinterliegende Mechanismen zu hinterfragen, kann einen wichtigen Beitrag zur Unterstützung der Kinder bei der Orientierung in unserer Welt leisten.

Leider wird die Genderperspektive, bewusst oder unbewusst oder weil einfach das Grundverständnis für den Erkenntniswert dieser Kategorie – auch für die damit verbundene „Kulturleistung" – bei Lehrkräften fehlt, ausgeblendet und unterschätzt. Ohne ein solches Grundverständnis aber können die curricularen Vorgaben nicht angemessen umgesetzt und der o.g. Bildungsauftrag des Sachunterrichts nicht eingelöst werden. „Lehrerinnen und Lehrer stehen daher immer wieder vor der großen Aufgabe, die dafür im Sachunterricht angelegten Gestaltungsspielräume eigenverantwortlich, sinnvoll und kreativ zu nutzen, um sachliches Wissen, Verstehen und kompetentes Handeln der Kinder zu fördern, also Bildung zu ermöglichen" (Hempel 2003, S. 3). Aber um Gestaltungsräume nutzen zu können, benötigen die Lehrkräfte selbst ein grundlegendes „Genderwissen", weil sich oft erst dadurch Perspektiven auf Sachverhalte und Situationen erschließen, die ohne die „Folie" Gender völlig unbeachtet und unberücksichtigt bleiben würden.

Die unterrichtliche Thematisierung von Geschlecht scheint zudem stärker als andere Unterrichtsthemen von Zufällen und Haltungen der jeweiligen Lehrpersonen abhängig zu sein, davon, was die Lehrkräfte „zufällig" an Kenntnissen über Gender erworben haben, ob sie überhaupt solche Themen und die dahinterliegende „Aufklärungsphilosophie" wahrnehmen wollen und in welcher Art und Weise dann auch Geschlechterthemen im Sachunterricht aufbereitet und in Lernprozesse umgesetzt werden.

2. Genderwissen

„Bildungsprozesse müssen sachbezogen sein und in Kulturleistungen einführen, gerade dann, wenn Antworten auf Sinn- und Wertfragen nicht mehr gesellschaftlich vorgegeben sind" (Köhnlein 2007, S. 45).
Für solche sachbezogenen Bildungsprozesse ist ein sachrichtiges und fachbezogenes Wissen der Lehrkräfte unerlässlich. Dieses zu definieren, erweist sich aber gerade für den Gegenstand „Gender" als schwierig, denn kaum eine andere Thematik ist so abhängig von individuellen Erfahrungen, Einstellungen und persönlichen Wertehaltungen.
Wir verstehen Geschlecht als eine soziale Konstruktion (Gender): „Es wird in einem lebenslangen Prozess des Doing Gender [...] durch die Individuen hergestellt. Dieser Prozess findet innerhalb eines gesellschaftlich definierten Systems der Zweigeschlechtlichkeit statt, in dem die Individuen sich verorten müssen" (Kunert-Zier 2005, S. 15). Im Doing-Gender-Ansatz (vgl. West/ Zimmerman 1987)[1], wird Geschlecht nicht als statische(s) Eigenschaft oder Merkmal einer Person verstanden, die Kernaussage ist vielmehr, „dass Geschlechtszugehörigkeit und Geschlechtsidentität als fortlaufender Herstellungsprozess aufzufassen sind, der zusammen mit faktisch jeder menschlichen Aktivität vollzogen wird [...]" (Gildemeister 2010, S. 137). Dieses Verständnis von Gender entwickelte sich in Abgrenzung zu dem in den 1960er/ 70er Jahren populär gewordenen Sex-Gender-Modell, in dem „Sex" als biologisches und „Gender" als soziales Geschlecht definiert werden und das nach wie vor im Alltagswissen vieler Menschen verankert ist.[2] Im Gegensatz zum Sex-Gender-Modell akzeptiert der Doing-Gender-Ansatz – also eine sozial-konstruktivistische Perspektive auf Geschlecht – keinen eigenständigen biologischen Faktor: „Geschlecht bzw. Geschlechtszugehörigkeit wird nicht als quasi natürlicher Ausgangspunkt von und für Unterscheidungen im menschlichen Handeln, Verhalten und Erleben betrachtet, sondern als Ergebnis komplexer sozialer Prozesse" (Gildemeister 2008, S. 172).
Sich mit diesen – hier sehr kurz und komprimiert dargestellten – fachlichen Grundlagen und Diskussionen zu Gender aus der Perspektive der Soziologie auseinanderzusetzen, erfordert von Lehrkräften Geduld, eine gewisse Offenheit und ganz grundlegend die Bereitschaft, sich mit gesellschaftlich geteilten

---

[1] West/ Zimmerman definieren Gender im Kontext ihrer Entwicklung des Doing-Gender-Ansatzes so: „[...] gender is not a set of traits, nor a variable, nor a role, but the product of social doings of some sort" (West/ Zimmermann 1987, S. 129).
[2] Für eine Übersicht verschiedener Theorieansätze und Entwicklungslinien in der Genderforschung vgl. z.B. Tillmann 2010.

Ansichten und Normen (z.B. Rollenbildern, der Idee von der „Naturhaftigkeit" des Geschlecht) zu beschäftigen. Offenheit und die Bereitwilligkeit, die eigene Geschlechtszugehörigkeit, damit verbundene Mechanismen der Dar- und Herstellung von Geschlecht sowie eigene geschlechtsbezogene Sozialisationserfahrungen wahrzunehmen und zu hinterfragen, erscheinen notwendig, um sich fachwissenschaftlich korrekt mit Gender auseinanderzusetzen.

Dies erscheint bei dem hier genannten Gegenstand im Kontext des einleitenden Zitats von Köhnlein besonders wichtig, denn wenn Gender zum Gegenstand des Lehrens und Lernens wird, wird eine inhaltliche Ebene gemeinsam mit den Lernenden angesprochen, auf der die damit zusammenhängenden Sinn- und Wertfragen vor allem in die individuellen Erfahrungsräume eingebettet werden. Vor dem Hintergrund eigener Sozialisationserfahrungen lassen sich manifestierte Rollenbilder, Stereotype und alltagstheoretisches Wissen über Geschlecht eher anzweifeln und hinterfragen. Nur mit gesellschaftlich vorgegebenen Antworten *kann* und *darf* hier nicht gearbeitet werden, wenn (Selbst-)Bildungsprozesse initiiert werden sollen.

Schwierig ist dabei vor allem, dass Lehrkräfte selbst „aktiver Part in den Interaktionsprozessen sind, mit denen die Bedeutung von Geschlecht und die Füllung von Geschlechtervorstellungen produziert und reproduziert werden" (Faulstich-Wieland 2010, S. 20). Nicht zuletzt deshalb ist eine kritische Reflexion der eigenen (geschlechtsbezogenen) Vorbildrolle, der eigenen Vorstellung von Geschlecht und deren Abgleichen mit fachlichen Informationen (auch der damit verbundenen kulturellen Perspektive) unerlässlich. Gleichzeitig muss ein Bewusstwerdungsprozess bezüglich der Konstruiertheit und der damit verbundenen Praxen zur Dar- und Herstellung von Geschlecht zugelassen werden. Nur so kann Gender gemeinsam mit den Lernenden zu einem Gegenstand gemacht werden, durch den ein entscheidender Beitrag zur Erschließung von Welt geleistet wird und der es Kindern erlaubt, einen fragenden sowie kritischen Standpunkt zu ihrer Lebenswelt einzunehmen und sie dabei zu fördern.

3. Geschlecht als Gegenstand des Sachunterrichts

Geschlecht bzw. Gender zum Gegenstand des Sachunterrichts zu machen, bedeutet, sich mit Sozialisationsprozessen, kulturellen Normen, Werten und Differenzierungen zu beschäftigen (vgl. GDSU 2013). Die Notwendigkeit, dass sich Lehrkräfte dem Gegenstand zunächst fachwissenschaftlich kompetent und reflektiert zuwenden, wurde oben bereits deutlich gemacht.

Die in der Konzeption des Sachunterrichts liegenden Möglichkeiten, Doing-Gender-Prozesse konkret zum Gegenstand des Unterrichts zu machen, müssen stärker bewusst genutzt werden. Geschlechterrollen und -bilder gemeinsam mit den Lernenden zu reflektieren, diese sowohl in einen aktuellen wie auch historischen Kontext zu setzen, deren Wandelbarkeit und damit die Konstruiertheit von Geschlecht zu erkennen und dabei die Funktion von Geschlechterkonstruktionen und die dahinterliegende Praxis von deren Dar- und Herstellung zu thematisieren, bleibt als Bildungsauftrag noch zu oft in ersten Ansätzen stecken. Diese Ansätze, die in den Bereichen „Beruf und Arbeit", „Rollen in der Familie", „Ritter und Burgen", um nur einige zu nennen, oft anklingen, sollten offensiver und kenntnisreicher für Dekonstruktionsprozesse in unserem zweigeschlechtlichen Wertesystem, für die Sinn- und Wertfragen ebenso wie für den Erkenntnisprozess auf der Basis der Analysekategorie „Geschlecht" genutzt werden (vgl. Coers/ Hempel im Druck).

Die Lernenden müssen – wenigstens bei diesen sehr „gendernahen" Themen – immer dabei unterstützt werden:
- eigene Vorstellungen von Geschlecht und Geschlechtlichkeit zu entwickeln,
- Geschlechterbilder bei jedem Thema, vor allem aber auch in den Medien, denen die Kinder täglich ausgesetzt sind, zu reflektieren,
- ein Verständnis für das Gefüge unserer Gesellschaft, das nun einmal als ein „zweigeschlechtliches Wertesystem" existiert, zu entwickeln,
- einen verantwortlichen und selbstkritischen Umgang mit Geschlecht, aber auch mit dem „Anderen" bzw. „Fremden" zu erproben und Heterogenität als Wert zu begreifen sowie
- geschlechtsbezogene Einflüsse, Wandlungen, eigene und fremde Handlungsspielräume auf individueller und gesellschaftlicher Ebene zu erkennen, diese zu hinterfragen und sie für die eigene Welterkenntnis und die Ausgestaltung der eigenen Rolle im Leben zu nutzen.

Zur Problematik dieser sachlichen Erschließung der Unterrichtsthemen und des Aspekts Gender muss zudem im Unterrichtsgeschehen der schmale Grat zwischen Dramatisierung und Entdramatisierung (vgl. Faulstich-Wieland 2005) bewältigt werden, der eine besondere Herausforderung darstellt. Auf der einen Seite gilt es, die Geschlechterpolarität in der Gesellschaft nicht zu verstärken, also die Norm der Zweigeschlechtlichkeit nicht zu tradieren und dabei gleichzeitig Stereotype abzubauen anstatt sie zu reproduzieren. Auf der anderen Seite sollen die realen Voraussetzungen und Erfahrungen der Kinder – die aufgrund ihrer unterschiedlichen Sozialisation durchaus geschlechtsbezogene Differenzen aufweisen (können) – Ausgangspunkt des Lehrens und

Lernens sein (vgl. Kaiser 2012). Eine „Dramatisierung der Differenz" (Faulstich-Wieland 2005, S. 5), die z.B. durch monoedukative Settings oder Gegenstände wie „Männerberufe – Frauenberufe" hervorgerufen wird, geht mit einer Dichotomisierung – *die* Mädchen/ Frauen und *die* Jungen/ Männer – einher. Darüber hinaus erschwert der Fokus auf die Differenz der Geschlechtergruppen den Blick auf Gemeinsamkeiten, auf Unterschiede innerhalb der Geschlechtergruppe sowie auf individuelle (geschlechtsunabhängige) Verschiedenheiten. Werden Geschlechterdifferenzen gesucht und als Maßstab herangezogen, werden den Lernenden kaum Möglichkeiten jenseits von Stereotypen angeboten, sodass tradierte Doing-Gender-Prozesse und entsprechende Mechanismen eher wirksam anstatt abgebaut werden (vgl. Faulstich-Wieland 2010). Eine Entdramatisierung bedeutet aber nicht, das Geschlecht zu neutralisieren.

4. Genderkompetenz – Fazit

Durch das Involviert-Sein jeder Lehrperson und jedes Kindes in Doing-Gender-Prozesse ist „Geschlechtsneutralität im Klassenzimmer" ausgeschlossen. Selbstreflexion des eigenen Doing-Gender betrifft Kinder *und* Lehrkräfte. Immer muss offen gelegt werden, wann und wo Geschlecht zu einer relevanten Kategorie wird, die Einfluss auf die Handlungsspielräume in den unterschiedlichsten Situationen nimmt, damit entsprechende Benachteiligungen aufgedeckt und abgebaut werden können. Bildungsprozesse bleiben ohne hinreichende Genderkompetenz der Lehrenden unvollständig. Genderkompetenz von Lehrenden bezieht sich – und das ist hier bei aller Kürze der Darstellung sichtbar geworden – sowohl auf das Genderwissen, aber auch auf professionelle methodische Kompetenzen, die der Besonderheit dieses Gegenstands tatsächlich gerecht werden. Und es braucht auch die Einstellung bzw. Motivation der Lehrenden, bereit zu sein, sich über die Vermittlungsfunktion hinaus für daraus resultierende Veränderungen, für Chancengleichheit und den Abbau von Geschlechterhierarchien einzusetzen.

In diesem Kontext lassen sich fünf Kompetenzfelder der professionellen Genderkompetenz von Sachunterrichtslehrenden beschreiben. Dazu wird von den Autorinnen ein GPGS-Modell (Gendersensible Planung und Gestaltung des Sachunterrichts) vorgeschlagen, das abschließend hier kurz skizziert werden soll. Es macht vor allem die Komplexität dieser pädagogischen Kompetenz deutlich, die es gilt, schon während der Lehramtsausbildung systematisch anzubahnen.

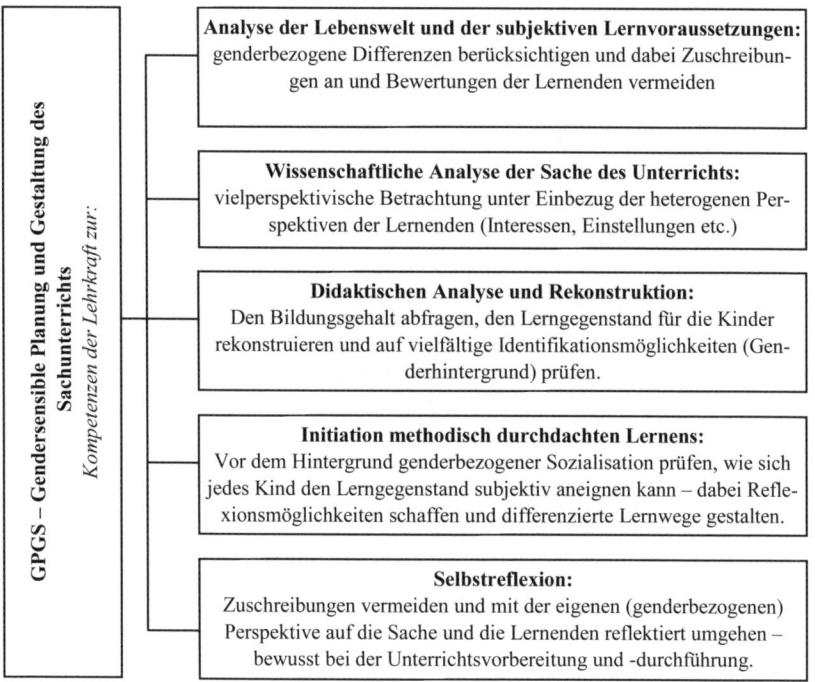

Abbildung. 1: GPGS-Modell

Literatur

Coers, L.; Hempel, M. (im Druck): Die eigene Sozialisation reflektieren – Gender als Gegenstand des Sachunterrichts. In: Gläser, E.; Richter, D. (Hrsg.): Die sozialwissenschaftliche Perspektive konkret: Begleitband zum Perspektivrahmen Sachunterricht (Arbeitstitel). Bad Heilbrunn.

Faulstich-Wieland, H. (2005): Spielt das Geschlecht (k)eine Rolle im Schulalltag? Plädoyer für eine Entdramatisierung von Geschlecht Vortrag in der Reihe Gender Lectures an der Humboldt-Universität Berlin am 11.7.05. URL: http://www.genderkompetenz.info/veranstaltungs_publika-tions_und_news_archiv/genderlectures/faulstichwieland_manuskript_genderlecture.pdf [19.09.2014]

Faulstich-Wieland, H. (2010): Mädchen und Jungen im Unterricht. In: Buholzer, A.; Kummer Wyss, A. (Hrsg.): Alle gleich – alle unterschiedlich! Zum Umgang mit Heterogenität in Schule und Unterricht. Seelze-Velber und Zug, S. 16-27.

Funk, H. (2012): Geschlecht. In: Horn, K.-P.; Kemnitz, H.; Marotzki, W.; Sandfuchs, U. (Hrsg.): Klinkhardt Lexikon Erziehungswissenschaft. KLE Band I: Aa, Karl von der – Gruppenprozesse. Bad Heilbrunn, S. 468-471.

GDSU (2013): Perspektivrahmen Sachunterricht. Bad Heilbrunn.

Gildemeister, R. (2008): Soziale Konstruktion von Geschlecht: „Doing gender". In: Wilz, S.M. (Hrsg.): Geschlechterdifferenzen – Geschlechterdifferenzierungen. Wiesbaden, S. 167-198.

Gildemeister, R. (2010): Doing Gender: Soziale Praktiken der Geschlechterunterscheidung. In: Becker, R.; Kortendiek, B. (Hrsg.): Handbuch Frauen- und Geschlechterforschung. Wiesbaden, S. 137-145.

Hempel, M (2003): Vorwort. In: Hempel, M. (Hrsg.): Sich bilden im Sachunterricht. Bad Heilbrunn, S. 7-8.

Kaiser, A. (2012): Genderforschung in der Sachunterrichtsdidaktik. In: Kampshoff, M.; Wiepcke, C. (Hrsg.): Handbuch Geschlechterforschung und Fachdidaktik. Wiesbaden, S. 259-272.

Klafki, W. (1996): Neue Studien zur Bildungstheorie und Didaktik. Zeitgemäße Allgemeinbildung und kritisch-konstruktive Didaktik. Weinheim & Basel.

Köhnlein, W. (2007): Sache als didaktische Kategorie. In: Kahlert, J.; Fölling-Albers, M.; Götz, M.; Hartinger, A.; Reeken, D. von; Wittkowske, S. (Hrsg.): Handbuch Didaktik des Sachunterrichts. Bad Heilbrunn, S. 41-46.

Kunert-Zier, M. (2005): Erziehung der Geschlechter: Entwicklungen, Konzepte und Genderkompetenz in sozialpädagogischen Feldern. Wiesbaden.

Tenorth, H.-E. (2014): Bildung – oder die Möglichkeiten selbstbestimmter Lebensführung. Nachträglich verschriftlichte Fassung des Eröffnungs-Vortrags bei der 5. Essener Bildungskonferenz, 25 Juni 2014 zum Thema: „Bildung schafft Zukunft". URL: https:// media.essen.de/ media/ wwwessende/ aemter/ bildungsbuero/ Essen-Bildungskonferenz-2014-Textversion_Copy.pdf [21.09.2014]

Tillmann, K.-J. (2010): Sozialisationstheorien. Eine Einführung in den Zusammenhang von Gesellschaft, Institutionen und Subjektwerdung. Vollständig überarbeitete und erweiterte Neuausgabe. Reinbek bei Hamburg.

West, C.; Zimmerman, D. H. (1987): Doing Gender. In: Gender & Society, Vol. 1, No. 2, pp. 125-151. URL: http://gas.sagepub.com/content/1/2/125 [02.10.2013]

Toni Simon

Was hat die Sicht angehender Sachunterrichtslehrkräfte auf Inklusion mit einer zeitgemäßen Sachunterrichtsdidaktik zu tun?

Teachers' attitudes and beliefs are influencing their acting (cf. Baumert/ Kunter 2006) as well as the educational success of certain groups. Based on chosen results of a pilot study about General Studies teachers' view of inclusion in school the text points on exemplary consequences of a contemporary, inclusive didactics in General Studies.

1. Status quo sachunterrichtlich-inklusionspädagogischer Diskussionen und Forschungen

Inklusionspädagogische Forschungen sind – so die Ausgangsthese dieses Textes – eine Grundlage einer fundierten inklusiven Didaktik und zeitgemäßer Planungs- und Handlungsmodelle für inklusiven Sachunterricht zur Sicherung grundlegender Bildung für alle Kinder und sind gleichsam eine besondere Entwicklungsaufgabe. Aktuell kann die Didaktik des Sachunterrichts bereits auf einzelne einschlägige Forschungsbeiträge zurückgreifen (vgl. Seitz 2005, Schomaker 2007). Dennoch konstatieren Pech/ Schomaker/ Simon (2014, S. 1) einen diesbezüglichen Mangel, der „als Hinweis auf ein besonderes Entwicklungsdefizit des Sachunterrichts und seiner Didaktik gedeutet werden [kann, T.S.], welches sich auf dessen Weg zur Inklusion als besonderer Stolperstein erweisen könnte". Zudem werde innerhalb des Sachunterrichts zwar versucht, „zur facheigenen sowie übergreifenden Inklusionsdebatte beizutragen (vgl. Giest/ Kaiser/ Schomaker 2011, Gebauer/ Simon 2012, Heimlich/ Kahlert 2012, Seitz et al. 2012, Seitz/ Pfahl/ Scheidt 2012, Pech/ Schomaker 2013, Simon 2013)"[1], dennoch „stellen a) ein einheitliches

---
[1] Zu ergänzen sind mittlerweile weitere Arbeiten wie bspw. Pech/ Schomaker/ Wanke 2014, Offen 2014 sowie Beiträge in einschlägigen Grundschulzeitschriften.

Inklusionsverständnis, b) die Klärung des Verständnisses des eigenen Faches/ der eigenen Disziplin im Lichte inklusiver Pädagogik, c) der Transfer von Theorien und empirischen Befunden anderer (pädagogischer) Disziplinen in den Sachunterricht, d) sachunterrichtlich-inklusionspädagogische Forschungen, e) Entwürfe einer fundierten inklusiven Sachunterrichtsdidaktik bzw. f) im Allgemeinen das Ausloten geeigneter facheigener Ansätze und Vorzüge für Inklusive Pädagogik sowie g) eine Entsprechung sachunterrichtlicher Arbeitsmaterialien und Lehrwerke zur Zeit Desiderata dar" (ebd.).
Nicht zuletzt, um die fachdidaktische Diskussion um Inklusion innerhalb des Sachunterrichts zu beleben (vgl. Pech/ Schomaker 2013), wurde im Frühjahr 2014 eine Arbeitsgruppe *„Inklusion/ inklusiver Sachunterricht"* innerhalb der Gesellschaft für Didaktik des Sachunterrichts gegründet, deren Ziel es ist, „eine systematische und gebündelte Auseinandersetzung mit oben thematisierter Entwicklungsaufgabe des Sachunterrichts als Disziplin sowie die bisherigen sachunterrichtlich-inklusionspädagogischen Diskussionen und Forschungen aufzugreifen und weiter voranzutreiben" (Pech/ Schomaker/ Simon 2014, S. 2).

2. Inklusion aus Sicht von Sachunterrichtsstudierenden – Eine Pilotstudie im quantitativen Design

Anknüpfend an die sachunterrichtlich-inklusionspädagogische Forschungslücke (Seitz 2004, Pech/ Schomaker/ Simon a.a.O.) wurde im Sommer 2013 im Arbeitsbereich Sachunterricht der Universität Halle-Wittenberg eine Studie pilotiert, die sowohl einen Beitrag zur hochschuldidaktischen und sachunterrichtlich-inklusionspädagogischen Forschung als auch zur disziplinären wie interdisziplinären Inklusionsdebatte leisten soll. Aufgrund des empirisch belegten Einflusses von Einstellungen, Überzeugungen und deklarativem Wissen auf das professionelle Handeln von Lehrkräften (vgl. Baumert/ Kunter 2006) sollen diese Personenmerkmale mit der Studie „Inklusion aus Sicht angehender Sachunterrichtslehrkräfte" erfasst werden.[2] Das Vorhaben verortet sich in der sozialpsychologisch orientierten Forschung zu Lehrereinstellungen und -überzeugungen (im Sachunterricht dazu exemplarisch Hartinger

---

[2] Mit der Pilotierung wurde auch versucht, Fragmente subjektiver Theorien, z.B. zur Unverzichtbarkeit des Förderschulwesens, quantitativ zu erfassen (vgl. Simon i.E.), obgleich subjektive Theorien klassischerweise qualitativ rekonstruiert werden. Aufgrund der methodologischen Herausforderungen sowie zugunsten eines engeren theoretischen Fokus der Studie wurde das Vorhaben der Erfassung subjektiver Theorien fallen gelassen.

et al. 2006) und in der sachunterrichtlich-inklusionspädagogischen Forschung. Anliegen des Forschungsvorhabens ist neben der Erfassung inklusionsbezogener Einstellungen angehender Sachunterrichtslehrkräfte und ihrer Auswertung vor dem Hintergrund zum Teil sehr unterschiedlicher und widersprüchlicher Diskussionen um schulische Inklusion auch die Entwicklung neuer, bereits vorhandene Skalen ergänzender Skalen, die bislang unbeachtete Aspekte inklusiver Unterrichtsentwicklung operationalisieren.

2.1 Das Erhebungsinstrument

Mithilfe eines Fragebogens (Paper-Pencil-Test), der zum Erhebungszeitpunkt aus fünf thematisch strukturierten Fragensets bestand, wurden etwa 40 Prozent aller Sachunterrichtsstudierenden des Landes Sachsen-Anhalt zwischen dem 2. und 8. Fachsemester[3] (Random-Sample, n=98) zu verschiedenen Aspekten schulischer Inklusion befragt. Die Items der Subskalen wurden aus integrations- und inklusionspädagogischen Diskussionen und empirischen Arbeiten teilweise übernommen oder aus diesen abgeleitet. Die Fragen wurden i.d.R. mithilfe vierstufiger Likert-Skalen, teilweise dichotom sowie offen formuliert. Die Skalen- bzw. Itemdiskussion, auf deren Grundlage das Erhebungsinstrument derzeit grundlegend überarbeitet wird, wurde abgeschlossen. Im Zuge der Pilotierung erprobte, neu entwickelte Skalen weisen z.T. gute Kennwerte auf. Reliabilitätsanalysen (Cronbachs Alpha) ergaben für vier der dreizehn Multi-Item-Skalen des Instrumentes α-Werte kleiner 0,690, für fünf Skalen größer gleich 0,690 sowie für vier Skalen Werte größer 0,830.

2.2 Exemplarische Ergebnisse

Die angehenden Sachunterrichtslehrkräfte wurden u.a. gebeten, anhand einer vierstufigen Skala (von 1 „voll und ganz" bis 4 „gar nicht") anzugeben, welche Heterogenitätsdimensionen sie als relevant für die Planung und Durchführung inklusiven Sachunterrichts einschätzen (n=95, α=0,954). Die 24 Items der Skala enthielten lernerbezogene Unterschiedlichkeitsmerkmale wie z.B. Motivation, Interessen, körperliche und psychische Verfassung etc. Der Mittelwertvergleich über eine Rangfolge zeigt, dass die Dimension „Behinderung" den kleinsten Mittelwert (x_{quer}=1,16, s=0,393, r(it)=0,260) hat. Es ist das einzige Item, das nie als unwichtig erachtet wurde, während sich die Dimension „Motivation" mit einem Mittelwert von x_{quer}=2,57 (s=0,975, r(it)=0,662) neben den Dimensionen „Interessen" (x_{quer}=2,48, s=1,05

---

[3] Eine Erweiterung der Stichprobe auf andere Bundesländer ist im Rahmen der Studie geplant.

r(it)=0,763) und „Erfahrungen" (x_{quer}=2,52, s=0,966, r(it)=0,559) am unteren Ende der Rangfolge findet.[4] Im Rahmen der Itemanalysen konnten für die 24 Items Trennschärfenwerte zwischen r(it)=0,512 und r(it)=0,799 festgestellt werden.[5] Der Bartlett-Test fiel mit X^2=1775,71 bei einem Signifikanzniveau von p<0,001 aus. Zudem wurde das Kaiser-Meyer-Olkin-Kriterium (KMO) herangezogen, wobei die Stichprobe aufgrund eines MSA=0,904 als geeignet angenommen werden darf. Mittels einer explorativen Faktorenanalyse wurden die 24 Items zu vier Faktoren gebündelt, die insgesamt 69,88% der Varianz aufklären. Ein professionsspezifischer Gruppenvergleich verwies auf Unterschiede bei der Einschätzung der Relevanz von drei Faktoren. Faktor 1 schätzten jedoch 94,1% der Förder- und 93,6% der Grundschullehramtsstudierenden als sehr relevant für die Planung inklusiven Sachunterrichts ein, womit diesem Faktor insgesamt die größte Bedeutung beigemessen wurde (vgl. Tab. 1).

Die hier angeführten Daten weisen u.a. auf einen starken Bezug auf die Dimension „Behinderung im bio-medizinischen Sinne", wie er bspw. auch in der Studie von Steinert/ Chilla (2012) nachgewiesen wurde.[6] Inwiefern dies als Hinweis auf ein unterrichtsbezogenes sonderpädagogisches bzw. ein enges Inklusionsverständnis (vgl. Hinz 2013) gedeutet werden könnte, muss durch weitere Datenerhebungen und -analysen näher untersucht werden.

---

[4] Inwiefern die Dimensionen als (un)relevant eingeschätzt wurden, bleibt auf Basis der angeführten Daten unklar und verweist auf die Bedeutung von Mixed-Method-Desings.

[5] Einzig das Item „Heterogenitätsdimension Behinderung" wies eine noch geringere Trennschärfe auf (r(it)=0,260). Da es für die Skala inhaltlich bedeutsam ist und Cronbachs α sich nicht sichtlich verändert hätte, wurde es jedoch nicht aus der Skala entfernt. Damit gingen alle 24 Items in die Überprüfung der Eignung der Korrelationsmatrix für eine faktorenanalytische Auswertung ein.

[6] Steinert und Chilla reproduzierten in ihrer Pilotstudie Erkenntnisse zur Existenz unterschiedlicher Behinderungsverständnisse. Für ihre Stichprobe konnten sie die individualtheoretisch-medizinische Sicht auf Behinderung als dominant identifizieren. Diese geht mit einer starken und als kritisch zu betrachtenden Defizit- und Normorientierung einher.

Tabelle 1: Einschätzung der vier Faktoren durch angehende Sachunterrichtslehrkräfte des Förder- und Grundschullehramts

Faktor (Itemanzahl)	Förderschullehramt		Grundschullehramt		Unterschiede
	relevant	nicht relevant	relevant	nicht relevant	
„Behinderung im bio-medizinischen Sinne" (5)	94,1	5,9	93,6	6,4	n.s. (0,329)
„Alters- und Geschlechtsunterschiede" (2)	73,5	26,5	40,4	59,6	* (0,004)
„psychische Dispositionen" (6)	57,1	42,9	41,3	58,7	* (0,036)
„Migrations- und sozioökon. Hintergründe" (11)	93,9	6,1	65,9	34,1	* (0,002)

3. Anregungen für einen zeitgemäßen Sachunterricht

Empirische Forschungen sind eine wichtige Grundlage für die Theoriebildung und Praxisgestaltung in der Didaktik des Sachunterrichts (vgl. Einsiedler 2008) und darüber vermittelt auch für die Ausbildung von Lehrkräften (vgl. Einsiedler/ Fölling-Albers 2007) und werden zu inklusionspädagogischen Fragestellungen (insbesondere didaktischen) dringend benötigt (vgl. Seitz 2004, Pech/ Schomaker/ Simon a.a.O.). Die Relevanz der Sicht angehender Sachunterrichtslehrkräfte auf schulische Inklusion für eine zeitgemäße Sachunterrichtsdidaktik kann hier nur angedeutet werden. Dass Sichtweisen von Lehrkräften mit deren unterrichtlicher Planungstätigkeit und ihrem unterrichtlichen Handeln zusammenhängen, ist empirisch belegt (vgl. Baumert/ Kunter 2006). Fundierte Erkenntnisse zu inklusionsbezogenen Einstellungen (z.b. von angehenden Sachunterrichtslehrkräften) können als Reflexionsgrundlage bspw. für die Bereiche der sachunterrichtlichen Hochschullehre, der Weiterbildung von Lehrkräften, aber auch für die (Weiter-)Entwicklung von didaktischen Planungs- und Handlungsmodellen für die schulische Praxis dienen. Auf Grundlage der oben angeführten Daten und der (zumindest vagen) Anhaltspunkte für eine sonderpädagogisch geprägte Aufmerksamkeit gegenüber Heterogenität bei angehenden Lehrkräften könnte z.b. der Frage nachgegangen werden, welche Verständnisse von und welche Fokusse auf Heterogenität innerhalb des Sachunterrichts als Disziplin existieren bzw. diskutiert und vermittelt werden und welche pädagogischen Umgangsformen daraus – zumindest theoretisch – entspringen könnten. Auch könnten sachunterrichtliche Planungs- und Handlungsmodelle, insbesondere jene, die sich explizit als inklusionsorientiert verstehen (vgl. Gebauer/ Simon 2012, Kahlert/ Heimlich 2012), hinsichtlich ihres impliziten Heterogenitätsverständnisses hinterfragt werden. Gebauer/ Simon (2012, S. 14) haben beispielsweise zu den inklusionsdidaktischen Netzen kritisch angemerkt: So „fehlt der konsequente Blick auf die Lerngruppe und ihre Vielfalt, anstatt eines Blickes auf eine besondere Gruppe von Schülerinnen bzw. Schülern, nämlich: ‚die Kinder mit sonderpädagogischem Förderbedarf' (Kahlert/ Heimlich 2012, S. 184)". Erkenntnisse zu inklusionsbezogenen Einstellungen angehender Lehrkräfte könnten i.S. einer Bedarfsanalyse unmittelbar in die (Fort-)Entwicklung didaktischer Modelle, aber auch in die Aus- und Weiterbildung von Lehrkräften einfließen. Solche Einstellungen können didaktisches Denken, Planen und Handeln potenziell vorstrukturieren und zu einer Stabilisierung didaktischer Grundmuster beitragen (Baumert/ Kunter 2006, vgl. auch Tänzer 2010).

Literatur

Baumert, J.; Kunter, M. (2006): Stichwort: Professionelle Kompetenz von Lehrkräften. In: Zeitschrift für Erziehungswissenschaft, 9, 4, S. 469-520.
Einsiedler, W. (2008): Was braucht die Sachunterrichtsforschung/ Sachunterrichtsdidaktik in den nächsten zehn Jahren? In: www.widerstreit-sachunterricht.de, Ausgabe Nr. 10/ März 2008. URL: http://www.widerstreit-sachunterricht.de/ebeneI/didaktiker/einsiedler/forschung.pdf [13.11.2012]

Einsiedler, W.; Fölling-Albers, M. (2007): Didaktik des Sachunterrichts und empirische Forschung. URL: http://www.wolfgang-einsiedler.de/pdf/StellungnahmeForschung Sachunterricht2007.pdf [03.11.2012].

Gebauer, M.; Simon, T. (2012): Inklusiver Sachunterricht konkret: Chancen, Grenzen, Perspektiven. In: www.widerstreit-sachunterricht.de, Nr. 18, Oktober 2012. URL: http://www. widerstreit-sachunterricht.de/ebeneI/superworte/inklusion/gebauer_simon.pdf [23.04.2013]

Hartinger, A.; Kleickmann, T.; Hawelka, B. (2006): Der Einfluss von Lehrervorstellungen zum Lernen und Lehren auf die Gestaltung des Unterrichts und auf motivationale Schülervariablen. In: Zeitschrift für Erziehungswissenschaft, 9, 1, S. 110-126.

Hinz, A. (2013): Inklusion – von der Unkenntnis zur Unkenntlichkeit!? In: Zeitschrift für Inklusion Online, Ausgabe 1/2013. URL: http://www.inklusion-online.net/index.php/inklusion-online/article/view/26/26 [08.05.2013]

Kahlert, J.; Heimlich, U. (2012): Inklusionsdidaktische Netze – Konturen eines Unterrichts für alle (dargestellt am Beispiel des Sachunterrichts). In: Heimlich, U.; Kahlert, J. (Hrsg.): Inklusion in Schule und Unterricht. Stuttgart, S. 153-190.

Offen, S. (2014): Heterogenität, Inklusion und Sachunterricht: Beiträge der Hochschulbildung? In: www.widerstreit-sachunterricht.de, Nr. 20, April 2014. URL: http://www.widerstreit-sachunterricht.de/ebeneI/superworte/inklusion/offen.pdf [20.08.2014]

Pech, D.; Schomaker, C. (2013): Inklusion und Sachunterrichtsdidaktik. Stand und Perspektiven. In: Ackermann, K.-E.; Musenberg, O.; Riegert, J. (Hrsg.): Geistigbehindertenpädagogik!? Disziplin – Profession – Inklusion. Oberhausen, S. 341-359.

Pech, D.; Schomaker, C.; Simon, T. (2014): Antrag an die Mitgliederversammlung der GDSU zur Gründung einer Arbeitsgruppe „Inklusion/ inklusiver Sachunterricht". Berlin, Hannover, Halle (Saale). Unveröffentlicht.

Pech, D.; Schomaker, C.; Wanke, M. (2014): Didaktik und Inklusion – eine Annäherung aus der Perspektive der Sachunterrichtsdidaktik. In: Fischer, H.-J.; Giest, H.; Peschel, M. (Hrsg.): Lernsituationen und Aufgabenkultur im Sachunterricht. Bad Heilbrunn, S. 213-220.

Schomaker, C. (2007): Der Faszination begegnen. Ästhetische Zugangsweisen im Sachunterricht für alle Kinder. Carl von Ossietzky Universität Oldenburg: Didaktisches Zentrum.

Seitz, S. (2004): Forschungslücke Inklusive Fachdidaktik – ein Problemaufriss. In: Schnell, I.; Sander, A. (Hrsg.): Inklusive Pädagogik. Bad Heilbrunn, S. 215-231.

Seitz, S. (2005): Zeit für inklusiven Sachunterricht. Baltmannsweiler.

Simon, T. (i.E.): Widersprüche des Inklusionsdiskurses im Spiegel der Sicht angehender Sachunterrichts-Lehrerinnen auf schulische Inklusion. In: Schnell, I. (Hrsg.): Zur Logik der Widrigkeiten – Theorie und Praxis der Inklusion. Bad Heilbrunn.

Steinert, C.; Chilla, S. (2012): Was verstehen angehende Regelschullehrkräfte unter „Behinderung"? In: Benkmann, R.; Chilla, S.; Stapf, E. (Hrsg.): Inklusive Schule – Einblicke und Ausblicke. Immenhausen, S. 71-84.

Tänzer, S. (2010): Die Bedeutung der Voraussetzungen in der Lehrperson. In: Tänzer, S.; Lauterbach, R. (Hrsg.): Sachunterricht begründet planen: Bedingungen, Entscheidungen, Modelle, Beispiele. Bad Heilbrunn, S. 64-76.

Maike Schmidt, Katharina Fricke und Stefan Rumann

Sachunterricht als vielperspektivisches Fach und die universitäre Ausbildung von Sachunterrichtslehrkräften – Eine Studie zum Zusammenhang von Ausbildung, Erfahrung und Professionswissen

Sachunterricht is taught in German primary schools as a holistic subject including contents from disciplines of the natural and social sciences. To teach such a variety of contents in a competent way, teachers need knowledge in all referring disciplines. In contrast to that, the teacher training covers only some of these disciplines. To give this conflict an empirical base, the present study examines the connection between professional knowledge, teacher training and experience of teachers in Sachunterricht. The results indicate that teacher training causes differences in professional knowledge while experience produces differences only in parts of the knowledge.

1. Problemaufriss

Verschiedene Studien (u.a. Baumert/ Kunter 2006, Lange 2010, Ohle 2010) belegen, dass das fachspezifische Professionswissen Einfluss auf den Lernerfolg von Schülerinnen und Schülern hat. Das bedeutet, dass Sachunterrichtslehrkräfte Professionswissen benötigen, um lernwirksamen Unterricht zu gestalten. Die Besonderheit des Sachunterrichts als vielperspektivisches Fach bringt mit sich, dass die dort unterrichteten Inhalte aus unterschiedlichen natur- und gesellschaftswissenschaftlichen Bezugsdisziplinen stammen (GDSU 2013). Deshalb fordert die Gesellschaft für Didaktik des Sachunterrichts (GDSU), dass Sachunterrichtlehrkräfte Professionswissen in allen Bezugsdisziplinen besitzen (GDSU 2013). Dieser Anspruch deckt sich nicht mit der Ausbildung, da ein Sachunterrichtsstudium üblicherweise nicht alle,

sondern nur eine oder wenige Bezugsdisziplinen umfasst (Fiebig/ Merkens 2012).[1]
Diese Diskrepanz zwischen dem Studienfach und dem Schulfach Sachunterricht führt vermutlich dazu, dass Sachunterrichtslehrkräfte nicht in allen relevanten Bezugsdisziplinen ein umfassendes Professionswissen besitzen. Denkbar wäre, dass sich diese Defizite im Professionswissen durch häufiges Unterrichten der nicht im Studium belegten Inhalte ausgleichen. In diesem Sinne lautet das Ziel der vorliegenden Studie, den angesprochenen Widerspruch zwischen dem Schulfach Sachunterricht und der Ausbildung der Lehrkräfte empirisch zu überprüfen, indem der Zusammenhang von Professionswissen, Ausbildungshintergrund und Unterrichtserfahrung betrachtet wird. Dies geschieht exemplarisch anhand des Themas „Verbrennung".

2. Theorie

Professionswissen ist nach Baumert/ Kunter (2006) Teil der professionellen Handlungskompetenz von Lehrkräften und gliedert sich in mehrere Bereiche, wovon in der vorliegenden Studie nur die fachspezifischen Wissensbereiche, fachdidaktisches Wissen und Fachwissen untersucht werden.
Innerhalb des fachdidaktischen Wissens lassen sich – trotz verschiedener Konzeptualisierungen – zwei wesentliche Bereiche unterscheiden (Van Driel/ De Jong/ Verloop 2002): lernprozessbezogene Kompetenzen, die z.B. auch als Wissen über Schülervorstellungen operationalisiert werden und lehrbezogene Kompetenzen, die z.B. als Wissen über Instruktionsstrategien operationalisiert werden (Blömeke et al. 2008, Lange 2010).
In der Regel beinhalten Konzeptualisierungen von Fachwissen die beiden Facetten Wissen auf dem Niveau der jeweiligen Schulstufe und Wissen auf einem höheren Abstraktionsniveau (Baumert/ Kunter 2006, Ohle 2010). Eine weitere Facette, vertieftes Wissen, wird in jüngeren Konzeptualisierungen ergänzt. Die Definitionen dazu sind sehr heterogen und bedürfen weiterer Ausdifferenzierungen (z.B. Woitkowski/ Riese/ Reinhold 2011).

---

[1] In den neueren Studienreformen zeichnet sich ein möglicherweise bundesweiter Trend ab, mehr Disziplinen in das Sachunterrichtsstudium zu integrieren, wobei die Disziplinen unterschiedlich stark beteiligt werden.

3. Forschungsdesign

Aufgrund der verschiedenen Ausbildungshintergründe von Sachunterrichtslehrkräften unterscheiden wir aus inhaltlichen Gründen zwischen solchen mit natur- oder gesellschaftswissenschaftlicher Ausbildung und solchen ohne Ausbildung im Sachunterricht. Hinsichtlich der Unterrichtserfahrung wird zwischen „unerfahrenen" und „erfahrenen" Lehrkräften unterschieden, in Abhängigkeit von der Häufigkeit, mit der das Thema „Verbrennung" unterrichtet wurde.

3.1 Forschungsfragen
Die Untersuchung verfolgt folgende Forschungsfragen:
- Welche Unterschiede finden sich zwischen Lehrkräften mit natur-, gesellschaftswissenschaftlicher und keiner Ausbildung im Sachunterricht hinsichtlich ihres fachdidaktischen Wissens/ Fachwissens zum Thema „Verbrennung"?
- Welche Unterschiede finden sich zwischen unerfahrenen und erfahrenen Sachunterrichtslehrkräften im Sachunterricht hinsichtlich ihres fachdidaktischen Wissens/ Fachwissens zum Thema „Verbrennung"?

Aus den Forschungsfragen werden zusammenfassend folgende Hypothesen abgeleitet: Es ist davon auszugehen, dass Lehrkräfte mit Ausbildung in den Naturwissenschaften größeres fachspezifisches Professionswissen zum Thema „Verbrennung" aufweisen als Lehrkräfte mit gesellschaftswissenschaftlicher oder keiner Ausbildung im Sachunterricht. Außerdem ist zu erwarten, dass die erfahrenen Lehrkräfte besser abschneiden (z.B. Van Driel/ De Jong/ Verloop 2002).

3.2 Erhebungsinstrumente
Fachdidaktisches Wissen wird über zwei Facetten, lernprozessbezogenes und lehrbezogenes Wissen, operationalisiert und mit 14 offenen Items erhoben. Die Reliabilität des Gesamttests weist einen Cronbachs $\alpha=0{,}613$ auf.
Die Operationalisierung des Fachwissens erfolgt über drei Facetten: Wissen auf dem Niveau der Grundschule, auf dem Niveau der Sekundarstufe I und vertieftes Wissen. Das vertiefte Wissen ist, laut der projektinternen Definition, Teil des Lehrerwissens, weil es dazu dient, komplexe Problemstellungen, die beispielsweise durch Schülerfragen aufgeworfen werden, zu erklären. Weiterhin lässt es sich keiner konkreten Schulstufe zuordnen. Der Test zur Erhebung des Fachwissens beinhaltet 26 Items im Multiple-Choice-Format. Die Reliabilität des Gesamttest beträgt Cronbachs $\alpha=0{,}682$.

3.3 Stichprobe

Die Stichprobe (N = 203) wird anhand des Medians von der Häufigkeit des Unterrichtens des Themas „Verbrennung" in unerfahrene und erfahrene Sachunterrichtslehrkräfte unterteilt (Median = 1).[2] Die Verteilung der Stichprobe auf alle sechs Gruppen ist Tabelle 1 zu entnehmen.

Tabelle 1: Verteilung der Stichprobe, N = 203

	unerfahren	erfahren
naturwissenschaftliche Ausbildung	32	34
gesellschaftswissenschaftliche Ausbildung	36	34
keine Ausbildung im Sachunterricht	36	31

4. Ergebnisse

4.1 Ausbildungshintergrund

Die Ergebnisse der ersten Forschungsfrage beziehen sich auf die Unterschiede zwischen den Ausbildungswegen, welche bei mittlerer Effektstärke signifikant werden, $F(2, 196)=8{,}962$; $p<0{,}001$, $\eta^2=0{,}084$. Die Post-Hoc-Analysen zeigen, dass Lehrkräfte ohne Ausbildung im Sachunterricht ein signifikant schlechteres fachdidaktisches Wissen aufweisen als Lehrkräfte mit natur- bzw. gesellschaftswissenschaftlicher Ausbildung.

Beim Fachwissen zeigt sich ein anderes Bild: Der Ausbildungshintergrund verursacht einen signifikanten Unterschied, $F(2, 197)=6{,}498$; $p=0{,}002$; $\eta^2=0{,}062$. Hierbei weist die Gruppe der Lehrkräfte mit naturwissenschaftlicher Ausbildung ein signifikant höheres Fachwissen auf als alle anderen Gruppen. Die Lehrkräfte mit gesellschaftswissenschaftlicher Ausbildung lassen sich hingegen nicht von den Lehrkräften mit keiner Ausbildung im Sachunterricht trennen.

4.2 Unterrichtserfahrung

Die zweite Forschungsfrage untersucht Unterschiede im fachspezifischen Professionswissen hinsichtlich der Unterrichtserfahrung. Beim fachdidaktischen Wissen zeigt sich kein Unterschied zwischen unerfahrenen und erfahrenen Lehrkräften, $F(1, 196)=1{,}501$; $p=0{,}222$; $\eta^2=0{,}008$. Im Gegensatz dazu

---

[2] Die Mittelwerte – MWunerfahren = 0,38, MWerfahren = 3,49 – Gruppen lassen sich signifikant voneinander trennen, $t(129{,}44) = 24{,}540$; $p < 0{,}001$, $d = 3{,}495$.

verursacht die Unterrichtserfahrung Unterschiede im Fachwissen zu Gunsten der erfahrenen Lehrkräfte, $F(1, 17)=13{,}527$; $p<0{,}001$; $\eta^2=0{,}064$.

5. Zusammenfassung und Interpretation

Betrachtet man die Stichprobe vor dem Hintergrund der Ausbildung, so fällt auf, dass diese insbesondere bei natur- und gesellschaftswissenschaftlich ausgebildeten Lehrkräften keinen Unterschied im fachdidaktischen Wissen begründet. Hinsichtlich des Fachwissens unterscheiden sich erwartungskonform Gesellschaftswissenschaftler nicht von fachfremd Unterrichtenden, während die Naturwissenschaftler ein signifikant größeres Fachwissen aufweisen als die anderen Gruppen. Das lässt sich damit erklären, dass die beiden erstgenannten Gruppen keine Gelegenheit im Studium hatten, sich mit naturwissenschaftlichen Themen zu beschäftigen. Dass die Gesellschaftswissenschaftler trotzdem über vergleichbares fachdidaktisches Wissen wie die Naturwissenschaftlicher verfügen, könnte daran liegen, dass auch die gesellschaftswissenschaftliche Ausbildung fachdidaktische Inhalte umfasst, die sich auf das Thema „Verbrennung" übertragen lassen.

Betrachtet man die Stichprobe vor dem Hintergrund der Unterrichtserfahrung, zeigt sich, dass Erfahrung nur beim Fachwissen einen Unterschied zu Gunsten der erfahrenen Lehrkräfte verursacht. Das hängt möglicherweise damit zusammen, dass Grundschullehrkräfte ihre naturwissenschaftlichen Kompetenzen für gering halten und sich wenig für Naturwissenschaften interessieren (Möller 2004). Möglicherweise sind sich Lehrkräfte ohne naturwissenschaftliche Ausbildung ihrer Defizite bewusst und setzen sich deshalb gezielt mit den jeweiligen Inhalten auseinander, wenn sie diese unterrichten müssen. Den Ergebnissen nach konzentrieren sie sich dabei mehr auf die fachlichen als auf die fachdidaktischen Inhalte. Ergänzend dazu lassen sich die Daten zum Interesse interpretieren. Beim allgemeinen Interesse an Naturwissenschaften liegen die Naturwissenschaftlicher signifikant vor den Gesellschafswissenschaftlern. Beim Interesse am Unterrichten von Naturwissenschaften gibt es keinen Unterschied zwischen den Gruppen. Das bedeutet, dass auch die gesellschaftswissenschaftlich ausgebildeten Lehrkräfte das Unterrichten von naturwissenschaftlichen Inhalten für wichtig halten, sozusagen aus beruflicher Überzeugung, auch wenn sie dafür kein eigenes Interesse ausgebildet haben (siehe dazu auch Drechsler-Köhler 2006).

6. Ausblick

Die Studie trägt zur Klärung der Frage bei, ob Sachunterrichtslehrkräfte von einer fachspezifischen Ausbildung profitieren und prüft, ob Unterrichtserfahrung zu Wissenszuwachs führt – und zwar exemplarisch für das Thema „Verbrennung". Die Ergebnisse deuten darauf hin, dass es für den Aufbau von fachdidaktischem Wissen besonders auf die Ausbildung ankommt und dass im Fachwissen sowohl Ausbildung als auch Unterrichtserfahrung positiv auf den Wissenszuwachs wirken. In einem nächsten Schritt werden die Variablen Ausbildungshintergrund und Unterrichtserfahrung empirisch in Verbindung gesetzt und auf mögliche Interaktionen überprüft.

Literatur

Baumert, J.; Kunter, M. (2006): Stichwort: Professionelle Kompetenz von Lehrkräften. In: Zeitschrift für Erziehungswissenschaft, 9, 4, S. 469-520.

Blömeke, S.; Seeber, S.; Lehmann, R.; Kaiser, G.; Schwarz, B.; Felbrich, A.; Müller, C. (2008): Messung des fachbezogenen Wissens angehender Mathematiklehrkräfte. In: Blömeke, S.; Kaiser, G.; Lehmann, R. (Hrsg.): Professionelle Kompetenz angehender Lehrerinnen und Lehrer. Wissen, Überzeugungen und Lerngelegenheiten deutscher Mathematikstudierender und -referendare. Erste Ergebnisse zur Wirksamkeit der Lehrerausbildung. Münster, S. 49-88.

Drechsler-Köhler, B. (2006): Naturwissenschaftlicher Unterricht in der Primarstufe – derzeitige Situation und Veränderung durch Lehrerfortbildung. In: Pitton, A. (Hrsg.): Lehren und Lernen mit neuen Medien. Jahrestagung der GDCP in Paderborn 2005. Berlin, S. 386-395.

Gesellschaft für Didaktik des Sachunterrichts (GDSU) (2013): Perspektivrahmen Sachunterricht. Bad Heilbrunn.

Lange, K. (2010): Zusammenhänge zwischen naturwissenschaftsbezogenem fachspezifisch-pädagogischem Wissen von Grundschullehrkräften und Fortschritten im Verständnis naturwissenschaftlicher Konzepte bei Grundschülerinnen und -schülern (Dissertation). Münster.

Fiebig, J.; Merkens, H. (2012): Übersicht zum Studium des Lehramts an Grundschulen an deutschen Universitäten und Pädagogischen Hochschulen im Sachunterricht mit den Schwerpunkten Naturwissenschaft und Technik und in Mathematik. In: Merkens, H (Hrsg.): Technikinteresse von Grundschullehrkräften. Berlin. Berichte aus der Arbeit des Arbeitsbereichs Empirische Erziehungswissenschaft der Freien Universität Berlin, 50, S. 13-37.

Möller, K. (2004): Naturwissenschaftliches Lernen in der Grundschule – Welche Kompetenzen brauchen Grundschullehrerkräfte? In: Merkens, H. (Hrsg.): Lehrerbildung: IGLU und die Folgen. Opladen, S. 65-84.

Ohle, A. (2010): Primary School Teachers' Content Knowledge in Physics and its Impact on Teaching and Students' Achievement. Berlin.

Van Driel, J.; De Jong, O.; Verloop, N. (2002): The Development of Preservice Chemistry Teachers' pedagogical Content Knowledge. In: Science Education, 86, 4, pp. 572-590.

Woitkowski, D.; Riese, J.; Reinhold, P. (2011): Modellierung fachwissenschaftlicher Kompetenz angehender Physiklehrkräfte. In: Zeitschrift für Didaktik der Naturwissenschaften, 17, S. 289-313.

Autorinnen und Autoren

Holger Arndt
Universität Erlangen-Nürnberg

Andrea Becher
Universität Paderborn

Christoph Buchs
PH FHNW

Marcel Bullinger
PH Ludwigsburg

Stefanie Carell
PH FHNW

Linya Coers
Universität Vechta

Sarah-Jane Conrad
PH FHNW

Heike de Boer
Universität Koblenz-Landau

Sonja Dietrich
Universität Bremen

Ludwig Duncker
Universität Gießen

Hans-Joachim Fischer
PH Ludwigsburg

Maria Fölling-Albers
Universität Regensburg

Katharina Fricke
Universität Duisburg-Essen

Hartmut Giest
Universität Potsdam

Eva Gläser
Universität Osnabrück

Anja Göhring
Universität Regensburg

Frauke Grittner
Universität Kassel

Christian Grywatsch
Universität Erfurt

Michael Haider
Universität Regensburg

Thomas Haider
Universität Erlangen-Nürnberg

Anja Heinrich-Dönges
PH Weingarten

Gudrun Helzel
Universität Hamburg

Marlies Hempel
Universität Vechta

Lissy Jäkel
PH Heidelberg

Astrid Kaiser
Universität Oldenburg

Hans-Christoph Koller
Universität Hamburg

Carolin Kölzer
Universität zu Köln

Bärbel Kopp
Universität Erlangen-Nürnberg

Hans-Dieter Körner
PH Schwäbisch Gmünd

Hilde Köster
Freie Universität Berlin

Christine Künzli David
PH FHNW

Gerlinde Lenske
Universität Duisburg-Essen

Iris Lüschen
Universität Oldenburg

Julia Lüpkes
Universität Oldenburg

Christian Mathis
PH FHNW

Kerstin Michalik
Universität Hamburg

Kornelia Möller
Universität Münster

Bernhard Müller
PH Schwäbisch Gmünd

Ines Oldenburg
Universität Oldenburg

Markus Peschel
Universität des Saarlandes

Bernd Reinhoffer
PH Weingarten

Corina Rohen-Bullerdiek
Universität Bremen

Stefan Rumann
Universität Duisburg-Essen

Eva-Maria Schauenberg
TU Dortmund

Maike Schmidt
Universität Duisburg-Essen

Julia Schönhofer
Universität Regensburg

Claudia Schomaker
Universität Hannover

René Schroeder
Universität Bielefeld

Volker Schwier
Universität Bielefeld

Knut Schwippert
Universität Hamburg

Katja Siepmann
Universität Gießen

Toni Simon
Universität Halle-Wittenberg

Erich Starauschek
PH Ludwigsburg

Cornelia Sunder
Universität Münster

Sandra Tänzer
Universität Erfurt

Maria Todorova
Universität Münster

Bernd Wagner
Universität Siegen

Katja Wagner
PH Weingarten

Christine Waldenmaier
PH Schwäbisch Gmünd

Anna Windt
Universität Duisburg-Essen

Jan Heiko Wohltmann
Universität Hannover

Meike Wulfmeyer
Universität Bremen

Letizia Wüst
PH FHNW